最 新

军人权益保障法律法规全编

(含退役军人保障)

中国法治出版社
CHINA LEGAL PUBLISHING HOUSE

图书在版编目（CIP）数据

最新军人权益保障法律法规全编：含退役军人保障：2025年版／中国法治出版社编. -- 北京：中国法治出版社，2025.8. --（条文速查小红书系列）. -- ISBN 978-7-5216-5264-2

Ⅰ.E266

中国国家版本馆CIP数据核字第20257D54T0号

责任编辑：刘晓霞 　　　　　　　　　　　　封面设计：杨泽江

最新军人权益保障法律法规全编：含退役军人保障：2025年版
ZUI XIN JUNREN QUANYI BAOZHANG FALÜ FAGUIQUANBIAN：HAN TUIYI JUNREN BAOZHANG：2025 NIAN BAN

经销／新华书店
印刷／三河市紫恒印装有限公司
开本／880毫米×1230毫米　32开　　　　印张／16.5　字数／432千
版次／2025年8月第1版　　　　　　　　　2025年8月第1次印刷

中国法治出版社出版

书号 ISBN 978-7-5216-5264-2　　　　　　　　　定价：48.00元

北京市西城区西便门西里甲16号西便门办公区
邮政编码：100053　　　　　　　　　　　　传真：010-63141600
网址：http://www.zgfzs.com　　　　　　　编辑部电话：010-63141664
市场营销部电话：010-63141612　　　　　印务部电话：010-63141606

（如有印装质量问题，请与本社印务部联系。）

编 辑 说 明

　　法律会适时修改，而与之相关的配套规定难以第一时间调整引用的旧法条文序号。此时，我们难免会有这样的困扰：（1）不知其中仍是旧法条文序号而误用；（2）知道其中是旧法条文序号，却找不到或找错对应的新法条文序号；（3）为找到旧法对应最新条款，来回翻找，浪费很多宝贵时间。本丛书针对性地为读者朋友们解决这一问题，独具以下特色：

1. 标注变动后的最新条文序号

　　本丛书以页边码（如 22 ）的形式，在出现条文序号已发生变化的条款同一行的左右侧空白位置——标注变动后的最新条文序号；如果一行有两个以上条款的序号已发生变化，分先后顺序上下标注变动后的最新条文序号（如 288 / 289 ）；如一个条款变动后分为了两个以上条款，标注在同一个格子里（如 538 / 539 ）； × 表示该条已被删除。

　　需要说明的是，本分册《退役士兵安置条例》对应的是《退役军人安置条例》最新条文序号。

2. 精选典型案例，以案释法

　　本丛书收录各领域最高人民法院、最高人民检察院等发布的典型案例，方便读者以案例为指导进一步掌握如何适用法律及司法解释。

3. 内容全面，文本权威

　　本丛书将各个领域的核心法律作为"主法"，围绕"主法"全面收录相关司法解释及配套法律法规；收录文件均为经过清理修改的现行有效标准文本，以供读者全面掌握权威法律文件。

目 录*

中华人民共和国军人地位和权益保障法 …………………………… 1
 （2021 年 6 月 10 日）
中华人民共和国退役军人保障法 ………………………………… 11
 （2020 年 11 月 11 日）
军人抚恤优待条例 ………………………………………………… 23
 （2024 年 8 月 5 日）

一、综 合

中华人民共和国国防法 …………………………………………… 38
 （2020 年 12 月 26 日）
中华人民共和国国防教育法 ……………………………………… 49
 （2024 年 9 月 13 日）
中华人民共和国国防动员法 ……………………………………… 55
 （2010 年 2 月 26 日）
民用运力国防动员条例 …………………………………………… 66
 （2019 年 3 月 2 日）
中国人民解放军选举全国人民代表大会和县级以上地方各级人
 民代表大会代表的办法 ………………………………………… 75
 （2021 年 4 月 29 日）
全国人民代表大会常务委员会关于设立全民国防教育日的决定 ……… 82
 （2001 年 8 月 31 日）

---

* 编者按：本目录中的时间为法律文件的公布时间或最后一次修正、修订公布时间。

互联网军事信息传播管理办法 ·············· 82
　　（2025年1月22日）

二、兵役制度

中华人民共和国兵役法 ····················· 92
　　（2021年8月20日）
中华人民共和国现役军官法 ·················· 102
　　（2000年12月28日）
中华人民共和国预备役人员法 ················· 110
　　（2022年12月30日）
全国人民代表大会常务委员会关于中国人民解放军现役士兵衔级制度的决定 ························ 121
　　（2022年2月28日）
中国人民解放军现役士兵服役条例 ·············· 122
　　（2010年7月26日）
中国人民解放军军官军衔条例 ················· 129
　　（1994年5月12日）
中国人民解放军文职人员条例 ················· 134
　　（2022年12月10日）
征兵工作条例 ························· 147
　　（2023年4月1日）
民兵工作条例 ························· 160
　　（2011年1月8日）

三、荣誉维护

中华人民共和国英雄烈士保护法 ················ 167
　　（2018年4月27日）

中华人民共和国国家勋章和国家荣誉称号法 ·················· 172
　　（2015 年 12 月 27 日）
全国人民代表大会常务委员会关于设立烈士纪念日的决定 ······ 174
　　（2014 年 8 月 31 日）
烈士褒扬条例 ··· 174
　　（2024 年 9 月 27 日）
烈士评定工作办法 ··· 186
　　（2025 年 6 月 19 日）
烈士公祭办法 ··· 192
　　（2023 年 3 月 31 日）
烈士安葬办法 ··· 195
　　（2022 年 11 月 30 日）
烈士纪念设施保护管理办法 ····································· 198
　　（2022 年 1 月 24 日）
境外烈士纪念设施保护管理办法 ································· 205
　　（2020 年 2 月 1 日）
《烈士光荣证》管理工作暂行规定 ································ 207
　　（2021 年 11 月 10 日）
为烈属、军属和退役军人等家庭悬挂光荣牌工作实施办法 ······ 213
　　（2018 年 7 月 29 日）
退役军人事务部关于规范为烈属、军属和退役军人等家庭悬挂
　　光荣牌工作的通知 ··· 216
　　（2019 年 4 月 4 日）
民政部、财政部关于加强零散烈士纪念设施建设管理保护工作
　　的通知 ··· 217
　　（2011 年 3 月 15 日）
关于进一步加强烈士纪念工作的意见 ···························· 220
　　（2013 年 7 月 3 日）
退役军人事务部、公安部、财政部、交通运输部、文化和旅游
　　部关于做好烈士亲属异地祭扫组织服务工作的意见 ········· 224
　　（2020 年 3 月 28 日）

四、权益保障

（一）综合

中华人民共和国民法典（节录） ·················· 229
    （2020 年 5 月 28 日）
中华人民共和国刑法（节录） ···················· 229
    （2023 年 12 月 29 日）

（二）保险

中华人民共和国军人保险法 ······················ 231
    （2012 年 4 月 27 日）
中共中央办公厅、国务院办公厅关于解决部分退役士兵社会保
    险问题的意见 ···························· 237
    （2019 年 4 月 28 日）
财政部、退役军人部、人力资源社会保障部、医保局、民政部、
    税务总局关于解决部分退役士兵社会保险问题中央财政补助
    资金有关事项的通知 ························ 240
    （2019 年 7 月 5 日）
国务院办公厅、中央军委办公厅转发保监会、发展改革委、财
    政部、总参谋部、总政治部、总后勤部、总装备部关于推进
    商业保险服务军队建设指导意见的通知 ·············· 242
    （2015 年 7 月 30 日）

（三）退役安置

退役军人安置条例 ···························· 246
    （2024 年 7 月 29 日）
退役安置补助经费管理办法 ······················ 261
    （2019 年 11 月 18 日）
逐月领取退役金退役军人服务管理规定 ·············· 266
    （2022 年 6 月 1 日）

困难退役军人帮扶援助工作规范 ………………………………… 269
　　（2025年1月20日）
退役军人事务部、中央军委政治工作部关于进一步规范退役士
　　兵移交安置工作有关具体问题的通知 …………………………… 272
　　（2019年12月23日）
退役军人事务部等7部门关于加强和改进退役军人人事档案管
　　理利用工作的意见 ………………………………………………… 277
　　（2021年11月9日）
军队离休退休干部服务管理办法 ………………………………… 283
　　（2021年12月1日）
退役军人事务部办公厅关于进一步加强军队离退休干部安全管
　　理工作的通知 ……………………………………………………… 287
　　（2018年12月12日）
军队无军籍退休职工服务管理办法 ……………………………… 289
　　（2025年5月14日）

（四）教育培训

国务院关于推行终身职业技能培训制度的意见 ………………… 291
　　（2018年5月3日）
退役军人事务部等七部门关于全面做好退役士兵教育培训工作
　　的指导意见 ………………………………………………………… 298
　　（2021年9月7日）
教育部办公厅、退役军人事务部办公厅、财政部办公厅关于全
　　面做好退役士兵职业教育工作的通知 …………………………… 303
　　（2019年8月7日）

（五）就业创业

退役军人事务部等8部门关于加强就业困难退役军人帮扶工作
　　的意见 ……………………………………………………………… 306
　　（2023年1月29日）
退役军人事务部、中共中央组织部、中共中央政法委员会等关
　　于促进新时代退役军人就业创业工作的意见 …………………… 309
　　（2018年7月27日）

退役军人事务部等 16 部门关于促进退役军人投身乡村振兴的指导意见 ………………………………………………………… 314
　　（2021 年 8 月 16 日）

财政部、税务总局、退役军人事务部关于进一步扶持自主就业退役士兵创业就业有关税收政策的公告 ……………… 317
　　（2023 年 8 月 2 日）

国家税务总局、人力资源社会保障部、农业农村部、教育部、退役军人事务部关于重点群体和自主就业退役士兵创业就业税收政策有关执行问题的公告 ………………………… 320
　　（2024 年 3 月 29 日）

教育部办公厅关于进一步做好高职学校退役军人学生招收、培养与管理工作的通知 ……………………………………… 325
　　（2020 年 10 月 28 日）

退役军人事务部等 8 部门关于促进退役军人到开发区就业创业的意见 ………………………………………………………… 328
　　（2021 年 1 月 27 日）

关于进一步加强由政府安排工作退役士兵就业安置工作的意见 …… 330
　　（2018 年 7 月 27 日）

退役军人事务员职业技能等级认定实施细则（暂行） ………… 333
　　（2024 年 12 月 6 日）

退役军人事务部、人力资源社会保障部关于加快推进退役军人事务员职业技能等级认定的实施意见 ……………………… 338
　　（2024 年 7 月 5 日）

五、抚恤优待

伤残抚恤管理办法 …………………………………………………… 342
　　（2019 年 12 月 16 日）

优抚医院管理办法 …………………………………………………… 350
　　（2022 年 6 月 28 日）

光荣院管理办法 ······ 355
　　（2020年4月10日）
优抚对象补助经费管理办法 ······ 360
　　（2024年2月2日）
优抚对象医疗保障办法 ······ 364
　　（2022年6月16日）
优抚对象医疗保障经费管理办法 ······ 366
　　（2024年1月10日）
退役军人、其他优抚对象优待证管理办法（试行）······ 369
　　（2021年11月15日）
残疾军人康复辅助器具配置办法 ······ 376
　　（2025年1月17日）
残疾退役军人医疗保障办法 ······ 379
　　（2022年1月5日）
军人随军家属就业安置办法 ······ 382
　　（2013年10月8日）
退役军人事务部等5部门关于加强困难退役军人帮扶援助工作
　　的意见 ······ 385
　　（2019年10月9日）
退役军人事务部等20部门关于加强军人军属、退役军人和其他
　　优抚对象优待工作的意见 ······ 388
　　（2020年1月9日）
民政部、财政部关于军人死亡一次性抚恤金发放有关问题的通知 ······ 394
　　（2012年9月12日）

六、后勤保障

中华人民共和国军事设施保护法 ······ 396
　　（2021年6月10日）

中华人民共和国军事设施保护法实施办法 ………………… 408
　　（2001年1月12日）
中华人民共和国国防交通法 ………………………………… 415
　　（2016年9月3日）
国防交通条例 ………………………………………………… 425
　　（2011年1月8日）
武器装备质量管理条例 ……………………………………… 433
　　（2010年9月30日）
民兵武器装备管理条例 ……………………………………… 440
　　（2011年1月8日）
军工关键设备设施管理条例 ………………………………… 447
　　（2011年6月24日）
军服管理条例 ………………………………………………… 450
　　（2009年1月13日）
军用饮食供应站供水站管理办法 …………………………… 453
　　（2019年3月2日）

七、纠纷解决

最高人民法院关于军事法院管辖民事案件若干问题的规定 ……… 456
　　（2025年4月25日）
国务院、中央军委关于进一步加强军人军属法律援助工作的
　　意见 …………………………………………………… 458
　　（2014年9月7日）
最高人民法院关于进一步加强人民法院涉军案件审判工作的
　　通知 …………………………………………………… 462
　　（2010年7月28日）
最高人民法院、解放军总政治部关于认真处理涉军纠纷和案件
　　切实维护国防利益和军人军属合法权益的意见 ………… 466
　　（2000年12月25日）

最高人民法院关于进一步发挥职能作用维护国防利益和军人军
　　属合法权益的意见 ·· 469
　　（2014 年 10 月 29 日）
最高人民检察院、中央军委政法委员会关于加强军地检察机关
　　公益诉讼协作工作的意见 ··· 474
　　（2020 年 4 月 22 日）
退役军人部、司法部关于加强退役军人法律援助工作的意见 ········· 478
　　（2021 年 12 月 7 日）
退役军人事务部、司法部关于加强退役军人法律服务志愿工作
　　的意见 ··· 482
　　（2024 年 4 月 30 日）

典型案例

最高人民法院发布军事设施司法保护典型案例 ······················ 486
　　（2025 年 2 月 19 日）
英雄烈士保护领域检察公益诉讼典型案例 ···························· 492
　　（2024 年 9 月 30 日）
人民法院依法维护国防利益和军人军属合法权益典型案例 ··········· 511
　　（2024 年 7 月 31 日）

中华人民共和国军人地位和权益保障法

（2021年6月10日第十三届全国人民代表大会常务委员会第二十九次会议通过　2021年6月10日中华人民共和国主席令第86号公布　自2021年8月1日起施行）

第一章　总　　则

第一条　为了保障军人地位和合法权益，激励军人履行职责使命，让军人成为全社会尊崇的职业，促进国防和军队现代化建设，根据宪法，制定本法。

第二条　本法所称军人，是指在中国人民解放军服现役的军官、军士、义务兵等人员。

第三条　军人肩负捍卫国家主权、安全、发展利益和保卫人民的和平劳动的神圣职责和崇高使命。

第四条　军人是全社会尊崇的职业。国家和社会尊重、优待军人，保障军人享有与其职业特点、担负职责使命和所做贡献相称的地位和权益，经常开展各种形式的拥军优属活动。

一切国家机关和武装力量、各政党和群团组织、企业事业单位、社会组织和其他组织都有依法保障军人地位和权益的责任，全体公民都应当依法维护军人合法权益。

第五条　军人地位和权益保障工作，坚持中国共产党的领导，以服务军队战斗力建设为根本目的，遵循权利与义务相统一、物质保障与精神激励相结合、保障水平与国民经济和社会发展相适应的原则。

第六条　中央军事委员会政治工作部门、国务院退役军人工作主管部门以及中央和国家有关机关、中央军事委员会有关部门按照职责分工做好军人地位和权益保障工作。

县级以上地方各级人民政府负责本行政区域内有关军人地位和权益保障工作。军队团级以上单位政治工作部门负责本单位的军人地位和权益保障工作。

省军区（卫戍区、警备区）、军分区（警备区）和县、自治县、市、市辖区的人民武装部，负责所在行政区域人民政府与军队单位之间军人地位和权益保障方面的联系协调工作，并根据需要建立工作协调机制。

乡镇人民政府、街道办事处、基层群众性自治组织应当按照职责做好军人地位和权益保障工作。

第七条　军人地位和权益保障所需经费，由中央和地方按照事权和支出责任相适应的原则列入预算。

第八条　中央和国家有关机关、县级以上地方人民政府及其有关部门、军队各级机关，应当将军人地位和权益保障工作情况作为拥军优属、拥政爱民等工作评比和有关单位负责人以及工作人员考核评价的重要内容。

第九条　国家鼓励和引导群团组织、企业事业单位、社会组织、个人等社会力量依法通过捐赠、志愿服务等方式为军人权益保障提供支持，符合规定条件的，依法享受税收优惠等政策。

第十条　每年8月1日为中国人民解放军建军节。各级人民政府和军队单位应当在建军节组织开展庆祝、纪念等活动。

第十一条　对在军人地位和权益保障工作中做出突出贡献的单位和个人，按照国家有关规定给予表彰、奖励。

第二章　军人地位

第十二条　军人是中国共产党领导的国家武装力量基本成员，必须忠于祖国，忠于中国共产党，听党指挥，坚决服从命令，认真履行巩固中国共产党的领导和社会主义制度的重要职责使命。

第十三条　军人是人民子弟兵，应当热爱人民，全心全意为人民服务，保卫人民生命财产安全，当遇到人民群众生命财产受到严重威胁时，挺身而出、积极救助。

第十四条　军人是捍卫国家主权、统一、领土完整的坚强力量，应当具备巩固国防、抵抗侵略、保卫祖国所需的战斗精神和能力素质，按照实战要求始终保持戒备状态，苦练杀敌本领，不怕牺牲，能打胜仗，坚决完成任务。

第十五条　军人是中国特色社会主义现代化建设的重要力量，应当积极投身全面建设社会主义现代化国家的事业，依法参加突发事件的应急救援和处置工作。

第十六条　军人享有宪法和法律规定的政治权利，依法参加国家权力机关组成人员选举，依法参加管理国家事务、管理经济和文化事业、管理社会事务。

第十七条　军队实行官兵一致，军人之间在政治和人格上一律平等，应当互相尊重、平等对待。

军队建立健全军人代表会议、军人委员会等民主制度，保障军人知情权、参与权、建议权和监督权。

第十八条　军人必须模范遵守宪法和法律，认真履行宪法和法律规定的公民义务，严格遵守军事法规、军队纪律，作风优良，带头践行社会主义核心价值观。

第十九条　国家为军人履行职责提供保障，军人依法履行职责的行为受法律保护。

军人因执行任务给公民、法人或者其他组织的合法权益造成损害的，按照有关规定由国家予以赔偿或者补偿。

公民、法人和其他组织应当为军人依法履行职责提供必要的支持和协助。

第二十条　军人因履行职责享有的特定权益、承担的特定义务，由本法和有关法律法规规定。

第三章　荣誉维护

第二十一条　军人荣誉是国家、社会对军人献身国防和军队建设、社会主义现代化建设的褒扬和激励，是鼓舞军人士气、提升军队战斗力的精神力量。

国家维护军人荣誉，激励军人崇尚和珍惜荣誉。

第二十二条　军队加强爱国主义、集体主义、革命英雄主义教育，强化军人的荣誉意识，培育有灵魂、有本事、有血性、有品德的新时代革命军人，锻造具有铁一般信仰、铁一般信念、铁一般纪律、铁一般担当的过硬部队。

第二十三条　国家采取多种形式的宣传教育、奖励激励和保障措施，培育军人的职业使命感、自豪感和荣誉感,激发军人建功立业、报效国家的积极性、主动性、创造性。

第二十四条 全社会应当学习中国人民解放军光荣历史,宣传军人功绩和牺牲奉献精神,营造维护军人荣誉的良好氛围。

各级各类学校设置的国防教育课程中,应当包括中国人民解放军光荣历史、军人英雄模范事迹等内容。

第二十五条 国家建立健全军人荣誉体系,通过授予勋章、荣誉称号和记功、嘉奖、表彰、颁发纪念章等方式,对做出突出成绩和贡献的军人给予功勋荣誉表彰,褒扬军人为国家和人民做出的奉献和牺牲。

第二十六条 军人经军队单位批准可以接受地方人民政府、群团组织和社会组织等授予的荣誉,以及国际组织和其他国家、军队等授予的荣誉。

第二十七条 获得功勋荣誉表彰的军人享受相应礼遇和待遇。军人执行作战任务获得功勋荣誉表彰的,按照高于平时的原则享受礼遇和待遇。

获得功勋荣誉表彰和执行作战任务的军人的姓名和功绩,按照规定载入功勋簿、荣誉册、地方志等史志。

第二十八条 中央和国家有关机关、地方和军队各级有关机关,以及广播、电视、报刊、互联网等媒体,应当积极宣传军人的先进典型和英勇事迹。

第二十九条 国家和社会尊崇、铭记为国家、人民、民族牺牲的军人,尊敬、礼遇其遗属。

国家建立英雄烈士纪念设施供公众瞻仰,悼念缅怀英雄烈士,开展纪念和教育活动。

国家推进军人公墓建设。军人去世后,符合规定条件的可以安葬在军人公墓。

第三十条 国家建立军人礼遇仪式制度。在公民入伍、军人退出现役等时机,应当举行相应仪式;在烈士和因公牺牲军人安葬等场合,应当举行悼念仪式。

各级人民政府应当在重大节日和纪念日组织开展走访慰问军队单位、军人家庭和烈士、因公牺牲军人、病故军人的遗属等活动,在举行重要庆典、纪念活动时邀请军人、军人家属和烈士、因公牺牲军人、病故军人的遗属代表参加。

第三十一条　地方人民政府应当为军人和烈士、因公牺牲军人、病故军人的遗属的家庭悬挂光荣牌。军人获得功勋荣誉表彰，由当地人民政府有关部门和军事机关给其家庭送喜报，并组织做好宣传工作。

第三十二条　军人的荣誉和名誉受法律保护。

军人获得的荣誉由其终身享有，非因法定事由、非经法定程序不得撤销。

任何组织和个人不得以任何方式诋毁、贬损军人的荣誉，侮辱、诽谤军人的名誉，不得故意毁损、玷污军人的荣誉标识。

第四章　待遇保障

第三十三条　国家建立军人待遇保障制度，保证军人履行职责使命，保障军人及其家庭的生活水平。

对执行作战任务和重大非战争军事行动任务的军人，以及在艰苦边远地区、特殊岗位工作的军人，待遇保障从优。

第三十四条　国家建立相对独立、特色鲜明、具有比较优势的军人工资待遇制度。军官和军士实行工资制度，义务兵实行供给制生活待遇制度。军人享受个人所得税优惠政策。

国家建立军人工资待遇正常增长机制。

军人工资待遇的结构、标准及其调整办法，由中央军事委员会规定。

第三十五条　国家采取军队保障、政府保障与市场配置相结合，实物保障与货币补贴相结合的方式，保障军人住房待遇。

军人符合规定条件的，享受军队公寓住房或者安置住房保障。

国家建立健全军人住房公积金制度和住房补贴制度。军人符合规定条件购买住房的，国家给予优惠政策支持。

第三十六条　国家保障军人按照规定享受免费医疗和疾病预防、疗养、康复等待遇。

军人在地方医疗机构就医所需费用，符合规定条件的，由军队保障。

第三十七条　国家实行体现军人职业特点、与社会保险制度相衔接的军人保险制度，适时补充军人保险项目，保障军人的保险待遇。

国家鼓励和支持商业保险机构为军人及其家庭成员提供专属保险产品。

第三十八条　军人享有年休假、探亲假等休息休假的权利。对确因工作需要未休假或者未休满假的,给予经济补偿。

军人配偶、子女与军人两地分居的,可以前往军人所在部队探亲。军人配偶前往部队探亲的,其所在单位应当按照规定安排假期并保障相应的薪酬待遇,不得因其享受探亲假期而辞退、解聘或者解除劳动关系。符合规定条件的军人配偶、未成年子女和不能独立生活的成年子女的探亲路费,由军人所在部队保障。

第三十九条 国家建立健全军人教育培训体系,保障军人的受教育权利,组织和支持军人参加专业和文化学习培训,提高军人履行职责的能力和退出现役后的就业创业能力。

第四十条 女军人的合法权益受法律保护。军队应当根据女军人的特点,合理安排女军人的工作任务和休息休假,在生育、健康等方面为女军人提供特别保护。

第四十一条 国家对军人的婚姻给予特别保护,禁止任何破坏军人婚姻的行为。

第四十二条 军官和符合规定条件的军士,其配偶、未成年子女和不能独立生活的成年子女可以办理随军落户;符合规定条件的军人父母可以按照规定办理随子女落户。夫妻双方均为军人的,其子女可以选择父母中的一方随军落户。

军人服现役所在地发生变动的,已随军的家属可以随迁落户,或者选择将户口迁至军人、军人配偶原户籍所在地或者军人父母、军人配偶父母户籍所在地。

地方人民政府有关部门、军队有关单位应当及时高效地为军人家属随军落户办理相关手续。

第四十三条 国家保障军人、军人家属的户籍管理和相关权益。

公民入伍时保留户籍。

符合规定条件的军人,可以享受服现役所在地户籍人口在教育、养老、医疗、住房保障等方面的相关权益。

军人户籍管理和相关权益保障办法,由国务院和中央军事委员会规定。

第四十四条 国家对依法退出现役的军人,依照退役军人保障法律法规的有关规定,给予妥善安置和相应优待保障。

第五章 抚恤优待

第四十五条 国家和社会尊重军人、军人家庭为国防和军队建设做出的奉献和牺牲,优待军人、军人家属,抚恤优待烈士、因公牺牲军人、病故军人的遗属,保障残疾军人的生活。

国家建立抚恤优待保障体系,合理确定抚恤优待标准,逐步提高抚恤优待水平。

第四十六条 军人家属凭有关部门制发的证件享受法律法规规定的优待保障。具体办法由国务院和中央军事委员会有关部门制定。

第四十七条 各级人民政府应当保障抚恤优待对象享受公民普惠待遇,同时享受相应的抚恤优待待遇。

第四十八条 国家实行军人死亡抚恤制度。

军人死亡后被评定为烈士的,国家向烈士遗属颁发烈士证书,保障烈士遗属享受规定的烈士褒扬金、抚恤金和其他待遇。

军人因公牺牲、病故的,国家向其遗属颁发证书,保障其遗属享受规定的抚恤金和其他待遇。

第四十九条 国家实行军人残疾抚恤制度。

军人因战、因公、因病致残的,按照国家有关规定评定残疾等级并颁发证件,享受残疾抚恤金和其他待遇,符合规定条件的以安排工作、供养、退休等方式妥善安置。

第五十条 国家对军人家属和烈士、因公牺牲军人、病故军人的遗属予以住房优待。

军人家属和烈士、因公牺牲军人、病故军人的遗属,符合规定条件申请保障性住房的,或者居住农村且住房困难的,由当地人民政府优先解决。

烈士、因公牺牲军人、病故军人的遗属符合前款规定情形的,当地人民政府给予优惠。

第五十一条 公立医疗机构应当为军人就医提供优待服务。军人家属和烈士、因公牺牲军人、病故军人的遗属,在军队医疗机构和公立医疗机构就医享受医疗优待。

国家鼓励民营医疗机构为军人、军人家属和烈士、因公牺牲军人、病故军人的遗属就医提供优待服务。

国家和社会对残疾军人的医疗依法给予特别保障。

第五十二条 国家依法保障军人配偶就业安置权益。机关、群团组织、企业事业单位、社会组织和其他组织，应当依法履行接收军人配偶就业安置的义务。

军人配偶随军前在机关或者事业单位工作的，由安置地人民政府按照有关规定安排到相应的工作单位；在其他单位工作或者无工作单位的，由安置地人民政府提供就业指导和就业培训，优先协助就业。烈士、因公牺牲军人的遗属和符合规定条件的军人配偶，当地人民政府应当优先安排就业。

第五十三条 国家鼓励有用工需求的用人单位优先安排随军家属就业。国有企业在新招录职工时，应当按照用工需求的适当比例聘用随军家属；有条件的民营企业在新招录职工时，可以按照用工需求的适当比例聘用随军家属。

第五十四条 国家鼓励和扶持军人配偶自主就业、自主创业。军人配偶从事个体经营的，按照国家有关优惠政策给予支持。

第五十五条 国家对军人子女予以教育优待。地方各级人民政府及其有关部门应当为军人子女提供当地优质教育资源，创造接受良好教育的条件。

军人子女入读公办义务教育阶段学校和普惠性幼儿园，可以在本人、父母、祖父母、外祖父母或者其他法定监护人户籍所在地，或者父母居住地、部队驻地入学，享受当地军人子女教育优待政策。

军人子女报考普通高中、中等职业学校，同等条件下优先录取；烈士、因公牺牲军人的子女和符合规定条件的军人子女，按照当地军人子女教育优待政策享受录取等方面的优待。

因公牺牲军人的子女和符合规定条件的军人子女报考高等学校，按照国家有关规定优先录取；烈士子女享受加分等优待。

烈士子女和符合规定条件的军人子女按照规定享受奖学金、助学金和有关费用免除等学生资助政策。

国家鼓励和扶持具备条件的民办学校，为军人子女和烈士、因公牺牲军人的子女提供教育优待。

第五十六条 军人家属和烈士、因公牺牲军人、病故军人的遗属，符合规定条件申请在国家兴办的光荣院、优抚医院集中供养、住院治疗、短期疗养的,享受优先、优惠待遇;申请到公办养老机构养老的,同等条件下优先安排。

第五十七条 军人、军人家属和烈士、因公牺牲军人、病故军人的遗属,享受参观游览公园、博物馆、纪念馆、展览馆、名胜古迹以及文化和旅游等方面的优先、优惠服务。

军人免费乘坐市内公共汽车、电车、轮渡和轨道交通工具。军人和烈士、因公牺牲军人、病故军人的遗属,以及与其随同出行的家属,乘坐境内运行的火车、轮船、长途公共汽车以及民航班机享受优先购票、优先乘车(船、机)等服务,残疾军人享受票价优惠。

第五十八条 地方人民政府和军队单位对因自然灾害、意外事故、重大疾病等原因,基本生活出现严重困难的军人家庭,应当给予救助和慰问。

第五十九条 地方人民政府和军队单位对在未成年子女入学入托、老年人养老等方面遇到困难的军人家庭,应当给予必要的帮扶。

国家鼓励和支持企业事业单位、社会组织和其他组织以及个人为困难军人家庭提供援助服务。

第六十条 军人、军人家属和烈士、因公牺牲军人、病故军人遗属的合法权益受到侵害的,有权向有关国家机关和军队单位提出申诉、控告。负责受理的国家机关和军队单位,应当依法及时处理,不得推诿、拖延。依法向人民法院提起诉讼的,人民法院应当优先立案、审理和执行,人民检察院可以支持起诉。

第六十一条 军人、军人家属和烈士、因公牺牲军人、病故军人的遗属维护合法权益遇到困难的,法律援助机构应当依法优先提供法律援助,司法机关应当依法优先提供司法救助。

第六十二条 侵害军人荣誉、名誉和其他相关合法权益,严重影响军人有效履行职责使命,致使社会公共利益受到损害的,人民检察院可以根据民事诉讼法、行政诉讼法的相关规定提起公益诉讼。

第六章 法 律 责 任

第六十三条 国家机关及其工作人员、军队单位及其工作人员违反本法规定,在军人地位和权益保障工作中滥用职权、玩忽职守、徇私舞弊的,由其所在单位、主管部门或者上级机关责令改正；对负有责任的领导人员和直接责任人员，依法给予处分。

第六十四条　群团组织、企业事业单位、社会组织和其他组织违反本法规定，不履行优待义务的，由有关部门责令改正；对直接负责的主管人员和其他直接责任人员，依法给予处分。

第六十五条　违反本法规定，通过大众传播媒介或者其他方式，诋毁、贬损军人荣誉，侮辱、诽谤军人名誉，或者故意毁损、玷污军人的荣誉标识的，由公安、文化和旅游、新闻出版、电影、广播电视、网信或者其他有关主管部门依据各自的职权责令改正，并依法予以处理；造成精神损害的，受害人有权请求精神损害赔偿。

第六十六条　冒领或者以欺诈、伪造证明材料等手段骗取本法规定的相关荣誉、待遇或者抚恤优待的，由有关部门予以取消，依法给予没收违法所得等行政处罚。

第六十七条　违反本法规定，侵害军人的合法权益，造成财产损失或者其他损害的，依法承担民事责任。

违反本法规定，构成违反治安管理行为的，依法给予治安管理处罚；构成犯罪的，依法追究刑事责任。

第七章　附　　则

第六十八条　本法所称军人家属，是指军人的配偶、父母（扶养人）、未成年子女、不能独立生活的成年子女。

本法所称烈士、因公牺牲军人、病故军人的遗属，是指烈士、因公牺牲军人、病故军人的配偶、父母（扶养人）、子女，以及由其承担抚养义务的兄弟姐妹。

第六十九条　中国人民武装警察部队服现役的警官、警士和义务兵等人员，适用本法。

第七十条　省、自治区、直辖市可以结合本地实际情况，根据本法制定保障军人地位和权益的具体办法。

第七十一条　本法自2021年8月1日起施行。

中华人民共和国退役军人保障法

（2020年11月11日第十三届全国人民代表大会常务委员会第二十三次会议通过　2020年11月11日中华人民共和国主席令第63号公布　自2021年1月1日起施行）

第一章　总　　则

第一条　为了加强退役军人保障工作，维护退役军人合法权益，让军人成为全社会尊崇的职业，根据宪法，制定本法。

第二条　本法所称退役军人，是指从中国人民解放军依法退出现役的军官、军士和义务兵等人员。

第三条　退役军人为国防和军队建设做出了重要贡献，是社会主义现代化建设的重要力量。

尊重、关爱退役军人是全社会的共同责任。国家关心、优待退役军人，加强退役军人保障体系建设，保障退役军人依法享有相应的权益。

第四条　退役军人保障工作坚持中国共产党的领导，坚持为经济社会发展服务、为国防和军队建设服务的方针，遵循以人为本、分类保障、服务优先、依法管理的原则。

第五条　退役军人保障应当与经济发展相协调，与社会进步相适应。

退役军人安置工作应当公开、公平、公正。

退役军人的政治、生活等待遇与其服现役期间所做贡献挂钩。

国家建立参战退役军人特别优待机制。

第六条　退役军人应当继续发扬人民军队优良传统，模范遵守宪法和法律法规，保守军事秘密，践行社会主义核心价值观，积极参加社会主义现代化建设。

第七条　国务院退役军人工作主管部门负责全国的退役军人保障工作。县级以上地方人民政府退役军人工作主管部门负责本行政区域的退役军人保障工作。

中央和国家有关机关、中央军事委员会有关部门、地方各级有关机关应当在各自职责范围内做好退役军人保障工作。

军队各级负责退役军人有关工作的部门与县级以上人民政府退役军人工作主管部门应当密切配合，做好退役军人保障工作。

第八条 国家加强退役军人保障工作信息化建设，为退役军人建档立卡，实现有关部门之间信息共享，为提高退役军人保障能力提供支持。

国务院退役军人工作主管部门应当与中央和国家有关机关、中央军事委员会有关部门密切配合，统筹做好信息数据系统的建设、维护、应用和信息安全管理等工作。

第九条 退役军人保障工作所需经费由中央和地方财政共同负担。退役安置、教育培训、抚恤优待资金主要由中央财政负担。

第十条 国家鼓励和引导企业、社会组织、个人等社会力量依法通过捐赠、设立基金、志愿服务等方式为退役军人提供支持和帮助。

第十一条 对在退役军人保障工作中做出突出贡献的单位和个人，按照国家有关规定给予表彰、奖励。

第二章 移交接收

第十二条 国务院退役军人工作主管部门、中央军事委员会政治工作部门、中央和国家有关机关应当制定全国退役军人的年度移交接收计划。

第十三条 退役军人原所在部队应当将退役军人移交安置地人民政府退役军人工作主管部门，安置地人民政府退役军人工作主管部门负责接收退役军人。

退役军人的安置地，按照国家有关规定确定。

第十四条 退役军人应当在规定时间内，持军队出具的退役证明到安置地人民政府退役军人工作主管部门报到。

第十五条 安置地人民政府退役军人工作主管部门在接收退役军人时，向退役军人发放退役军人优待证。

退役军人优待证全国统一制发、统一编号，管理使用办法由国务院退役军人工作主管部门会同有关部门制定。

第十六条 军人所在部队在军人退役时，应当及时将其人事档案移交安置地人民政府退役军人工作主管部门。

安置地人民政府退役军人工作主管部门应当按照国家人事档案管理有

关规定，接收、保管并向有关单位移交退役军人人事档案。

第十七条 安置地人民政府公安机关应当按照国家有关规定，及时为退役军人办理户口登记，同级退役军人工作主管部门应当予以协助。

第十八条 退役军人原所在部队应当按照有关法律法规规定，及时将退役军人及随军未就业配偶的养老、医疗等社会保险关系和相应资金，转入安置地社会保险经办机构。

安置地人民政府退役军人工作主管部门应当与社会保险经办机构、军队有关部门密切配合，依法做好有关社会保险关系和相应资金转移接续工作。

第十九条 退役军人移交接收过程中，发生与其服现役有关的问题，由原所在部队负责处理；发生与其安置有关的问题，由安置地人民政府负责处理；发生其他移交接收方面问题的，由安置地人民政府负责处理，原所在部队予以配合。

退役军人原所在部队撤销或者转隶、合并的，由原所在部队的上级单位或者转隶、合并后的单位按照前款规定处理。

第三章 退役安置

第二十条 地方各级人民政府应当按照移交接收计划，做好退役军人安置工作，完成退役军人安置任务。

机关、群团组织、企业事业单位和社会组织应当依法接收安置退役军人，退役军人应当接受安置。

第二十一条 对退役的军官，国家采取退休、转业、逐月领取退役金、复员等方式妥善安置。

以退休方式移交人民政府安置的，由安置地人民政府按照国家保障与社会化服务相结合的方式，做好服务管理工作，保障其待遇。

以转业方式安置的，由安置地人民政府根据其德才条件以及服现役期间的职务、等级、所做贡献、专长等和工作需要安排工作岗位，确定相应的职务职级。

服现役满规定年限，以逐月领取退役金方式安置的，按照国家有关规定逐月领取退役金。

以复员方式安置的，按照国家有关规定领取复员费。

第二十二条 对退役的军士，国家采取逐月领取退役金、自主就业、安排工作、退休、供养等方式妥善安置。

服现役满规定年限，以逐月领取退役金方式安置的，按照国家有关规定逐月领取退役金。

服现役不满规定年限，以自主就业方式安置的，领取一次性退役金。

以安排工作方式安置的，由安置地人民政府根据其服现役期间所做贡献、专长等安排工作岗位。

以退休方式安置的，由安置地人民政府按照国家保障与社会化服务相结合的方式，做好服务管理工作，保障其待遇。

以供养方式安置的，由国家供养终身。

第二十三条 对退役的义务兵，国家采取自主就业、安排工作、供养等方式妥善安置。

以自主就业方式安置的，领取一次性退役金。

以安排工作方式安置的，由安置地人民政府根据其服现役期间所做贡献、专长等安排工作岗位。

以供养方式安置的，由国家供养终身。

第二十四条 退休、转业、逐月领取退役金、复员、自主就业、安排工作、供养等安置方式的适用条件，按照相关法律法规执行。

第二十五条 转业军官、安排工作的军士和义务兵，由机关、群团组织、事业单位和国有企业接收安置。对下列退役军人，优先安置：

（一）参战退役军人；

（二）担任作战部队师、旅、团、营级单位主官的转业军官；

（三）属于烈士子女、功臣模范的退役军人；

（四）长期在艰苦边远地区或者特殊岗位服现役的退役军人。

第二十六条 机关、群团组织、事业单位接收安置转业军官、安排工作的军士和义务兵的，应当按照国家有关规定给予编制保障。

国有企业接收安置转业军官、安排工作的军士和义务兵的，应当按照国家规定与其签订劳动合同，保障相应待遇。

前两款规定的用人单位依法裁减人员时，应当优先留用接收安置的转业和安排工作的退役军人。

第二十七条 以逐月领取退役金方式安置的退役军官和军士，被录用为公务员或者聘用为事业单位工作人员的，自被录用、聘用下月起停发退役金，其待遇按照公务员、事业单位工作人员管理相关法律法规执行。

第二十八条　国家建立伤病残退役军人指令性移交安置、收治休养制度。军队有关部门应当及时将伤病残退役军人移交安置地人民政府安置。安置地人民政府应当妥善解决伤病残退役军人的住房、医疗、康复、护理和生活困难。

第二十九条　各级人民政府加强拥军优属工作，为军人和家属排忧解难。

符合条件的军官和军士退出现役时，其配偶和子女可以按照国家有关规定随调随迁。

随调配偶在机关或者事业单位工作，符合有关法律法规规定的，安置地人民政府负责安排到相应的工作单位；随调配偶在其他单位工作或者无工作单位的，安置地人民政府应当提供就业指导，协助实现就业。

随迁子女需要转学、入学的，安置地人民政府教育行政部门应当予以及时办理。对下列退役军人的随迁子女，优先保障：

（一）参战退役军人；

（二）属于烈士子女、功臣模范的退役军人；

（三）长期在艰苦边远地区或者特殊岗位服现役的退役军人；

（四）其他符合条件的退役军人。

第三十条　军人退役安置的具体办法由国务院、中央军事委员会制定。

第四章　教　育　培　训

第三十一条　退役军人的教育培训应当以提高就业质量为导向，紧密围绕社会需求，为退役军人提供有特色、精细化、针对性强的培训服务。

国家采取措施加强对退役军人的教育培训，帮助退役军人完善知识结构，提高思想政治水平、职业技能水平和综合职业素养，提升就业创业能力。

第三十二条　国家建立学历教育和职业技能培训并行并举的退役军人教育培训体系，建立退役军人教育培训协调机制，统筹规划退役军人教育培训工作。

第三十三条　军人退役前，所在部队在保证完成军事任务的前提下，可以根据部队特点和条件提供职业技能储备培训,组织参加高等教育自学考试和各类高等学校举办的高等学历继续教育,以及知识拓展、技能培训等非学历继续教育。

部队所在地县级以上地方人民政府退役军人工作主管部门应当为现役军人所在部队开展教育培训提供支持和协助。

第三十四条 退役军人在接受学历教育时,按照国家有关规定享受学费和助学金资助等国家教育资助政策。

高等学校根据国家统筹安排,可以通过单列计划、单独招生等方式招考退役军人。

第三十五条 现役军人入伍前已被普通高等学校录取或者是正在普通高等学校就学的学生,服现役期间保留入学资格或者学籍,退役后两年内允许入学或者复学,可以按照国家有关规定转入本校其他专业学习。达到报考研究生条件的,按照国家有关规定享受优惠政策。

第三十六条 国家依托和支持普通高等学校、职业院校(含技工院校)、专业培训机构等教育资源,为退役军人提供职业技能培训。退役军人未达到法定退休年龄需要就业创业的,可以享受职业技能培训补贴等相应扶持政策。

军人退出现役,安置地人民政府应当根据就业需求组织其免费参加职业教育、技能培训,经考试考核合格的,发给相应的学历证书、职业资格证书或者职业技能等级证书并推荐就业。

第三十七条 省级人民政府退役军人工作主管部门会同有关部门加强动态管理,定期对为退役军人提供职业技能培训的普通高等学校、职业院校(含技工院校)、专业培训机构的培训质量进行检查和考核,提高职业技能培训质量和水平。

第五章 就业创业

第三十八条 国家采取政府推动、市场引导、社会支持相结合的方式,鼓励和扶持退役军人就业创业。

第三十九条 各级人民政府应当加强对退役军人就业创业的指导和服务。

县级以上地方人民政府退役军人工作主管部门应当加强对退役军人就

业创业的宣传、组织、协调等工作,会同有关部门采取退役军人专场招聘会等形式,开展就业推荐、职业指导,帮助退役军人就业。

第四十条　服现役期间因战、因公、因病致残被评定残疾等级和退役后补评或者重新评定残疾等级的残疾退役军人,有劳动能力和就业意愿的,优先享受国家规定的残疾人就业优惠政策。

第四十一条　公共人力资源服务机构应当免费为退役军人提供职业介绍、创业指导等服务。

国家鼓励经营性人力资源服务机构和社会组织为退役军人就业创业提供免费或者优惠服务。

退役军人未能及时就业的,在人力资源和社会保障部门办理求职登记后,可以按照规定享受失业保险待遇。

第四十二条　机关、群团组织、事业单位和国有企业在招录或者招聘人员时,对退役军人的年龄和学历条件可以适当放宽,同等条件下优先招录、招聘退役军人。退役的军士和义务兵服现役经历视为基层工作经历。

退役的军士和义务兵入伍前是机关、群团组织、事业单位或者国有企业人员的,退役后可以选择复职复工。

第四十三条　各地应当设置一定数量的基层公务员职位,面向服现役满五年的高校毕业生退役军人招考。

服现役满五年的高校毕业生退役军人可以报考面向服务基层项目人员定向考录的职位,同服务基层项目人员共享公务员定向考录计划。

各地应当注重从优秀退役军人中选聘党的基层组织、社区和村专职工作人员。

军队文职人员岗位、国防教育机构岗位等,应当优先选用符合条件的退役军人。

国家鼓励退役军人参加稳边固边等边疆建设工作。

第四十四条　退役军人服现役年限计算为工龄,退役后与所在单位工作年限累计计算。

第四十五条　县级以上地方人民政府投资建设或者与社会共建的创业孵化基地和创业园区,应当优先为退役军人创业提供服务。有条件的地区可以建立退役军人创业孵化基地和创业园区,为退役军人提供经营场地、投资融资等方面的优惠服务。

第四十六条　退役军人创办小微企业,可以按照国家有关规定申请创业担保贷款,并享受贷款贴息等融资优惠政策。

退役军人从事个体经营,依法享受税收优惠政策。

第四十七条　用人单位招用退役军人符合国家规定的,依法享受税收优惠等政策。

第六章　抚恤优待

第四十八条　各级人民政府应当坚持普惠与优待叠加的原则,在保障退役军人享受普惠性政策和公共服务基础上,结合服现役期间所做贡献和各地实际情况给予优待。

对参战退役军人,应当提高优待标准。

第四十九条　国家逐步消除退役军人抚恤优待制度城乡差异、缩小地区差异,建立统筹平衡的抚恤优待量化标准体系。

第五十条　退役军人依法参加养老、医疗、工伤、失业、生育等社会保险,并享受相应待遇。

退役军人服现役年限与入伍前、退役后参加职工基本养老保险、职工基本医疗保险、失业保险的缴费年限依法合并计算。

第五十一条　退役军人符合安置住房优待条件的,实行市场购买与军地集中统建相结合,由安置地人民政府统筹规划、科学实施。

第五十二条　军队医疗机构、公立医疗机构应当为退役军人就医提供优待服务,并对参战退役军人、残疾退役军人给予优惠。

第五十三条　退役军人凭退役军人优待证等有效证件享受公共交通、文化和旅游等优待,具体办法由省级人民政府制定。

第五十四条　县级以上人民政府加强优抚医院、光荣院建设,充分利用现有医疗和养老服务资源,收治或者集中供养孤老、生活不能自理的退役军人。

各类社会福利机构应当优先接收老年退役军人和残疾退役军人。

第五十五条　国家建立退役军人帮扶援助机制,在养老、医疗、住房等方面,对生活困难的退役军人按照国家有关规定给予帮扶援助。

第五十六条　残疾退役军人依法享受抚恤。

残疾退役军人按照残疾等级享受残疾抚恤金,标准由国务院退役军人工作主管部门会同国务院财政部门综合考虑国家经济社会发展水平、消费物价水平、全国城镇单位就业人员工资水平、国家财力情况等因素确定。残疾抚恤金由县级人民政府退役军人工作主管部门发放。

第七章　褒扬激励

第五十七条　国家建立退役军人荣誉激励机制，对在社会主义现代化建设中做出突出贡献的退役军人予以表彰、奖励。退役军人服现役期间获得表彰、奖励的，退役后按照国家有关规定享受相应待遇。

第五十八条　退役军人安置地人民政府在接收退役军人时，应当举行迎接仪式。迎接仪式由安置地人民政府退役军人工作主管部门负责实施。

第五十九条　地方人民政府应当为退役军人家庭悬挂光荣牌，定期开展走访慰问活动。

第六十条　国家、地方和军队举行重大庆典活动时，应当邀请退役军人代表参加。

被邀请的退役军人参加重大庆典活动时，可以穿着退役时的制式服装，佩戴服现役期间和退役后荣获的勋章、奖章、纪念章等徽章。

第六十一条　国家注重发挥退役军人在爱国主义教育和国防教育活动中的积极作用。机关、群团组织、企业事业单位和社会组织可以邀请退役军人协助开展爱国主义教育和国防教育。县级以上人民政府教育行政部门可以邀请退役军人参加学校国防教育培训，学校可以聘请退役军人参与学生军事训练。

第六十二条　县级以上人民政府退役军人工作主管部门应当加强对退役军人先进事迹的宣传，通过制作公益广告、创作主题文艺作品等方式，弘扬爱国主义精神、革命英雄主义精神和退役军人敬业奉献精神。

第六十三条　县级以上地方人民政府负责地方志工作的机构应当将本行政区域内下列退役军人的名录和事迹，编辑录入地方志：

（一）参战退役军人；

（二）荣获二等功以上奖励的退役军人；

（三）获得省部级或者战区级以上表彰的退役军人；

（四）其他符合条件的退役军人。

第六十四条 国家统筹规划烈士纪念设施建设，通过组织开展英雄烈士祭扫纪念活动等多种形式，弘扬英雄烈士精神。退役军人工作主管部门负责烈士纪念设施的修缮、保护和管理。

国家推进军人公墓建设。符合条件的退役军人去世后，可以安葬在军人公墓。

第八章 服务管理

第六十五条 国家加强退役军人服务机构建设，建立健全退役军人服务体系。县级以上人民政府设立退役军人服务中心，乡镇、街道、农村和城市社区设立退役军人服务站点，提升退役军人服务保障能力。

第六十六条 退役军人服务中心、服务站点等退役军人服务机构应当加强与退役军人联系沟通，做好退役军人就业创业扶持、优抚帮扶、走访慰问、权益维护等服务保障工作。

第六十七条 县级以上人民政府退役军人工作主管部门应当加强退役军人思想政治教育工作，及时掌握退役军人的思想情况和工作生活状况，指导接收安置单位和其他组织做好退役军人的思想政治工作和有关保障工作。

接收安置单位和其他组织应当结合退役军人工作和生活状况，做好退役军人思想政治工作和有关保障工作。

第六十八条 县级以上人民政府退役军人工作主管部门、接收安置单位和其他组织应当加强对退役军人的保密教育和管理。

第六十九条 县级以上人民政府退役军人工作主管部门应当通过广播、电视、报刊、网络等多种渠道宣传与退役军人相关的法律法规和政策制度。

第七十条 县级以上人民政府退役军人工作主管部门应当建立健全退役军人权益保障机制，畅通诉求表达渠道，为退役军人维护其合法权益提供支持和帮助。退役军人的合法权益受到侵害，应当依法解决。公共法律服务有关机构应当依法为退役军人提供法律援助等必要的帮助。

第七十一条 县级以上人民政府退役军人工作主管部门应当依法指导、督促有关部门和单位做好退役安置、教育培训、就业创业、抚恤优待、褒扬激励、拥军优属等工作，监督检查退役军人保障相关法律法规和政策措施落实情况，推进解决退役军人保障工作中存在的问题。

第七十二条 国家实行退役军人保障工作责任制和考核评价制度。县级以上人民政府应当将退役军人保障工作完成情况，纳入对本级人民政府负责退役军人有关工作的部门及其负责人、下级人民政府及其负责人的考核评价内容。

对退役军人保障政策落实不到位、工作推进不力的地区和单位，由省级以上人民政府退役军人工作主管部门会同有关部门约谈该地区人民政府主要负责人或者该单位主要负责人。

第七十三条 退役军人工作主管部门及其工作人员履行职责，应当自觉接受社会监督。

第七十四条 对退役军人保障工作中违反本法行为的检举、控告，有关机关和部门应当依法及时处理，并将处理结果告知检举人、控告人。

第九章　法律责任

第七十五条 退役军人工作主管部门及其工作人员有下列行为之一的，由其上级主管部门责令改正，对直接负责的主管人员和其他直接责任人员依法给予处分：

（一）未按照规定确定退役军人安置待遇的；

（二）在退役军人安置工作中出具虚假文件的；

（三）为不符合条件的人员发放退役军人优待证的；

（四）挪用、截留、私分退役军人保障工作经费的；

（五）违反规定确定抚恤优待对象、标准、数额或者给予退役军人相关待遇的；

（六）在退役军人保障工作中利用职务之便为自己或者他人谋取私利的；

（七）在退役军人保障工作中失职渎职的；

（八）有其他违反法律法规行为的。

第七十六条 其他负责退役军人有关工作的部门及其工作人员违反本法有关规定的，由其上级主管部门责令改正，对直接负责的主管人员和其他直接责任人员依法给予处分。

第七十七条 违反本法规定，拒绝或者无故拖延执行退役军人安置任务的,由安置地人民政府退役军人工作主管部门责令限期改正;逾期不改正,予以通报批评。对该单位主要负责人和直接责任人员,由有关部门依法给予处分。

第七十八条　退役军人弄虚作假骗取退役相关待遇的,由县级以上地方人民政府退役军人工作主管部门取消相关待遇,追缴非法所得,并由其所在单位或者有关部门依法给予处分。

第七十九条　退役军人违法犯罪的,由省级人民政府退役军人工作主管部门按照国家有关规定中止、降低或者取消其退役相关待遇,报国务院退役军人工作主管部门备案。

退役军人对省级人民政府退役军人工作主管部门作出的中止、降低或者取消其退役相关待遇的决定不服的,可以依法申请行政复议或者提起行政诉讼。

第八十条　违反本法规定,构成违反治安管理行为的,依法给予治安管理处罚;构成犯罪的,依法追究刑事责任。

第十章　附　　则

第八十一条　中国人民武装警察部队依法退出现役的警官、警士和义务兵等人员,适用本法。

第八十二条　本法有关军官的规定适用于文职干部。

军队院校学员依法退出现役的,参照本法有关规定执行。

第八十三条　参试退役军人参照本法有关参战退役军人的规定执行。

参战退役军人、参试退役军人的范围和认定标准、认定程序,由中央军事委员会有关部门会同国务院退役军人工作主管部门等部门规定。

第八十四条　军官离职休养和军级以上职务军官退休后,按照国务院和中央军事委员会的有关规定安置管理。

本法施行前已经按照自主择业方式安置的退役军人的待遇保障,按照国务院和中央军事委员会的有关规定执行。

第八十五条　本法自2021年1月1日起施行。

军人抚恤优待条例

（2004年8月1日中华人民共和国国务院、中华人民共和国中央军事委员会令第413号公布 根据2011年7月29日《国务院、中央军事委员会关于修改〈军人抚恤优待条例〉的决定》第一次修订 根据2019年3月2日《国务院关于修改部分行政法规的决定》第二次修订 2024年8月5日中华人民共和国国务院、中华人民共和国中央军事委员会令第788号第三次修订）

第一章 总 则

第一条 为了保障国家对军人的抚恤优待，激励军人保卫祖国、建设祖国的献身精神，加强国防和军队现代化建设，让军人成为全社会尊崇的职业，根据《中华人民共和国国防法》、《中华人民共和国兵役法》、《中华人民共和国军人地位和权益保障法》、《中华人民共和国退役军人保障法》等有关法律，制定本条例。

第二条 本条例所称抚恤优待对象包括：

（一）军人；

（二）服现役和退出现役的残疾军人；

（三）烈士遗属、因公牺牲军人遗属、病故军人遗属；

（四）军人家属；

（五）退役军人。

第三条 军人抚恤优待工作坚持中国共产党的领导。

军人抚恤优待工作应当践行社会主义核心价值观，贯彻待遇与贡献匹配、精神与物质并重、关爱与服务结合的原则，分类保障，突出重点，逐步推进抚恤优待制度城乡统筹，健全抚恤优待标准动态调整机制，确保抚恤优待保障水平与经济社会发展水平、国防和军队建设需要相适应。

第四条 国家保障抚恤优待对象享受社会保障和基本公共服务等公民普惠待遇，同时享受相应的抚恤优待待遇。

在审核抚恤优待对象是否符合享受相应社会保障和基本公共服务等条

件时,抚恤金、补助金和优待金不计入抚恤优待对象个人和家庭收入。

第五条 国务院退役军人工作主管部门负责全国的军人抚恤优待工作;县级以上地方人民政府退役军人工作主管部门负责本行政区域内的军人抚恤优待工作。

中央和国家有关机关、中央军事委员会有关部门、地方各级有关机关应当在各自职责范围内做好军人抚恤优待工作。

第六条 按照中央与地方财政事权和支出责任划分原则,军人抚恤优待所需经费主要由中央财政负担,适度加大省级财政投入力度,减轻基层财政压力。

县级以上地方人民政府应当对军人抚恤优待工作经费予以保障。

中央和地方财政安排的军人抚恤优待所需经费和工作经费,实施全过程预算绩效管理,并接受财政、审计部门的监督。

第七条 国家鼓励和引导群团组织、企业事业单位、社会组织、个人等社会力量依法通过捐赠、设立基金、志愿服务等方式为军人抚恤优待工作提供支持和帮助。

全社会应当关怀、尊重抚恤优待对象,开展各种形式的拥军优属活动,营造爱国拥军、尊崇军人浓厚氛围。

第八条 国家推进军人抚恤优待工作信息化,加强抚恤优待对象综合信息平台建设,加强部门协同配合、信息共享,实现对抚恤优待对象的精准识别,提升军人抚恤优待工作服务能力和水平。

国家建立享受定期抚恤补助对象年度确认制度和冒领待遇追责机制,确保抚恤优待资金准确发放。

第九条 对在军人抚恤优待工作中做出显著成绩的单位和个人,按照国家有关规定给予表彰和奖励。

第二章 军人死亡抚恤

第十条 烈士遗属享受烈士褒扬金、一次性抚恤金,并可以按照规定享受定期抚恤金、丧葬补助、一次性特别抚恤金等。

因公牺牲军人遗属、病故军人遗属享受一次性抚恤金,并可以按照规定享受定期抚恤金、丧葬补助、一次性特别抚恤金等。

第十一条 军人牺牲,符合下列情形之一的,评定为烈士:

（一）对敌作战牺牲，或者对敌作战负伤在医疗终结前因伤牺牲的；

（二）因执行任务遭敌人或者犯罪分子杀害，或者被俘、被捕后不屈遭敌人杀害或者被折磨牺牲的；

（三）为抢救和保护国家财产、集体财产、公民生命财产或者执行反恐怖任务和处置突发事件牺牲的；

（四）因执行军事演习、战备航行飞行、空降和导弹发射训练、试航试飞任务以及参加武器装备科研试验牺牲的；

（五）在执行外交任务或者国家派遣的对外援助、维持国际和平任务中牺牲的；

（六）其他牺牲情节特别突出，堪为楷模的。

军人在执行对敌作战、维持国际和平、边海防执勤或者抢险救灾等任务中失踪，被宣告死亡的，按照烈士对待。

评定烈士，属于因战牺牲的，由军队团级以上单位政治工作部门批准；属于非因战牺牲的，由军队军级以上单位政治工作部门批准；属于本条第一款第六项规定情形的，由中央军事委员会政治工作部批准。

第十二条　军人死亡，符合下列情形之一的，确认为因公牺牲：

（一）在执行任务中、工作岗位上或者在上下班途中，由于意外事件死亡的；

（二）被认定为因战、因公致残后因旧伤复发死亡的；

（三）因患职业病死亡的；

（四）在执行任务中或者在工作岗位上因病猝然死亡的；

（五）其他因公死亡的。

军人在执行对敌作战、维持国际和平、边海防执勤或者抢险救灾以外的其他任务中失踪，被宣告死亡的，按照因公牺牲对待。

军人因公牺牲，由军队团级以上单位政治工作部门确认；属于本条第一款第五项规定情形的，由军队军级以上单位政治工作部门确认。

第十三条　军人除本条例第十二条第一款第三项、第四项规定情形以外，因其他疾病死亡的，确认为病故。

军人非执行任务死亡，或者失踪被宣告死亡的，按照病故对待。

军人病故，由军队团级以上单位政治工作部门确认。

第十四条　军人牺牲被评定为烈士、确认为因公牺牲或者病故后，由军队有关部门或者单位向烈士遗属、因公牺牲军人遗属、病故军人遗属户籍所在地县级人民政府退役军人工作主管部门发送《烈士评定通知书》、《军人因公牺牲通知书》、《军人病故通知书》和《军人因公牺牲证明书》、《军人病故证明书》。烈士证书的颁发按照《烈士褒扬条例》的规定执行,《军人因公牺牲证明书》、《军人病故证明书》由本条规定的县级人民政府退役军人工作主管部门发给因公牺牲军人遗属、病故军人遗属。

遗属均为军人且无户籍的,军人单位所在地作为遗属户籍地。

第十五条　烈士褒扬金由领取烈士证书的烈士遗属户籍所在地县级人民政府退役军人工作主管部门,按照烈士牺牲时上一年度全国城镇居民人均可支配收入30倍的标准发给其遗属。战时,参战牺牲的烈士褒扬金标准可以适当提高。

军人死亡,根据其死亡性质和死亡时的月基本工资标准,由收到《烈士评定通知书》、《军人因公牺牲通知书》、《军人病故通知书》的县级人民政府退役军人工作主管部门,按照以下标准发给其遗属一次性抚恤金:烈士和因公牺牲的,为上一年度全国城镇居民人均可支配收入的20倍加本人40个月的基本工资;病故的,为上一年度全国城镇居民人均可支配收入的2倍加本人40个月的基本工资。月基本工资或者津贴低于少尉军官基本工资标准的,按照少尉军官基本工资标准计算。被追授军衔的,按照所追授的军衔等级以及相应待遇级别确定月基本工资标准。

第十六条　服现役期间获得功勋荣誉表彰的军人被评定为烈士、确认为因公牺牲或者病故的,其遗属在应当享受的一次性抚恤金的基础上,由县级人民政府退役军人工作主管部门按照下列比例增发一次性抚恤金:

(一)获得勋章或者国家荣誉称号的,增发40%;

(二)获得党中央、国务院、中央军事委员会单独或者联合授予荣誉称号的,增发35%;

(三)立一等战功、获得一级表彰或者获得中央军事委员会授权的单位授予荣誉称号的,增发30%;

(四)立二等战功、一等功或者获得二级表彰并经批准的,增发25%;

(五)立三等战功或者二等功的,增发15%;

(六)立四等战功或者三等功的,增发5%。

军人死亡后被追授功勋荣誉表彰的,比照前款规定增发一次性抚恤金。

服现役期间多次获得功勋荣誉表彰的烈士、因公牺牲军人、病故军人，其遗属由县级人民政府退役军人工作主管部门按照其中最高的增发比例，增发一次性抚恤金。

第十七条　对生前作出特殊贡献的烈士、因公牺牲军人、病故军人，除按照本条例规定发给其遗属一次性抚恤金外，军队可以按照有关规定发给其遗属一次性特别抚恤金。

第十八条　烈士褒扬金发给烈士的父母（抚养人）、配偶、子女；没有父母（抚养人）、配偶、子女的，发给未满18周岁的兄弟姐妹和已满18周岁但无生活费来源且由该军人生前供养的兄弟姐妹。

一次性抚恤金发给烈士遗属、因公牺牲军人遗属、病故军人遗属，遗属的范围按照前款规定确定。

第十九条　对符合下列条件的烈士遗属、因公牺牲军人遗属、病故军人遗属，由其户籍所在地县级人民政府退役军人工作主管部门依据其申请，在审核确认其符合条件当月起发给定期抚恤金：

（一）父母（抚养人）、配偶无劳动能力、无生活费来源，或者收入水平低于当地居民平均生活水平的；

（二）子女未满18周岁或者已满18周岁但因上学或者残疾无生活费来源的；

（三）兄弟姐妹未满18周岁或者已满18周岁但因上学无生活费来源且由该军人生前供养的。

定期抚恤金标准应当参照上一年度全国居民人均可支配收入水平确定，具体标准及其调整办法，由国务院退役军人工作主管部门会同国务院财政部门规定。

第二十条　烈士、因公牺牲军人、病故军人生前的配偶再婚后继续赡养烈士、因公牺牲军人、病故军人父母（抚养人），继续抚养烈士、因公牺牲军人、病故军人生前供养的未满18周岁或者已满18周岁但无劳动能力且无生活费来源的兄弟姐妹的，由其户籍所在地县级人民政府退役军人工作主管部门继续发放定期抚恤金。

第二十一条　对领取定期抚恤金后生活仍有特殊困难的烈士遗属、因公牺牲军人遗属、病故军人遗属，县级以上地方人民政府可以增发抚恤金或者采取其他方式予以困难补助。

第二十二条 享受定期抚恤金的烈士遗属、因公牺牲军人遗属、病故军人遗属死亡的，继续发放 6 个月其原享受的定期抚恤金，作为丧葬补助。

第二十三条 军人失踪被宣告死亡的，在其被评定为烈士、确认为因公牺牲或者病故后，又经法定程序撤销对其死亡宣告的，由原评定或者确认机关取消其烈士、因公牺牲军人或者病故军人资格，并由发证机关收回有关证件，终止其家属原享受的抚恤待遇。

第三章　军人残疾抚恤

第二十四条 残疾军人享受残疾抚恤金，并可以按照规定享受供养待遇、护理费等。

第二十五条 军人残疾，符合下列情形之一的，认定为因战致残：

（一）对敌作战负伤致残的；

（二）因执行任务遭敌人或者犯罪分子伤害致残，或者被俘、被捕后不屈遭敌人伤害或者被折磨致残的；

（三）为抢救和保护国家财产、集体财产、公民生命财产或者执行反恐怖任务和处置突发事件致残的；

（四）因执行军事演习、战备航行飞行、空降和导弹发射训练、试航试飞任务以及参加武器装备科研试验致残的；

（五）在执行外交任务或者国家派遣的对外援助、维持国际和平任务中致残的；

（六）其他因战致残的。

军人残疾，符合下列情形之一的，认定为因公致残：

（一）在执行任务中、工作岗位上或者在上下班途中，由于意外事件致残的；

（二）因患职业病致残的；

（三）在执行任务中或者在工作岗位上突发疾病受伤致残的；

（四）其他因公致残的。

义务兵和初级军士除前款第二项、第三项规定情形以外，因其他疾病导致残疾的，认定为因病致残。

第二十六条 残疾的等级，根据劳动功能障碍程度和生活自理障碍程度确定，由重到轻分为一级至十级。

残疾等级的具体评定标准由国务院退役军人工作主管部门会同国务院人力资源社会保障部门、卫生健康部门和军队有关部门规定。

第二十七条　军人因战、因公致残经治疗伤情稳定后，符合评定残疾等级条件的，应当及时评定残疾等级。义务兵和初级军士因病致残经治疗病情稳定后，符合评定残疾等级条件的，本人（无民事行为能力人或者限制民事行为能力人由其监护人）或者所在单位应当及时提出申请，在服现役期间评定残疾等级。

因战、因公致残，残疾等级被评定为一级至十级的，享受抚恤；因病致残，残疾等级被评定为一级至六级的，享受抚恤。评定残疾等级的，从批准当月起发给残疾抚恤金。

第二十八条　因战、因公、因病致残性质的认定和残疾等级的评定权限是：

（一）义务兵和初级军士的残疾，由军队军级以上单位卫生部门会同相关部门认定和评定；

（二）军官、中级以上军士的残疾，由军队战区级以上单位卫生部门会同相关部门认定和评定；

（三）退出现役的军人和移交政府安置的军队离休退休干部、退休军士需要认定残疾性质和评定残疾等级的，由省级人民政府退役军人工作主管部门认定和评定。

评定残疾等级，应当依据医疗卫生专家小组出具的残疾等级医学鉴定意见。

残疾军人由认定残疾性质和评定残疾等级的机关发给《中华人民共和国残疾军人证》。

第二十九条　军人因战、因公致残，未及时评定残疾等级，退出现役后，本人（无民事行为能力人或者限制民事行为能力人由其监护人）应当及时申请补办评定残疾等级；凭原始档案记载及原始病历能够证明服现役期间的残情和伤残性质符合评定残疾等级条件的，可以评定残疾等级。

被诊断、鉴定为职业病或者因体内残留弹片致残，符合残疾等级评定条件的，可以补办评定残疾等级。

军人被评定残疾等级后，在服现役期间或者退出现役后原致残部位残疾情况发生明显变化，原定残疾等级与残疾情况明显不符，本人（无民事行为能力人或者限制民事行为能力人由其监护人）申请或者军队卫生部门、地方人民政府退役军人工作主管部门提出需要调整残疾等级的，可以重新评定残疾等级。申请调整残疾等级应当在上一次评定残疾等级1年后提出。

第三十条　退出现役的残疾军人或者向政府移交的残疾军人，应当自军队办理退役手续或者移交手续后60日内，向户籍迁入地县级人民政府退役军人工作主管部门申请转入抚恤关系，按照残疾性质和等级享受残疾抚恤金。其退役或者向政府移交当年的残疾抚恤金由所在部队发给，迁入地县级人民政府退役军人工作主管部门从下一年起按照当地的标准发给。

因工作需要继续服现役的残疾军人，经军队军级以上单位批准，由所在部队按照规定发给残疾抚恤金。

第三十一条　残疾军人的抚恤金标准应当参照上一年度全国城镇单位就业人员年平均工资水平确定。残疾抚恤金的标准以及一级至十级残疾军人享受残疾抚恤金的具体办法，由国务院退役军人工作主管部门会同国务院财政部门规定。

对领取残疾抚恤金后生活仍有特殊困难的残疾军人，县级以上地方人民政府可以增发抚恤金或者采取其他方式予以困难补助。

第三十二条　退出现役的因战、因公致残的残疾军人因旧伤复发死亡的，由县级人民政府退役军人工作主管部门按照因公牺牲军人的抚恤金标准发给其遗属一次性抚恤金，其遗属按照国家规定享受因公牺牲军人遗属定期抚恤金待遇。

退出现役的残疾军人因病死亡的，对其遗属继续发放12个月其原享受的残疾抚恤金，作为丧葬补助；其中，因战、因公致残的一级至四级残疾军人因病死亡的，其遗属按照国家规定享受病故军人遗属定期抚恤金待遇。

第三十三条　退出现役时为一级至四级的残疾军人，由国家供养终身；其中，对需要长年医疗或者独身一人不便分散供养的，经省级人民政府退役军人工作主管部门批准，可以集中供养。

第三十四条　对退出现役时分散供养的一级至四级、退出现役后补办或者调整为一级至四级、服现役期间因患精神障碍评定为五级至六级的残疾军人发给护理费，护理费的标准为：

（一）因战、因公一级和二级残疾的，为当地上一年度城镇单位就业人员月平均工资的50%；

（二）因战、因公三级和四级残疾的，为当地上一年度城镇单位就业人员月平均工资的40%；

（三）因病一级至四级残疾的，为当地上一年度城镇单位就业人员月平均工资的30%；

（四）因精神障碍五级至六级残疾的，为当地上一年度城镇单位就业人员月平均工资的25%。

退出现役并移交地方的残疾军人的护理费，由县级以上地方人民政府退役军人工作主管部门发给。未退出现役或者未移交地方的残疾军人的护理费，由所在部队按照军队有关规定发给。移交政府安置的离休退休残疾军人的护理费，按照国家和军队有关规定执行。

享受护理费的残疾军人在优抚医院集中收治期间，护理费由优抚医院统筹使用。享受护理费的残疾军人在部队期间，由单位从地方购买照护服务的，护理费按照规定由单位纳入购买社会服务费用统一管理使用。

第三十五条　残疾军人因残情需要配制假肢、轮椅、助听器等康复辅助器具，正在服现役的，由军队军级以上单位负责解决；退出现役的，由省级人民政府退役军人工作主管部门负责解决，所需经费由省级人民政府保障。

第四章　优　　待

第三十六条　抚恤优待对象依法享受家庭优待金、荣誉激励、关爱帮扶，以及教育、医疗、就业、住房、养老、交通、文化等方面的优待。

第三十七条　国家完善抚恤优待对象表彰、奖励办法，构建精神与物质并重的荣誉激励制度体系，建立抚恤优待对象荣誉激励机制，健全邀请参加重大庆典活动、开展典型宣传、悬挂光荣牌、制发优待证、送喜报、载入地方志、组织短期疗养等政策制度。

第三十八条　国家建立抚恤优待对象关爱帮扶机制，逐步完善抚恤优待对象生活状况信息档案登记制度，有条件的地方可以设立退役军人关爱基金，充分利用退役军人关爱基金等开展帮扶援助，加大对生活发生重大变故、遇到特殊困难的抚恤优待对象的关爱帮扶力度。

乡镇人民政府、街道办事处通过入户走访等方式，主动了解本行政区域抚恤优待对象的生活状况，及时发现生活困难的抚恤优待对象，提供协助申请、组织帮扶等服务。基层群众性自治组织应当协助做好抚恤优待对象的走访帮扶工作。鼓励发挥社会组织、社会工作者和志愿者作用,为抚恤优待对象提供心理疏导、精神抚慰、法律援助、人文关怀等服务。县级以上人民政府应当采取措施,为乡镇人民政府、街道办事处以及基层群众性自治组织开展相关工作提供条件和支持。

第三十九条 国家对烈士遗属逐步加大教育、医疗、就业、养老、住房、交通、文化等方面的优待力度。

国务院有关部门、军队有关部门和地方人民政府应当关心烈士遗属的生活情况,开展走访慰问,及时给予烈士遗属荣誉激励和精神抚慰。

烈士子女符合公务员、社区专职工作人员考录、聘用条件的,在同等条件下优先录用或者聘用。

第四十条 烈士、因公牺牲军人、病故军人的子女、兄弟姐妹以及军人子女,本人自愿应征并且符合征兵条件的,优先批准服现役;报考军队文职人员的,按照规定享受优待。

第四十一条 国家兴办优抚医院、光荣院,按照规定为抚恤优待对象提供优待服务。县级以上人民政府应当充分利用现有医疗和养老服务资源,因地制宜加强优抚医院、光荣院建设,收治或者集中供养孤老、生活不能自理的退役军人。

参战退役军人、烈士遗属、因公牺牲军人遗属、病故军人遗属和军人家属,符合规定条件申请在国家兴办的优抚医院、光荣院集中供养、住院治疗、短期疗养的,享受优先、优惠待遇。

各类社会福利机构应当优先接收抚恤优待对象。烈士遗属、因公牺牲军人遗属、病故军人遗属和军人家属,符合规定条件申请入住公办养老机构的,同等条件下优先安排。

第四十二条 国家建立中央和地方财政分级负担的义务兵家庭优待金制度,义务兵服现役期间,其家庭由批准入伍地县级人民政府发给优待金,同时按照规定享受其他优待。

义务兵和军士入伍前依法取得的农村土地承包经营权,服现役期间应当保留。

义务兵从部队发出的平信,免费邮递。

第四十三条 烈士子女报考普通高中、中等职业学校、高等学校,按照《烈士褒扬条例》等法律法规和国家有关规定享受优待。在公办幼儿园和公办学校就读的，按照国家有关规定享受各项学生资助等政策。

因公牺牲军人子女、一级至四级残疾军人子女报考普通高中、中等职业学校、高等学校，在录取时按照国家有关规定给予优待；接受学历教育的，按照国家有关规定享受各项学生资助等政策。

军人子女入读公办义务教育阶段学校和普惠性幼儿园，可以在本人、父母、祖父母、外祖父母或者其他法定监护人户籍所在地，或者父母居住地、部队驻地入学，享受当地军人子女教育优待政策；报考普通高中、中等职业学校、高等学校，按照国家有关规定优先录取；接受学历教育的，按照国家有关规定享受各项学生资助等政策。地方各级人民政府及其有关部门应当按照法律法规和国家有关规定为军人子女创造接受良好教育的条件。

残疾军人、义务兵和初级军士退出现役后，报考中等职业学校和高等学校，按照国家有关规定享受优待。优先安排残疾军人参加学习培训，按照规定享受国家资助政策。退役军人按照规定免费参加教育培训。符合条件的退役大学生士兵复学、转专业、攻读硕士研究生等，按照国家有关规定享受优待政策。

抚恤优待对象享受教育优待的具体办法由国务院退役军人工作主管部门会同国务院教育部门规定。

第四十四条　国家对一级至六级残疾军人的医疗费用按照规定予以保障，其中参加工伤保险的一级至六级残疾军人旧伤复发的医疗费用，由工伤保险基金支付。

七级至十级残疾军人旧伤复发的医疗费用，已经参加工伤保险的，由工伤保险基金支付；未参加工伤保险，有工作单位的由工作单位解决，没有工作单位的由当地县级以上地方人民政府负责解决。七级至十级残疾军人旧伤复发以外的医疗费用，未参加医疗保险且本人支付有困难的，由当地县级以上地方人民政府酌情给予补助。

抚恤优待对象在军队医疗卫生机构和政府举办的医疗卫生机构按照规定享受优待服务，国家鼓励社会力量举办的医疗卫生机构为抚恤优待对象就医提供优待服务。参战退役军人、残疾军人按照规定享受医疗优惠。

抚恤优待对象享受医疗优待和优惠的具体办法由国务院退役军人工作

主管部门和中央军事委员会后勤保障部会同国务院财政、卫生健康、医疗保障等部门规定。

中央财政对地方给予适当补助,用于帮助解决抚恤优待对象的医疗费用困难问题。

第四十五条 义务兵和军士入伍前是机关、群团组织、事业单位或者国有企业工作人员,退出现役后以自主就业方式安置的,可以选择复职复工,其工资、福利待遇不得低于本单位同等条件工作人员的平均水平;服现役期间,其家属继续享受该单位工作人员家属的有关福利待遇。

残疾军人、义务兵和初级军士退出现役后,报考公务员的,按照国家有关规定享受优待。

第四十六条 国家依法保障军人配偶就业安置权益。机关、群团组织、企业事业单位、社会组织和其他组织,应当依法履行接收军人配偶就业安置的义务。经军队团级以上单位政治工作部门批准随军的军官家属、军士家属,由驻军所在地公安机关办理落户手续。

军人配偶随军前在机关或者事业单位工作的,由安置地人民政府及其主管部门按照国家有关规定,安排到相应的工作单位。其中,随军前是公务员的,采取转任等方式,在规定的编制限额和职数内,结合当地和随军家属本人实际情况,原则上安置到机关相应岗位;随军前是事业单位工作人员的,采取交流方式,在规定的编制限额和设置的岗位数内,结合当地和随军家属本人实际情况,原则上安置到事业单位相应岗位。经个人和接收单位双向选择,也可以按照规定安置到其他单位适宜岗位。

军人配偶随军前在其他单位工作或者无工作单位且有就业能力和就业意愿的,由安置地人民政府提供职业指导、职业介绍、职业培训等就业服务,按照规定落实相关扶持政策,帮助其实现就业。

烈士遗属、因公牺牲军人遗属和符合规定条件的军人配偶,当地人民政府应当优先安排就业。符合条件的军官和军士退出现役时,其配偶和子女可以按照国家有关规定随调随迁。

第四十七条 国家鼓励有用工需求的用人单位优先安排随军家属就业。国有企业在新招录职工时,应当按照用工需求的适当比例聘用随军家属;有条件的民营企业在新招录职工时,可以按照用工需求的适当比例聘用随军家属。

国家鼓励和扶持有条件、有意愿的军人配偶自主就业、自主创业，按照规定落实相关扶持政策。

第四十八条　驻边疆国境的县（市）、沙漠区、国家确定的边远地区中的三类地区和军队确定的特、一、二类岛屿部队的军官、军士，其符合随军条件无法随军的家属，可以选择在军人、军人配偶原户籍所在地或者军人父母、军人配偶父母户籍所在地自愿落户，所在地人民政府应当妥善安置。

第四十九条　随军的烈士遗属、因公牺牲军人遗属、病故军人遗属，移交地方人民政府安置的，享受本条例和当地人民政府规定的优待。

第五十条　退出现役后，在机关、群团组织、企业事业单位和社会组织工作的残疾军人，享受与所在单位工伤人员同等的生活福利和医疗待遇。所在单位不得因其残疾将其辞退、解除聘用合同或者劳动合同。

第五十一条　国家适应住房保障制度改革发展要求，逐步完善抚恤优待对象住房优待办法，适当加大对参战退役军人、烈士遗属、因公牺牲军人遗属、病故军人遗属的优待力度。符合当地住房保障条件的抚恤优待对象承租、购买保障性住房的，县级以上地方人民政府有关部门应当给予优先照顾。居住农村的符合条件的抚恤优待对象，同等条件下优先纳入国家或者地方实施的农村危房改造相关项目范围。

第五十二条　军人凭军官证、军士证、义务兵证、学员证等有效证件，残疾军人凭《中华人民共和国残疾军人证》，烈士遗属、因公牺牲军人遗属、病故军人遗属凭优待证，乘坐境内运行的铁路旅客列车、轮船、长途客运班车和民航班机，享受购票、安检、候乘、通行等优先服务，随同出行的家属可以一同享受优先服务；残疾军人享受减收国内运输经营者对外公布票价50%的优待。

军人、残疾军人凭证免费乘坐市内公共汽车、电车、轮渡和轨道交通工具。

第五十三条　抚恤优待对象参观游览图书馆、博物馆、美术馆、科技馆、纪念馆、体育场馆等公共文化设施和公园、展览馆、名胜古迹等按照规定享受优待及优惠服务。

第五十四条　军人依法享受个人所得税优惠政策。退役军人从事个体经营或者企业招用退役军人，符合条件的，依法享受税收优惠。

第五章　法 律 责 任

第五十五条　军人抚恤优待管理单位及其工作人员挪用、截留、私分军人抚恤优待所需经费和工作经费,构成犯罪的,依法追究相关责任人员的刑事责任;尚不构成犯罪的,对相关责任人员依法给予处分。被挪用、截留、私分的军人抚恤优待所需经费和工作经费,由上一级人民政府退役军人工作主管部门、军队有关部门责令追回。

第五十六条　军人抚恤优待管理单位及其工作人员、参与军人抚恤优待工作的单位及其工作人员有下列行为之一的,由其上级主管部门责令改正;情节严重,构成犯罪的,依法追究相关责任人员的刑事责任;尚不构成犯罪的,对相关责任人员依法给予处分:

(一) 违反规定审批军人抚恤待遇的;

(二) 在审批军人抚恤待遇工作中出具虚假诊断、鉴定、证明的;

(三) 不按照规定的标准、数额、对象审批或者发放抚恤金、补助金、优待金的;

(四) 在军人抚恤优待工作中利用职权谋取私利的;

(五) 有其他违反法律法规行为的。

第五十七条　负有军人优待义务的单位不履行优待义务的,由县级以上地方人民政府退役军人工作主管部门责令限期履行义务;逾期仍未履行的,处以2万元以上5万元以下罚款;对直接负责的主管人员和其他直接责任人员,依法给予处分。因不履行优待义务使抚恤优待对象受到损失的,应当依法承担赔偿责任。

第五十八条　抚恤优待对象及其他人员有下列行为之一的,由县级以上地方人民政府退役军人工作主管部门、军队有关部门取消相关待遇、追缴违法所得,并由其所在单位或者有关部门依法给予处分;构成犯罪的,依法追究刑事责任:

(一) 冒领抚恤金、补助金、优待金的;

(二) 伪造残情、伤情、病情骗取医药费等费用或者相关抚恤优待待遇的;

(三) 出具虚假证明、伪造证件、印章骗取抚恤金、补助金、优待金的;

（四）其他弄虚作假骗取抚恤优待待遇的。

第五十九条 抚恤优待对象被判处有期徒刑、剥夺政治权利或者被通缉期间，中止发放抚恤金、补助金；被判处死刑、无期徒刑以及被军队开除军籍的，取消其抚恤优待资格。

抚恤优待对象有前款规定情形的，由省级人民政府退役军人工作主管部门按照国家有关规定中止或者取消其抚恤优待相关待遇，报国务院退役军人工作主管部门备案。

第六章　附　　则

第六十条 本条例适用于中国人民武装警察部队。

第六十一条 军队离休退休干部和退休军士的抚恤优待，按照本条例有关军人抚恤优待的规定执行。

参试退役军人参照本条例有关参战退役军人的规定执行。

因参战以及参加非战争军事行动、军事训练和执行军事勤务伤亡的预备役人员、民兵、民工、其他人员的抚恤，参照本条例的有关规定办理。

第六十二条 国家按照规定为符合条件的参战退役军人、带病回乡退役军人、年满60周岁农村籍退役士兵、1954年10月31日之前入伍后经批准退出现役的人员，以及居住在农村和城镇无工作单位且年满60周岁、在国家建立定期抚恤金制度时已满18周岁的烈士子女，发放定期生活补助。

享受国家定期生活补助的参战退役军人去世后，继续发放6个月其原享受的定期生活补助，作为丧葬补助。

第六十三条 深化国防和军队改革期间现役军人转改的文职人员，按照本条例有关军人抚恤优待的规定执行。

其他文职人员因在作战和有作战背景的军事行动中承担支援保障任务、参加非战争军事行动以及军级以上单位批准且列入军事训练计划的军事训练伤亡的抚恤优待，参照本条例的有关规定办理。

第六十四条 本条例自2024年10月1日起施行。

一、综 合

中华人民共和国国防法

（1997年3月14日第八届全国人民代表大会第五次会议通过 根据2009年8月27日第十一届全国人民代表大会常务委员会第十次会议《关于修改部分法律的决定》修正 2020年12月26日第十三届全国人民代表大会常务委员会第二十四次会议修订 2020年12月26日中华人民共和国主席令第67号公布 自2021年1月1日起施行）

第一章 总 则

第一条 为了建设和巩固国防，保障改革开放和社会主义现代化建设的顺利进行，实现中华民族伟大复兴，根据宪法，制定本法。

第二条 国家为防备和抵抗侵略，制止武装颠覆和分裂，保卫国家主权、统一、领土完整、安全和发展利益所进行的军事活动，以及与军事有关的政治、经济、外交、科技、教育等方面的活动，适用本法。

第三条 国防是国家生存与发展的安全保障。

国家加强武装力量建设，加强边防、海防、空防和其他重大安全领域防卫建设，发展国防科研生产，普及全民国防教育，完善国防动员体系，实现国防现代化。

第四条 国防活动坚持以马克思列宁主义、毛泽东思想、邓小平理论、"三个代表"重要思想、科学发展观、习近平新时代中国特色社会主义思想为指导，贯彻习近平强军思想，坚持总体国家安全观，贯彻新时代军事战略方针，建设与我国国际地位相称、与国家安全和发展利益相适应的巩固国防和强大武装力量。

第五条 国家对国防活动实行统一的领导。

第六条 中华人民共和国奉行防御性国防政策，独立自主、自力更生地建设和巩固国防，实行积极防御，坚持全民国防。

国家坚持经济建设和国防建设协调、平衡、兼容发展，依法开展国防活动，加快国防和军队现代化，实现富国和强军相统一。

第七条　保卫祖国、抵抗侵略是中华人民共和国每一个公民的神圣职责。

中华人民共和国公民应当依法履行国防义务。

一切国家机关和武装力量、各政党和各人民团体、企业事业组织、社会组织和其他组织，都应当支持和依法参与国防建设，履行国防职责，完成国防任务。

第八条　国家和社会尊重、优待军人，保障军人的地位和合法权益，开展各种形式的拥军优属活动，让军人成为全社会尊崇的职业。

中国人民解放军和中国人民武装警察部队开展拥政爱民活动，巩固军政军民团结。

第九条　中华人民共和国积极推进国际军事交流与合作，维护世界和平，反对侵略扩张行为。

第十条　对在国防活动中作出贡献的组织和个人，依照有关法律、法规的规定给予表彰和奖励。

第十一条　任何组织和个人违反本法和有关法律，拒绝履行国防义务或者危害国防利益的，依法追究法律责任。

公职人员在国防活动中，滥用职权、玩忽职守、徇私舞弊的，依法追究法律责任。

第二章　国家机构的国防职权

第十二条　全国人民代表大会依照宪法规定，决定战争和和平的问题，并行使宪法规定的国防方面的其他职权。

全国人民代表大会常务委员会依照宪法规定，决定战争状态的宣布，决定全国总动员或者局部动员，并行使宪法规定的国防方面的其他职权。

第十三条　中华人民共和国主席根据全国人民代表大会的决定和全国人民代表大会常务委员会的决定，宣布战争状态，发布动员令，并行使宪法规定的国防方面的其他职权。

第十四条　国务院领导和管理国防建设事业，行使下列职权：

（一）编制国防建设的有关发展规划和计划；

（二）制定国防建设方面的有关政策和行政法规；

（三）领导和管理国防科研生产；

（四）管理国防经费和国防资产；

（五）领导和管理国民经济动员工作和人民防空、国防交通等方面的建设和组织实施工作；

（六）领导和管理拥军优属工作和退役军人保障工作；

（七）与中央军事委员会共同领导民兵的建设，征兵工作，边防、海防、空防和其他重大安全领域防卫的管理工作；

（八）法律规定的与国防建设事业有关的其他职权。

第十五条 中央军事委员会领导全国武装力量，行使下列职权：

（一）统一指挥全国武装力量；

（二）决定军事战略和武装力量的作战方针；

（三）领导和管理中国人民解放军、中国人民武装警察部队的建设，制定规划、计划并组织实施；

（四）向全国人民代表大会或者全国人民代表大会常务委员会提出议案；

（五）根据宪法和法律，制定军事法规，发布决定和命令；

（六）决定中国人民解放军、中国人民武装警察部队的体制和编制，规定中央军事委员会机关部门、战区、军兵种和中国人民武装警察部队等单位的任务和职责；

（七）依照法律、军事法规的规定，任免、培训、考核和奖惩武装力量成员；

（八）决定武装力量的武器装备体制，制定武器装备发展规划、计划，协同国务院领导和管理国防科研生产；

（九）会同国务院管理国防经费和国防资产；

（十）领导和管理人民武装动员、预备役工作；

（十一）组织开展国际军事交流与合作；

（十二）法律规定的其他职权。

第十六条 中央军事委员会实行主席负责制。

第十七条 国务院和中央军事委员会建立协调机制，解决国防事务的重大问题。

中央国家机关与中央军事委员会机关有关部门可以根据情况召开会议，协调解决有关国防事务的问题。

第十八条 地方各级人民代表大会和县级以上地方各级人民代表大会常务委员会在本行政区域内，保证有关国防事务的法律、法规的遵守和执行。

地方各级人民政府依照法律规定的权限，管理本行政区域内的征兵、民兵、国民经济动员、人民防空、国防交通、国防设施保护，以及退役军人保障和拥军优属等工作。

第十九条 地方各级人民政府和驻地军事机关根据需要召开军地联席会议，协调解决本行政区域内有关国防事务的问题。

军地联席会议由地方人民政府的负责人和驻地军事机关的负责人共同召集。军地联席会议的参加人员由会议召集人确定。

军地联席会议议定的事项，由地方人民政府和驻地军事机关根据各自职责和任务分工办理，重大事项应当分别向上级报告。

第三章 武装力量

第二十条 中华人民共和国的武装力量属于人民。它的任务是巩固国防，抵抗侵略，保卫祖国，保卫人民的和平劳动，参加国家建设事业，全心全意为人民服务。

第二十一条 中华人民共和国的武装力量受中国共产党领导。武装力量中的中国共产党组织依照中国共产党章程进行活动。

第二十二条 中华人民共和国的武装力量，由中国人民解放军、中国人民武装警察部队、民兵组成。

中国人民解放军由现役部队和预备役部队组成，在新时代的使命任务是为巩固中国共产党领导和社会主义制度，为捍卫国家主权、统一、领土完整，为维护国家海外利益，为促进世界和平与发展，提供战略支撑。现役部队是国家的常备军，主要担负防卫作战任务，按照规定执行非战争军事行动任务。预备役部队按照规定进行军事训练、执行防卫作战任务和非战争军事行动任务；根据国家发布的动员令，由中央军事委员会下达命令转为现役部队。

中国人民武装警察部队担负执勤、处置突发社会安全事件、防范和处置恐怖活动、海上维权执法、抢险救援和防卫作战以及中央军事委员会赋予的其他任务。

民兵在军事机关的指挥下，担负战备勤务、执行非战争军事行动任务和防卫作战任务。

第二十三条　中华人民共和国的武装力量必须遵守宪法和法律。

第二十四条　中华人民共和国武装力量建设坚持走中国特色强军之路，坚持政治建军、改革强军、科技强军、人才强军、依法治军，加强军事训练，开展政治工作，提高保障水平，全面推进军事理论、军队组织形态、军事人员和武器装备现代化，构建中国特色现代作战体系，全面提高战斗力，努力实现党在新时代的强军目标。

第二十五条　中华人民共和国武装力量的规模应当与保卫国家主权、安全、发展利益的需要相适应。

第二十六条　中华人民共和国的兵役分为现役和预备役。军人和预备役人员的服役制度由法律规定。

中国人民解放军、中国人民武装警察部队依照法律规定实行衔级制度。

第二十七条　中国人民解放军、中国人民武装警察部队在规定岗位实行文职人员制度。

第二十八条　中国人民解放军军旗、军徽是中国人民解放军的象征和标志。中国人民武装警察部队旗、徽是中国人民武装警察部队的象征和标志。

公民和组织应当尊重中国人民解放军军旗、军徽和中国人民武装警察部队旗、徽。

中国人民解放军军旗、军徽和中国人民武装警察部队旗、徽的图案、样式以及使用管理办法由中央军事委员会规定。

第二十九条　国家禁止任何组织或者个人非法建立武装组织，禁止非法武装活动，禁止冒充军人或者武装力量组织。

第四章　边防、海防、空防和其他重大安全领域防卫

第三十条　中华人民共和国的领陆、领水、领空神圣不可侵犯。国家建设强大稳固的现代边防、海防和空防，采取有效的防卫和管理措施，保卫领陆、领水、领空的安全，维护国家海洋权益。

国家采取必要的措施，维护在太空、电磁、网络空间等其他重大安全领域的活动、资产和其他利益的安全。

第三十一条　中央军事委员会统一领导边防、海防、空防和其他重大安全领域的防卫工作。

中央国家机关、地方各级人民政府和有关军事机关，按照规定的职权范围，分工负责边防、海防、空防和其他重大安全领域的管理和防卫工作，共同维护国家的安全和利益。

第三十二条　国家根据边防、海防、空防和其他重大安全领域防卫的需要，加强防卫力量建设，建设作战、指挥、通信、测控、导航、防护、交通、保障等国防设施。各级人民政府和军事机关应当依照法律、法规的规定，保障国防设施的建设，保护国防设施的安全。

第五章　国防科研生产和军事采购

第三十三条　国家建立和完善国防科技工业体系，发展国防科研生产，为武装力量提供性能先进、质量可靠、配套完善、便于操作和维修的武器装备以及其他适用的军用物资，满足国防需要。

第三十四条　国防科技工业实行军民结合、平战结合、军品优先、创新驱动、自主可控的方针。

国家统筹规划国防科技工业建设，坚持国家主导、分工协作、专业配套、开放融合，保持规模适度、布局合理的国防科研生产能力。

第三十五条　国家充分利用全社会优势资源，促进国防科学技术进步，加快技术自主研发，发挥高新技术在武器装备发展中的先导作用，增加技术储备，完善国防知识产权制度，促进国防科技成果转化，推进科技资源共享和协同创新，提高国防科研能力和武器装备技术水平。

第三十六条　国家创造有利的环境和条件，加强国防科学技术人才培养，鼓励和吸引优秀人才进入国防科研生产领域，激发人才创新活力。

国防科学技术工作者应当受到全社会的尊重。国家逐步提高国防科学技术工作者的待遇，保护其合法权益。

第三十七条　国家依法实行军事采购制度，保障武装力量所需武器装备和物资、工程、服务的采购供应。

第三十八条　国家对国防科研生产实行统一领导和计划调控；注重发

挥市场机制作用，推进国防科研生产和军事采购活动公平竞争。

国家为承担国防科研生产任务和接受军事采购的组织和个人依法提供必要的保障条件和优惠政策。地方各级人民政府应当依法对承担国防科研生产任务和接受军事采购的组织和个人给予协助和支持。

承担国防科研生产任务和接受军事采购的组织和个人应当保守秘密，及时高效完成任务，保证质量，提供相应的服务保障。

国家对供应武装力量的武器装备和物资、工程、服务，依法实行质量责任追究制度。

第六章　国防经费和国防资产

第三十九条　国家保障国防事业的必要经费。国防经费的增长应当与国防需求和国民经济发展水平相适应。

国防经费依法实行预算管理。

第四十条　国家为武装力量建设、国防科研生产和其他国防建设直接投入的资金、划拨使用的土地等资源，以及由此形成的用于国防目的的武器装备和设备设施、物资器材、技术成果等属于国防资产。

国防资产属于国家所有。

第四十一条　国家根据国防建设和经济建设的需要，确定国防资产的规模、结构和布局，调整和处分国防资产。

国防资产的管理机构和占有、使用单位，应当依法管理国防资产，充分发挥国防资产的效能。

第四十二条　国家保护国防资产不受侵害，保障国防资产的安全、完整和有效。

禁止任何组织或者个人破坏、损害和侵占国防资产。未经国务院、中央军事委员会或者国务院、中央军事委员会授权的机构批准，国防资产的占有、使用单位不得改变国防资产用于国防的目的。国防资产中的技术成果，在坚持国防优先、确保安全的前提下，可以根据国家有关规定用于其他用途。

国防资产的管理机构或者占有、使用单位对不再用于国防目的的国防资产，应当按照规定报批，依法改作其他用途或者进行处置。

第七章　国防教育

第四十三条　国家通过开展国防教育，使全体公民增强国防观念、强化忧患意识、掌握国防知识、提高国防技能、发扬爱国主义精神，依法履行国防义务。

普及和加强国防教育是全社会的共同责任。

第四十四条　国防教育贯彻全民参与、长期坚持、讲求实效的方针，实行经常教育与集中教育相结合、普及教育与重点教育相结合、理论教育与行为教育相结合的原则。

第四十五条　国防教育主管部门应当加强国防教育的组织管理，其他有关部门应当按照规定的职责做好国防教育工作。

军事机关应当支持有关机关和组织开展国防教育工作，依法提供有关便利条件。

一切国家机关和武装力量、各政党和各人民团体、企业事业组织、社会组织和其他组织，都应当组织本地区、本部门、本单位开展国防教育。

学校的国防教育是全民国防教育的基础。各级各类学校应当设置适当的国防教育课程，或者在有关课程中增加国防教育的内容。普通高等学校和高中阶段学校应当按照规定组织学生军事训练。

公职人员应当积极参加国防教育，提升国防素养，发挥在全民国防教育中的模范带头作用。

第四十六条　各级人民政府应当将国防教育纳入国民经济和社会发展计划，保障国防教育所需的经费。

第八章　国防动员和战争状态

第四十七条　中华人民共和国的主权、统一、领土完整、安全和发展利益遭受威胁时，国家依照宪法和法律规定，进行全国总动员或者局部动员。

第四十八条　国家将国防动员准备纳入国家总体发展规划和计划，完善国防动员体制，增强国防动员潜力，提高国防动员能力。

第四十九条　国家建立战略物资储备制度。战略物资储备应当规模适度、储存安全、调用方便、定期更换，保障战时的需要。

第五十条　国家国防动员领导机构、中央国家机关、中央军事委员会机关有关部门按照职责分工，组织国防动员准备和实施工作。

一切国家机关和武装力量、各政党和各人民团体、企业事业组织、社会组织、其他组织和公民，都必须依照法律规定完成国防动员准备工作；在国家发布动员令后，必须完成规定的国防动员任务。

第五十一条　国家根据国防动员需要，可以依法征收、征用组织和个人的设备设施、交通工具、场所和其他财产。

县级以上人民政府对被征收、征用者因征收、征用所造成的直接经济损失，按照国家有关规定给予公平、合理的补偿。

第五十二条　国家依照宪法规定宣布战争状态，采取各种措施集中人力、物力和财力，领导全体公民保卫祖国、抵抗侵略。

第九章　公民、组织的国防义务和权利

第五十三条　依照法律服兵役和参加民兵组织是中华人民共和国公民的光荣义务。

各级兵役机关和基层人民武装机构应当依法办理兵役工作，按照国务院和中央军事委员会的命令完成征兵任务，保证兵员质量。有关国家机关、人民团体、企业事业组织、社会组织和其他组织，应当依法完成民兵和预备役工作，协助完成征兵任务。

第五十四条　企业事业组织和个人承担国防科研生产任务或者接受军事采购，应当按照要求提供符合质量标准的武器装备或者物资、工程、服务。

企业事业组织和个人应当按照国家规定在与国防密切相关的建设项目中贯彻国防要求，依法保障国防建设和军事行动的需要。车站、港口、机场、道路等交通设施的管理、运营单位应当为军人和军用车辆、船舶的通行提供优先服务，按照规定给予优待。

第五十五条　公民应当接受国防教育。

公民和组织应当保护国防设施，不得破坏、危害国防设施。

公民和组织应当遵守保密规定，不得泄露国防方面的国家秘密，不得非法持有国防方面的秘密文件、资料和其他秘密物品。

第五十六条　公民和组织应当支持国防建设，为武装力量的军事训练、战备勤务、防卫作战、非战争军事行动等活动提供便利条件或者其他协助。

国家鼓励和支持符合条件的公民和企业投资国防事业，保障投资者的合法权益并依法给予政策优惠。

第五十七条 公民和组织有对国防建设提出建议的权利，有对危害国防利益的行为进行制止或者检举的权利。

第五十八条 民兵、预备役人员和其他公民依法参加军事训练，担负战备勤务、防卫作战、非战争军事行动等任务时，应当履行自己的职责和义务；国家和社会保障其享有相应的待遇，按照有关规定对其实行抚恤优待。

公民和组织因国防建设和军事活动在经济上受到直接损失的，可以依照国家有关规定获得补偿。

第十章 军人的义务和权益

第五十九条 军人必须忠于祖国，忠于中国共产党，履行职责，英勇战斗，不怕牺牲，捍卫祖国的安全、荣誉和利益。

第六十条 军人必须模范地遵守宪法和法律，遵守军事法规，执行命令，严守纪律。

第六十一条 军人应当发扬人民军队的优良传统，热爱人民，保护人民，积极参加社会主义现代化建设，完成抢险救灾等任务。

第六十二条 军人应当受到全社会的尊崇。

国家建立军人功勋荣誉表彰制度。

国家采取有效措施保护军人的荣誉、人格尊严，依照法律规定对军人的婚姻实行特别保护。

军人依法履行职责的行为受法律保护。

第六十三条 国家和社会优待军人。

国家建立与军事职业相适应、与国民经济发展相协调的军人待遇保障制度。

第六十四条 国家建立退役军人保障制度，妥善安置退役军人，维护退役军人的合法权益。

第六十五条 国家和社会抚恤优待残疾军人，对残疾军人的生活和医疗依法给予特别保障。

因战、因公致残或者致病的残疾军人退出现役后，县级以上人民政府应当及时接收安置,并保障其生活不低于当地的平均生活水平。

第六十六条 国家和社会优待军人家属,抚恤优待烈士家属和因公牺牲、病故军人的家属。

第十一章 对外军事关系

第六十七条 中华人民共和国坚持互相尊重主权和领土完整、互不侵犯、互不干涉内政、平等互利、和平共处五项原则,维护以联合国为核心的国际体系和以国际法为基础的国际秩序,坚持共同、综合、合作、可持续的安全观,推动构建人类命运共同体,独立自主地处理对外军事关系,开展军事交流与合作。

第六十八条 中华人民共和国遵循以联合国宪章宗旨和原则为基础的国际关系基本准则,依照国家有关法律运用武装力量,保护海外中国公民、组织、机构和设施的安全,参加联合国维和、国际救援、海上护航、联演联训、打击恐怖主义等活动,履行国际安全义务,维护国家海外利益。

第六十九条 中华人民共和国支持国际社会实施的有利于维护世界和地区和平、安全、稳定的与军事有关的活动,支持国际社会为公正合理地解决国际争端以及国际军备控制、裁军和防扩散所做的努力,参与安全领域多边对话谈判,推动制定普遍接受、公正合理的国际规则。

第七十条 中华人民共和国在对外军事关系中遵守同外国、国际组织缔结或者参加的有关条约和协定。

第十二章 附 则

第七十一条 本法所称军人,是指在中国人民解放军服现役的军官、军士、义务兵等人员。

本法关于军人的规定,适用于人民武装警察。

第七十二条 中华人民共和国特别行政区的防务,由特别行政区基本法和有关法律规定。

第七十三条 本法自2021年1月1日起施行。

中华人民共和国国防教育法

（2001年4月28日第九届全国人民代表大会常务委员会第二十一次会议通过 根据2018年4月27日第十三届全国人民代表大会常务委员会第二次会议《关于修改〈中华人民共和国国境卫生检疫法〉等六部法律的决定》修正 2024年9月13日第十四届全国人民代表大会常务委员会第十一次会议修订 2024年9月13日中华人民共和国主席令第30号公布 自2024年9月21日起施行）

第一章 总 则

第一条 为了普及和加强国防教育，发扬爱国主义精神，促进国防建设和社会主义精神文明建设，根据宪法和《中华人民共和国国防法》、《中华人民共和国教育法》，制定本法。

第二条 国家在全体公民中开展以爱国主义为核心，以履行国防义务为目的，与国防和军队建设有关的理论、知识、技能以及科技、法律、心理等方面的国防教育。

国防教育是建设和巩固国防的基础，是增强民族凝聚力、提高全民素质的重要途径。

第三条 国防教育坚持以马克思列宁主义、毛泽东思想、邓小平理论、"三个代表"重要思想、科学发展观、习近平新时代中国特色社会主义思想为指导，坚持总体国家安全观，培育和践行社会主义核心价值观，铸牢中华民族共同体意识，使全体公民增强国防观念、强化忧患意识、掌握国防知识、提高国防技能，依法履行国防义务。

第四条 坚持中国共产党对国防教育工作的领导，建立集中统一、分工负责、军地协同的国防教育领导体制。

第五条 中央全民国防教育主管部门负责全国国防教育工作的指导、监督和统筹协调。中央国家机关各部门在各自的职责范围内负责国防教育工作。中央军事委员会机关有关部门按照职责分工，协同中央全民国防教育主管部门开展国防教育。

县级以上地方全民国防教育主管部门负责本行政区域内国防教育工作的指导、监督和统筹协调；其他有关部门在规定的职责范围内开展国防教育工作。驻地军事机关协同地方全民国防教育主管部门开展国防教育。

第六条　国防教育贯彻全民参与、长期坚持、讲求实效的方针，实行经常教育与集中教育相结合、普及教育与重点教育相结合、理论教育与行为教育相结合的原则，针对不同对象确定相应的教育内容分类组织实施。

第七条　中华人民共和国公民都有接受国防教育的权利和义务。

普及和加强国防教育是全社会的共同责任。

一切国家机关和武装力量、各政党和各人民团体、企业事业组织、社会组织和其他组织，都应当组织本地区、本部门、本单位开展国防教育。

第八条　国防动员、兵役、退役军人事务、国防科研生产、边防海防、人民防空、国防交通等工作的主管部门，依照本法和有关法律、法规的规定，开展国防教育。

工会、共产主义青年团、妇女联合会和其他群团组织，应当在各自的工作范围内开展国防教育。

第九条　中国人民解放军、中国人民武装警察部队按照中央军事委员会的有关规定开展国防教育。

第十条　国家支持、鼓励社会组织和个人开展有益于国防教育的活动。

第十一条　对在国防教育工作中做出突出贡献的组织和个人，按照国家有关规定给予表彰、奖励。

第十二条　每年九月的第三个星期六为全民国防教育日。

第二章　学校国防教育

第十三条　学校国防教育是全民国防教育的基础，是实施素质教育的重要内容。

教育行政部门应当将国防教育列入工作计划，加强对学校国防教育的组织、指导和监督，并对学校国防教育工作定期进行考核。

学校应当将国防教育列入学校的工作和教学计划，采取有效措施，保证国防教育的质量和效果。

第十四条　小学和初级中学应当将国防教育的内容纳入有关课程，将课堂教学与课外活动相结合,使小学生具备一定的国防意识、初中学生掌握初步的国防知识和国防技能。

小学和初级中学可以组织学生开展以国防教育为主题的少年军校活动。教育行政部门、共产主义青年团和其他有关部门应当加强对少年军校活动的指导与管理。

小学和初级中学可以根据需要聘请校外辅导员,协助学校开展多种形式的国防教育活动。

第十五条 高中阶段学校应当在有关课程中安排专门的国防教育内容,将课堂教学与军事训练相结合,使学生掌握基本的国防理论、知识和技能,具备基本的国防观念。

普通高等学校应当设置国防教育课程,加强国防教育相关学科建设,开展形式多样的国防教育活动,使学生掌握必要的国防理论、知识和技能,具备较强的国防观念。

第十六条 学校国防教育应当与兵役宣传教育相结合,增强学生依法服兵役的意识,营造服兵役光荣的良好氛围。

第十七条 普通高等学校、高中阶段学校应当按照规定组织学生军事训练。

普通高等学校、高中阶段学校学生的军事训练,由学校负责军事训练的机构或者军事教员组织实施。

学校组织军事训练活动,应当采取措施,加强安全保障。

驻地军事机关应当协助学校组织学生军事训练。

第十八条 中央全民国防教育主管部门、国务院教育行政部门、中央军事委员会机关有关部门负责全国学生军事训练工作。

县级以上地方人民政府教育行政部门和驻地军事机关应当加强对学生军事训练工作的组织、指导和监督。

第十九条 普通高等学校、高中阶段学校应当按照学生军事训练大纲,加强军事技能训练,磨练学生意志品质,增强组织纪律性,提高军事训练水平。

学生军事训练大纲由国务院教育行政部门、中央军事委员会机关有关部门共同制定。

第三章 社会国防教育

第二十条 国家机关应当根据各自的工作性质和特点,采取多种形式对工作人员进行国防教育。

国家机关工作人员应当具备较高的国防素养,发挥在全民国防教育中的模范带头作用。从事国防建设事业的国家机关工作人员,应当学习和掌握履行职责所必需的国防理论、知识和技能等。

各地区、各部门的领导人员应当依法履行组织、领导本地区、本部门开展国防教育的职责。

第二十一条 负责培训国家工作人员的各类教育机构,应当将国防教育纳入培训计划,设置适当的国防教育课程。

国家根据需要选送地方和部门的负责人到有关军事院校接受培训,学习和掌握履行领导职责所必需的国防理论、知识和技能等。

第二十二条 企业事业组织应当将国防教育列入职工教育计划,结合政治教育、业务培训、文化体育等活动,对职工进行国防教育。

承担国防科研生产、国防设施建设、国防交通保障等任务的企业事业组织,应当根据所担负的任务,制定相应的国防教育计划,有针对性地对职工进行国防教育。

社会组织应当根据各自的活动特点开展国防教育。

第二十三条 省军区(卫戍区、警备区)、军分区(警备区)和县、自治县、不设区的市、市辖区的人民武装部按照国家和军队的有关规定,结合政治教育和组织整顿、军事训练、执行勤务、征兵工作以及重大节日、纪念日活动,对民兵进行国防教育。

民兵国防教育,应当以基干民兵和担任领导职务的民兵为重点,建立和完善制度,保证受教育的人员、教育时间和教育内容的落实。

预备役人员所在单位应当按照有关规定开展预备役人员教育训练。

第二十四条 居民委员会、村民委员会应当将国防教育纳入社会主义精神文明建设的内容,结合征兵工作、拥军优属以及重大节日、纪念日活动,对居民、村民进行国防教育。

居民委员会、村民委员会可以聘请退役军人协助开展国防教育。

第二十五条 文化和旅游、新闻出版、广播电视、电影、网信等部门和单位应当根据形势和任务的要求，创新宣传报道方式，通过发挥红色资源教育功能、推出优秀文艺作品、宣传发布先进典型、运用新平台新技术新产品等形式和途径开展国防教育。

中央和省、自治区、直辖市以及设区的市的广播电台、电视台、报刊、新闻网站等媒体应当开设国防教育节目或者栏目，普及国防知识。

第二十六条　各地区、各部门应当利用重大节日、纪念日和重大主题活动等，广泛开展群众性国防教育活动；在全民国防教育日集中开展主题鲜明、形式多样的国防教育活动。

第二十七条　英雄烈士纪念设施、革命旧址和其他具有国防教育功能的博物馆、纪念馆、科技馆、文化馆、青少年宫等场所，应当为公民接受国防教育提供便利，对有组织的国防教育活动实行免费或者优惠。

国防教育基地应当对军队人员、退役军人和学生免费开放，在全民国防教育日向社会免费开放。

第四章　国防教育保障

第二十八条　县级以上人民政府应当将国防教育纳入国民经济和社会发展规划以及年度计划，将国防教育经费纳入预算。

国家机关、事业组织、群团组织开展国防教育所需经费，在本单位预算经费内列支。

企业开展国防教育所需经费，在本单位职工教育经费中列支。

学校组织学生军事训练所需经费，按照国家有关规定执行。

第二十九条　国家鼓励企业事业组织、社会组织和个人捐赠财产，资助国防教育的开展。

企业事业组织、社会组织和个人资助国防教育的财产，由国防教育领域相关组织依法管理。

国家鼓励企业事业组织、社会组织和个人提供或者捐赠所收藏的具有国防教育意义的实物用于国防教育。使用单位对提供使用的实物应当妥善保管，使用完毕，及时归还。

第三十条　国防教育经费和企业事业组织、社会组织、个人资助国防教育的财产，必须用于国防教育事业，任何单位或者个人不得侵占、挪用、克扣。

第三十一条 具备下列条件的场所,可以由设区的市级以上全民国防教育主管部门会同同级军事机关命名为国防教育基地:

(一)有明确的国防教育主题内容;

(二)有健全的管理机构和规章制度;

(三)有相应的国防教育设施;

(四)有必要的经费保障;

(五)有显著的社会教育效果。

国防教育基地应当加强建设,不断完善,充分发挥国防教育功能。

各级全民国防教育主管部门会同有关部门加强对国防教育基地的规划、建设和管理,并为其发挥作用提供必要的保障。

被命名的国防教育基地不再具备本条第一款规定条件的,由命名机关撤销命名。

第三十二条 各级人民政府应当加强对具有国防教育意义的文物的调查、登记和保护工作。

第三十三条 全民国防教育使用统一的国防教育大纲。国防教育大纲由中央全民国防教育主管部门组织制定。

适用于不同类别、不同地区教育对象的国防教育教材,应当依据国防教育大纲由有关部门或者地方结合本部门、本地区的特点组织编写、审核。

第三十四条 各级全民国防教育主管部门应当组织、协调有关部门做好国防教育教员的选拔、培训和管理工作,加强国防教育师资队伍建设。

国防教育教员应当从热爱国防教育事业、具有扎实的国防理论、知识和必要的军事技能的人员中选拔,同等条件下优先招录、招聘退役军人。

第三十五条 中国人民解放军、中国人民武装警察部队应当根据需要,按照有关规定为有组织的国防教育活动选派军事教员,提供必要的军事训练场地、设施、器材和其他便利条件。

经批准的军营应当按照军队有关规定向社会开放。

第五章 法律责任

第三十六条 国家机关、人民团体、企业事业组织以及社会组织和其他组织违反本法规定,拒不开展国防教育活动的,由有关部门或者上级机关给予批评教育,并责令限期改正;拒不改正,造成恶劣影响的,对负有责任的领导人员和直接责任人员依法给予处分。

第三十七条 违反本法规定，侵占、挪用、克扣国防教育经费或者企业事业组织、社会组织、个人资助的国防教育财产的，由有关主管部门责令限期归还；对负有责任的领导人员和直接责任人员依法给予处分。不适用处分的人员，由有关主管部门依法予以处理。

第三十八条 侵占、破坏国防教育基地设施，损毁展品、器材的，由有关主管部门给予批评教育，并责令限期改正；有关责任人应当依法承担相应的民事责任；构成违反治安管理行为的，依法给予治安管理处罚。

第三十九条 寻衅滋事，扰乱国防教育工作和活动秩序的，或者盗用国防教育名义骗取钱财的，由有关主管部门给予批评教育，并予以制止；造成人身、财产或者其他损害的，应当依法承担相应的民事责任；构成违反治安管理行为的，依法给予治安管理处罚。

第四十条 负责国防教育的公职人员滥用职权、玩忽职守、徇私舞弊的，依法给予处分。

第四十一条 违反本法规定，构成犯罪的，依法追究刑事责任。

第六章 附 则

第四十二条 本法自 2024 年 9 月 21 日起施行。

中华人民共和国国防动员法

（2010 年 2 月 26 日第十一届全国人民代表大会常务委员会第十三次会议通过 2010 年 2 月 26 日中华人民共和国主席令第 25 号公布 自 2010 年 7 月 1 日起施行）

第一章 总 则

第一条 为了加强国防建设，完善国防动员制度，保障国防动员工作的顺利进行，维护国家的主权、统一、领土完整和安全，根据宪法，制定本法。

第二条 国防动员的准备、实施以及相关活动，适用本法。

第三条　国家加强国防动员建设，建立健全与国防安全需要相适应、与经济社会发展相协调、与突发事件应急机制相衔接的国防动员体系，增强国防动员能力。

第四条　国防动员坚持平战结合、军民结合、寓军于民的方针，遵循统一领导、全民参与、长期准备、重点建设、统筹兼顾、有序高效的原则。

第五条　公民和组织在和平时期应当依法完成国防动员准备工作；国家决定实施国防动员后，应当完成规定的国防动员任务。

第六条　国家保障国防动员所需经费。国防动员经费按照事权划分的原则，分别列入中央和地方财政预算。

第七条　国家对在国防动员工作中作出突出贡献的公民和组织，给予表彰和奖励。

第二章　组织领导机构及其职权

第八条　国家的主权、统一、领土完整和安全遭受威胁时，全国人民代表大会常务委员会依照宪法和有关法律的规定，决定全国总动员或者局部动员。国家主席根据全国人民代表大会常务委员会的决定，发布动员令。

第九条　国务院、中央军事委员会共同领导全国的国防动员工作，制定国防动员工作的方针、政策和法规，向全国人民代表大会常务委员会提出实施全国总动员或者局部动员的议案，根据全国人民代表大会常务委员会的决定和国家主席发布的动员令，组织国防动员的实施。

国家的主权、统一、领土完整和安全遭受直接威胁必须立即采取应对措施时，国务院、中央军事委员会可以根据应急处置的需要，采取本法规定的必要的国防动员措施，同时向全国人民代表大会常务委员会报告。

第十条　地方人民政府应当贯彻和执行国防动员工作的方针、政策和法律、法规；国家决定实施国防动员后，应当根据上级下达的国防动员任务，组织本行政区域国防动员的实施。

县级以上地方人民政府依照法律规定的权限管理本行政区域的国防动员工作。

第十一条　县级以上人民政府有关部门和军队有关部门在各自的职责范围内，负责有关的国防动员工作。

第十二条　国家国防动员委员会在国务院、中央军事委员会的领导下负责组织、指导、协调全国的国防动员工作；按照规定的权限和程序议定的事项，由国务院和中央军事委员会的有关部门按照各自职责分工组织实施。军区国防动员委员会、县级以上地方各级国防动员委员会负责组织、指导、协调本区域的国防动员工作。

第十三条　国防动员委员会的办事机构承担本级国防动员委员会的日常工作，依法履行有关的国防动员职责。

第十四条　国家的主权、统一、领土完整和安全遭受的威胁消除后，应当按照决定实施国防动员的权限和程序解除国防动员的实施措施。

第三章　国防动员计划、实施预案与潜力统计调查

第十五条　国家实行国防动员计划、国防动员实施预案和国防动员潜力统计调查制度。

第十六条　国防动员计划和国防动员实施预案，根据国防动员的方针和原则、国防动员潜力状况和军事需求编制。军事需求由军队有关部门按照规定的权限和程序提出。

国防动员实施预案与突发事件应急处置预案应当在指挥、力量使用、信息和保障等方面相互衔接。

第十七条　各级国防动员计划和国防动员实施预案的编制和审批，按照国家有关规定执行。

第十八条　县级以上人民政府应当将国防动员的相关内容纳入国民经济和社会发展计划。军队有关部门应当将国防动员实施预案纳入战备计划。

县级以上人民政府及其有关部门和军队有关部门应当按照职责落实国防动员计划和国防动员实施预案。

第十九条　县级以上人民政府统计机构和有关部门应当根据国防动员的需要，准确及时地向本级国防动员委员会的办事机构提供有关统计资料。提供的统计资料不能满足需要时，国防动员委员会办事机构可以依据《中华人民共和国统计法》和国家有关规定组织开展国防动员潜力专项统计调查。

第二十条　国家建立国防动员计划和国防动员实施预案执行情况的评估检查制度。

第四章　与国防密切相关的建设项目和重要产品

第二十一条　根据国防动员的需要，与国防密切相关的建设项目和重要产品应当贯彻国防要求，具备国防功能。

第二十二条　与国防密切相关的建设项目和重要产品目录，由国务院经济发展综合管理部门会同国务院其他有关部门以及军队有关部门拟定，报国务院、中央军事委员会批准。

列入目录的建设项目和重要产品，其军事需求由军队有关部门提出；建设项目审批、核准和重要产品设计定型时，县级以上人民政府有关主管部门应当按照规定征求军队有关部门的意见。

第二十三条　列入目录的建设项目和重要产品，应当依照有关法律、行政法规和贯彻国防要求的技术规范和标准进行设计、生产、施工、监理和验收，保证建设项目和重要产品的质量。

第二十四条　企业事业单位投资或者参与投资列入目录的建设项目建设或者重要产品研究、开发、制造的，依照有关法律、行政法规和国家有关规定，享受补贴或者其他政策优惠。

第二十五条　县级以上人民政府应当对列入目录的建设项目和重要产品贯彻国防要求工作给予指导和政策扶持，有关部门应当按照职责做好有关的管理工作。

第五章　预备役人员的储备与征召

第二十六条　国家实行预备役人员储备制度。

国家根据国防动员的需要，按照规模适度、结构科学、布局合理的原则，储备所需的预备役人员。

国务院、中央军事委员会根据国防动员的需要，决定预备役人员储备的规模、种类和方式。

第二十七条　预备役人员按照专业对口、便于动员的原则，采取预编到现役部队、编入预备役部队、编入民兵组织或者其他形式进行储备。

国家根据国防动员的需要，建立预备役专业技术兵员储备区。

国家为预备役人员训练、储备提供条件和保障。预备役人员应当依法参加训练。

第二十八条　县级以上地方人民政府兵役机关负责组织实施本行政区域预备役人员的储备工作。县级以上地方人民政府有关部门、预备役人员所在乡（镇）人民政府、街道办事处或者企业事业单位，应当协助兵役机关做好预备役人员储备的有关工作。

第二十九条　预编到现役部队和编入预备役部队的预备役人员、预定征召的其他预备役人员，离开预备役登记地一个月以上的，应当向其预备役登记的兵役机关报告。

第三十条　国家决定实施国防动员后，县级人民政府兵役机关应当根据上级的命令，迅速向被征召的预备役人员下达征召通知。

接到征召通知的预备役人员应当按照通知要求，到指定地点报到。

第三十一条　被征召的预备役人员所在单位应当协助兵役机关做好预备役人员的征召工作。

从事交通运输的单位和个人，应当优先运送被征召的预备役人员。

第三十二条　国家决定实施国防动员后，预定征召的预备役人员，未经其预备役登记地的县级人民政府兵役机关批准，不得离开预备役登记地；已经离开预备役登记地的，接到兵役机关通知后，应当立即返回或者到指定地点报到。

第六章　战略物资储备与调用

第三十三条　国家实行适应国防动员需要的战略物资储备和调用制度。战略物资储备由国务院有关主管部门组织实施。

第三十四条　承担战略物资储备任务的单位，应当按照国家有关规定和标准对储备物资进行保管和维护，定期调整更换，保证储备物资的使用效能和安全。

国家按照有关规定对承担战略物资储备任务的单位给予补贴。

第三十五条　战略物资按照国家有关规定调用。国家决定实施国防动员后，战略物资的调用由国务院和中央军事委员会批准。

第三十六条　国防动员所需的其他物资的储备和调用，依照有关法律、行政法规的规定执行。

第七章　军品科研、生产与维修保障

第三十七条　国家建立军品科研、生产和维修保障动员体系，根据战时军队订货和装备保障的需要，储备军品科研、生产和维修保障能力。

本法所称军品，是指用于军事目的的装备、物资以及专用生产设备、器材等。

第三十八条　军品科研、生产和维修保障能力储备的种类、布局和规模，由国务院有关主管部门会同军队有关部门提出方案，报国务院、中央军事委员会批准后组织实施。

第三十九条　承担转产、扩大生产军品和维修保障任务的单位，应当根据所担负的国防动员任务，储备所需的设备、材料、配套产品、技术，建立所需的专业技术队伍，制定和完善预案与措施。

第四十条　各级人民政府应当支持和帮助承担转产、扩大生产军品任务的单位开发和应用先进的军民两用技术，推广军民通用的技术标准，提高转产、扩大生产军品的综合保障能力。

国务院有关主管部门应当对重大的跨地区、跨行业的转产、扩大生产军品任务的实施进行协调，并给予支持。

第四十一条　国家决定实施国防动员后，承担转产、扩大生产军品任务的单位，应当按照国家军事订货合同和转产、扩大生产的要求，组织军品科研、生产，保证军品质量，按时交付订货，协助军队完成维修保障任务。为转产、扩大生产军品提供能源、材料、设备和配套产品的单位，应当优先满足转产、扩大生产军品的需要。

国家对因承担转产、扩大生产军品任务造成直接经济损失的单位给予补偿。

第八章　战争灾害的预防与救助

第四十二条　国家实行战争灾害的预防与救助制度，保护人民生命和财产安全，保障国防动员潜力和持续动员能力。

第四十三条　国家建立军事、经济、社会目标和首脑机关分级防护制度。分级防护标准由国务院、中央军事委员会规定。

军事、经济、社会目标和首脑机关的防护工作，由县级以上人民政府会同有关军事机关共同组织实施。

第四十四条 承担军事、经济、社会目标和首脑机关防护任务的单位,应当制定防护计划和抢险抢修预案,组织防护演练,落实防护措施,提高综合防护效能。

第四十五条 国家建立平战结合的医疗卫生救护体系。国家决定实施国防动员后,动员医疗卫生人员、调用药品器材和设备设施,保障战时医疗救护和卫生防疫。

第四十六条 国家决定实施国防动员后,人员、物资的疏散和隐蔽,在本行政区域进行的,由本级人民政府决定并组织实施;跨行政区域进行的,由相关行政区域共同的上一级人民政府决定并组织实施。

承担人员、物资疏散和隐蔽任务的单位,应当按照有关人民政府的决定,在规定时间内完成疏散和隐蔽任务。

第四十七条 战争灾害发生时,当地人民政府应当迅速启动应急救助机制,组织力量抢救伤员、安置灾民、保护财产,尽快消除战争灾害后果,恢复正常生产生活秩序。

遭受战争灾害的人员和组织应当及时采取自救、互救措施,减少战争灾害造成的损失。

第九章 国 防 勤 务

第四十八条 国家决定实施国防动员后,县级以上人民政府根据国防动员实施的需要,可以动员符合本法规定条件的公民和组织担负国防勤务。

本法所称国防勤务,是指支援保障军队作战、承担预防与救助战争灾害以及协助维护社会秩序的任务。

第四十九条 十八周岁至六十周岁的男性公民和十八周岁至五十五周岁的女性公民,应当担负国防勤务;但有下列情形之一的,免予担负国防勤务:

(一)在托儿所、幼儿园和孤儿院、养老院、残疾人康复机构、救助站等社会福利机构从事管理和服务工作的公民;

(二)从事义务教育阶段学校教学、管理和服务工作的公民;

(三)怀孕和在哺乳期内的女性公民;

(四)患病无法担负国防勤务的公民;

（五）丧失劳动能力的公民；

（六）在联合国等政府间国际组织任职的公民；

（七）其他经县级以上人民政府决定免予担负国防勤务的公民。

有特殊专长的专业技术人员担负特定的国防勤务，不受前款规定的年龄限制。

第五十条 被确定担负国防勤务的人员，应当服从指挥、履行职责、遵守纪律、保守秘密。担负国防勤务的人员所在单位应当给予支持和协助。

第五十一条 交通运输、邮政、电信、医药卫生、食品和粮食供应、工程建筑、能源化工、大型水利设施、民用核设施、新闻媒体、国防科研生产和市政设施保障等单位，应当依法担负国防勤务。

前款规定的单位平时应当按照专业对口、人员精干、应急有效的原则组建专业保障队伍，组织训练、演练，提高完成国防勤务的能力。

第五十二条 公民和组织担负国防勤务，由县级以上人民政府负责组织。

担负预防与救助战争灾害、协助维护社会秩序勤务的公民和专业保障队伍，由当地人民政府指挥，并提供勤务和生活保障；跨行政区域执行勤务的，由相关行政区域的县级以上地方人民政府组织落实相关保障。

担负支援保障军队作战勤务的公民和专业保障队伍，由军事机关指挥，伴随部队行动的由所在部队提供勤务和生活保障；其他的由当地人民政府提供勤务和生活保障。

第五十三条 担负国防勤务的人员在执行勤务期间，继续享有原工作单位的工资、津贴和其他福利待遇；没有工作单位的，由当地县级人民政府参照民兵执行战备勤务的补贴标准给予补贴；因执行国防勤务伤亡的，由当地县级人民政府依照《军人抚恤优待条例》等有关规定给予抚恤优待。

第十章　民用资源征用与补偿

第五十四条 国家决定实施国防动员后，储备物资无法及时满足动员需要的，县级以上人民政府可以依法对民用资源进行征用。

本法所称民用资源，是指组织和个人所有或者使用的用于社会生产、服务和生活的设施、设备、场所和其他物资。

第五十五条　任何组织和个人都有接受依法征用民用资源的义务。

需要使用民用资源的中国人民解放军现役部队和预备役部队、中国人民武装警察部队、民兵组织，应当提出征用需求，由县级以上地方人民政府统一组织征用。县级以上地方人民政府应当对被征用的民用资源予以登记，向被征用人出具凭证。

第五十六条　下列民用资源免予征用：

（一）个人和家庭生活必需的物品和居住场所；

（二）托儿所、幼儿园和孤儿院、养老院、残疾人康复机构、救助站等社会福利机构保障儿童、老人、残疾人和救助对象生活必需的物品和居住场所；

（三）法律、行政法规规定免予征用的其他民用资源。

第五十七条　被征用的民用资源根据军事要求需要进行改造的，由县级以上地方人民政府会同有关军事机关组织实施。

承担改造任务的单位应当按照使用单位提出的军事要求和改造方案进行改造，并保证按期交付使用。改造所需经费由国家负担。

第五十八条　被征用的民用资源使用完毕，县级以上地方人民政府应当及时组织返还；经过改造的，应当恢复原使用功能后返还；不能修复或者灭失的，以及因征用造成直接经济损失的，按照国家有关规定给予补偿。

第五十九条　中国人民解放军现役部队和预备役部队、中国人民武装警察部队、民兵组织进行军事演习、训练，需要征用民用资源或者采取临时性管制措施的，按照国务院、中央军事委员会的有关规定执行。

第十一章　宣传教育

第六十条　各级人民政府应当组织开展国防动员的宣传教育，增强公民的国防观念和依法履行国防义务的意识。有关军事机关应当协助做好国防动员的宣传教育工作。

第六十一条　国家机关、社会团体、企业事业单位和基层群众性自治组织，应当组织所属人员学习和掌握必要的国防知识与技能。

第六十二条　各级人民政府应当运用各种宣传媒体和宣传手段，对公民进行爱国主义、革命英雄主义宣传教育，激发公民的爱国热情，鼓励公民踊跃参战支前，采取多种形式开展拥军优属和慰问活动，按照国家有关规定做好抚恤优待工作。

新闻出版、广播影视和网络传媒等单位,应当按照国防动员的要求做好宣传教育和相关工作。

第十二章 特别措施

第六十三条 国家决定实施国防动员后,根据需要,可以依法在实施国防动员的区域采取下列特别措施:

(一)对金融、交通运输、邮政、电信、新闻出版、广播影视、信息网络、能源水源供应、医药卫生、食品和粮食供应、商业贸易等行业实行管制;

(二)对人员活动的区域、时间、方式以及物资、运载工具进出的区域进行必要的限制;

(三)在国家机关、社会团体和企业事业单位实行特殊工作制度;

(四)为武装力量优先提供各种交通保障;

(五)需要采取的其他特别措施。

第六十四条 在全国或者部分省、自治区、直辖市实行特别措施,由国务院、中央军事委员会决定并组织实施;在省、自治区、直辖市范围内的部分地区实行特别措施,由国务院、中央军事委员会决定,由特别措施实施区域所在省、自治区、直辖市人民政府和同级军事机关组织实施。

第六十五条 组织实施特别措施的机关应当在规定的权限、区域和时限内实施特别措施。特别措施实施区域内的公民和组织,应当服从组织实施特别措施的机关的管理。

第六十六条 采取特别措施不再必要时,应当及时终止。

第六十七条 因国家发布动员令,诉讼、行政复议、仲裁活动不能正常进行的,适用有关时效中止和程序中止的规定,但法律另有规定的除外。

第十三章 法律责任

第六十八条 公民有下列行为之一的,由县级人民政府责令限期改正;逾期不改的,强制其履行义务:

(一)预编到现役部队和编入预备役部队的预备役人员、预定征召的其他预备役人员离开预备役登记地一个月以上未向预备役登记的兵役机关报告的；

（二）国家决定实施国防动员后，预定征召的预备役人员未经预备役登记的兵役机关批准离开预备役登记地，或者未按照兵役机关要求及时返回，或者未到指定地点报到的；

（三）拒绝、逃避征召或者拒绝、逃避担负国防勤务的；

（四）拒绝、拖延民用资源征用或者阻碍对被征用的民用资源进行改造的；

（五）干扰、破坏国防动员工作秩序或者阻碍从事国防动员工作的人员依法履行职责的。

第六十九条 企业事业单位有下列行为之一的，由有关人民政府责令限期改正；逾期不改的，强制其履行义务，并可以处以罚款：

（一）在承建的贯彻国防要求的建设项目中未按照国防要求和技术规范、标准进行设计或者施工、生产的；

（二）因管理不善导致战略储备物资丢失、损坏或者不服从战略物资调用的；

（三）未按照转产、扩大生产军品和维修保障任务的要求进行军品科研、生产和维修保障能力储备，或者未按照规定组建专业技术队伍的；

（四）拒绝、拖延执行专业保障任务的；

（五）拒绝或者故意延误军事订货的；

（六）拒绝、拖延民用资源征用或者阻碍对被征用的民用资源进行改造的；

（七）阻挠公民履行征召、担负国防勤务义务的。

第七十条 有下列行为之一的，对直接负责的主管人员和其他直接责任人员，依法给予处分：

（一）拒不执行上级下达的国防动员命令的；

（二）滥用职权或者玩忽职守，给国防动员工作造成严重损失的；

（三）对征用的民用资源，拒不登记、出具凭证，或者违反规定使用造成严重损坏，以及不按照规定予以返还或者补偿的；

（四）泄露国防动员秘密的；

（五）贪污、挪用国防动员经费、物资的；

（六）滥用职权，侵犯和损害公民或者组织合法权益的。

第七十一条 违反本法规定，构成违反治安管理行为的，依法给予治安管理处罚；构成犯罪的，依法追究刑事责任。

第十四章　附　　则

第七十二条 本法自2010年7月1日起施行。

民用运力国防动员条例

（2003年9月11日中华人民共和国国务院、中华人民共和国中央军事委员会令第391号公布　根据2011年1月8日《国务院关于废止和修改部分行政法规的决定》第一次修订　根据2019年3月2日《国务院关于修改部分行政法规的决定》第二次修订）

第一章　总　　则

第一条 为了维护国家主权、统一、领土完整和安全，保证有效地组织和实施民用运力国防动员，根据《中华人民共和国国防法》和其他有关法律，制定本条例。

第二条 民用运力国防动员，包括动员准备和动员实施。

在战时及平时特殊情况下，根据国防动员需要，国家有权依法对机关、社会团体、企业、事业单位和公民个人（以下简称单位和个人）所拥有或者管理的民用运载工具及相关设备、设施、人员，进行统一组织和调用。

国家在和平时期进行民用运力国防动员准备，增强动员潜力，保障战时及平时特殊情况下实施民用运力国防动员的需要。

第三条 一切拥有或者管理民用运力的单位和个人都应当依法履行民用运力国防动员义务。

因履行民用运力国防动员义务而遭受直接财产损失、人员伤亡的，依法享有获得补偿、抚恤的权利。

第四条 国家国防动员机构在国务院和中央军事委员会领导下，负责组织领导全国的民用运力国防动员工作。

军区国防动员机构负责组织领导本区域的民用运力国防动员工作。

县级以上地方各级国防动员机构负责组织领导本行政区域的民用运力国防动员工作。

第五条 国家国防交通主管机构负责具体实施全国的民用运力国防动员工作。

军区国防交通主管机构负责具体实施本区域的有关民用运力国防动员工作。

县级以上地方各级人民政府国防交通主管机构负责具体实施本行政区域的民用运力国防动员工作。

第六条 各级国民经济动员机构、人民武装动员机构和县级以上人民政府交通运输管理部门以及其他有关部门在各自的职责范围内，负责有关的民用运力国防动员工作。

第七条 县级以上各级人民政府应当采取有效措施，加强民用运力国防动员准备工作，将民用运力国防动员准备工作纳入国民经济和社会发展计划，增强动员潜力，支持和督促其有关部门依法履行职责，落实民用运力国防动员的各项工作。

第八条 国家支持、鼓励单位和个人建造、购买、经营平战结合的民用运载工具及相关设备，按照有关规定给予扶持。

第九条 单位和个人在民用运力国防动员工作中做出突出贡献，有下列情形之一的，依照国家和地方有关规定给予表彰、奖励：

（一）提供重要或者急需的民用运力，在保障军事行动中作用明显的；

（二）组织和开展民用运力国防动员活动，取得突出成绩的；

（三）坚决执行民用运力国防动员命令，克服困难，出色完成任务的；

（四）勇于同干扰和破坏民用运力国防动员的行为作斗争，避免重大损失的；

（五）在民用运载工具及相关设备贯彻国防要求或者加装改造方面，有重大发明创造，军事或者经济效益显著的。

第二章　民用运力国防动员的准备

第十条 国家国防交通主管机构应当会同国家国民经济动员机构、国务院交通运输管理部门和其他有关部门、军队有关部门，根据民用运载工具及相关设备的设计、建造情况，按照突出重点、注重实效的原则，拟订新建民用运载工具及相关设备贯彻国防要求的总体规划，报国家国防动员机构批准。

国家国民经济动员机构应当根据批准的总体规划，拟订新建民用运载工具及相关设备贯彻国防要求的具体实施计划并组织实施。

第十一条　国务院交通运输管理部门和其他有关部门，省、自治区、直辖市人民政府，应当加强对本行业、本行政区域内设计、建造民用运载工具及相关设备贯彻国防要求工作的管理和指导，为承担设计、建造任务的单位和个人提供政策和技术支持，保障有关国防要求的落实。

第十二条　设计、建造列入贯彻国防要求具体实施计划的民用运载工具及相关设备的单位和个人，必须严格按照贯彻国防要求的设计标准和技术规范进行设计、建造。

出资建造民用运载工具及相关设备的单位和个人，不得阻碍设计、建造单位和个人为贯彻国防要求所进行的设计、建造活动。

设计、建造民用运载工具及相关设备，因贯彻国防要求所发生的费用，由中央财政和县级以上地方各级财政给予适当补助。具体办法由国家国防交通主管机构会同国务院财政部门制定。

第十三条　贯彻国防要求的民用运载工具及相关设备竣工验收时，下达任务的机构和有关国防交通主管机构应当参加验收并签署意见，验收合格并经所在地国防交通主管机构登记后，方可交付使用。

第十四条　县级以上人民政府交通运输管理部门、公安交通管理部门和其他有关部门，应当结合本部门年度的交通工具统计、登记和审验（核）工作，按照民用运力国防动员准备登记的要求，于每年1月31日前，向同级国防交通主管机构报送上一年度民用运力登记的有关资料和情况。

报送的民用运力资料和情况不符合规定要求的，国防交通主管机构可以要求前款所列有关部门按照规定要求重新提供，有关部门不得拒绝。

第十五条　各级国防交通主管机构应当对民用运力资料和情况分类整理，登记造册，妥善保管，及时更新。下级国防交通主管机构应当按照民用运力国防动员的要求将本级民用运力情况报送上一级国防交通主管机构；同时根据需要，及时向军队有关单位通报本地区的民用运力情况。

国防交通主管机构以及获得情况通报的军队有关单位对民用运力资料和情况负有保密义务。

第十六条　军队、人民武装警察部队、民兵组织，应当根据所担负的任务，评估和测算民用运力国防动员需求，并按照规定的程序将所需民用运载工具及相关设备的类型、数量及其技术要求等情况报送有关国防交通主管机构。

　　第十七条　国防交通主管机构应当根据民用运力情况和使用单位提出的需求，组织拟订民用运力国防动员预案。

　　全国民用运力国防动员预案，由国家国防交通主管机构会同国务院有关部门和军队有关部门拟订，报国家国防动员机构批准。

　　军区民用运力国防动员预案，由军区国防交通主管机构根据全国民用运力国防动员预案，会同军区有关部门和区域内的省、自治区、直辖市人民政府有关部门拟订，报军区国防动员机构批准，并报国家国防交通主管机构备案。

　　省、自治区、直辖市民用运力国防动员预案，由省、自治区、直辖市人民政府国防交通主管机构根据军区民用运力国防动员预案，会同本级人民政府有关部门和同级军事机关拟订，报本级国防动员机构批准，并报军区国防交通主管机构备案。

　　第十八条　海军、空军、第二炮兵（以下简称军兵种）根据所担负的特殊任务，需要单独制定民用运力国防动员预案的，经国家国防交通主管机构同意后，由军兵种主管国防交通工作的机构会同有关军区和省、自治区、直辖市人民政府的国防交通主管机构以及其他有关部门拟订；经所属的军兵种审核同意后，报国家国防动员机构批准。

　　第十九条　民用运力国防动员预案应当明确动员的任务、程序、要求和保障措施，便于操作执行，能够满足军事行动的需要。

　　第二十条　民用运力国防动员预案的调整，按照原拟订程序和批准权限办理。

　　第二十一条　国防交通主管机构应当会同人民武装动员机构，根据民用运力国防动员预案，组织和指导有关部门确定预征民用运力，并将预征民用运载工具及相关设备的类型、数量、技术标准和对操作、保障人员的要求通知有关单位和个人。

　　接到通知的单位和个人，应当按照要求做好预征民用运力的组织、技术保障等准备工作。

第二十二条　预征民用运载工具及相关设备，需要进行加装改造论证和试验的，由国防交通主管机构会同同级国民经济动员机构，根据民用运力国防动员预案制定实施方案，并组织实施。其中重大论证课题和试验项目的实施方案应当报国家国防动员机构批准；涉及加装武器装备的，按照武器装备加装改造的有关规定办理。

第二十三条　承担民用运载工具及相关设备加装改造论证课题和试验项目的单位，应当按照规定的时间与要求完成论证和试验任务，并将论证结论和试验结果的资料报送国防交通主管机构和国民经济动员机构。

拥有或者管理需要加装改造的预征民用运载工具及相关设备的单位和个人，应当向承担加装改造论证课题和试验项目的单位提供民用运载工具及相关设备的原始资料和情况，为加装改造论证课题和试验项目的顺利实施提供方便。

第二十四条　国民经济动员机构和国防交通主管机构，应当根据加装改造任务的要求，指导、帮助有关单位建立和完善加装改造的技术、材料及相关设备的储备制度。

第二十五条　人民武装动员机构应当会同国防交通主管机构和军队负责军事交通运输工作的部门，根据民用运力国防动员准备要求，结合预征民用运力担负的运输生产任务，组织预征民用运力进行必要的军事训练和专业技术训练。

参加预征民用运力训练的人员，训练期间的误工补贴或者在原单位的工资、奖金、福利待遇以及伙食补助、往返差旅费等，训练人员纳入民兵组织的，依照国家有关民兵参加军事训练的规定执行；训练人员未纳入民兵组织的，参照国家有关民兵参加军事训练的规定执行。

第二十六条　国防交通主管机构应当会同同级人民政府交通运输管理部门和其他有关部门，加强对预征民用运力的动态管理，建立相应的管理制度，采用先进的科技手段收集和掌握预征民用运力的动态信息。

拥有或者管理预征民用运力的单位和个人，应当按照规定及时向国防交通主管机构报送预征民用运力的变动情况。

第二十七条　军区级以上单位批准的军事训练、演习，可以征用民用运力。

军事训练、演习需要征用民用运力的，按照中央军事委员会规定的程序报军区级以上单位批准后，由国防交通主管机构根据民用运力国防动员预案组织实施。

军事训练、演习征用民用运力的补偿费用，按照租用方式计价结算。具体办法由国务院财政部门会同国务院有关部门和军队有关部门制定。

第三章　民用运力国防动员的实施

第二十八条　战时的民用运力国防动员，依据国家主席发布的动员令实施。

平时特殊情况下的民用运力国防动员，依据国务院、中央军事委员会发布的民用运力国防动员决定实施。

第二十九条　国防交通主管机构应当根据上级下达的民用运力国防动员任务和使用单位提出的申请，按照快速动员的要求，迅速启动、实施民用运力国防动员预案。

在实施民用运力国防动员预案的过程中，需要对预案进行调整的，按照规定程序、权限办理。

第三十条　国防交通主管机构应当会同人民武装动员机构，按照上级下达的民用运力国防动员要求，通知被征民用运力的单位和个人，明确其被征民用运载工具及相关设备的类型、数量和操作、保障人员，以及民用运力集结的时间、地点和方式。

被征民用运力的单位和个人必须按照通知要求，组织被征民用运力在规定时限内到达集结地点，并保证被征民用运载工具及相关设备的技术状态和操作、保障人员的技能符合军事行动的要求。

第三十一条　被征民用运力集结地的人民武装动员机构应当会同国防交通主管机构及有关部门组成精干的指挥机构，对集结后的民用运力进行登记编组，查验整备情况，组织必要的应急训练，保证按时交付使用单位；被征民用运力来不及集结的，人民武装动员机构可以与使用单位商定报到时间和地点，并立即通知被征民用运力的单位和个人。被征民用运力交付使用单位时，应当办理交接手续。

被征民用运力交接后，有关民用运载工具及相关设备的安全防护、后勤保障和装备维修等，由使用单位负责，其执行任务所在地的人民政府予以协助。

第三十二条 被征民用运载工具及相关设备需要加装改造的,由国民经济动员机构会同国防交通主管机构和使用单位,按照民用运力国防动员预案确定的加装改造方案组织实施。

承担民用运载工具及相关设备加装改造任务的单位和个人,应当严格按照国家安全技术标准和国防要求进行加装改造,保证按期交付使用。

第三十三条 民用运力国防动员实施过程中,因情况紧急来不及报告的,使用单位可以按照民用运力国防动员预案直接在当地征用所需的民用运力,但必须同时按照规定的程序补报。

第三十四条 民用运力国防动员实施过程中,需要使用港口、码头、机场、车站和其他设施的,由国防交通主管机构事先向有关部门或者单位提出使用要求,有关部门和单位应当予以配合、支持。

第三十五条 使用民用运力的单位应当尽最大可能保证人员安全,并尽量避免民用运载工具及相关设备、设施受到损毁。

第三十六条 国务院、中央军事委员会根据民用运力国防动员的紧急需要,决定对某一行业或者地区的民用运力实施管制时,被实施民用运力管制的单位和个人,必须服从管制指挥机构的统一指挥,保证其拥有或者管理的民用运载工具及相关设备、设施和保障系统处于良好状态。

第四章 补偿与抚恤

第三十七条 民用运力国防动员任务完成后,使用民用运力的单位应当收拢民用运力,清查动员民用运力数量,统计民用运载工具及相关设备、设施的损失、损坏情况以及操作、保障人员的伤亡情况,按照有关规定办理移交手续,并出具民用运力使用、损毁情况证明。

第三十八条 加装改造的民用运载工具及相关设备需要并能够恢复原有功能的,国民经济动员机构应当在移交前会同国防交通主管机构和使用单位组织实施恢复工作。恢复工作完成并通过相应的检验后,应当及时移交。

加装改造的民用运载工具及相关设备不影响原使用功能的,可以不实施恢复工作。国防交通主管机构应当登记造册,列为民用运力国防动员储备。

第三十九条 拥有或者管理民用运力的单位和个人,因履行民用运力国防动员义务造成的下列直接财产损失，由中央财政和县级以上地方各级财政给予适当补偿：

（一）民用运载工具及相关设备和港口、码头、机场、车站等设施的灭失、损坏、折旧；

（二）民用运载工具及相关设备和港口、码头、机场、车站等设施的操作、保障人员的工资或者津贴；

（三）应当给予合理补偿的其他直接财产损失。

补偿的具体办法，由国务院财政部门会同有关部门制定。

第四十条　拥有或者管理民用运力的单位和个人，凭使用单位出具的使用、损毁证明，向当地的国防交通主管机构申报，经国防交通主管机构审核情况属实，并报有关人民政府批准后，由当地的国防交通主管机构负责在规定的期限内实施补偿。

第四十一条　拥有或者管理民用运力的单位和个人，因履行民用运力国防动员义务遭受人员伤亡的，其抚恤优待的办法和标准，由县级以上地方人民政府退役军人事务部门依照《军人抚恤优待条例》的规定执行。

第五章　经费保障

第四十二条　民用运力国防动员所需费用，由中央财政和县级以上地方各级财政共同负担。

中央财政负担的费用，列入中央预算；县级以上地方各级财政负担的费用，列入本级政府预算。

第四十三条　民用运力国防动员准备所需费用，由国家和县级以上地方各级人民政府国防交通主管机构，根据本年度民用运力国防动员工作任务编制预算，报本级人民政府批准。

第四十四条　民用运力国防动员实施所需费用，按照国家在战时及平时特殊情况下有关国防动员经费保障办法执行。

第四十五条　民用运力国防动员经费应当专款专用，并接受财政、审计部门的监督。

第六章　法律责任

第四十六条　违反本条例的规定，预征民用运力的单位或者个人逃避或者拒不履行民用运力国防动员义务的，由设区的市级人民政府国防交通主管机构责令改正；拒不改正的，强制其履行义务，可以对单位处2万元以上10万元以下的罚款，对个人处2000元以上1万元以下的罚款；构成犯罪的，依法追究刑事责任。

第四十七条　违反本条例的规定，被征民用运力的单位或者个人未按照规定的时间、地点和要求集结应征民用运力，由设区的市级人民政府国防交通主管机构责令改正；构成犯罪的，依法追究刑事责任。

第四十八条　违反本条例的规定，承担设计、建造或者加装改造任务的单位、个人，未按照国防要求对民用运载工具及相关设备进行设计、建造、加装改造，或者出资建造民用运载工具及相关设备的单位、个人阻碍有关设计、建造或者加装改造的，由设区的市级人民政府国防交通主管机构责令改正；拒不改正的，强制其履行义务，可以对单位处5万元以上20万元以下的罚款，对个人处5000元以上5万元以下的罚款；构成犯罪的，依法追究刑事责任。

第四十九条　破坏预征民用运载工具及相关设备或者以其他方式阻碍、干扰民用运力国防动员活动，造成损失或者不良影响的，由公安机关依照《中华人民共和国治安管理处罚法》给予处罚；构成犯罪的，依法追究刑事责任。

第五十条　违反本条例的规定，县级以上人民政府交通运输管理部门、公安交通管理部门和其他有关部门拒绝向国防交通主管机构报送或者迟延报送上一年度民用运力登记的有关资料和情况的，由本级人民政府责令限期报送；逾期未报送的，对负有直接责任的主管人员和其他直接责任人员，由有关主管机关依法给予记过、记大过、降级的行政处分。

第五十一条　违反本条例的规定，国防交通主管机构、国民经济动员机构、人民武装动员机构、民用运力使用单位有下列情形之一的，由有关主管机关对负有直接责任的主管人员和其他直接责任人员依法给予记大过、降级、撤职的行政处分或者依照《中国人民解放军纪律条令》的有关规定给予纪律处分；构成犯罪的，依法追究刑事责任：

（一）泄露所收集、掌握的民用运力资料和情况的；

（二）超越权限，擅自动员民用运力的；

（三）对被征用民用运力管理不善，造成严重损失的；

（四）不出具民用运力使用、损毁证明，经有关主管机关指出拒不改正的；

（五）违反专款专用的规定，擅自使用民用运力国防动员经费的。

第七章　附　　则

第五十二条　平时特殊情况，是指发生危及国家主权、统一、领土完整和安全的武装冲突以及其他突发性事件。

第五十三条　本条例自 2004 年 1 月 1 日起施行。

中国人民解放军选举全国人民代表大会和县级以上地方各级人民代表大会代表的办法

（1981 年 6 月 10 日第五届全国人民代表大会常务委员会第十九次会议通过　1996 年 10 月 29 日第八届全国人民代表大会常务委员会第二十二次会议修订　根据 2012 年 6 月 30 日第十一届全国人民代表大会常务委员会第二十七次会议《关于修改〈中国人民解放军选举全国人民代表大会和县级以上地方各级人民代表大会代表的办法〉的决定》第一次修正　根据 2021 年 4 月 29 日第十三届全国人民代表大会常务委员会第二十八次会议《关于修改〈中国人民解放军选举全国人民代表大会和县级以上地方各级人民代表大会代表的办法〉的决定》第二次修正）

第一章　总　　则

第一条　根据《中华人民共和国宪法》和《中华人民共和国全国人民代表大会和地方各级人民代表大会选举法》的有关规定，制定本办法。

第二条　人民解放军军人和参加军队选举的其他人员依照本办法选举全国人民代表大会和县级以上地方各级人民代表大会代表。

第三条　人民解放军及人民解放军团级以上单位设立选举委员会。

人民解放军选举委员会领导全军的选举工作，其他各级选举委员会主持本单位的选举工作。

第四条　连和其他基层单位的军人委员会，主持本单位的选举工作。

第五条　人民解放军军人、文职人员，军队管理的离休、退休人员和其他人员，参加军队选举。

驻军的驻地距离当地居民的居住地较远，随军家属参加地方选举有困难的，经选举委员会或者军人委员会批准，可以参加军队选举。

第六条　驻地方工厂、铁路、水运、科研等单位的军代表，在地方院校学习的军队人员，可以参加地方选举。

第七条　本办法第五条所列人员，凡年满十八周岁，不分民族、种族、性别、职业、家庭出身、宗教信仰、教育程度、财产状况、居住期限，都具有选民资格，享有选举权和被选举权。

依照法律被剥夺政治权利的人没有选举权和被选举权。

精神病患者不能行使选举权利的，经选举委员会确认，不参加选举。

第二章　选举委员会

第八条　人民解放军选举委员会的组成人员，由全国人民代表大会常务委员会批准。其他各级选举委员会的组成人员，由上一级选举委员会批准。

下级选举委员会受上级选举委员会的领导。

选举委员会任期五年，行使职权至新的选举委员会产生为止。选举委员会的组成人员调离本单位或者免职、退役的，其在选举委员会中担任的职务自行终止；因职务调整或者其他原因不宜继续在选举委员会中担任职务的，应当免除其在选举委员会中担任的职务。选举委员会的组成人员出缺时，应当及时增补。

第九条　人民解放军选举委员会由十一至十九人组成，设主任一人，副主任一至三人，委员若干人。其他各级选举委员会由七至十七人组成，设主任一人，副主任一至二人，委员若干人。

第十条　团级以上单位的选举委员会组织、指导所属单位的选举，办理下列事项：

（一）审查军人代表大会代表资格；

（二）确定选举日期；

（三）公布人民代表大会代表候选人名单；

（四）主持本级军人代表大会或者军人大会的投票选举；

（五）确定选举结果是否有效，公布当选的人民代表大会代表名单；

（六）主持本级军人代表大会或者军人大会罢免和补选人民代表大会代表、接受人民代表大会代表辞职。

第十一条 选举委员会下设办公室，具体承办本级有关选举的日常工作。

办公室设在政治工作部门，工作人员由本级选举委员会确定。

第三章 代表名额的决定和分配

第十二条 人民解放军应选全国人民代表大会代表的名额，由全国人民代表大会常务委员会决定。

第十三条 中央军事委员会机关部门和战区、军兵种、军事科学院、国防大学、国防科技大学等单位应选全国人民代表大会代表的名额，由人民解放军选举委员会分配。中央军事委员会直属机构参加其代管部门的选举。

第十四条 各地驻军应选县级以上地方各级人民代表大会代表的名额，由驻地各该级人民代表大会常务委员会决定。

有关选举事宜，由省军区（卫戍区、警备区）、军分区（警备区）、人民武装部分别与驻地的人民代表大会常务委员会协商决定。

第四章 选区和选举单位

第十五条 驻军选举县级人民代表大会代表，由驻该行政区域的军人和参加军队选举的其他人员按选区直接选举产生。选区按该行政区域内驻军各单位的分布情况划分。

选区的大小，按照每一选区选一名至三名代表划分。

第十六条 驻军应选的设区的市、自治州、省、自治区、直辖市人民代表大会代表，由团级以上单位召开军人代表大会选举产生。

中央军事委员会机关部门和战区、军兵种、军事科学院、国防大学、国防科技大学等单位的军人代表大会，选举全国人民代表大会代表。

第十七条 人民解放军师级以上单位的军人代表大会代表，由下级军人代表大会选举产生。下级单位不召开军人代表大会的，由军人大会选举产生。

旅、团级单位的军人代表大会代表，由连和其他基层单位召开军人大会选举产生。

军人代表大会由选举委员会召集，军人大会由选举委员会或者军人委员会召集。

军人代表大会每届任期五年。军人代表大会代表任期从本届军人代表大会举行第一次会议开始，到下届军人代表大会举行第一次会议为止。

第五章　代表候选人的提出

第十八条　人民解放军选举全国和县级以上地方各级人民代表大会代表，候选人按选区或者选举单位提名产生。

中国共产党在军队中的各级组织，可以推荐代表候选人。选民或者军人代表大会代表，十人以上联名，也可以推荐代表候选人。推荐者应向选举委员会或者军人委员会介绍候选人的情况。接受推荐的代表候选人应当向选举委员会或者军人委员会如实提供个人基本情况。提供的基本情况不实的，选举委员会或者军人委员会应当向选民或者军人代表大会代表通报。

第十九条　人民解放军选举全国和县级以上地方各级人民代表大会代表实行差额选举，代表候选人的人数应多于应选代表的名额。

由选民直接选举的，代表候选人的人数应多于应选代表名额三分之一至一倍；由军人代表大会选举的，代表候选人的人数应多于应选代表名额五分之一至二分之一。

第二十条　由选民直接选举的，代表候选人由选举委员会或者军人委员会汇总后，将代表候选人名单以及代表候选人的基本情况在选举日的十五日以前公布，并交各该选区的选民反复讨论、协商，确定正式代表候选人名单。如果所提代表候选人的人数超过本办法第十九条规定的最高差额比例，由选举委员会或者军人委员会交各该选区的选民讨论、协商，根据较多数选民的意见，确定正式代表候选人名单；对正式代表候选人不能形成较为一致意见的，进行预选，根据预选时得票多少的顺序，确定正式代表候选人名单。正式代表候选人名单以及代表候选人的基本情况应当在选举日的七日以前公布。

团级以上单位的军人代表大会在选举人民代表大会代表时，提名、酝酿代表候选人的时间不得少于两天。各该级选举委员会将依法提出的代表候选人名单以及代表候选人的基本情况印发军人代表大会全体代表酝酿、讨论。如果所提代表候选人的人数符合本办法第十九条规定的差额比例，直接进行投票选举。如果所提代表候选人的人数超过本办法第十九条规定的最高差额比例，进行预选，根据预选时得票多少的顺序，按照本级军人代表大会确定的具体差额比例，确定正式代表候选人名单，进行投票选举。

第二十一条　军人代表大会在选举全国和县级以上地方各级人民代表大会代表时，代表候选人不限于本级军人代表大会代表。

第二十二条　选举委员会或者军人委员会应当介绍代表候选人的情况。

推荐代表候选人的组织或者个人可以在选民小组或者军人代表大会小组会议上介绍所推荐的代表候选人的情况。直接选举时，选举委员会或者军人委员会根据选民的要求，应当组织代表候选人与选民见面，由代表候选人介绍本人的情况，回答选民的问题。但是，在选举日必须停止对代表候选人的介绍。

第六章　选 举 程 序

第二十三条　直接选举时，各选区应当召开军人大会进行选举，或者按照方便选民投票的原则设立投票站进行选举。驻地分散或者行动不便的选民，可以在流动票箱投票。投票选举由军人委员会或者选举委员会主持。

军人代表大会的投票选举，由选举委员会主持。

第二十四条　人民解放军选举全国和县级以上地方各级人民代表大会代表，一律采用无记名投票的方法。选举时应当设有秘密写票处。

选民因残疾等原因不能写选票，可以委托他信任的人代写。

第二十五条　选民如果在选举期间外出，经军人委员会或者选举委员会同意，可以书面委托其他选民代为投票。每一选民接受的委托不得超过三人，并应当按照委托人的意愿代为投票。

第二十六条　选举人对代表候选人可以投赞成票，可以投反对票，可以另选其他任何选民，也可以弃权。

第二十七条　投票结束后，由选民推选的或者军人代表大会代表推选的监票、计票人员和选举委员会或者军人委员会的人员将投票人数和票数加以核对，作出记录，并由监票人签字。

代表候选人的近亲属不得担任监票人、计票人。

第二十八条 每次选举所投的票数，多于投票人数的无效，等于或者少于投票人数的有效。

每一选票所选的人数，多于规定应选代表人数的作废，等于或者少于规定应选代表人数的有效。

第二十九条 直接选举时，参加投票的选民超过选区全体选民的半数，选举有效。代表候选人获得参加投票的选民过半数的选票时，始得当选。

军人代表大会选举时，代表候选人获得全体代表过半数的选票，始得当选。

第三十条 获得过半数选票的代表候选人的人数超过应选代表名额时，以得票多的当选。如遇票数相等不能确定当选人时，应就票数相等的候选人再次投票，以得票多的当选。

获得过半数选票的当选代表的人数少于应选代表名额时，不足的名额另行选举。另行选举时，根据在第一次投票时得票多少的顺序，按照本办法第十九条规定的差额比例，确定候选人名单。如果只选一人，候选人应为二人。

依照前款规定另行选举县级人民代表大会代表时，代表候选人以得票多的当选，但是得票数不得少于选票的三分之一；团级以上单位的军人代表大会在另行选举设区的市、自治州、省、自治区、直辖市和全国人民代表大会代表时，代表候选人获得军人代表大会全体代表过半数的选票，始得当选。

第三十一条 选举结果由选举委员会或者军人委员会根据本办法确定是否有效，并予以宣布。

第七章　对代表的监督和罢免、辞职、补选

第三十二条 人民解放军选出的全国和县级以上地方各级人民代表大会代表，受选民和原选举单位的监督。选民或者选举单位都有权罢免自己选出的代表。

第三十三条 对于县级人民代表大会代表，原选区选民十人以上联名，可以向旅、团级选举委员会书面提出罢免要求。

罢免要求应当写明罢免理由。被提出罢免的代表有权在军人大会上提出申辩意见，也可以书面提出申辩意见。

旅、团级选举委员会应当将罢免要求和被提出罢免的代表的书面申辩意见印发原选区选民。

表决罢免要求，由旅、团级选举委员会主持。

第三十四条 军人代表大会举行会议时，团级以上单位的选举委员会可以提出对由该级军人代表大会选出的人民代表大会代表的罢免案。罢免案应当写明罢免理由。

军人代表大会举行会议时，被提出罢免的代表有权在会议上提出申辩意见，或者书面提出申辩意见。罢免案经会议审议后予以表决。

第三十五条 罢免代表采用无记名投票的表决方式。

第三十六条 罢免县级人民代表大会代表，须经原选区过半数的选民通过。

罢免由军人代表大会选出的人民代表大会代表，由各该级军人代表大会过半数的代表通过。

罢免的决议，须报送同级人民代表大会常务委员会和军队上一级选举委员会备案。

第三十七条 人民解放军选出的设区的市、自治州、省、自治区、直辖市和全国人民代表大会代表，可以向原选举单位的选举委员会书面提出辞职。人民解放军选出的县级人民代表大会代表，可以向原选区的选举委员会或者军人委员会书面提出辞职。接受辞职，须经军人代表大会或者军人大会全体人员的过半数通过，并报送各该级人民代表大会常务委员会和军队上一级选举委员会备案。

因执行任务等原因无法召开军人代表大会的，团级以上单位的选举委员会可以接受各该级选出的设区的市、自治州、省、自治区、直辖市和全国人民代表大会代表辞职。选举委员会接受人民代表大会代表辞职后，应当及时通报选举产生该代表的军人代表大会的代表，并报送各该级人民代表大会常务委员会和军队上一级选举委员会备案。

第三十八条 代表在任期内因故出缺，由原选区或者原选举单位补选。

人民解放军选出的县级以上地方各级人民代表大会代表，在任期内调离本行政区域的，其代表资格自行终止，缺额另行补选。

补选代表时，代表候选人的名额可以多于应选代表的名额，也可以同应选代表的名额相等。

因执行任务等原因无法召开军人代表大会的，可以由本级选举委员会进行补选。

第八章　附　　则

第三十九条　人民解放军的选举经费，由军费开支。

第四十条　人民武装警察部队选举全国人民代表大会和县级以上地方各级人民代表大会代表，适用本办法。

全国人民代表大会常务委员会关于设立全民国防教育日的决定

（2001年8月31日第九届全国人民代表大会常务委员会第二十三次会议通过）

为普及国防教育，增强全民的国防观念，根据《中华人民共和国国防教育法》第十二条的规定，第九届全国人民代表大会常务委员会第二十三次会议决定：每年9月的第三个星期六为全民国防教育日。

互联网军事信息传播管理办法

（2025年1月22日　军政〔2025〕26号）

第一章　总　　则

第一条　为了规范互联网军事信息传播活动，维护国家安全和社会公共利益，保护公民、法人和其他组织的合法权益，根据《中华人民共和国网络安全法》《中华人民共和国保守国家秘密法》《网络信息内容生态治理规定》《互联网用户账号信息管理规定》等法律法规和有关规定，制定本办法。

第二条　在中华人民共和国境内从事互联网军事信息传播活动，开办互联网军事网站平台、网站平台军事栏目、军事账号等，以及对互联网军事信息传播实施监督管理，适用本办法。

第三条　互联网军事信息传播管理，应当坚持正确的政治方向、舆论导向、价值取向，坚持依法规范、综合治理、军地协同、安全保密，服务国防和军队建设，服务强军打赢，维护人民军队良好形象，维护国家主权、安全、发展利益。

第四条　中央军委政治工作部、中央军委政法委员会和国家互联网信息办公室、工业和信息化部、公安部、国家安全部、文化和旅游部、国家广播电视总局、国家国防科技工业局、国家保密局，按照各自职责分工，负责互联网军事信息传播管理有关工作。

省军区系统政治工作部门在上级政治工作部门指导下，和地方各级网信、电信、公安、国家安全、文化和旅游、广播电视、保密等主管部门，按照各自职责分工，负责本辖区内的互联网军事信息传播管理有关工作。

军队团级以上单位政治工作部门，负责涉及本单位的互联网军事信息传播管理有关工作。

第二章　开办规范

第五条　互联网军事信息服务提供者通过开办军事网站平台、网站平台军事栏目、军事账号等，提供互联网信息服务、互联网新闻信息服务、互联网视听节目服务的，应当符合《互联网信息服务管理办法》、《互联网新闻信息服务管理规定》、《互联网视听节目服务管理规定》的规定，依法申请互联网信息服务相关许可或者履行相关备案手续。

第六条　鼓励和支持互联网军事信息服务提供者设立或者明确负责军事信息服务的编辑机构，配备与服务规模相适应的具有军事新闻出版或者广播电视工作经验、较高政治素养、军事专业素养和保密素养，或者受过军事新闻出版或者广播电视、军事信息传播管理培训的专职编辑人员、内容审核人员。

第七条　网站平台为用户开通军事账号，应当按照国家有关规定进行核验。以下机构、组织、个人在网站平台开办的以传播军事信息为主的账

号,可以由网站平台认定为军事账号:

(一)军队单位、兵役工作有关部门、国防教育机构、军地新闻媒体等;

(二)具备相应规模军事编辑、内容审核人员的企业事业单位;

(三)国防和军队建设领域的专家学者、业务骨干,以及在军队有较长服役或者工作经历的人员;

(四)参加过中央军委政治工作部、国家互联网信息办公室、公安部、国家广播电视总局、省军区(卫戍区、警备区)和省、自治区、直辖市网信、公安、广播电视主管部门组织的军事新闻出版或者广播电视、军事信息传播管理培训的人员;

(五)其他具备较高政治素养、军事专业素养和保密素养的人员。

第八条 互联网军事信息服务提供者在与申请开办军事账号的用户签订协议或者确认提供服务时,应当通过身份认证、账号分类等方式标注军事账号属性,核验其真实身份信息,告知互联网军事信息传播的相关权利义务以及法律责任。军事账号核验通过后,互联网军事信息服务提供者应当在账号信息页面加注专门标识,属于互联网用户公众账号的,展示其运营主体名称、注册运营地址、互联网协议地址归属地等信息,并于30日内将账号有关情况按照属地管理原则,报送所在地网信部门和省军区系统政治工作部门,涉及国防科技工业的,同时报送国防科技工业主管部门。

互联网军事信息服务提供者对于符合军事账号认定条件但未标注军事账号属性的账号,应当按照本办法第七条规定进行核验后,将其变更为军事账号并加注专门标识,依照前款规定报送。

互联网军事信息服务提供者核验军队单位、国防科技工业单位及其所属人员开办军事账号的申请,应当要求申请主体提供军队或者国防科技工业有关单位出具的同意开办的证明材料。未提供有效证明材料的,不予核验通过。其他任何机构、组织、个人不得以军队单位、国防科技工业单位及其所属人员名义开办军事账号。

第九条 互联网军事信息服务提供者在与开办军事账号的用户签订协议或者确认提供服务后,应当按照法律、行政法规和国家有关规定,对核验的真实身份信息进行记录保存。

第十条 军事网站平台、网站平台军事栏目、军事账号等的名称、标志、头像，除经批准外，不得使用、关联以下字样或者标志物：

（一）"军队"、"部队"、"全军"、"解放军"、"武警"、"八一"、"国防科技工业"、"国防工业"、"军工"等与军队和国防科技工业单位名称相同或者近似的；

（二）中央军委、中央军委机关部委、中央军委直属机构、中央军委联合作战指挥中心、战区、军兵种、中央军委直属单位、武警部队以及其他军队单位的全称或者简称，部队番号、代号和重要军事装备的全称或者简称，军队单位所在地、标志性建筑物等重要空间的地理名称、标识等，使用同音、谐音、相近的文字、数字、符号和字母等指代军队单位、军队工作、军队人员等，军旗、军徽、军歌、勋章、军服配饰等与军队专用标识的名称、标志相同或者近似的；

（三）"国防"、"国防动员"、"预备役"、"民兵"等与国防和后备力量名称相同或者近似的；

（四）含有偏见、诱导等内容，容易使公众对军队、军队人员、预备役人员、民兵、退役军人、退出军队文职人员形象或者军事装备产生不良认知的；

（五）含有法律、行政法规和国家有关规定禁止的内容的。

退役军人、退出军队文职人员在互联网开办账号，在账号名称、认证信息等中，不得使用原单位名称、个人曾经担任的军队单位职务等信息。

第三章　信 息 传 播

第十一条　国家倡导形成良好的互联网军事舆论生态环境，鼓励互联网军事信息服务提供者和用户制作、复制、发布、传播含有下列内容的信息：

（一）宣传习近平新时代中国特色社会主义思想，宣传习近平强军思想的；

（二）宣传党中央、中央军委决策部署的；

（三）弘扬人民军队性质宗旨、光辉历史、优良传统和作风的；

（四）反映国防和军队现代化建设成就的；

（五）宣传人民军队为世界和平与发展作出积极贡献的；

（六）展现军队人员、预备役人员和民兵投身强军兴军精神风貌的；

（七）传播军队发布的权威信息、公共服务信息的；

（八）正确辨析引导涉及军队的热点敏感问题、批驳抵制错误言论的；

（九）传播国防教育知识、促进军政军民团结的；

（十）宣传军队遂行军事行动正义性、合法性，以及军队人员、预备役人员和民兵英勇顽强、不怕牺牲先进事迹的；

（十一）其他有助于学习强军思想、建功强军事业的内容。

第十二条 对于涉及军队的突发事件，军地有关部门和互联网军事信息服务提供者应当发布和转载权威信息，依法治理违法和不良信息。

第十三条 互联网军事信息服务提供者和用户不得制作、复制、发布、传播含有下列内容的信息：

（一）危害国家主权、安全和领土完整的；

（二）诋毁党对军队绝对领导和军委主席负责制，散布"军队非党化、非政治化"和"军队国家化"等错误政治观点的；

（三）歪曲、丑化、篡改、亵渎、否定人民军队历史、英雄烈士事迹和精神的；

（四）诋毁、贬损军队单位、军事职业，挑拨军政军民关系、破坏军政军民团结的；

（五）通过篡改、编辑军旅题材歌曲、电影、电视剧或者制作其他文艺作品，贬损军队、军队人员、预备役人员和民兵等形象的；

（六）否定、攻击我国国防政策和军事战略，歪曲解读对外军事交流与合作相关活动，以及战略核力量和其他新域新质作战力量建设、发展和运用的；

（七）通过炒作、鼓动、煽动、泄密等方式阻碍、破坏军事行动，危害国家军事利益的；

（八）歪曲解读我国武装力量维权行动、海上护航、海外撤侨、国际维和、国际救援、边境边防斗争、军事演习、反恐维稳、抢险救灾、应对突发公共事件等非战争军事行动的；

（九）编造、传播涉及军队单位、军队人员、军事斗争准备、军事行动、国防和军队改革等方面的虚假信息的；

（十）歪曲解读军队人员工资、住房、抚恤优待、退役退出安置等政策制度，以及军队院校招生和军队人员征集招录、选调交流等军事人力资源管理工作的；

（十一）穿着我国武装力量现行或者曾经装备的制式服装及其仿制品，利用军旗、军徽、荣誉标识等代表军队形象的专用标识及内容开展商业营销活动，或者通过表演模仿、低俗恶搞等方式，损害军队或者军队人员形象的；

（十二）含有法律、行政法规禁止的其他内容的。

第十四条　互联网军事信息服务提供者和用户从事互联网军事信息传播活动，应当严格保守我国国防建设和武装力量活动中的秘密事项，禁止制作、复制、发布、传播下列含有军事秘密、国防科技工业秘密或者未公开的信息：

（一）国防和武装力量建设规划及其实施情况；

（二）军事部署、兵力调动（集结），作战、训练、军事教育以及非战争军事行动、安全事故等中未公开的事项；

（三）国防和军队建设、改革重大决策部署及其实施等情况；

（四）军事通信、电子对抗以及其他特种业务的能力和有关资料；

（五）武装力量的组织编制、历史沿革、部队的职能任务、作战实力、历任主官等未公开的事项，特殊单位以及未公开的部队的番号；

（六）国防动员计划及其实施情况；

（七）武器装备的研制、生产、试验、运输、配备情况和保障能力，武器装备的战术技术性能；

（八）国防科学技术研究的重要项目、成果及其应用情况中未公开的事项，以及可用于作战用途的国防科技工业领域项目成果详细介绍；

（九）国防费分配和使用以及军事物资的筹措、生产、供应、运输和储备等过程中未公开的事项；

（十）未公开的军队指挥机关、指挥工程、作战工程，军用机场、港口、码头，营区、训练场、试验场，军用洞库、仓库，武器弹药集中存放地，军用信息基础设施，军用侦察、导航、观测台站，重要武器装备生产地点等军事设施和军工设施的名称、用途、地理位置和坐标、内部构造、日常运转等情况；

（十一）军队党的建设、军队组织、军事人力资源、宣传、群众、联络、训练监察、纪检监察、巡视巡察、政法，对外军事交流与合作，审计

等工作中未公开的事项;

(十二)军队历史未解密的事件和人物;

(十三)国防科技工业发展规划、计划,全行业以及武器装备科研生产许可单位的总体布局、投资规模和科研生产能力等;

(十四)未公开的涉及武器装备重要性能的民品配套产品及其科研生产情况;

(十五)未公开的从事尖端技术和型号研发的军地专家、工作团队及其工作与活动;

(十六)其他涉及国防和军队建设、改革和军事斗争准备未公开的事项。

互联网军事信息服务提供者应当防范数据汇聚、关联可能引发的泄露军事秘密风险,发现汇聚、关联后属于前款所列禁止性内容信息的,应当采取删除、屏蔽、脱密等措施加强安全管理。

第十五条 互联网军事信息服务提供者和用户应当采取规范管理、技术防护等手段,加强军队人员、预备役人员以及拟服现役人员信息保护,不得擅自发布军队人员、预备役人员以及拟服现役人员的职业经历、专业领域、生物识别、健康生理、特定社会活动、行踪轨迹等信息。

第十六条 任何机构、组织、个人不得利用互联网发布、传播信息,煽动军队人员、预备役人员、民兵、退役军人、退出军队文职人员非法集会、游行、示威等活动,扰乱社会秩序;不得冒用或者打着军队单位旗号,盗用、冒充军队单位、军队人员、预备役人员、民兵、退役军人、退出军队文职人员身份制作、复制、发布、传播信息,招摇撞骗;不得擅自使用为军队服务过程中产生的文件资料、展板模型、数字仿真动画等进行商业宣传;不得非法使用或者关联使用军队特定含义字样和图案面向军队人员开展涉及职业规划、晋升任用等方面的咨询服务;不得通过剪辑、拼接、套用权威报道等方式,虚构散布军事信息。

第十七条 互联网军事信息服务提供者和用户使用语音社交、深度合成、区块链、生成式人工智能、加密及匿名通信工具、算法推荐、信息众筹平台等新技术新应用,或者利用卫星互联网制作、复制、发布、传播军事信息的,不得损害人民军队形象,不得制作、复制、发布、传播本办法第十三条至第十五条所列禁止性内容的信息。

第十八条 互联网军事信息服务提供者和用户转载军事新闻信息,应当转载中央新闻单位或者省、自治区、直辖市直属新闻单位等国家规定范围内的单位发布的新闻信息，涉及军队重大决策部署、重大军事行动、重要武器装备建设、重大敏感问题等内容的，应当转载中央和军队主要媒体的权威信息；转载时注明新闻信息来源、原作者、原标题、编辑真实姓名等，不得歪曲、篡改标题原意和新闻信息内容。

第十九条　军队人员就国防和军队建设、军事行动等问题，在互联网接受访谈、发表文章、担任主讲或者参加网络直播等相关活动的，按照军队有关规定执行。国防科研生产单位及其从业人员，就国防科技工业改革发展等问题，在互联网接受访谈、发表文章、担任主讲或者参加网络直播等相关活动的，按照国防科技工业有关规定执行。

退役军人、退出军队文职人员，不得以军队人员身份在互联网接受访谈、发表文章、担任主讲或者参加网络直播等相关活动；军队管理的离休退休人员以及预备役人员、民兵等，未经批准不得以军队人员或者预备役人员、民兵等身份在互联网接受访谈、发表文章、担任主讲或者参加网络直播等相关活动。

第二十条　互联网军事信息服务提供者应当加强对涉及国防和军队建设、军事行动等信息的管理，发现法律、行政法规禁止发布或者传输的信息的，应当立即停止传输该信息，采取消除等处置措施，防止信息扩散，保存有关记录，并向有关主管部门报告。

互联网论坛社区版块发起者、管理者和互联网群组建立者、管理者，应当加强对论坛社区版块和群组用户传播军事信息的管理，规范用户军事信息传播行为。

互联网军事信息服务提供者对在传播军事信息方面违反前款规定的论坛社区版块发起者、管理者和互联网群组建立者、管理者，应当依法依约采取降低信用等级、暂停管理权限、取消建群资格、纳入黑名单管理等措施，并对有关账号、版块、群组采取警示整改、暂停信息更新、关闭注销等处置措施，保存有关记录，并向有关主管部门报告。

第四章　监督管理

第二十一条　中央军委政治工作部、国家互联网信息办公室，与中央和国家机关有关部门、中央军委机关有关部门，建立互联网军事信息传播管理工作协调机制，依法开展会商研判、监督检查、应急处置、行政执法等工作。

省军区系统政治工作部门、地方各级网信部门，与本辖区内电信、公安、国家安全、文化和旅游、广播电视、保密等主管部门以及驻军有关单位，建立相应的互联网军事信息传播管理工作协调机制。

第二十二条　国家互联网信息办公室、公安部、国家安全部、文化和旅游部、国家广播电视总局等部门会同中央军委政治工作部，地方各级网信、公安、国家安全、文化和旅游、广播电视等主管部门会同省军区系统政治工作部门，采取日常检查、专项督查、随机抽查等方式，依法对互联网军事信息传播实施监督检查。

互联网军事信息服务提供者对有关部门依法实施的监督检查，应当予以配合。

第二十三条　中央军委政治工作部和国家互联网信息办公室、公安部、国家广播电视总局，省军区（卫戍区、警备区）政治工作部门和省、自治区、直辖市网信、公安、广播电视主管部门，应当联合对军事网站平台、网站平台军事栏目等从业人员开展培训，学习掌握军事信息传播管理政策法规，提高军事信息内容审核能力。涉及国防科技工业的军事网站平台、网站平台军事栏目等从业人员，应当参加国家国防科技工业主管部门组织开展的相关培训。

互联网军事信息服务提供者应当组织所属从业人员参加军地有关部门开展的业务培训，并自行组织开展所属从业人员培训工作。

第二十四条　发现互联网军事信息服务提供者和用户违反本办法的，中央军委政治工作部、中央军委政法委员会，省军区系统政治工作部门或者国防科技工业主管部门，可以通报网信、电信、公安、文化和旅游、广播电视等主管部门，由其依据职责依法依规进行处置处罚。

第二十五条　任何机构、组织、个人发现互联网军事信息服务提供者和用户有违反本办法传播互联网军事信息的，可以向有关主管部门举报。

互联网军事信息服务提供者应当自觉接受社会监督，及时处理公众投诉举报，并采取相应处置措施。

第二十六条　国家或者地方网信部门、其他相关部门实施互联网军事信息服务监督管理执法的，中央军委政治工作部、中央军委政法委员会，省军区系统政治工作部门或者国防科技工业主管部门，应当予以协助。

第二十七条　互联网军事信息服务提供者和用户违反本办法的，由网信、电信、公安、国家安全、文化和旅游、广播电视、保密等主管部门在职责范围内依照相关法律法规处理；构成违反治安管理行为的，依法给予治安管理处罚；构成犯罪的，依法追究刑事责任。涉及军队单位或者军队人员的，依法移交军队有关部门处理。

第五章　附　　则

第二十八条　本办法下列用语的含义：

（一）互联网军事信息，是指互联网信息服务提供者和用户制作、复制、发布、传播的涉及国防和军队的文字、图片、音视频等信息。

（二）军事网站平台，是指专门提供互联网军事信息服务的网站、应用程序、小程序、应用程序分发商店等。

（三）网站平台军事栏目，是指在互联网站、应用程序、小程序等开设的集纳发布军事信息的栏目，包括但不限于军事栏目、军事版块、军事专题等。

（四）军事账号，是指在互联网站、应用程序、小程序、论坛、博客、微博客、公众账号、即时通信工具、贴吧、网络直播、短视频、网络音频等传播平台，注册或者变更为军事类别、以传播军事信息为主的网络账号。

（五）互联网军事信息服务提供者，是指向社会公众提供互联网军事信息服务的主体。

第二十九条　开展涉及军事秘密的互联网信息传播管理活动，除应当遵守本办法以外，还应当遵守保密法律法规和有关规定。

军队单位、军队人员从事互联网军事信息传播活动，开办军事网站平台、网站平台军事栏目、军事账号等事项，按照本办法和军队有关规定执行。

第三十条　本办法自2025年3月1日起施行。

二、兵役制度

中华人民共和国兵役法

(1984年5月31日第六届全国人民代表大会第二次会议通过 根据1998年12月29日第九届全国人民代表大会常务委员会第六次会议《关于修改〈中华人民共和国兵役法〉的决定》第一次修正 根据2009年8月27日第十一届全国人民代表大会常务委员会第十次会议《关于修改部分法律的决定》第二次修正 根据2011年10月29日第十一届全国人民代表大会常务委员会第二十三次会议《关于修改〈中华人民共和国兵役法〉的决定》第三次修正 2021年8月20日第十三届全国人民代表大会常务委员会第三十次会议修订 2021年8月20日中华人民共和国主席令第95号公布 自2021年10月1日起施行)

第一章 总 则

第一条 为了规范和加强国家兵役工作,保证公民依法服兵役,保障军队兵员补充和储备,建设巩固国防和强大军队,根据宪法,制定本法。

第二条 保卫祖国、抵抗侵略是中华人民共和国每一个公民的神圣职责。

第三条 中华人民共和国实行以志愿兵役为主体的志愿兵役与义务兵役相结合的兵役制度。

第四条 兵役工作坚持中国共产党的领导,贯彻习近平强军思想,贯彻新时代军事战略方针,坚持与国家经济社会发展相协调,坚持与国防和军队建设相适应,遵循服从国防需要、聚焦备战打仗、彰显服役光荣、体现权利和义务一致的原则。

第五条 中华人民共和国公民,不分民族、种族、职业、家庭出身、宗教信仰和教育程度,都有义务依照本法的规定服兵役。

有严重生理缺陷或者严重残疾不适合服兵役的公民，免服兵役。

依照法律被剥夺政治权利的公民，不得服兵役。

第六条 兵役分为现役和预备役。在中国人民解放军服现役的称军人；预编到现役部队或者编入预备役部队服预备役的，称预备役人员。

第七条 军人和预备役人员，必须遵守宪法和法律，履行公民的义务，同时享有公民的权利；由于服兵役而产生的权利和义务，由本法和其他相关法律法规规定。

第八条 军人必须遵守军队的条令和条例，忠于职守，随时为保卫祖国而战斗。

预备役人员必须按照规定参加军事训练、担负战备勤务、执行非战争军事行动任务，随时准备应召参战，保卫祖国。

军人和预备役人员入役时应当依法进行服役宣誓。

第九条 全国的兵役工作，在国务院、中央军事委员会领导下，由国防部负责。

省军区（卫戍区、警备区）、军分区（警备区）和县、自治县、不设区的市、市辖区的人民武装部，兼各该级人民政府的兵役机关，在上级军事机关和同级人民政府领导下，负责办理本行政区域的兵役工作。

机关、团体、企业事业组织和乡、民族乡、镇的人民政府，依照本法的规定完成兵役工作任务。兵役工作业务，在设有人民武装部的单位，由人民武装部办理；不设人民武装部的单位，确定一个部门办理。普通高等学校应当有负责兵役工作的机构。

第十条 县级以上地方人民政府兵役机关应当会同相关部门，加强对本行政区域内兵役工作的组织协调和监督检查。

县级以上地方人民政府和同级军事机关应当将兵役工作情况作为拥军优属、拥政爱民评比和有关单位及其负责人考核评价的内容。

第十一条 国家加强兵役工作信息化建设，采取有效措施实现有关部门之间信息共享，推进兵役信息收集、处理、传输、存储等技术的现代化，为提高兵役工作质量效益提供支持。

兵役工作有关部门及其工作人员应当对收集的个人信息严格保密，不得泄露或者向他人非法提供。

第十二条 国家采取措施，加强兵役宣传教育，增强公民依法服兵役意识，营造服役光荣的良好社会氛围。

第十三条 军人和预备役人员建立功勋的，按照国家和军队关于功勋荣誉表彰的规定予以褒奖。

组织和个人在兵役工作中作出突出贡献的，按照国家和军队有关规定予以表彰和奖励。

第二章 兵役登记

第十四条 国家实行兵役登记制度。兵役登记包括初次兵役登记和预备役登记。

第十五条 每年十二月三十一日以前年满十八周岁的男性公民，都应当按照兵役机关的安排在当年进行初次兵役登记。

机关、团体、企业事业组织和乡、民族乡、镇的人民政府，应当根据县、自治县、不设区的市、市辖区人民政府兵役机关的安排，负责组织本单位和本行政区域的适龄男性公民进行初次兵役登记。

初次兵役登记可以采取网络登记的方式进行，也可以到兵役登记站（点）现场登记。进行兵役登记，应当如实填写个人信息。

第十六条 经过初次兵役登记的未服现役的公民，符合预备役条件的，县、自治县、不设区的市、市辖区人民政府兵役机关可以根据需要，对其进行预备役登记。

第十七条 退出现役的士兵自退出现役之日起四十日内，退出现役的军官自确定安置地之日起三十日内，到安置地县、自治县、不设区的市、市辖区人民政府兵役机关进行兵役登记信息变更；其中，符合预备役条件，经部队确定需要办理预备役登记的，还应当办理预备役登记。

第十八条 县级以上地方人民政府兵役机关负责本行政区域兵役登记工作。

县、自治县、不设区的市、市辖区人民政府兵役机关每年组织兵役登记信息核验，会同有关部门对公民兵役登记情况进行查验，确保兵役登记及时，信息准确完整。

第三章 平时征集

第十九条 全国每年征集服现役的士兵的人数、次数、时间和要求，由国务院和中央军事委员会的命令规定。

县级以上地方各级人民政府组织兵役机关和有关部门组成征集工作机构,负责组织实施征集工作。

第二十条 年满十八周岁的男性公民,应当被征集服现役;当年未被征集的,在二十二周岁以前仍可以被征集服现役。普通高等学校毕业生的征集年龄可以放宽至二十四周岁,研究生的征集年龄可以放宽至二十六周岁。

根据军队需要,可以按照前款规定征集女性公民服现役。

根据军队需要和本人自愿,可以征集年满十七周岁未满十八周岁的公民服现役。

第二十一条 经初次兵役登记并初步审查符合征集条件的公民,称应征公民。

在征集期间,应征公民应当按照县、自治县、不设区的市、市辖区征集工作机构的通知,按时参加体格检查等征集活动。

应征公民符合服现役条件,并经县、自治县、不设区的市、市辖区征集工作机构批准的,被征集服现役。

第二十二条 在征集期间,应征公民被征集服现役,同时被机关、团体、企业事业组织招录或者聘用的,应当优先履行服兵役义务;有关机关、团体、企业事业组织应当服从国防和军队建设的需要,支持兵员征集工作。

第二十三条 应征公民是维持家庭生活唯一劳动力的,可以缓征。

第二十四条 应征公民因涉嫌犯罪正在被依法监察调查、侦查、起诉、审判或者被判处徒刑、拘役、管制正在服刑的,不征集。

第四章 士兵的现役和预备役

第二十五条 现役士兵包括义务兵役制士兵和志愿兵役制士兵,义务兵役制士兵称义务兵,志愿兵役制士兵称军士。

第二十六条 义务兵服现役的期限为二年。

第二十七条 义务兵服现役期满,根据军队需要和本人自愿,经批准可以选改为军士;服现役期间表现特别优秀的,经批准可以提前选改为军士。根据军队需要,可以直接从非军事部门具有专业技能的公民中招收军士。

军士实行分级服现役制度。军士服现役的期限一般不超过三十年，年龄不超过五十五周岁。

军士分级服现役的办法和直接从非军事部门招收军士的办法，按照国家和军队有关规定执行。

第二十八条　士兵服现役期满，应当退出现役。

士兵因国家建设或者军队编制调整需要退出现役的，经军队医院诊断证明本人健康状况不适合继续服现役的，或者因其他特殊原因需要退出现役的，经批准可以提前退出现役。

第二十九条　士兵服现役的时间自征集工作机构批准入伍之日起算。

士兵退出现役的时间为部队下达退出现役命令之日。

第三十条　依照本法第十七条规定经过预备役登记的退出现役的士兵，由部队会同兵役机关根据军队需要，遴选确定服士兵预备役；经过考核，适合担任预备役军官职务的，服军官预备役。

第三十一条　依照本法第十六条规定经过预备役登记的公民，符合士兵预备役条件的，由部队会同兵役机关根据军队需要，遴选确定服士兵预备役。

第三十二条　预备役士兵服预备役的最高年龄，依照其他有关法律规定执行。

预备役士兵达到服预备役最高年龄的，退出预备役。

第五章　军官的现役和预备役

第三十三条　现役军官从下列人员中选拔、招收：

（一）军队院校毕业学员；

（二）普通高等学校应届毕业生；

（三）表现优秀的现役士兵；

（四）军队需要的专业技术人员和其他人员。

战时根据需要，可以从现役士兵、军队院校学员、征召的预备役军官和其他人员中直接任命军官。

第三十四条　预备役军官包括下列人员：

（一）确定服军官预备役的退出现役的军官；

（二）确定服军官预备役的退出现役的士兵；

（三）确定服军官预备役的专业技术人员和其他人员。

第三十五条　军官服现役和服预备役的最高年龄，依照其他有关法律规定执行。

第三十六条　现役军官按照规定服现役已满最高年龄或者衔级最高年限的，退出现役；需要延长服现役或者暂缓退出现役的，依照有关法律规定执行。

现役军官按照规定服现役未满最高年龄或者衔级最高年限，因特殊情况需要退出现役的，经批准可以退出现役。

第三十七条　依照本法第十七条规定经过预备役登记的退出现役的军官、依照本法第十六条规定经过预备役登记的公民，符合军官预备役条件的，由部队会同兵役机关根据军队需要，遴选确定服军官预备役。

预备役军官按照规定服预备役已满最高年龄的，退出预备役。

第六章　军队院校从青年学生中招收的学员

第三十八条　根据军队建设的需要，军队院校可以从青年学生中招收学员。招收学员的年龄，不受征集服现役年龄的限制。

第三十九条　学员完成学业达到军队培养目标的，由院校发给毕业证书；按照规定任命为现役军官或者军士。

第四十条　学员未达到军队培养目标或者不符合军队培养要求的，由院校按照国家和军队有关规定发给相应证书，并采取多种方式分流；其中，回入学前户口所在地的学员，就读期间其父母已办理户口迁移手续的，可以回父母现户口所在地，由县、自治县、不设区的市、市辖区的人民政府按照国家有关规定接收安置。

第四十一条　学员被开除学籍的，回入学前户口所在地；就读期间其父母已办理户口迁移手续的，可以回父母现户口所在地，由县、自治县、不设区的市、市辖区的人民政府按照国家有关规定办理。

第四十二条　军队院校从现役士兵中招收的学员，适用本法第三十九条、第四十条、第四十一条的规定。

第七章　战时兵员动员

第四十三条　为了应对国家主权、统一、领土完整、安全和发展利益遭受的威胁，抵抗侵略，各级人民政府、各级军事机关，在平时必须做好战时兵员动员的准备工作。

第四十四条 在国家发布动员令或者国务院、中央军事委员会依照《中华人民共和国国防动员法》采取必要的国防动员措施后,各级人民政府、各级军事机关必须依法迅速实施动员,军人停止退出现役,休假、探亲的军人立即归队,预备役人员随时准备应召服现役,经过预备役登记的公民做好服预备役被征召的准备。

第四十五条 战时根据需要,国务院和中央军事委员会可以决定适当放宽征召男性公民服现役的年龄上限,可以决定延长公民服现役的期限。

第四十六条 战争结束后,需要复员的军人,根据国务院和中央军事委员会的复员命令,分期分批地退出现役,由各级人民政府妥善安置。

第八章 服役待遇和抚恤优待

第四十七条 国家保障军人享有符合军事职业特点、与其履行职责相适应的工资、津贴、住房、医疗、保险、休假、疗养等待遇。军人的待遇应当与国民经济发展相协调,与社会进步相适应。

女军人的合法权益受法律保护。军队应当根据女军人的特点,合理安排女军人的工作任务和休息休假,在生育、健康等方面为女军人提供特别保护。

第四十八条 预备役人员参战、参加军事训练、担负战备勤务、执行非战争军事行动任务,享受国家规定的伙食、交通等补助。预备役人员是机关、团体、企业事业组织工作人员的,参战、参加军事训练、担负战备勤务、执行非战争军事行动任务期间,所在单位应当保持其原有的工资、奖金和福利待遇。预备役人员的其他待遇保障依照有关法律法规和国家有关规定执行。

第四十九条 军人按照国家有关规定,在医疗、金融、交通、参观游览、法律服务、文化体育设施服务、邮政服务等方面享受优待政策。公民入伍时保留户籍。

军人因战、因公、因病致残的,按照国家规定评定残疾等级,发给残疾军人证,享受国家规定的待遇、优待和残疾抚恤金。因工作需要继续服现役的残疾军人,由所在部队按照规定发给残疾抚恤金。

军人牺牲、病故,国家按照规定发给其遗属抚恤金。

第五十条　国家建立义务兵家庭优待金制度。义务兵家庭优待金标准由地方人民政府制定，中央财政给予定额补助。具体补助办法由国务院退役军人工作主管部门、财政部门会同中央军事委员会机关有关部门制定。

义务兵和军士入伍前是机关、团体、事业单位或者国有企业工作人员的，退出现役后可以选择复职复工。

义务兵和军士入伍前依法取得的农村土地承包经营权，服现役期间应当保留。

第五十一条　现役军官和军士的子女教育，家属的随军、就业创业以及工作调动，享受国家和社会的优待。

符合条件的军人家属，其住房、医疗、养老按照有关规定享受优待。

军人配偶随军未就业期间，按照国家有关规定享受相应的保障待遇。

第五十二条　预备役人员因参战、参加军事训练、担负战备勤务、执行非战争军事行动任务致残、牺牲的，由当地人民政府依照有关规定给予抚恤优待。

第九章　退役军人的安置

第五十三条　对退出现役的义务兵，国家采取自主就业、安排工作、供养等方式妥善安置。

义务兵退出现役自主就业的，按照国家规定发给一次性退役金，由安置地的县级以上地方人民政府接收，根据当地的实际情况，可以发给经济补助。国家根据经济社会发展，适时调整退役金的标准。

服现役期间平时获得二等功以上荣誉或者战时获得三等功以上荣誉以及属于烈士子女的义务兵退出现役，由安置地的县级以上地方人民政府安排工作；待安排工作期间由当地人民政府按照国家有关规定发给生活补助费；根据本人自愿，也可以选择自主就业。

因战、因公、因病致残的义务兵退出现役，按照国家规定的评定残疾等级采取安排工作、供养等方式予以妥善安置；符合安排工作条件的，根据本人自愿，也可以选择自主就业。

第五十四条　对退出现役的军士，国家采取逐月领取退役金、自主就业、安排工作、退休、供养等方式妥善安置。

军士退出现役，服现役满规定年限的，采取逐月领取退役金方式予以妥善安置。

军士退出现役，服现役满十二年或者符合国家规定的其他条件的，由安置地的县级以上地方人民政府安排工作；待安排工作期间由当地人民政府按照国家有关规定发给生活补助费；根据本人自愿，也可以选择自主就业。

军士服现役满三十年或者年满五十五周岁或者符合国家规定的其他条件的，作退休安置。

因战、因公、因病致残的军士退出现役，按照国家规定的评定残疾等级采取安排工作、退休、供养等方式予以妥善安置；符合安排工作条件的，根据本人自愿，也可以选择自主就业。

军士退出现役，不符合本条第二款至第五款规定条件的，依照本法第五十三条规定的自主就业方式予以妥善安置。

第五十五条 对退出现役的军官，国家采取退休、转业、逐月领取退役金、复员等方式妥善安置；其安置方式的适用条件，依照有关法律法规的规定执行。

第五十六条 残疾军人、患慢性病的军人退出现役后，由安置地的县级以上地方人民政府按照国务院、中央军事委员会的有关规定负责接收安置；其中，患过慢性病旧病复发需要治疗的，由当地医疗机构负责给予治疗，所需医疗和生活费用，本人经济困难的，按照国家规定给予补助。

第十章 法 律 责 任

第五十七条 有服兵役义务的公民有下列行为之一的，由县级人民政府责令限期改正；逾期不改正的，由县级人民政府强制其履行兵役义务，并处以罚款：

（一）拒绝、逃避兵役登记的；

（二）应征公民拒绝、逃避征集服现役的；

（三）预备役人员拒绝、逃避参加军事训练、担负战备勤务、执行非战争军事行动任务和征召的。

有前款第二项行为，拒不改正的，不得录用为公务员或者参照《中华人民共和国公务员法》管理的工作人员，不得招录、聘用为国有企业和事业单位工作人员，两年内不准出境或者升学复学，纳入履行国防义务严重失信主体名单实施联合惩戒。

第五十八条 军人以逃避服兵役为目的,拒绝履行职责或者逃离部队的,按照中央军事委员会的规定给予处分。

军人有前款行为被军队除名、开除军籍或者被依法追究刑事责任的,依照本法第五十七条第二款的规定处罚;其中,被军队除名的,并处以罚款。

明知是逃离部队的军人而招录、聘用的,由县级人民政府责令改正,并处以罚款。

第五十九条 机关、团体、企业事业组织拒绝完成本法规定的兵役工作任务的,阻挠公民履行兵役义务的,或者有其他妨害兵役工作行为的,由县级以上地方人民政府责令改正,并可以处以罚款;对单位负有责任的领导人员、直接负责的主管人员和其他直接责任人员,依法予以处罚。

第六十条 扰乱兵役工作秩序,或者阻碍兵役工作人员依法执行职务的,依照《中华人民共和国治安管理处罚法》的规定处罚。

第六十一条 国家工作人员和军人在兵役工作中,有下列行为之一的,依法给予处分:

(一) 贪污贿赂的;

(二) 滥用职权或者玩忽职守的;

(三) 徇私舞弊,接送不合格兵员的;

(四) 泄露或者向他人非法提供兵役个人信息的。

第六十二条 违反本法规定,构成犯罪的,依法追究刑事责任。

第六十三条 本法第五十七条、第五十八条、第五十九条规定的处罚,由县级以上地方人民政府兵役机关会同有关部门查明事实,经同级地方人民政府作出处罚决定后,由县级以上地方人民政府兵役机关、发展改革、公安、退役军人工作、卫生健康、教育、人力资源和社会保障等部门按照职责分工具体执行。

第十一章 附 则

第六十四条 本法适用于中国人民武装警察部队。

第六十五条 本法自 2021 年 10 月 1 日起施行。

中华人民共和国现役军官法

(1988年9月5日第七届全国人民代表大会常务委员会第三次会议通过 根据1994年5月12日第八届全国人民代表大会常务委员会第七次会议《关于修改〈中国人民解放军现役军官服役条例〉的决定》第一次修正 根据2000年12月28日第九届全国人民代表大会常务委员会第十九次会议《关于修改〈中国人民解放军现役军官服役条例〉的决定》第二次修正)

第一章 总 则

第一条 为了建设一支革命化、年轻化、知识化、专业化的现役军官队伍,以利于人民解放军完成国家赋予的任务,制定本法。

第二条 人民解放军现役军官(以下简称军官)是被任命为排级以上职务或者初级以上专业技术职务,并被授予相应军衔的现役军人。

军官按照职务性质分为军事军官、政治军官、后勤军官、装备军官和专业技术军官。

第三条 军官是国家工作人员的组成部分。

军官履行宪法和法律赋予的神圣职责,在社会生活中享有与其职责相应的地位和荣誉。

国家依法保障军官的合法权益。

第四条 军官的选拔和使用,坚持任人唯贤、德才兼备、注重实绩、适时交流的原则,实行民主监督,尊重群众公论。

第五条 国家按照优待现役军人的原则,确定军官的各种待遇。

第六条 军官符合本法规定的退出现役条件的,应当退出现役。

第七条 人民解放军总政治部主管全军的军官管理工作,团级以上单位的政治机关主管本单位的军官管理工作。

第二章 军官的基本条件、来源和培训

第八条 军官必须具备下列基本条件:

（一）忠于祖国，忠于中国共产党，有坚定的革命理想、信念，全心全意为人民服务，自觉献身国防事业；

（二）遵守宪法和法律、法规，执行国家的方针、政策和军队的规章、制度，服从命令，听从指挥；

（三）具有胜任本职工作所必需的理论、政策水平，现代军事、科学文化、专业知识，组织、指挥能力，经过院校培训并取得相应学历，身体健康；

（四）爱护士兵，以身作则，公道正派，廉洁奉公，艰苦奋斗，不怕牺牲。

第九条 军官的来源：

（一）选拔优秀士兵和普通中学毕业生入军队院校学习毕业；

（二）接收普通高等学校毕业生；

（三）由文职干部改任；

（四）招收军队以外的专业技术人员和其他人员。

战时根据需要，可以从士兵、征召的预备役军官和非军事部门的人员中直接任命军官。

第十条 人民解放军实行经院校培训提拔军官的制度。

军事、政治、后勤、装备军官每晋升一级指挥职务，应当经过相应的院校或者其他训练机构培训。担任营级以下指挥职务的军官，应当经过初级指挥院校培训；担任团级和师级指挥职务的军官，应当经过中级指挥院校培训；担任军级以上指挥职务的军官，应当经过高级指挥院校培训。

在机关任职的军官应当经过相应的院校培训。

专业技术军官每晋升一级专业技术职务，应当经过与其所从事专业相应的院校培训；院校培训不能满足需要时，应当通过其他方式，完成规定的继续教育任务。

第三章　军官的考核和职务任免

第十一条 各级首长和政治机关应当按照分工对所属军官进行考核。

考核军官，应当实行领导和群众相结合，根据军官的基本条件和中央军事委员会规定的军官考核标准、程序、方法，以工作实绩为主，全面考核。考核结果分为优秀、称职、不称职三个等次，并作为任免军官职务的主要依据。考核结果应当告知本人。

任免军官职务，应当先经考核；未经考核不得任免。

第十二条 军官职务的任免权限：

（一）总参谋长、总政治部主任至正师职军官职务，由中央军事委员会主席任免；

（二）副师职（正旅职）、正团职（副旅职）军官职务和高级专业技术军官职务，由总参谋长、总政治部主任、总后勤部部长和政治委员、总装备部部长和政治委员、大军区及军兵种或者相当大军区级单位的正职首长任免，副大军区级单位的正团职（副旅职）军官职务由副大军区级单位的正职首长任免；

（三）副团职、正营职军官职务和中级专业技术军官职务，由集团军或者其他有任免权的军级单位的正职首长任免，独立师的正营职军官职务由独立师的正职首长任免；

（四）副营职以下军官职务和初级专业技术军官职务，由师（旅）或者其他有任免权的师（旅）级单位的正职首长任免。

前款所列军官职务的任免，按照中央军事委员会规定的程序办理。

第十三条 在执行作战、抢险救灾等紧急任务时，上级首长有权暂时免去违抗命令、不履行职责或者不称职的所属军官的职务，并可以临时指派其他军人代理；因其他原因，军官职务出现空缺时，上级首长也可以临时指派军人代理。

依照前款规定暂时免去或者临时指派军人代理军官职务，应当尽快报请有任免权的上级审核决定，履行任免手续。

第十四条 作战部队的军事、政治、后勤、装备军官平时任职的最高年龄分别为：

（一）担任排级职务的，三十岁；

（二）担任连级职务的，三十五岁；

（三）担任营级职务的，四十岁；

（四）担任团级职务的，四十五岁；

（五）担任师级职务的，五十岁；

（六）担任军级职务的，五十五岁；

（七）担任大军区级职务的，副职六十三岁，正职六十五岁。

在舰艇上服役的营级和团级职务军官,任职的最高年龄分别为四十五岁和五十岁;从事飞行的团级职务军官,任职的最高年龄为五十岁。

作战部队的师级和军级职务军官,少数工作需要的,按照任免权限经过批准,任职的最高年龄可以适当延长,但是师级和正军职军官延长的年龄最多不得超过五岁,副军职军官延长的年龄最多不得超过三岁。

第十五条 作战部队以外单位的副团职以下军官和大军区级职务军官,任职的最高年龄依照本法第十四条第一款的相应规定执行;正团职军官,任职的最高年龄为五十岁;师级职务军官,任职的最高年龄为五十五岁;副军职和正军职军官,任职的最高年龄分别为五十八岁和六十岁。

第十六条 专业技术军官平时任职的最高年龄分别为:

(一)担任初级专业技术职务的,四十岁;

(二)担任中级专业技术职务的,五十岁;

(三)担任高级专业技术职务的,六十岁。

担任高级专业技术职务的军官,少数工作需要的,按照任免权限经过批准,任职的最高年龄可以适当延长,但是延长的年龄最多不得超过五岁。

第十七条 担任排、连、营、团、师(旅)、军级主官职务的军官,平时任职的最低年限分别为三年。

第十八条 机关和院校的股长、科长、处长、局长、部长及相当领导职务的军官,任职的最低年限参照本法第十七条的规定执行。

机关和院校的参谋、干事、秘书、助理员、教员等军官,每个职务等级任职的最低年限为三年。

第十九条 专业技术军官平时任职的最低年限,按照中央军事委员会的有关规定执行。

第二十条 军官任职满最低年限后,才能根据编制缺额和本人德才条件逐职晋升。

军官德才优秀、实绩显著、工作需要的,可以提前晋升;特别优秀的,可以越职晋升。

第二十一条 军官晋升职务,应当具备拟任职务所要求的任职经历、文化程度、院校培训等资格。具体条件由中央军事委员会规定。

第二十二条 军官职务应当按照编制员额和编制职务等级任命。

第二十三条 军官经考核不称职的,应当调任下级职务或者改做其他工作，并按照新任职务确定待遇。

第二十四条　担任师、军、大军区级职务的军官，正职和副职平时任职的最高年限分别为十年。任职满最高年限的，应当免去现任职务。

第二十五条　根据国防建设的需要，军队可以向非军事部门派遣军官，执行军队交付的任务。

第二十六条　军官可以按照中央军事委员会的规定改任文职干部。

第四章　军官的交流和回避

第二十七条　军官应当在不同岗位或者不同单位之间进行交流，具体办法由中央军事委员会根据本法规定。

第二十八条　军官在一个岗位任职满下列年限的，应当交流：

（一）作战部队担任师级以下主官职务的，四年；担任军级主官职务的，五年；

（二）作战部队以外单位担任军级以下主官职务的，五年；

（三）机关担任股长、科长、处长及相当领导职务的，四年；担任局长、部长及相当领导职务的，五年；但是少数专业性强和工作特别需要的除外。

担任师级和军级领导职务的军官，在本单位连续工作分别满二十五年和三十年的，应当交流。

担任其他职务的军官，也应根据需要进行交流。

第二十九条　在艰苦地区工作的军官向其他地区交流，按照中央军事委员会的有关规定执行。

第三十条　军官之间有夫妻关系、直系血亲关系、三代以内旁系血亲关系以及近姻亲关系的，不得担任有直接上下级或者间隔一级领导关系的职务，不得在同一单位担任双方直接隶属于同一首长的职务，也不得在担任领导职务一方的机关任职。

第三十一条　军官不得在其原籍所在地的军分区（师级警备区）和县、市、市辖区的人民武装部担任主官职务，但是工作特别需要的除外。

第三十二条　军官在执行职务时，涉及本人或者涉及与本人有本法第三十条所列亲属关系人员的利益关系的，应当回避，但是执行作战任务和其他紧急任务的除外。

第五章　军官的奖励和处分

第三十三条　军官在作战和军队建设中做出突出贡献或者取得显著成绩，以及为国家和人民做出其他较大贡献的，按照中央军事委员会的规定给予奖励。

奖励分为：嘉奖、三等功、二等功、一等功、荣誉称号以及中央军事委员会规定的其他奖励。

第三十四条　军官违反军纪的，按照中央军事委员会的规定给予处分。

处分分为：警告、严重警告、记过、记大过、降职（级）或者降衔、撤职、开除军籍以及中央军事委员会规定的其他处分。

第三十五条　对被撤职的军官，根据其所犯错误的具体情况，任命新的职务；未任命新的职务的，应当确定职务等级待遇。

第三十六条　军官违反法律，构成犯罪的，依法追究刑事责任。

第六章　军官的待遇

第三十七条　军官实行职务军衔等级工资制和定期增资制度，按照国家和军队的有关规定享受津贴和补贴，并随着国民经济的发展适时调整。具体标准和办法由中央军事委员会规定。

军官按照规定离职培训、休假、治病疗养以及免职待分配期间，工资照发。

第三十八条　军官享受公费医疗待遇。有关部门应当做好军官的医疗保健工作，妥善安排军官的治病和疗养。

军官按照国家和军队的有关规定享受军人保险待遇。

第三十九条　军官住房实行公寓住房与自有住房相结合的保障制度。军官按照规定住用公寓住房或者购买自有住房，享受相应的住房补贴和优惠待遇。

第四十条　军官享受休假待遇。上级首长应当每年按照规定安排军官休假。

执行作战任务部队的军官停止休假。

国家发布动员令后，按照动员令应当返回部队的正在休假的军官，应当自动结束休假，立即返回本部。

第四十一条 军官的家属随军、就业、工作调动和子女教育,享受国家和社会优待。

军官具备家属随军条件的,经师(旅)级以上单位的政治机关批准,其配偶和未成年子女、无独立生活能力的子女可以随军,是农村户口的,转为城镇户口。

部队移防或者军官工作调动的,随军家属可以随调。

军官年满五十岁、身边无子女的,可以调一名有工作的子女到军官所在地。所调子女已婚的,其配偶和未成年子女、无独立生活能力的子女可以随调。

随军的军官家属、随调的军官子女及其配偶的就业和工作调动,按照国务院和中央军事委员会的有关规定办理。

第四十二条 军官牺牲、病故后,其随军家属移交政府安置管理。具体办法由国务院和中央军事委员会规定。

第七章 军官退出现役

第四十三条 军事、政治、后勤、装备军官平时服现役的最低年限分别为:

(一)担任排级职务的,八年;

(二)担任连级职务的,副职十年,正职十二年;

(三)担任营级职务的,副职十四年,正职十六年;

(四)担任团级职务的,副职十八年,正职二十年。

第四十四条 专业技术军官平时服现役的最低年限分别为:

(一)担任初级专业技术职务的,十二年;

(二)担任中级专业技术职务的,十六年;

(三)担任高级专业技术职务的,二十年。

第四十五条 军官未达到平时服现役的最低年限的,不得退出现役。但是有下列情形之一的,应当提前退出现役:

(一)伤病残不能坚持正常工作的;

(二)经考核不称职又不宜作其他安排的;

(三)犯有严重错误不适合继续服现役的;

(四)调离军队,到非军事部门工作的;

（五）因军队体制编制调整精简需要退出现役的。

军官未达到平时服现役的最低年限，要求提前退出现役未获批准，经教育仍坚持退出现役的，给予降职（级）处分或者取消其军官身份后，可以作出退出现役处理。

第四十六条 军官达到平时服现役的最高年龄的，应当退出现役。

军官平时服现役的最高年龄分别为：

（一）担任正团职职务的，五十岁；

（二）担任师级职务的，五十五岁；

（三）担任军级职务的，副职五十八岁，正职六十岁；

（四）担任其他职务的，服现役的最高年龄与任职的最高年龄相同。

第四十七条 军官未达到平时服现役的最高年龄，有下列情形之一的，应当退出现役：

（一）任职满最高年限后需要退出现役的；

（二）伤病残不能坚持正常工作的；

（三）受军队编制员额限制，不能调整使用的；

（四）调离军队，到非军事部门工作的；

（五）有其他原因需要退出现役的。

第四十八条 军官退出现役的批准权限与军官职务的任免权限相同。

第四十九条 军官退出现役后，采取转业由政府安排工作和职务，或者由政府协助就业、发给退役金的方式安置；有的也可以采取复员或者退休的方式安置。

担任师级以上职务和高级专业技术职务的军官，退出现役后作退休安置，有的也可以作转业安置或者其他安置。

担任团级以下职务和初级、中级专业技术职务的军官，退出现役后作转业安置或者其他安置。

对退出现役由政府安排工作和职务以及由政府协助就业、发给退役金的军官，政府应当根据需要进行职业培训。

未达到服现役的最高年龄，基本丧失工作能力的军官，退出现役后作退休安置。

服现役满三十年以上或者服现役和参加工作满三十年以上，或者年满五十岁以上的军官，担任师级以上职务，本人提出申请，经组织批准的，退出现役后可以作退休安置；担任团级职务，不宜作转业或者其他安置的，可以由组织批准退出现役后作退休安置。

第五十条 军官达到服现役的最高年龄，符合国家规定的离休条件的，可以离职休养。因工作需要或者其他原因，经过批准，可以提前或者推迟离休。

第五十一条 军官退出现役后的安置管理具体办法由国务院和中央军事委员会规定。

军官离职休养和军级以上职务军官退休后，按照国务院和中央军事委员会的有关规定安置管理。

第八章 附 则

第五十二条 人民解放军总政治部根据本法制定实施办法，报国务院和中央军事委员会批准后施行。

第五十三条 中国人民武装警察部队现役警官适用本法，具体办法由国务院和中央军事委员会规定。

第五十四条 本法（原称《中国人民解放军现役军官服役条例》）自1989年1月1日起施行。1978年8月18日第五届全国人民代表大会常务委员会批准、1978年8月19日国务院和中央军事委员会颁布的《中国人民解放军干部服役条例》同时废止。

中华人民共和国预备役人员法

（2022年12月30日第十三届全国人民代表大会常务委员会第三十八次会议通过　2022年12月30日中华人民共和国主席令第127号公布　自2023年3月1日起施行）

第一章 总 则

第一条 为了健全预备役人员制度，规范预备役人员管理，维护预备役人员合法权益，保障预备役人员有效履行职责使命，加强国防力量建设，根据宪法和《中华人民共和国国防法》、《中华人民共和国兵役法》，制定本法。

第二条 本法所称预备役人员，是指依法履行兵役义务，预编到中国人民解放军现役部队或者编入中国人民解放军预备役部队服预备役的公民。

预备役人员分为预备役军官和预备役士兵。预备役士兵分为预备役军士和预备役兵。

预备役人员是国家武装力量的成员，是战时现役部队兵员补充的重要来源。

第三条 预备役人员工作坚持中国共产党的领导，贯彻习近平强军思想，坚持总体国家安全观，贯彻新时代军事战略方针，以军事需求为牵引，以备战打仗为指向，以质量建设为着力点，提高预备役人员履行使命任务的能力和水平。

第四条 预备役人员必须服从命令、严守纪律，英勇顽强、不怕牺牲，按照规定参加政治教育和军事训练、担负战备勤务、执行非战争军事行动任务，随时准备应召参战，保卫祖国。

国家依法保障预备役人员的地位和权益。预备役人员享有与其履行职责相应的荣誉和待遇。

第五条 中央军事委员会领导预备役人员工作。

中央军事委员会政治工作部门负责组织指导预备役人员管理工作，中央军事委员会国防动员部门负责组织预备役人员编组、动员征集等有关工作，中央军事委员会机关其他部门按照职责分工负责预备役人员有关工作。

中央国家机关、县级以上地方人民政府和同级军事机关按照职责分工做好预备役人员有关工作。

编有预备役人员的部队（以下简称部队）负责所属预备役人员政治教育、军事训练、执行任务和有关选拔补充、日常管理、退出预备役等工作。

第六条 县级以上地方人民政府和有关军事机关应当根据预备役人员工作需要召开军地联席会议，协调解决有关问题。

县级以上地方人民政府和同级军事机关，应当将预备役人员工作情况作为拥军优属、拥政爱民评比和有关单位及其负责人考核评价的内容。

第七条 机关、团体、企业事业组织和乡镇人民政府、街道办事处应当支持预备役人员履行预备役职责，协助做好预备役人员工作。

第八条 国家加强预备役人员工作信息化建设。

中央军事委员会政治工作部门会同中央国家机关、中央军事委员会机关有关部门,统筹做好信息数据系统的建设、维护、应用和信息安全管理等工作。

有关部门和单位、个人应当对在预备役人员工作过程中知悉的国家秘密、军事秘密和个人隐私、个人信息予以保密,不得泄露或者向他人非法提供。

第九条 预备役人员工作所需经费,按照财政事权和支出责任划分原则列入中央和地方预算。

第十条 预备役人员在履行预备役职责中做出突出贡献的,按照国家和军队有关规定给予表彰和奖励。

组织和个人在预备役人员工作中做出突出贡献的,按照国家和军队有关规定给予表彰和奖励。

第二章 预备役军衔

第十一条 国家实行预备役军衔制度。

预备役军衔是区分预备役人员等级、表明预备役人员身份的称号和标志,是党和国家给予预备役人员的地位和荣誉。

第十二条 预备役军衔分为预备役军官军衔、预备役军士军衔和预备役兵军衔。

预备役军官军衔设二等七衔:

(一)预备役校官:预备役大校、上校、中校、少校;

(二)预备役尉官:预备役上尉、中尉、少尉。

预备役军士军衔设三等七衔:

(一)预备役高级军士:预备役一级军士长、二级军士长、三级军士长;

(二)预备役中级军士:预备役一级上士、二级上士;

(三)预备役初级军士:预备役中士、下士。

预备役兵军衔设两衔:预备役上等兵、列兵。

第十三条 预备役军衔按照军种划分种类,在预备役军衔前冠以军种名称。

预备役军官分为预备役指挥管理军官和预备役专业技术军官,分别授予预备役指挥管理军官军衔和预备役专业技术军官军衔。

预备役军衔标志式样和佩带办法由中央军事委员会规定。

第十四条 预备役军衔的授予和晋升，以预备役人员任职岗位、德才表现、服役时间和做出的贡献为依据，具体办法由中央军事委员会规定。

第十五条 预备役人员退出预备役的，其预备役军衔予以保留，在其军衔前冠以"退役"。

第十六条 对违反军队纪律的预备役人员，按照中央军事委员会的有关规定，可以降低其预备役军衔等级。

依照本法规定取消预备役人员身份的，相应取消其预备役军衔；预备役人员犯罪或者退出预备役后犯罪，被依法判处剥夺政治权利或者有期徒刑以上刑罚的，应当剥夺其预备役军衔。

批准取消或者剥夺预备役军衔的权限，与批准授予相应预备役军衔的权限相同。

第三章 选拔补充

第十七条 预备役人员应当符合下列条件：

（一）忠于祖国，忠于中国共产党，拥护社会主义制度，热爱人民，热爱国防和军队；

（二）遵守宪法和法律，具有良好的政治素质和道德品行；

（三）年满十八周岁；

（四）具有履行职责的身体条件和心理素质；

（五）具备岗位要求的文化程度和工作能力；

（六）法律、法规规定的其他条件。

第十八条 预备役人员主要从符合服预备役条件、经过预备役登记的退役军人和专业技术人才、专业技能人才中选拔补充。

预备役登记依照《中华人民共和国兵役法》有关规定执行。

第十九条 预备役人员的选拔补充计划由中央军事委员会确定。中央军事委员会机关有关部门会同有关中央国家机关，指导部队和县级以上地方人民政府兵役机关实施。

第二十条 部队应当按照规定的标准条件，会同县级以上地方人民政府兵役机关遴选确定预备役人员。

预备役人员服预备役的时间自批准服预备役之日起算。

第二十一条 县级以上地方人民政府兵役机关应当向部队及时、准确地提供本行政区域公民预备役登记信息，组织预备役人员选拔补充对象的政治考核、体格检查等工作，办理相关入役手续。

第二十二条 机关、团体、企业事业组织和乡镇人民政府、街道办事处，应当根据部队需要和县、自治县、不设区的市、市辖区人民政府兵役机关的安排，组织推荐本单位、本行政区域符合条件的人员参加预备役人员选拔补充。

被推荐人员应当按照规定参加预备役人员选拔补充。

第二十三条 部队应当按照规定，对选拔补充的预备役人员授予预备役军衔、任用岗位职务。

第四章 教育训练和晋升任用

第二十四条 预备役人员的教育训练，坚持院校教育、训练实践、职业培训相结合，纳入国家和军队教育培训体系。

军队和预备役人员所在单位应当按照有关规定开展预备役人员教育训练。

第二十五条 预备役人员在被授予和晋升预备役军衔、任用岗位职务前，应当根据需要接受相应的教育训练。

第二十六条 预备役人员应当按照规定参加军事训练，达到军事训练大纲规定的训练要求。

年度军事训练时间由战区级以上军事机关根据需要确定。

中央军事委员会可以决定对预备役人员实施临战训练，预备役人员必须按照要求接受临战训练。

第二十七条 预备役人员在服预备役期间应当按照规定参加职业培训，提高履行预备役职责的能力。

第二十八条 对预备役人员应当进行考核。考核工作由部队按照规定组织实施，考核结果作为其预备役军衔晋升、职务任用、待遇调整、奖励惩戒等的依据。

预备役人员的考核结果应当通知本人和其预备役登记地县、自治县、不设区的市、市辖区人民政府兵役机关以及所在单位，并作为调整其职位、职务、职级、级别、工资和评定职称等的依据之一。

第二十九条　预备役人员表现优秀、符合条件的，可以按照规定晋升预备役军衔、任用部队相应岗位职务。

预备役兵服预备役满规定年限，根据军队需要和本人自愿，经批准可以选改为预备役军士。

预备役人员任用岗位职务的批准权限由中央军事委员会规定。

第五章　日常管理

第三十条　预备役人员有单位变更、迁居、出国（境）、患严重疾病、身体残疾等重要事项以及联系方式发生变化的，应当及时向部队报告。

预备役人员有前款规定情况或者严重违纪违法、失踪、死亡的，预备役人员所在单位和乡镇人民政府、街道办事处应当及时报告县、自治县、不设区的市、市辖区人民政府兵役机关。

部队应当与县、自治县、不设区的市、市辖区人民政府兵役机关建立相互通报制度，准确掌握预备役人员动态情况。

第三十一条　预备役人员因迁居等原因需要变更预备役登记地的，相关县、自治县、不设区的市、市辖区人民政府兵役机关应当及时变更其预备役登记信息。

第三十二条　预备役人员参加军事训练、担负战备勤务、执行非战争军事行动任务等的召集，由部队通知本人，并通报其所在单位和预备役登记地县、自治县、不设区的市、市辖区人民政府兵役机关。

召集预备役人员担负战备勤务、执行非战争军事行动任务，应当经战区级以上军事机关批准。

预备役人员所在单位和预备役登记地县、自治县、不设区的市、市辖区人民政府兵役机关，应当协助召集预备役人员。

预备役人员应当按照召集规定时间到指定地点报到。

第三十三条　预备役人员参加军事训练、担负战备勤务、执行非战争军事行动任务等期间，由部队按照军队有关规定管理。

第三十四条　预备役人员按照军队有关规定穿着预备役制式服装、佩带预备役标志服饰。

任何单位和个人不得非法生产、买卖预备役制式服装和预备役标志服饰。

第三十五条 预备役人员应当落实军队战备工作有关规定,做好执行任务的准备。

第六章 征 召

第三十六条 在国家发布动员令或者国务院、中央军事委员会依法采取必要的国防动员措施后,部队应当根据上级的命令,迅速向被征召的预备役人员下达征召通知,并通报其预备役登记地县、自治县、不设区的市、市辖区人民政府兵役机关和所在单位。

预备役人员接到征召通知后,必须按照要求在规定时间到指定地点报到。国家发布动员令后,尚未接到征召通知的预备役人员,未经部队和预备役登记地兵役机关批准,不得离开预备役登记地;已经离开的,应当立即返回或者原地待命。

第三十七条 预备役登记地县、自治县、不设区的市、市辖区人民政府兵役机关,预备役人员所在单位和乡镇人民政府、街道办事处,应当督促预备役人员响应征召,为预备役人员征召提供必要的支持和协助,帮助解决困难,维护预备役人员合法权益。

从事交通运输的单位和个人应当优先运送被征召的预备役人员。

预备役人员因被征召,诉讼、行政复议、仲裁活动不能正常进行的,适用有关时效中止和程序中止的规定,但是法律另有规定的除外。

第三十八条 预备役人员有下列情形之一的,经其预备役登记地县、自治县、不设区的市、市辖区人民政府兵役机关核实,并经部队批准,可以暂缓征召:

(一)患严重疾病处于治疗期间暂时无法履行预备役职责;

(二)家庭成员生活不能自理,且本人为唯一监护人、赡养人、扶养人,或者家庭发生重大变故必须由本人亲自处理;

(三)女性预备役人员在孕期、产假、哺乳期内;

(四)涉嫌严重职务违法或者职务犯罪正在被监察机关调查,或者涉嫌犯罪正在被侦查、起诉、审判;

(五)法律、法规规定的其他情形。

第三十九条 被征召的预备役人员,根据军队有关规定转服现役。

预备役人员转服现役，由其预备役登记地县、自治县、不设区的市、市辖区人民政府兵役机关办理入伍手续。预备役人员转服现役的，按照有关规定改授相应军衔、任用相应岗位职务，履行军人职责。

第四十条　国家解除国防动员后，由预备役人员转服现役的军人需要退出现役的，按照军人退出现役的有关规定由各级人民政府妥善安置。被征召的预备役人员未转服现役的，部队应当安排其返回，并通知其预备役登记地县、自治县、不设区的市、市辖区人民政府兵役机关和所在单位。

第七章　待遇保障

第四十一条　国家建立激励与补偿相结合的预备役人员津贴补贴制度。

预备役人员按照规定享受服役津贴；参战、参加军事训练、担负战备勤务、执行非战争军事行动任务期间，按照规定享受任务津贴。

预备役人员参战、参加军事训练、担负战备勤务、执行非战争军事行动任务期间，按照规定享受相应补贴和伙食、交通等补助；其中，预备役人员是机关、团体、企业事业组织工作人员的，所在单位应当保持其原有的工资、奖金、福利和保险等待遇。

预备役人员津贴补贴的标准及其调整办法由中央军事委员会规定。

第四十二条　预备役人员参战，享受军人同等医疗待遇；参加军事训练、担负战备勤务、执行非战争军事行动任务期间，按照规定享受国家和军队相应医疗待遇。

军队医疗机构按照规定为预备役人员提供优先就医等服务。

第四十三条　预备役人员参加军事训练、担负战备勤务、执行非战争军事行动任务期间，军队为其购买人身意外伤害保险。

第四十四条　预备役人员参战、参加军事训练、担负战备勤务、执行非战争军事行动任务期间，其家庭因自然灾害、意外事故、重大疾病等原因，基本生活出现严重困难的，地方人民政府和部队应当按照有关规定给予救助和慰问。

国家鼓励和支持人民团体、企业事业组织、社会组织和其他组织以及个人，为困难预备役人员家庭提供援助服务。

第四十五条　预备役人员所在单位不得因预备役人员履行预备役职责，对其作出辞退、解聘或者解除劳动关系、免职、降低待遇、处分等处理。

第四十六条 预备役人员所在单位按照国家有关规定享受优惠和扶持政策。

预备役人员创办小微企业、从事个体经营等活动，可以按照国家有关规定享受融资优惠等政策。

第四十七条 预备役人员按照规定享受优待。

预备役人员因参战、参加军事训练、担负战备勤务、执行非战争军事行动任务伤亡的，由县级以上地方人民政府按照国家有关规定给予抚恤。

第四十八条 预备役人员被授予和晋升预备役军衔，获得功勋荣誉表彰，以及退出预备役时，部队应当举行仪式。

第四十九条 女性预备役人员的合法权益受法律保护。部队应当根据女性预备役人员的特点，合理安排女性预备役人员的岗位和任务。

第五十条 预备役人员退出预备役后，按照规定享受相应的荣誉和待遇。

第八章 退出预备役

第五十一条 预备役军官、预备役军士在本衔级服预备役的最低年限为四年。

预备役军官、预备役军士服预备役未满本衔级最低年限的，不得申请退出预备役；满最低年限的，本人提出申请、经批准可以退出预备役。

预备役兵服预备役年限为四年，其中，预备役列兵、上等兵各为二年。预备役兵服预备役未满四年的，不得申请退出预备役。预备役兵服预备役满四年未被选改为预备役军士的，应当退出预备役。

第五十二条 预备役人员服预备役达到最高年龄的，应当退出预备役。预备役人员服预备役的最高年龄：

（一）预备役指挥管理军官：预备役尉官为四十五周岁，预备役校官为六十周岁；

（二）预备役专业技术军官：预备役尉官为五十周岁，预备役校官为六十周岁；

（三）预备役军士：预备役下士、中士、二级上士均为四十五周岁，预备役一级上士、三级军士长、二级军士长、一级军士长均为五十五周岁；

（四）预备役兵为三十周岁。

第五十三条　预备役军官、预备役军士服预备役未满本衔级最低年限或者未达到最高年龄，预备役兵服预备役未满规定年限或者未达到最高年龄，有下列情形之一的，应当安排退出预备役：

（一）被征集或者选拔补充服现役的；

（二）因军队体制编制调整改革或者优化预备役人员队伍结构需要退出的；

（三）因所在单位或者岗位变更等原因，不适合继续服预备役的；

（四）因伤病残无法履行预备役职责的；

（五）法律、法规规定的其他情形。

第五十四条　预备役军官、预备役军士服预备役满本衔级最低年限或者达到最高年龄，预备役兵服预备役满规定年限或者达到最高年龄，有下列情形之一的，不得退出预备役：

（一）国家发布动员令或者国务院、中央军事委员会依法采取国防动员措施要求的；

（二）正在参战或者担负战备勤务、执行非战争军事行动任务的；

（三）涉嫌违反军队纪律正在接受审查或者调查、尚未作出结论的；

（四）法律、法规规定的其他情形。

前款规定的情形消失的，预备役人员可以提出申请，经批准后退出预备役。

第五十五条　预备役人员有下列情形之一的，应当取消预备役人员身份：

（一）预备役军官、预备役军士服预备役未满本衔级最低年限，预备役兵服预备役未满规定年限，本人要求提前退出预备役，经教育仍坚持退出预备役的；

（二）连续两年部队考核不称职的；

（三）因犯罪被追究刑事责任的；

（四）法律、法规规定的其他情形。

第五十六条　预备役人员退出预备役的时间为下达退出预备役命令之日。

第五十七条　批准预备役人员退出预备役的权限，与批准晋升相应预备役军衔的权限相同。

第九章　法　律　责　任

第五十八条　经过预备役登记的公民拒绝、逃避参加预备役人员选拔补充的，预备役人员拒绝、逃避参加军事训练、担负战备勤务、执行非战争军事行动任务和征召的，由县级人民政府责令限期改正；逾期不改的，由县级人民政府强制其履行兵役义务，并处以罚款；属于公职人员的，还应当依法给予处分。

预备役人员有前款规定行为的，部队应当按照有关规定停止其相关待遇。

第五十九条　预备役人员参战、参加军事训练、担负战备勤务、执行非战争军事行动任务期间，违反纪律的，由部队按照有关规定给予处分。

第六十条　国家机关及其工作人员、军队单位及其工作人员在预备役人员工作中滥用职权、玩忽职守、徇私舞弊，或者有其他违反本法规定行为的，由其所在单位、主管部门或者上级机关责令改正；对负有责任的领导人员和直接责任人员，依法给予处分。

第六十一条　机关、团体、企业事业组织拒绝完成本法规定的预备役人员工作任务的，阻挠公民履行预备役义务的，或者有其他妨害预备役人员工作行为的，由县级以上地方人民政府责令改正，并可以处以罚款；对负有责任的领导人员和直接责任人员，依法给予处分、处罚。

非法生产、买卖预备役制式服装和预备役标志服饰的，依法予以处罚。

第六十二条　违反本法规定，构成犯罪的，依法追究刑事责任。

第六十三条　本法第五十八条、第六十一条第一款规定的处罚，由县级以上地方人民政府兵役机关会同有关部门查明事实，经同级地方人民政府作出处罚决定后，由县级以上地方人民政府兵役机关和有关部门按照职责分工具体执行。

第十章　附　　则

第六十四条　中国人民武装警察部队退出现役的人员服预备役的，适用本法。

第六十五条　本法自 2023 年 3 月 1 日起施行。《中华人民共和国预备役军官法》同时废止。

全国人民代表大会常务委员会关于中国人民解放军现役士兵衔级制度的决定

(2022年2月28日第十三届全国人民代表大会常务委员会第三十三次会议通过 2022年2月28日中华人民共和国主席令第108号公布 自2022年3月31日起施行)

为了深化国防和军队改革，加强军队的指挥和管理，推进国防和军队现代化，根据宪法，现就中国人民解放军现役士兵衔级制度作如下决定：

一、士兵军衔是表明士兵身份、区分士兵等级的称号和标志，是党和国家给予士兵的地位和荣誉。

士兵军衔分为军士军衔、义务兵军衔。

二、军士军衔设三等七衔：

（一）高级军士：一级军士长、二级军士长、三级军士长；

（二）中级军士：一级上士、二级上士；

（三）初级军士：中士、下士。

军士军衔中，一级军士长为最高军衔，下士为最低军衔。

三、义务兵军衔由高至低分为上等兵、列兵。

四、士兵军衔按照军种划分种类，在军衔前冠以军种名称。

五、军衔高的士兵与军衔低的士兵，军衔高的为上级。军衔高的士兵在职务上隶属于军衔低的士兵的，职务高的为上级。

六、士兵军衔的授予、晋升，以本人任职岗位、德才表现和服役贡献为依据。

七、士兵军衔的标志式样和佩带办法，由中央军事委员会规定。

士兵必须按照规定佩带与其军衔相符的军衔标志。

八、士兵服现役的衔级年限和军衔授予、晋升、降级、剥夺以及培训、考核、任用等管理制度，由中央军事委员会规定。

九、中国人民武装警察部队现役警士、义务兵的衔级制度，适用本决定。

十、本决定自2022年3月31日起施行。

中国人民解放军现役士兵服役条例

(1988年9月23日中华人民共和国国务院、中华人民共和国中央军事委员会第14号令发布 根据1993年4月27日《国务院、中央军事委员会关于修改〈中国人民解放军现役士兵服役条例〉的决定》第一次修订 根据1999年6月30日《国务院、中央军事委员会关于修改〈中国人民解放军现役士兵服役条例〉的决定》第二次修订 2010年7月21日国务院第120次常务会议、2010年3月29日中央军事委员会常务会议修订通过 2010年7月26日中华人民共和国国务院、中华人民共和国中央军事委员会令第578号公布 自2010年8月1日起施行)

第一章 总 则

第一条 为了完善士兵服役制度，提高士兵队伍素质，加强中国人民解放军的革命化、现代化、正规化建设，根据《中华人民共和国兵役法》的有关规定，制定本条例。

第二条 现役士兵是依照法律规定，经兵役机关批准服现役，并依照本条例规定被授予相应军衔的义务兵和士官。

第三条 士兵必须牢固树立当代革命军人核心价值观，忠于中国共产党，忠于祖国，热爱社会主义，全心全意为人民服务；忠于职守，刻苦钻研军事技术，熟练掌握武器装备，具备执行多样化军事任务的过硬本领；严格遵守国家的法律、法规和军队的条令、条例，尊重领导，服从命令，听从指挥；随时准备打仗，抵抗侵略，保卫祖国。

第四条 中国人民解放军总参谋部（以下简称总参谋部）主管全军的兵员工作，各级司令机关主管本单位的兵员工作。

国务院有关部门和地方各级人民政府，依照本条例以及有关法律、法规的规定，协助军队做好兵员工作。

第二章　士兵的服现役管理

第五条　公民依照法律规定，在中国人民解放军履行兵役义务，必须经县级兵役机关批准。

士兵服现役的时间，自兵役机关批准服现役之日起，至部队下达退役命令之日止计算。

第六条　义务兵服现役的期限为 2 年。

第七条　士官从服现役期满的义务兵中选取，或者从军队院校毕业的士官学员中任命，也可以从非军事部门具有专业技能的公民中直接招收。士官必须具备下列基本条件：

（一）志愿献身国防事业；

（二）能胜任本职工作；

（三）具有初中毕业以上文化程度；

（四）身体健康，品行良好。

第八条　士官实行分级服现役制度。士官分级服现役年限为：初级士官最高 6 年，中级士官最高 8 年，高级士官可以服现役 14 年以上。初级士官、中级士官在本级最高服现役年限内，按照岗位编制规定确定服现役时间。

士官分级服现役的批准权限为：初级士官由团（旅）级单位批准；中级士官由师（旅）级单位批准；高级士官由军级单位批准，批准前应当逐级上报总参谋部兵员工作主管部门审核。

各单位应当将批准的士官逐级上报总参谋部兵员工作主管部门登记注册。

第九条　士官担任除副班长、班长以外的分队行政或者专业技术领导、管理职务的，必须经军事院校培训。

士官担任专业技术工作职务的，应当经相应专业技术培训，并达到规定的技能等级标准。

直接从非军事部门具有专业技能的公民中招收的士官，应当经入伍训练和任职培训。

第十条　士兵担任副班长、班长或者相当于班长职务的，由营级单位的主官任免。

战斗中，因伤亡影响作战指挥时，连级单位的主官可以任命副班长、班长或者相当于班长的职务,但战斗间隙应当立即上报备案。

士官担任除副班长、班长以外的分队行政或者专业技术领导、管理职务的,由团(旅)级单位的主官任免。

第十一条　士兵的调配使用,应当严格按照编制的规定执行。

第十二条　士兵在军、师(旅)、团级单位范围内调动的,由调入和调出单位的共同上一级司令机关批准;在军区级单位范围内跨军级单位调动的,由军区级单位司令机关兵员工作主管部门批准;跨军区级单位调动的,由总参谋部兵员工作主管部门批准。

第十三条　新入伍的士兵,必须经入伍训练;专业技术兵必须经3个月以上的专业技术培训;班长必须经3个月以上的集训。

第十四条　部队应当每年对士兵进行综合考评,考评结果作为士兵使用、晋升、奖惩和选取士官的依据。

第三章　士兵的军衔

第十五条　士兵军衔按照兵役性质分为:

(一)士官:一级军士长、二级军士长、三级军士长、四级军士长、上士、中士、下士;

(二)义务兵:上等兵、列兵。

第十六条　士兵军衔按照军衔等级分为:

(一)高级士官:一级军士长、二级军士长、三级军士长;

(二)中级士官:四级军士长、上士;

(三)初级士官:中士、下士;

(四)兵:上等兵、列兵。

士兵军衔中,列兵为最低军衔,一级军士长为最高军衔。

第十七条　海军、空军士兵的军衔前分别冠以"海军"、"空军"。

第十八条　士兵军衔的授予、晋升,以本人所任职务、服现役年限和德才表现为依据。

第十九条　士兵军衔的授予、晋升:

(一)兵:服现役第一年的义务兵,授予列兵军衔;服现役第二年的列兵,晋升为上等兵。

(二)初级士官:上等兵服现役期满选取为初级士官的,晋升为下士;

下士期满3年继续服现役的，晋升为中士。

（三）中级士官：中士服现役期满3年选取为中级士官的，晋升为上士；上士期满4年继续服现役的，晋升为四级军士长。

（四）高级士官：四级军士长服现役期满4年选取为高级士官的，晋升为三级军士长；三级军士长期满4年继续服现役的，晋升为二级军士长；二级军士长期满4年继续服现役的，晋升为一级军士长。

直接从非军事部门具有专业技能的公民中招收的士官，首次授予的军衔等级，根据其在普通高等学校学习时间和从事本专业工作时间确定。

军队院校士官学员毕业时的军衔晋升，比照其同年入伍士官的军衔等级确定。

第二十条　士兵军衔应当按照规定的服现役年限晋升；服现役第一年的列兵被任命为班长职务的，晋升为上等兵军衔。

第二十一条　士兵军衔授予、晋升的批准权限：

（一）一级军士长、二级军士长由军区级单位司令机关批准；三级军士长由军级单位的主官批准；四级军士长、上士由师（旅）级单位的主官批准；中士、下士由团（旅）级单位的主官批准。

（二）兵的军衔由连级单位的主官批准；服现役第一年的列兵担任班长职务晋升为上等兵军衔的，由营级单位的主官批准。

第二十二条　兵的军衔的授予、晋升，由连级单位的主官队前宣布；士官军衔的授予、晋升，由批准单位的主官以命令下达。

第二十三条　士兵在院校和训练机构学习期间军衔的晋升，由本人隶属单位办理。

士兵住院治疗期间军衔的晋升，由原单位办理。士兵因病和非因公致伤致残住院或者病休时间，连续计算超过半年的，军衔暂缓晋升，暂缓期限不得少于半年；医疗终结后符合条件继续服现役的，应当按期晋升。

第二十四条　士兵涉嫌违法违纪被依法审查期间，军衔暂不晋升；经审查没有违法违纪情形的，应当按期晋升。

第二十五条　军衔高的士兵与军衔低的士兵，军衔高的为上级。军衔高的士兵在职务上隶属于军衔低的士兵的，职务高的为上级。

第二十六条　士兵必须按照规定佩带与其军衔相符的军衔标志。

第二十七条　士兵军衔的授予、晋升办法，由总参谋部规定。

第四章 士兵的奖惩

第二十八条 对在作战、训练、执勤和工作中表现突出,取得显著成绩,以及为国家和人民做出其他较大贡献的士兵,应当给予奖励。奖励的项目、条件、批准权限和实施程序按照中央军事委员会的规定执行。

第二十九条 对违反纪律和故意或者过失给国家、军队和人民造成损失,或者在群众中产生不良影响的士兵,应当给予处分。处分的项目、条件、批准权限和实施程序按照中央军事委员会的规定执行。

第三十条 士兵在服现役期间,受除名处分的,由批准机关出具证明并派专人将其档案材料送回原征集地县级兵役机关;受开除军籍处分的,由批准机关出具证明并派专人遣送,地方人民政府应当予以接收。

第五章 士兵的待遇

第三十一条 义务兵享受供给制生活待遇,按照军衔和服现役年限发给津贴。

士官实行工资制和定期增资制度,其基本工资由军衔级别工资、军龄工资组成,并按照国家和军队的有关规定享受津贴和补贴。

第三十二条 士兵享受国家和军队规定的保险待遇。

第三十三条 担任副班长、班长或者相当于班长职务和担任分队行政或者专业技术领导、管理职务的士兵,按照规定发给职务津贴。

士兵代理军官职务期间,按照规定发给与其代理职务相应的岗位津贴。

第三十四条 士兵在服现役期间,享受公费医疗待遇。有关部门按照规定妥善安排特殊岗位士兵的疗养。

第三十五条 士兵家庭生活有困难的,可以给予适当补助。

第三十六条 士官家属的随军、就业、工作调动和士官子女教育,享受国家和社会的优待。

高级士官以及其他符合国家规定条件的士官,经师(旅)级以上单位的政治机关批准,其配偶和未成年的子女、无独立生活能力的子女可以随军,是农村户口的转为城镇户口,当地人民政府应当准予落户。部队移防或者士官工作调动的,随军家属可以随调。

第三十七条 士官家属符合随军条件未随军的,由军队发给分居补助费和医疗补助费。

第三十八条　士官牺牲、病故的，其随军家属移交人民政府安置管理，按照国务院、中央军事委员会关于牺牲、病故军官的随军家属移交人民政府安置管理的规定执行。

第三十九条　士官按照国家和军队的有关规定，享受住房补贴、住房公积金和房租补贴。家属随军的士官，实行公寓住房与自有住房相结合的住房政策，具体办法由军队有关总部规定。

士官未随军配偶来队探亲，由团级以上单位按照规定提供临时来队住房。

第四十条　士官按照下列规定，享受探亲假和休假的待遇：

（一）未婚士官与父母不在一地生活的，下士任期内享受两次探望父母假，每次假期20日；中士以上士官每年享受一次探望父母假，假期30日。已婚士官与父母不在一地生活的，每两年享受一次探望父母假，假期20日。

（二）已婚士官与配偶不在一地生活的，每年享受一次探望配偶假，假期40日。

（三）已婚士官与配偶、父母不在一地生活，但其配偶与其父母或者父母一方居住在一地的，只享受探望配偶的假期；与配偶、父母均不在一地生活，一年内同时符合探望配偶和探望父母条件的，只享受一次探亲假，假期45日。

（四）不享受探望父母假和探望配偶假的高级士官，每年享受一次休假，服现役不满20年的假期20日，满20年的假期30日。

士官探亲假期不含途中时间，往返路费按照规定的标准报销。

对在高原、边海防和特殊岗位工作的士官，可以适当增加假期，具体办法由总参谋部规定。

第四十一条　执行作战任务的部队的士官停止探亲和休假。国家发布动员令或者部队紧急战备需要召回时，正在探亲、休假的士官应当立即结束探亲、休假，返回本部。

第六章　士兵退出现役

第四十二条　士兵符合下列条件之一的，应当退出现役：

（一）义务兵服现役期满未被选取为士官的；

（二）士官服现役满本级规定最高年限未被选取为高一级士官的，在本级服现役期限内因岗位编制限制不能继续服现役的；

（三）服现役满30年需要退出现役的或者年满55周岁的；

（四）因战、因公、因病致残被评定残疾等级后，不能坚持正常工作的；

（五）患病医疗期满或者医疗终结，经军队医院证明和军级以上单位卫生部门审核确认，不适宜继续服现役的；

（六）因军队编制调整需要退出现役的；

（七）因国家建设需要退出现役的；

（八）士兵家庭成员遇有重大疾病、遭受重大灾难等变故，确需本人维持家庭正常生活，经士兵家庭所在地的县级人民政府退役士兵安置工作主管部门证明，经师（旅）级以上单位司令机关批准退出现役的；

（九）其他原因不适宜继续服现役，经师（旅）级以上单位司令机关批准退出现役的。

第四十三条　服现役期限未满的义务兵，符合《中华人民共和国兵役法》第二十条和其他有关规定的，经师（旅）级以上单位司令机关批准，可以提前退出现役。

第四十四条　战时，士兵因伤病住院治疗后，经医院证明不宜继续服现役的，不再介绍回原部队，由军队医院或者后方团级以上单位办理手续退出现役。

第四十五条　士兵退出现役时，按照规定发给退出现役补助费；患有慢性病的，按照规定发给医疗补助费。

第四十六条　士兵退出现役在返家途中违法违纪的，沿途军事机关应当协助当地有关部门劝阻制止；构成犯罪的，由当地司法机关依法处理。

第四十七条　退伍义务兵和复员士官，应当自部队下达退役命令之日起30日内到安置地的退役士兵安置工作主管部门报到；评定残疾等级的，应当在60日内向安置地的县级人民政府主管部门申请转接抚恤关系。

第四十八条　对退出现役的士兵，按照国家有关规定妥善安置。

第四十九条　士兵退出现役时，按照《中华人民共和国兵役法》的有关规定服预备役的，由部队确定其预备役军衔。

第七章　附　　则

第五十条　本条例适用于中国人民武装警察部队。
第五十一条　本条例自 2010 年 8 月 1 日起施行。

中国人民解放军军官军衔条例

（1988 年 7 月 1 日第七届全国人民代表大会常务委员会第二次会议通过　根据 1994 年 5 月 12 日第八届全国人民代表大会常务委员会第七次会议《关于修改〈中国人民解放军军官军衔条例〉的决定》修正）

第一章　总　　则

第一条　根据《中华人民共和国宪法》和《中华人民共和国兵役法》的有关规定，制定本条例。
第二条　为加强中国人民解放军的革命化、现代化、正规化建设，有利于军队的指挥和管理、增强军官的责任心和荣誉感，实行军官军衔制度。
第三条　军官军衔是区分军官等级、表明军官身份的称号、标志和国家给予军官的荣誉。
第四条　军官军衔按照军官的服役性质分为现役军官军衔和预备役军官军衔。
第五条　军衔高的军官对军衔低的军官，军衔高的为上级。当军衔高的军官在职务上隶属于军衔低的军官时，职务高的为上级。
第六条　现役军官转入预备役的，在其军衔前冠以"预备役"。现役军官退役的，其军衔予以保留，在其军衔前冠以"退役"。

第二章　现役军官军衔等级的设置

第七条　军官军衔设下列三等十级：
（一）将官：上将、中将、少将；
（二）校官：大校、上校、中校、少校；

（三）尉官：上尉、中尉、少尉。

第八条 军官军衔依照下列规定区分：

（一）军事、政治、后勤军官：上将、中将、少将，大校、上校、中校、少校，上尉、中尉、少尉。

海军、空军军官在军衔前分别冠以"海军"、"空军"。

（二）专业技术军官：中将、少将，大校、上校、中校、少校，上尉、中尉、少尉。在军衔前冠以"专业技术"。

第三章　现役军官职务等级编制军衔

第九条 人民解放军实行军官职务等级编制军衔。

第十条 中华人民共和国中央军事委员会领导全国武装力量。中央军事委员会实行主席负责制。中央军事委员会主席不授予军衔。

中央军事委员会副主席的职务等级编制军衔为上将。

中央军事委员会委员的职务等级编制军衔为上将。

第十一条 军事、政治、后勤军官实行下列职务等级编制军衔：

人民解放军总参谋长、总政治部主任：上将；

正大军区职：上将、中将；

副大军区职：中将、少将；

正军职：少将、中将；

副军职：少将、大校；

正师职：大校、少将；

副师职（正旅职）：上校、大校；

正团职（副旅职）：上校、中校；

副团职：中校、少校；

正营职：少校、中校；

副营职：上尉、少校；

正连职：上尉、中尉；

副连职：中尉、上尉；

排　职：少尉、中尉。

第十二条 专业技术军官实行下列职务等级编制军衔：

高级专业技术职务：中将至少将；

中级专业技术职务：大校至上尉；

初级专业技术职务：中校至少尉。

第四章　现役军官军衔的首次授予

第十三条　军官军衔按照军官职务等级编制军衔授予。

第十四条　授予军官军衔以军官所任职务、德才表现、工作实绩、对革命事业的贡献和在军队中服役的经历为依据。

第十五条　初任军官职务的人员依照下列规定首次授予军衔：

（一）军队中等专业学校毕业的，授予少尉军衔；

大学专科毕业的，授予少尉军衔，可以按照人民解放军总政治部的有关规定授予中尉军衔；

大学本科毕业的，授予中尉军衔，可以按照人民解放军总政治部的有关规定授予少尉军衔；

获得硕士学位的，授予上尉军衔，可以按照人民解放军总政治部的有关规定授予中尉军衔；研究生班毕业，未获得硕士学位的，授予中尉军衔；

获得博士学位的，授予少校军衔，可以按照人民解放军总政治部的有关规定授予上尉军衔。

（二）战时士兵被任命为军官职务的，按照军官职务等级编制军衔，授予相应的军衔。

（三）军队文职干部和非军事部门的人员被任命为军官职务的，按照军官职务等级编制军衔，授予相应的军衔。

第十六条　首次授予军官军衔，依照下列规定的权限予以批准：

（一）上将、中将、少将、大校、上校，由中央军事委员会主席批准授予；

（二）中校、少校，由人民解放军各总部、大军区、军兵种或者其他相当于大军区级单位的正职首长批准授予；

（三）上尉、中尉、少尉，由集团军或者其他有军官职务任免权的军级单位的正职首长批准授予。

第五章　现役军官军衔的晋级

第十七条　军官军衔按照下列期限晋级：

（一）平时军官军衔晋级的期限：少尉晋升中尉，大学专科以上毕业的为二年，其他为三年；中尉晋升上尉、上尉晋升少校、少校晋升中校、中校晋升上校、上校晋升大校各为四年；大校以上军衔晋级为选升，以军官所任职务、德才表现和对国防建设的贡献为依据；

（二）战时军官军衔晋级的期限可以缩短，具体办法由中央军事委员会根据战时情况规定。

军官在院校学习的时间，计算在军衔晋级的期限内。

第十八条 军官军衔一般应当按照规定的期限逐级晋升。

第十九条 军官军衔晋级的期限届满，因违犯军纪，按照中央军事委员会的有关规定不够晋级条件的，延期晋级或者退出现役。

第二十条 军官由于职务提升，其军衔低于新任职务等级编制军衔的最低军衔的，提前晋升至新任职务等级编制军衔的最低军衔。

第二十一条 军官在作战或者工作中建立突出功绩的，其军衔可以提前晋级。

第二十二条 被决定任命为中央军事委员会副主席、委员职务的军官晋升为上将的，由中央军事委员会主席授予上将军衔。

第二十三条 本法第二十二条规定以外的军官军衔的晋级，按照军官职务的任免权限批准。但是，下列军官军衔晋级，按照以下规定批准：

（一）副师职（正旅职）军官晋升为大校的，专业技术军官晋升为大校、少将、中将的，由中央军事委员会主席批准；

（二）专业技术军官晋升为上校的，由人民解放军各总部、大军区、军兵种或者其他相当于大军区级单位的正职首长批准；

（三）副营职军官晋升为少校的，专业技术军官晋升为少校、中校的，由集团军或者其他有军官职务任免权的军级单位的正职首长批准。

第六章 现役军官军衔的降级、取消和剥夺

第二十四条 军官因不胜任现任职务被调任下级职务，其军衔高于新任职务等级编制军衔的最高军衔的，应当调整至新任职务等级编制军衔的最高军衔。调整军衔的批准权限与其原军衔的批准权限相同。

第二十五条 军官违犯军纪的，按照中央军事委员会的有关规定，可以给予军衔降级处分。军衔降级的批准权限与首次批准授予该级军衔的权

限相同。

军官军衔降级不适用于少尉军官。

第二十六条　军官军衔降级的,其军衔晋级的期限按照降级后的军衔等级重新计算。

军官受军衔降级处分后,对所犯错误已经改正并在作战或者工作中有显著成绩的,其军衔晋级的期限可以缩短。

第二十七条　对撤销军官职务并取消军官身份的人员,取消其军官军衔。取消军官军衔的批准权限与首次批准授予该级军衔的权限相同。

军官被开除军籍的,取消其军衔。取消军衔的批准权限与批准开除军籍的权限相同。

第二十八条　军官犯罪,被依法判处剥夺政治权利或者三年以上有期徒刑的,由法院判决剥夺其军衔。

退役军官犯罪的,依照前款规定剥夺其军衔。

军官犯罪被剥夺军衔,在服刑期满后,需要在军队中服役并授予军官军衔的,依照本条例第十六条的规定办理。

第七章　现役军官军衔的标志和佩带

第二十九条　军官军衔的肩章、符号式样和佩带办法,由中央军事委员会颁布。

第三十条　军官佩带的肩章、符号必须与其军衔相符。

第八章　附　　则

第三十一条　预备役军官军衔制度,另行规定。

第三十二条　士兵军衔制度,由国务院和中央军事委员会规定。

第三十三条　中国人民武装警察部队实行警衔制度,具体办法由国务院和中央军事委员会规定。

第三十四条　人民解放军总参谋部、总政治部根据本条例制定实施办法,报中央军事委员会批准后施行。

第三十五条　本条例自公布之日起施行。

中国人民解放军文职人员条例

(2005年6月23日中华人民共和国国务院、中华人民共和国中央军事委员会令第438号公布 2017年9月27日中华人民共和国国务院、中华人民共和国中央军事委员会令第689号第一次修订 2022年12月10日中华人民共和国国务院、中华人民共和国中央军事委员会令第757号第二次修订)

第一章 总 则

第一条 为了规范文职人员的管理，保障文职人员合法权益，建设德才兼备的高素质、专业化文职人员队伍，促进军事人员现代化建设，根据《中华人民共和国国防法》等有关法律，制定本条例。

第二条 本条例所称文职人员，是指在军队编制岗位依法履行职责的非服兵役人员，是军队人员的组成部分，依法享有国家工作人员相应的权利、履行相应的义务。

第三条 文职人员管理坚持中国共产党的绝对领导，深入贯彻习近平强军思想，贯彻军委主席负责制，落实新时代党的组织路线，坚持党管干部、党管人才，坚持人才是第一资源，坚持公开、平等、竞争、择优，依照法定的权限、条件、标准和程序进行。

第四条 文职人员主要编配在军民通用、非直接参与作战，且专业性、保障性、稳定性较强的岗位，按照岗位性质分为管理类文职人员、专业技术类文职人员、专业技能类文职人员。管理类文职人员和专业技术类文职人员是党的干部队伍的重要组成部分。

第五条 军队建立与军人、公务员、事业单位工作人员相独立的文职人员政策制度体系。文职人员政策制度应当体现军事职业特点，构建完善的管理、保障机制。

军队对文职人员实行分类分级管理，提高管理效能和科学化水平。

第六条 中央军事委员会统一领导全军文职人员管理工作，中央军事委员会政治工作部负责组织指导全军文职人员管理工作。团级以上单位的政治工作部门在党委领导下，负责本单位的文职人员管理工作。

中央和国家有关机关、地方有关机关、军队有关单位应当按照职责分工，做好文职人员的招录聘用、教育培训、户籍管理、社会保障、人力资源管理、抚恤优待、退休管理等工作，为文职人员提供公共服务和便利。

第七条　国家和军队依法保障文职人员享有与其身份属性、职业特点、职责使命和所作贡献相称的地位和权益，鼓励文职人员长期稳定地为国防和军队建设服务。

军队有关单位会同中央和国家有关机关、地方有关机关建立文职人员联合工作机制，协调做好跨军地文职人员管理有关工作。

第八条　对在文职人员管理工作中作出突出贡献的单位和个人，按照国家和军队有关规定给予表彰、奖励。

第二章　基本条件、职责、义务和权利

第九条　文职人员应当具备下列基本条件：

（一）具有中华人民共和国国籍；

（二）年满18周岁；

（三）符合军队招录聘用文职人员的政治条件；

（四）志愿服务国防和军队建设；

（五）符合岗位要求的文化程度、专业水平和工作能力；

（六）具有正常履行职责的身体条件和心理素质；

（七）法律、法规规定的其他条件。

第十条　文职人员主要履行下列职责：

（一）根据所任岗位，从事行政事务等管理工作，教育教学、科学研究、工程技术、医疗卫生等专业技术工作，操作维护、勤务保障等专业技能工作；

（二）根据需要，参加军事训练和战备值勤；

（三）根据需要，在作战和有作战背景的军事行动中承担支援保障任务，以及参加非战争军事行动；

（四）法律、法规规定的其他职责。

第十一条　文职人员应当履行下列义务：

（一）忠于中国共产党，忠于社会主义，忠于祖国，忠于人民，努力

为国防和军队建设服务；

（二）遵守宪法、法律、法规和军队有关规章制度；

（三）服从命令，听从指挥，遵守纪律，保守秘密，发扬军队优良传统，维护军队良好形象；

（四）认真履职尽责，团结协作，勤奋敬业，努力提高工作质量和效率；

（五）学习和掌握履行职责所需要的科学文化、专业知识和技术技能，提高职业能力；

（六）清正廉洁，公道正派，恪守职业道德，模范遵守社会公德、家庭美德；

（七）根据需要，依法转服现役；

（八）法律、法规规定的其他义务。

第十二条 文职人员享有下列权利：

（一）获得勋章、荣誉称号、奖励、表彰以及纪念章等；

（二）获得工资报酬，享受相应的福利待遇、抚恤优待和社会保障；

（三）获得履行职责应当具有的工作条件和劳动保护；

（四）参加培训；

（五）非因法定事由、非经法定程序，不被免职、降职（级）、辞退、终止或者解除聘用合同、处分等；

（六）申请辞职或者解除聘用合同，申请人事争议处理，提出申诉和控告；

（七）法律、法规规定的其他权利。

第三章　岗位设置与级别

第十三条 军队建立文职人员岗位管理制度。

军队根据职责任务、人员编制设定文职人员岗位，明确岗位类别、岗位职务层级、岗位等级。

文职人员岗位类别，分为管理岗位、专业技术岗位、专业技能岗位。根据岗位特点和管理需要，可以划分若干具体类别。

文职人员岗位职务层级，在管理岗位和专业技术岗位设置。

文职人员岗位等级，根据岗位类别，分为文员等级、专业技术岗位等级、专业技能岗位等级。

第十四条 管理类文职人员实行岗位职务层级与文员等级并行制度。

担任领导职务的管理类文职人员的岗位职务层级,由高到低分为七个层级,即军队文职部级副职、军队文职局级正职、军队文职局级副职、军队文职处级正职、军队文职处级副职、军队文职科级正职、军队文职科级副职。

文员等级在军队文职局级以下设置,由高到低分为十二个等级,即一级文员至十二级文员。

军队文职局级以下岗位职务层级对应的最低文员等级是:

(一) 军队文职局级正职:一级文员;

(二) 军队文职局级副职:二级文员;

(三) 军队文职处级正职:四级文员;

(四) 军队文职处级副职:六级文员;

(五) 军队文职科级正职:八级文员;

(六) 军队文职科级副职:十级文员。

第十五条 专业技术类文职人员实行岗位职务层级和专业技术岗位等级管理制度。

专业技术类文职人员岗位职务层级的设置和管理,按照军队有关规定执行。

专业技术类文职人员的专业技术岗位等级,由高到低分为十三个等级,即专业技术一级至十三级。

第十六条 专业技能类文职人员岗位分为技术工岗位和普通工岗位。

技术工岗位文职人员实行专业技能岗位等级管理制度,由高到低分为五个等级,即专业技能一级至五级;普通工岗位文职人员不分等级。

第十七条 文职人员实行级别管理制度。

文职人员级别,根据所任岗位职务层级、岗位等级及其德才表现、工作实绩和资历确定。

文职人员级别的设置和管理,以及与岗位职务层级、岗位等级的对应关系,按照军队有关规定执行。

文职人员的岗位职务层级、岗位等级与级别是确定文职人员工资以及其他待遇的主要依据。

第四章 招录聘用

第十八条 军队实行公开招考、直接引进、专项招录相结合的文职人员招录聘用制度。

公开招考,适用于新招录聘用七级文员、专业技术八级、专业技能三级以下和普通工岗位的文职人员。

直接引进,适用于选拔高层次人才和特殊专业人才。

专项招录,适用于从退役军人等特定群体中招录聘用文职人员。

第十九条 新招录聘用的文职人员,除应当具备本条例第九条规定的基本条件以外,还应当具备军队规定的拟任岗位有关资格条件。其中,文职人员首次招录聘用的最高年龄分别为:

(一)军队文职局级副职、二级文员以上岗位,以及专业技术七级以上岗位的,50周岁;

(二)军队文职处级正职至军队文职科级正职、三级文员至八级文员、专业技术八级至专业技术十级岗位,以及专业技能二级以上岗位的,45周岁;

(三)军队文职科级副职、九级文员至十二级文员、专业技术十一级至专业技术十三级岗位,以及专业技能三级以下和普通工岗位的,35周岁。

根据军队建设和执行任务需要,可以按照军队有关规定适当放宽文职人员招录聘用的最高年龄限制等条件。

文职人员岗位应当优先招录聘用符合条件的退役军人。

第二十条 公开招考文职人员,一般按照制定计划、发布信息、资格审查、统一笔试、面试、体格检查、政治考核、结果公示、审批备案的程序进行。

直接引进和专项招录文职人员的程序,按照国家和军队有关规定执行。

第二十一条 招录聘用军队文职部级副职和专业技术三级以上岗位文职人员,由中央军事委员会审批。招录聘用其他管理类文职人员和专业技术类文职人员,由中央军事委员会机关部委、中央军事委员会直属机构、战区、军兵种、中央军事委员会直属单位审批。招录聘用专业技能类文职人员,由师级以上单位审批。

第二十二条　新招录聘用的文职人员按照军队有关规定实行试用期。试用期满考核合格的，按照规定任职定级；考核不合格的或者试用期内本人自愿放弃的，取消录用。

第五章　培　　训

第二十三条　军队根据文职人员履行职责、改善知识结构和提高职业能力需要，对文职人员实施分类分级培训。

文职人员的培训，坚持军队院校教育、部队训练实践、军事职业教育相结合。

第二十四条　文职人员的培训，分为初任培训、晋升培训、岗位培训。

对新招录聘用的文职人员应当进行初任培训，使其具备适应岗位必备的军政素质和基本业务能力。

对拟晋升岗位职务层级的文职人员应当进行晋升培训，提高其政治能力、管理能力和专业能力。

根据岗位特点和工作需要，应当对文职人员进行岗位培训，提高其履行职责能力。

第二十五条　文职人员培训纳入军队人员培训体系一组织实施。

军队可以利用国家和社会资源，对文职人员进行培训。中央和国家有关机关、地方有关机关应当积极支持军队开展文职人员培训工作。

第二十六条　军队根据工作需要，可以安排文职人员参加学历升级教育，选派文职人员参加有关学习培训。

第二十七条　用人单位应当对文职人员培训情况进行登记，并归入文职人员人事档案。

培训情况作为文职人员资格评定、考核、任用等的依据之一。

第六章　考　　核

第二十八条　文职人员实行分类分级考核。

文职人员的考核，应当全面考核文职人员的政治品质、专业能力、担当精神、工作实绩、廉洁自律等情况。

第二十九条　文职人员的考核，分为年度考核、聘（任）期考核、专项考核。

年度考核，主要考核文职人员年度履行职责的总体情况。

聘（任）期考核，主要考核文职人员在一个聘（任）期内的总体情况。

专项考核，主要考核拟任用文职人员的总体情况，以及文职人员执行任务、参加教育培训、试用期表现等情况。

第三十条 文职人员的考核工作，由用人单位或者其上级单位按照军队有关规定组织实施。

第三十一条 文职人员的考核，应当形成考核报告、评语、鉴定或者等次等结果。其中，文职人员年度考核结果，分为优秀、称职、基本称职、不称职四个等次；聘（任）期考核和专项考核，根据需要明确考核结果等次。

考核结果作为文职人员任用、工资待遇确定、奖惩实施、续聘竞聘和辞退解聘等的主要依据。

第七章　任　　用

第三十二条 文职人员的任用，包括岗位职务任免、岗位职务层级升降，以及岗位等级和级别的确定与调整。

第三十三条 文职人员实行委任制和聘用制相结合的任用方式。对实行聘用制的文职人员，用人单位应当与其签订聘用合同。

担任领导职务的管理类文职人员实行任期制。

文职人员的任用条件、权限和办理程序，以及聘用合同管理和领导职务任期管理的具体办法，由中央军事委员会规定。

第三十四条 对不适宜或者不胜任现岗位的文职人员，用人单位应当调整其岗位，并重新确定其岗位职务层级、岗位等级和级别。

文职人员调整任职、辞职、被辞退、终止和解除聘用合同、退休、岗位编制撤销，以及受到开除处分的，原职务自行免除；因其他情形需要免职的，按照军队有关规定执行。

第三十五条 文职人员职称、职业资格和职业技能等级的取得，按照国家和军队有关规定执行。

文职人员在招录聘用前取得的职称、职业资格和职业技能等级，用人单位应当予以认可。

文职人员退出军队后，在军队工作期间取得的职称、职业资格和职业技能等级仍然有效。

第八章 交 流

第三十六条 文职人员在用人单位本专业领域岗位长期稳定工作,根据需要可以组织交流。

第三十七条 文职人员的交流分为军队内部交流和跨军地交流两种方式,以军队内部交流为主。

文职人员交流,应当具备拟任岗位资格条件,且相应岗位编制有空缺。

第三十八条 符合下列情形之一的,文职人员可以在军队内部交流:

(一)因执行任务需要充实力量的;

(二)本单位无合适人选且不宜通过招录聘用补充的;

(三)改善队伍结构需要调整任职的;

(四)任期届满需要调整任职,或者按照规定需要任职回避的;

(五)法律、法规等有关规定明确的其他情形。

第三十九条 因国家重大战略以及重大工程、重大项目、重大任务急需干部或者紧缺专业技术人才的,军队有关单位可以根据具体需求,按照干部管理权限商中央和国家有关机关、地方有关机关、国有企业和事业单位选调干部或者专业技术人才到文职人员岗位工作。

根据工作需要,中央和国家有关机关、地方有关机关、国有企业和事业单位可以按照干部管理权限,根据国家和军队有关规定,通过"一事一议"方式选调文职人员到有关单位工作。

第四十条 文职人员有下列情形之一的,除本条例第三十八条第一项规定情形外,不得交流:

(一)招录聘用后工作未满2年的;

(二)工作特别需要、暂无合适接替人选的;

(三)因涉嫌违纪违法正在接受纪律审查、监察调查,或者涉嫌犯罪,司法程序尚未终结的;

(四)法律、法规规定其他不得交流的情形。

第九章 教育管理

第四十一条 用人单位应当根据军队有关规定,结合文职人员身份属性和岗位职责,坚持统分结合、注重效能原则,坚持尊重激励与监督约束并重,做好文职人员的教育管理工作,营造干事创业的良好环境。

第四十二条 用人单位应当加强文职人员队伍的思想政治建设,引导文职人员投身强军兴军实践,培养政治合格、业务熟练、敢于担当、积极作为、恪尽职守、遵规守纪的职业操守,培育热爱军队、服务国防的职业认同。

第四十三条 用人单位应当加强对文职人员的安全管理和保密教育,对涉密岗位文职人员,按照国家和军队有关规定进行管理。

文职人员因公、因私出国(境)的管理,按照国家和军队有关规定执行。

第四十四条 文职人员可以按照军队有关规定,参加军地本专业领域学术组织,以及社会团体的组织及其活动。军队鼓励支持从事专业技术工作的文职人员参加国家和地方的人才工程计划、军民科技协同创新等活动。

从事专业技术工作的文职人员,在履行好岗位职责、完成本职工作的前提下,经批准可以到军队以外单位兼职。

第四十五条 军队建立文职人员宣誓制度。

文职人员应当严格遵守军队内务管理有关规定。

文职人员服装的制式及其标志服饰由中央军事委员会规定。

第四十六条 对在国防和军队建设中取得突出成绩、为国家和人民作出突出贡献的文职人员,按照国家和军队有关规定给予勋章、荣誉称号、奖励、表彰以及纪念章等。

文职人员可以按照国家和军队有关规定接受地方人民政府、群团组织和社会组织,以及国际组织和其他国家、军队给予的荣誉。

第四十七条 文职人员与用人单位发生的人事争议,按照国家和军队有关规定依法处理。

文职人员对涉及本人的考核结果、辞职辞退、处分决定等不服的,可以申请复核、提出申诉。

文职人员认为用人单位及有关人员侵犯其合法权益的,可以依法提出控告。

对文职人员的复核申请、申诉或者控告,军队有关单位应当及时受理。

第四十八条 文职人员招录聘用、考核、任用、奖惩、人事争议处理等工作,实行回避制度。

第四十九条　文职人员的人事档案，按照军队有关规定进行管理。

第五十条　军队用人单位按照国家有关规定，进行组织机构登记。

第十章　待遇保障

第五十一条　军队建立与国家机关事业单位工作人员待遇政策相衔接、体现"优才优待、优绩优奖"激励导向的文职人员待遇保障体系。

第五十二条　文职人员依法享受相应的政治待遇、工作待遇和生活待遇。

文职人员的政治待遇，按照国家和军队有关规定执行。

文职人员在军队工作期间根据所任岗位职务层级和岗位等级等，享受军队规定的办公用房、公务用车等工作待遇；免职、退出军队的，调整或者取消相应的工作待遇。

第五十三条　军队建立统一的文职人员工资制度。文职人员工资包括基本工资、津贴、补贴等。

在军队技术密集型单位，可以实行文职人员绩效工资。

第五十四条　用人单位及其文职人员应当按照国家有关规定参加社会保险，依法缴纳社会保险费。

军队根据国家有关规定，为文职人员建立补充保障。

第五十五条　文职人员享受国家和军队规定的社会化、货币化住房保障政策。

用人单位及其文职人员应当按照规定缴存、使用住房公积金，缴存的住房公积金由所在地住房公积金管理中心统一管理。

文职人员可以按照军队有关规定租住军队集体宿舍或者公寓住房。

第五十六条　文职人员享受国家和军队规定的医疗补助和医疗保健政策。文职人员在作战和有作战背景的军事行动中承担支援保障任务，以及参加非战争军事行动期间，实行军队免费医疗。

第五十七条　文职人员的抚恤优待，按照国家和军队有关规定执行。

文职人员因在作战和有作战背景的军事行动中承担支援保障任务，参加非战争军事行动以及军级以上单位批准且列入军事训练计划的军事训练造成伤亡的，其抚恤优待参照有关军人抚恤优待的规定执行。

第五十八条　文职人员按照军队有关规定享受探亲休假、交通补助、看望慰问、困难救济和子女入托等福利待遇。

第五十九条 文职人员办理落户,以及配偶子女随迁等,按照国家和军队有关规定执行。

第六十条 对文职人员中的高层次人才和特殊专业人才,按照国家和军队有关规定给予相关优惠待遇。对符合规定条件的,军队可以实行年薪制、协议工资、项目工资等市场化薪酬制度。

军队可以为文职人员岗位重要人才购买相关保险。文职人员可以享受科技成果转化收益。

第十一章 退　　出

第六十一条 实行委任制的文职人员辞职,或者被用人单位辞退的;实行聘用制的文职人员解除、终止聘用合同,或者用人单位解除、终止聘用合同的,按照军队有关规定执行。

第六十二条 文职人员因用人单位精简整编等原因需要退出军队的,由军队有关单位会同中央和国家有关机关、地方有关机关根据不同情形按照有关政策予以妥善安排。

第六十三条 用人单位可以依法辞退文职人员或者单方面解除聘用合同。

有下列情形之一的,用人单位不得辞退文职人员或者单方面解除聘用合同:

(一)因公(工)负伤或者患职业病,经劳动能力鉴定机构鉴定为一级至六级伤残的;

(二)患病或者负伤,在规定的医疗期内的;

(三)女性文职人员在孕期、产期、哺乳期内的;

(四)法律、法规规定的其他情形。

第六十四条 文职人员可以依法辞职或者单方面解除聘用合同。

有下列情形之一的,文职人员不得辞职或者单方面解除聘用合同:

(一)未满军队规定最低工作年限的;

(二)国家发布动员令或者宣布进入战争状态时;

(三)部队受领作战任务或者遭敌突然袭击时;

(四)在作战和有作战背景的军事行动中承担支援保障任务,参加非战争军事行动以及军级以上单位批准且列入军事训练计划的军事训练期间；

（五）在涉及核心、重要军事秘密等特殊岗位任职或者离开上述岗位不满军队规定的脱密期限的；

（六）正在接受审计、纪律审查、监察调查，或者涉嫌犯罪，司法程序尚未终结的；

（七）法律、法规规定或者聘用合同约定的其他情形。

第六十五条 文职人员符合国家和军队规定退休条件的，应当退休。

文职人员退休后，享受国家和军队规定的相应待遇。各级人民政府退役军人工作主管部门牵头承担退休文职人员服务管理工作，人力资源社会保障、医保等相关部门和街道（乡镇）、社区（村）按照职责分工做好相关工作。

第六十六条 文职人员退出军队的，由军队有关单位按照任用权限审批。

第六十七条 文职人员自退出军队之日起，与用人单位的人事关系即行终止。用人单位应当按照国家和军队有关规定，及时办理文职人员人事档案、社会保险、住房公积金等关系转移的相关手续。

符合国家和军队规定的补偿情形的，用人单位应当给予文职人员经济补偿。

文职人员退出军队后，从业限制和脱密期管理按照国家和军队有关规定执行。

第十二章 法律责任

第六十八条 军队有关单位及其工作人员，在文职人员管理工作中违反本条例规定，有下列情形之一的，由其所在单位或者上级单位给予通报批评，责令限期改正；对负有责任的领导人员和直接责任人员，依法给予处分；构成犯罪的，依法追究刑事责任：

（一）不按照编制限额、资格条件、规定程序进行文职人员招录聘用的；

（二）在招录聘用等工作中发生泄露试题、违反考场纪律以及其他严重影响公开、公正行为的；

（三）不按照规定进行文职人员培训、考核、任用、交流、回避、奖惩以及办理退出的；

（四）违反规定调整文职人员工资、福利、保险待遇标准的；

（五）不按照规定受理和处理文职人员申诉、控告的；

（六）违反本条例规定的其他情形。

第六十九条　中央和国家有关机关、地方有关机关及其工作人员，在文职人员管理工作中滥用职权、玩忽职守、徇私舞弊的，对负有责任的领导人员和直接责任人员依法给予处分；构成犯罪的，依法追究刑事责任。

第七十条　文职人员违纪违法、失职失责的，按照规定给予处理；构成犯罪的，依法追究刑事责任。

文职人员违反国家和军队有关规定或者聘用合同约定，给用人单位造成损失的，依法承担赔偿责任。

第七十一条　文职人员辞职或者被辞退、解除聘用合同，且存在严重违约失信行为的，或者被军队开除的，不得再次进入军队工作。

第十三章　附　　则

第七十二条　对军队建设急需的高层次人才和特殊专业人才，可以在文职人员岗位设置、人事管理和待遇保障等方面采取特殊措施，具体办法由中央军事委员会规定。

第七十三条　国家和军队对深化国防和军队改革期间现役军人转改的文职人员另有规定的，从其规定。

第七十四条　本条例下列用语的含义：

（一）用人单位，是指与文职人员建立人事关系的军队团级以上建制单位；

（二）聘用制，是指以签订聘用合同的形式确定用人单位与文职人员基本人事关系的用人方式；

（三）委任制，是指不签订聘用合同、以直接任用的形式确定用人单位与文职人员基本人事关系的用人方式。

第七十五条　中国人民武装警察部队文职人员，适用本条例。

第七十六条　本条例自2023年1月1日起施行。

征兵工作条例

（1985年10月24日国务院、中央军委发布 根据2001年9月5日《国务院、中央军事委员会关于修改〈征兵工作条例〉的决定》第一次修订 2023年4月1日中华人民共和国国务院、中华人民共和国中央军事委员会令第759号第二次修订）

第一章 总 则

第一条 为了规范和加强征兵工作，根据《中华人民共和国兵役法》，制定本条例。

第二条 征兵工作坚持中国共产党的领导，贯彻习近平强军思想，贯彻新时代军事战略方针，服从国防需要，聚焦备战打仗，依法、精准、高效征集高素质兵员。

第三条 征兵是保障军队兵员补充、建设巩固国防和强大军队的一项重要工作。根据国防需要征集公民服现役的工作，适用本条例。

各级人民政府和军事机关应当依法履行征兵工作职责，完成征兵任务。

公民应当依法服兵役，自觉按照本条例的规定接受征集。

第四条 全国的征兵工作，在国务院、中央军事委员会领导下，由国防部负责，具体工作由国防部征兵办公室承办。国务院、中央军事委员会建立全国征兵工作部际联席会议制度，统筹协调全国征兵工作。

省、市、县各级征兵工作领导小组负责统筹协调本行政区域的征兵工作。县级以上地方人民政府组织兵役机关和宣传、教育、公安、人力资源社会保障、交通运输、卫生健康以及其他有关部门组成征兵办公室，负责组织实施本行政区域的征兵工作，承担本级征兵工作领导小组日常工作。有关部门在本级人民政府征兵办公室的统一组织下，按照职责分工做好征兵有关工作。

机关、团体、企业事业组织和乡、民族乡、镇的人民政府以及街道办事处，应当根据县、自治县、不设区的市、市辖区人民政府的安排和要求，办理本单位和本行政区域的征兵工作。设有人民武装部的单位，征兵工作由人民武装部办理；不设人民武装部的单位，确定一个部门办理。普通高等学校负责征兵工作的机构，应当协助兵役机关办理征兵工作有关事项。

第五条 全国每年征兵的人数、次数、时间和要求，由国务院、中央军事委员会的征兵命令规定。

县级以上地方人民政府和同级军事机关根据上级的征兵命令，科学分配征兵任务，下达本级征兵命令，部署本行政区域的征兵工作。

县级以上地方人民政府和同级军事机关建立征兵任务统筹机制，优先保证普通高等学校毕业生和对政治、身体条件或者专业技能有特别要求的兵员征集；对本行政区域内普通高等学校，可以直接分配征兵任务；对遭受严重灾害或者有其他特殊情况的地区，可以酌情调整征兵任务。

第六条 县级以上地方人民政府兵役机关应当会同有关部门加强对本行政区域内征兵工作的监督检查。

县级以上地方人民政府和同级军事机关应当将征兵工作情况作为有关单位及其负责人考核评价的内容。

第七条 军地有关部门应当将征兵信息化建设纳入国家电子政务以及军队信息化建设，实现兵役机关与宣传、发展改革、教育、公安、人力资源社会保障、卫生健康、退役军人工作以及军地其他部门间的信息共享和业务协同。

征兵工作有关部门及其工作人员应当对收集的个人信息依法予以保密，不得泄露或者向他人非法提供。

第八条 机关、团体、企业事业组织应当深入开展爱国主义、革命英雄主义、军队光荣历史和服役光荣的教育，增强公民国防观念和依法服兵役意识。

县级以上地方人民政府兵役机关应当会同宣传部门，协调组织网信、教育、文化等部门，开展征兵宣传工作，鼓励公民积极应征。

第九条 对在征兵工作中作出突出贡献的组织和个人，按照国家和军队有关规定给予表彰和奖励。

第二章 征兵准备

第十条 县级以上地方人民政府征兵办公室应当适时调整充实工作人员，开展征兵业务培训；根据需要，按照国家有关规定采取政府购买服务等方式开展征兵辅助工作。

第十一条 县、自治县、不设区的市、市辖区人民政府兵役机关应当适时发布兵役登记公告,组织机关、团体、企业事业组织和乡、民族乡、镇的人民政府以及街道办事处,对本单位和本行政区域当年12月31日以前年满18周岁的男性公民进行初次兵役登记,对参加过初次兵役登记的适龄男性公民进行信息核验更新。

公民初次兵役登记由其户籍所在地县、自治县、不设区的市、市辖区人民政府兵役机关负责,可以采取网络登记的方式进行,也可以到兵役登记站(点)现场登记。本人因身体等特殊原因不能自主完成登记的,可以委托其亲属代为登记,户籍所在地乡、民族乡、镇的人民政府以及街道办事处应当予以协助。

第十二条 县、自治县、不设区的市、市辖区人民政府兵役机关对经过初次兵役登记的男性公民,依法确定应服兵役、免服兵役或者不得服兵役,在公民兵役登记信息中注明,并出具兵役登记凭证。县、自治县、不设区的市、市辖区人民政府有关部门按照职责分工,为兵役机关核实公民兵役登记信息提供协助。

根据军队需要,可以按照规定征集女性公民服现役。

第十三条 依照法律规定应服兵役的公民,经初步审查具备下列征集条件的,为应征公民:

(一)拥护中华人民共和国宪法,拥护中国共产党领导和社会主义制度;

(二)热爱国防和军队,遵纪守法,具有良好的政治素质和道德品行;

(三)符合法律规定的征集年龄;

(四)具有履行军队岗位职责的身体条件、心理素质和文化程度等;

(五)法律规定的其他条件。

第十四条 应征公民缓征、不征集的,依照有关法律的规定执行。

第十五条 应征公民应当在户籍所在地应征;经常居住地与户籍所在地不在同一省、自治区、直辖市,符合规定条件的,可以在经常居住地应征。应征公民为普通高等学校的全日制在校生、应届毕业生的,可以在入学前户籍所在地或者学校所在地应征。

第十六条 县级以上人民政府公安、卫生健康、教育等部门按照职责分工,对应征公民的思想政治、健康状况和文化程度等信息进行初步核查。

应征公民根据乡、民族乡、镇和街道办事处人民武装部（以下统称基层人民武装部）或者普通高等学校负责征兵工作的机构的通知，在规定时限内，自行到全国范围内任一指定的医疗机构参加初步体检，初步体检结果在全国范围内互认。

第十七条　基层人民武装部和普通高等学校负责征兵工作的机构选定初步核查、初步体检合格且思想政治好、身体素质强、文化程度高的应征公民为当年预定征集的对象，并通知本人。

县、自治县、不设区的市、市辖区人民政府兵役机关和基层人民武装部、普通高等学校负责征兵工作的机构应当加强对预定征集的应征公民的管理、教育和考察，了解掌握基本情况。

预定征集的应征公民应当保持与所在地基层人民武装部或者普通高等学校负责征兵工作的机构的联系，并根据县、自治县、不设区的市、市辖区人民政府兵役机关的通知按时应征。

预定征集的应征公民所在的机关、团体、企业事业组织应当督促其按时应征，并提供便利。

第三章　体格检查

第十八条　征兵体格检查由征集地的县级以上地方人民政府征兵办公室统一组织，本级卫生健康行政部门具体负责实施，有关单位予以协助。

第十九条　县级以上地方人民政府征兵办公室会同本级卫生健康行政部门指定符合标准条件和管理要求的医院或者体检机构设立征兵体检站。本行政区域内没有符合标准条件和管理要求的医院和体检机构的，经省级人民政府征兵办公室和卫生健康行政部门批准，可以选定适合场所设立临时征兵体检站。

设立征兵体检站的具体办法，由中央军事委员会机关有关部门会同国务院有关部门制定。

第二十条　基层人民武装部应当组织预定征集的应征公民按时到征兵体检站进行体格检查。送检人数由县、自治县、不设区的市、市辖区人民政府征兵办公室根据上级赋予的征兵任务和当地预定征集的应征公民体质情况确定。

体格检查前，县级以上地方人民政府征兵办公室应当组织对体检对象的身份、户籍、文化程度、专业技能、病史等相关信息进行现场核对。

第二十一条　负责体格检查工作的医务人员,应当严格执行应征公民体格检查标准、检查办法和其他有关规定,保证体格检查工作的质量。

对兵员身体条件有特别要求的,县级以上地方人民政府征兵办公室应当安排部队接兵人员参与体格检查工作。

第二十二条　县级以上地方人民政府征兵办公室根据需要组织对体格检查合格的应征公民进行抽查;抽查发现不合格人数比例较高的,应当全部进行复查。

第四章　政治考核

第二十三条　征兵政治考核由征集地的县级以上地方人民政府征兵办公室统一组织,本级公安机关具体负责实施,有关单位予以协助。

第二十四条　征兵政治考核主要考核预定征集的应征公民政治态度、现实表现及其家庭成员等情况。

第二十五条　对预定征集的应征公民进行政治考核,有关部门应当按照征兵政治考核的规定,核实核查情况,出具考核意见,形成考核结论。

对政治条件有特别要求的,县、自治县、不设区的市、市辖区人民政府征兵办公室还应当组织走访调查;走访调查应当安排部队接兵人员参加并签署意见,未经部队接兵人员签署意见的,不得批准入伍。

第五章　审定新兵

第二十六条　县级以上地方人民政府征兵办公室应当在审定新兵前,集中组织体格检查、政治考核合格的人员进行役前教育。役前教育的时间、内容、方式以及相关保障等由省级人民政府征兵办公室规定。

第二十七条　县、自治县、不设区的市、市辖区人民政府征兵办公室应当组织召开会议集体审定新兵,对体格检查、政治考核合格的人员军事职业适应能力、文化程度、身体和心理素质等进行分类考评、综合衡量,择优确定拟批准服现役的应征公民,并合理分配入伍去向。审定新兵的具体办法由国防部征兵办公室制定。

第二十八条　烈士、因公牺牲军人、病故军人的子女、兄弟姐妹和现役军人子女,本人自愿应征并且符合条件的,应当优先批准服现役。

第二十九条 退出现役的士兵，本人自愿应征并且符合条件的，可以批准再次入伍，优先安排到原服现役单位或者同类型岗位服现役；具备任军士条件的，可以直接招收为军士。

第三十条 县、自治县、不设区的市、市辖区人民政府征兵办公室应当及时向社会公示拟批准服现役的应征公民名单，公示期不少于5个工作日。对被举报和反映有问题的拟批准服现役的应征公民，经调查核实不符合服现役条件或者有违反廉洁征兵有关规定情形的，取消入伍资格，出现的缺额从拟批准服现役的应征公民中依次递补。

第三十一条 公示期满，县、自治县、不设区的市、市辖区人民政府征兵办公室应当为批准服现役的应征公民办理入伍手续，开具应征公民入伍批准书，发给入伍通知书，并通知其户籍所在地的户口登记机关。新兵自批准入伍之日起，按照规定享受现役军人有关待遇保障。新兵家属享受法律法规规定的义务兵家庭优待金和其他优待保障。

县、自治县、不设区的市、市辖区人民政府征兵办公室应当为新兵建立入伍档案，将应征公民入伍批准书、应征公民政治考核表、应征公民体格检查表以及国防部征兵办公室规定的其他材料装入档案。

第三十二条 县级以上地方人民政府可以采取购买人身意外伤害保险等措施，为应征公民提供相应的权益保障。

第三十三条 已被普通高等学校录取或者正在普通高等学校就学的学生，被批准服现役的，服现役期间保留入学资格或者学籍，退出现役后两年内允许入学或者复学。

第三十四条 在征集期间，应征公民被征集服现役，同时被机关、团体、企业事业组织招录或者聘用的，应当优先履行服兵役义务；有关机关、团体、企业事业组织应当支持其应征入伍，有条件的应当允许其延后入职。

被批准服现役的应征公民，是机关、团体、企业事业组织工作人员的，由原单位发给离职当月的全部工资、奖金及各种补贴。

第六章　交接运输新兵

第三十五条 交接新兵采取兵役机关送兵、新兵自行报到以及部队派人领兵、接兵等方式进行。

依托部队设立的新兵训练机构成规模集中组织新兵训练的,由兵役机关派人送兵或者新兵自行报到;对政治、身体条件或者专业技能有特别要求的兵员,通常由部队派人接兵;其他新兵通常由部队派人领兵。

第三十六条　在征兵开始日的15日前,军级以上单位应当派出联络组,与省级人民政府征兵办公室联系,商定补兵区域划分、新兵交接方式、被装保障、新兵运输等事宜。

第三十七条　由兵役机关送兵的,应当做好下列工作:

(一)省级人民政府征兵办公室与新兵训练机构商定送兵到达地点、途中转运和交接等有关事宜,制定送兵计划,明确送兵任务;

(二)征集地的县、自治县、不设区的市、市辖区人民政府征兵办公室于新兵起运前完成新兵档案审核并密封,出发前组织新兵与送兵人员集体见面;

(三)新兵训练机构在驻地附近交通便利的车站、港口码头、机场设立接收点,负责接收新兵,并安全送达营区,于新兵到达营区24小时内与送兵人员办理完毕交接手续。

第三十八条　由新兵自行报到的,应当做好下列工作:

(一)县、自治县、不设区的市、市辖区人民政府征兵办公室根据上级下达的计划,与新兵训练机构商定新兵报到地点、联系办法、档案交接和人员接收等有关事宜,及时向新兵训练机构通报新兵名单、人数、到达时间等事项;

(二)县、自治县、不设区的市、市辖区人民政府征兵办公室书面告知新兵报到地点、时限、联系办法、安全要求和其他注意事项;

(三)新兵训练机构在新兵报到地点的车站、港口码头、机场设立报到处,组织接收新兵;

(四)新兵训练机构将新兵实际到达时间、人员名单及时函告征集地的县、自治县、不设区的市、市辖区人民政府征兵办公室;

(五)新兵未能按时报到的,由县、自治县、不设区的市、市辖区人民政府征兵办公室查明情况,督促其尽快报到,并及时向新兵训练机构通报情况,无正当理由不按时报到或者不报到的,按照有关规定处理。

第三十九条　由部队派人领兵的,应当做好下列工作:

(一)领兵人员于新兵起运前7至10日内到达领兵地区,对新兵档案进行审核,与新兵集体见面,及时协商解决发现的问题。县、自治县、不设区的市、市辖区人民政府征兵办公室于部队领兵人员到达后,及时将新兵档案提供给领兵人员;

(二)交接双方于新兵起运前1日,在县、自治县、不设区的市、市辖区人民政府征兵办公室所在地或者双方商定的交通便利的地点,一次性完成交接。

第四十条 由部队派人接兵的,应当做好下列工作:

(一)接兵人员于征兵开始日前到达接兵地区,协助县、自治县、不设区的市、市辖区人民政府征兵办公室开展工作,共同把好新兵质量关;

(二)县、自治县、不设区的市、市辖区人民政府征兵办公室向部队接兵人员介绍征兵工作情况,商定交接新兵等有关事宜;

(三)交接双方在起运前完成新兵及其档案交接。

第四十一条 兵役机关送兵和部队派人领兵、接兵的,在兵役机关与新兵训练机构、部队交接前发生的问题以兵役机关为主负责处理,交接后发生的问题以新兵训练机构或者部队为主负责处理。

新兵自行报到的,新兵到达新兵训练机构前发生的问题以兵役机关为主负责处理,到达后发生的问题以新兵训练机构为主负责处理。

第四十二条 兵役机关送兵和部队派人领兵、接兵的,交接双方应当按照征集地的县、自治县、不设区的市、市辖区人民政府征兵办公室统一编制的新兵花名册,清点人员,核对档案份数,当面点交清楚,并在新兵花名册上签名确认。交接双方在交接过程中,发现新兵人数、档案份数有问题的,应当协商解决后再办理交接手续;发现有其他问题的,先行办理交接手续,再按照有关规定处理。

新兵自行报到的,档案由征集地的县、自治县、不设区的市、市辖区人民政府征兵办公室自新兵起运后10日内通过机要邮寄或者派人送交新兵训练机构。

第四十三条 新兵训练机构自收到新兵档案之日起5日内完成档案审查;部队领兵、接兵人员于新兵起运48小时前完成档案审查。档案审查发现问题的,函告或者当面告知征集地的县、自治县、不设区的市、市辖区人民政府征兵办公室处理。

对新兵档案中的问题,征集地的县、自治县、不设区的市、市辖区人民政府征兵办公室自收到新兵训练机构公函之日起25日内处理完毕；部队领兵、接兵人员当面告知的，应当于新兵起运24小时前处理完毕。

第四十四条 新兵的被装，由军队被装调拨单位调拨到县、自治县、不设区的市、市辖区人民政府兵役机关指定地点，由县、自治县、不设区的市、市辖区人民政府兵役机关在新兵起运前发给新兵。

第四十五条 中央军事委员会后勤保障部门应当会同国务院交通运输主管部门组织指导有关单位制定新兵运输计划。

在征兵开始日后的5日内，省级人民政府征兵办公室应当根据新兵的人数和乘车、船、飞机起止地点，向联勤保障部队所属交通运输军事代表机构提出本行政区域新兵运输需求。

第四十六条 联勤保障部队应当组织军地有关单位实施新兵运输计划。军地有关单位应当加强新兵运输工作协调配合，交通运输企业应当及时调配运力，保证新兵按照运输计划安全到达新兵训练机构或者部队。

县、自治县、不设区的市、市辖区人民政府征兵办公室和部队领兵、接兵人员，应当根据新兵运输计划按时组织新兵起运；在起运前，应当对新兵进行编组，并进行安全教育和检查，防止发生事故。

交通运输军事代表机构以及沿途军用饮食供应站应当主动解决新兵运输中的有关问题。军用饮食供应站和送兵、领兵、接兵人员以及新兵应当接受交通运输军事代表机构的指导。

第四十七条 新兵起运时，有关地方人民政府应当组织欢送；新兵到达时，新兵训练机构或者部队应当组织欢迎。

第七章　检疫、复查和退回

第四十八条 新兵到达新兵训练机构或者部队后，新兵训练机构或者部队应当按照规定组织新兵检疫和复查。经检疫发现新兵患传染病的，应当及时隔离治疗，并采取必要的防疫措施；经复查发现新兵入伍前有犯罪嫌疑的，应当采取必要的控制措施。

第四十九条 经检疫和复查，发现新兵因身体原因不适宜服现役，或者政治情况不符合条件的，作退回处理。作退回处理的期限，自新兵到达新兵训练机构或者部队之日起，至有批准权的军队政治工作部门批准后向原征集地的设区的市级或者省级人民政府征兵办公室发函之日止，不超过

45日。

因身体原因退回的，须经军队医院检查证明，由旅级以上单位政治工作部门批准，并函告原征集地的设区的市级人民政府征兵办公室。

因政治原因退回的，新兵训练机构或者部队应当事先与原征集地的省级人民政府征兵办公室联系核查，确属不符合条件的，经旅级以上单位政治工作部门核实，由军级以上单位政治工作部门批准，并函告原征集地的省级人民政府征兵办公室。

第五十条　新兵自批准入伍之日起，至到达新兵训练机构或者部队后45日内，受伤或者患病的，军队医疗机构给予免费治疗，其中，可以治愈、不影响服现役的，不作退回处理；难以治愈或者治愈后影响服现役的，由旅级以上单位根据军队医院出具的认定结论，函告原征集地的设区的市级人民政府征兵办公室，待病情稳定出院后作退回处理，退回时间不受限制。

第五十一条　退回人员返回原征集地后，由原征集地人民政府按照有关规定纳入社会保障体系，享受相应待遇。

需回地方接续治疗的退回人员，旅级以上单位应当根据军队医院出具的证明，为其开具接续治疗函，并按照规定给予军人保险补偿；原征集地人民政府应当根据接续治疗函，安排有关医疗机构予以优先收治；已经参加当地基本医疗保险的，医疗费用按照规定由医保基金支付；符合医疗救助条件的，按照规定实施救助。

第五十二条　新兵作退回处理的，新兵训练机构或者部队应当做好退回人员的思想工作，派人将退回人员及其档案送回原征集地的设区的市级人民政府征兵办公室；经与原征集地的设区的市级人民政府征兵办公室协商达成一致，也可以由其接回退回人员及其档案。

退回人员及其档案交接手续，应当自新兵训练机构、部队人员到达之日起7个工作日内，或者征兵办公室人员到达之日起7个工作日内办理完毕。

第五十三条　原征集地的设区的市级人民政府征兵办公室应当及时核实退回原因以及有关情况，查验退回审批手续以及相关证明材料，核对新兵档案，按照国家和军队有关规定妥善保存和处置新兵档案。

原征集地的设区的市级人民政府征兵办公室对退回人员身体复查结果

有异议的，按照规定向指定的医学鉴定机构提出鉴定申请；医学鉴定机构应当在5个工作日内完成鉴定工作，形成最终鉴定结论。经鉴定，符合退回条件的，由原征集地的设区的市级人民政府征兵办公室接收；不符合退回条件的，继续服现役。

第五十四条 对退回的人员，原征集地的县、自治县、不设区的市、市辖区人民政府征兵办公室应当注销其应征公民入伍批准书，通知其户籍所在地的户口登记机关。

第五十五条 退回人员原是机关、团体、企业事业组织工作人员的，原单位应当按照有关规定准予复工、复职；原是已被普通高等学校录取或者正在普通高等学校就学的学生的，原学校应当按照有关规定准予入学或者复学。

第五十六条 义务兵入伍前有下列行为之一的，作退回处理，作退回处理的期限不受本条例第四十九条第一款的限制，因被征集服现役而取得的相关荣誉、待遇、抚恤优待以及其他利益，由有关部门予以取消、追缴：

（一）入伍前有犯罪行为或者记录，故意隐瞒的；

（二）入伍前患有精神类疾病、神经系统疾病、艾滋病（含病毒携带者）、恶性肿瘤等影响服现役的严重疾病，故意隐瞒的；

（三）通过提供虚假入伍材料或者采取行贿等非法手段取得入伍资格的。

按照前款规定作退回处理的，由军级以上单位政治工作部门函告原征集地的省级人民政府征兵办公室进行调查核实；情况属实的，报军级以上单位批准后，由原征集地的县、自治县、不设区的市、市辖区人民政府征兵办公室负责接收。

第八章 经费保障

第五十七条 开展征兵工作所需经费按照隶属关系分级保障。兵役征集费开支范围、管理使用办法，由中央军事委员会机关有关部门会同国务院有关部门制定。

第五十八条 新兵被装调拨到县、自治县、不设区的市、市辖区人民政府兵役机关指定地点所需的费用，由军队被装调拨单位负责保障；县、自治县、不设区的市、市辖区人民政府兵役机关下发新兵被装所需的运输费列入兵役征集费开支。

第五十九条 征集的新兵，实行兵役机关送兵或者新兵自行报到的，从县、自治县、不设区的市、市辖区新兵集中点前往新兵训练机构途中所需的车船费、伙食费、住宿费，由新兵训练机构按照规定报销；部队派人领兵、接兵的，自部队接收之日起，所需费用由部队负责保障。军队有关部门按照统一组织实施的军事运输安排产生的运费，依照有关规定结算支付。

第六十条 送兵人员同新兵一起前往新兵训练机构途中所需的差旅费，由新兵训练机构按照规定报销；送兵人员在新兵训练机构办理新兵交接期间，住宿由新兵训练机构负责保障，伙食补助费和返回的差旅费列入兵役征集费开支。

第六十一条 新兵训练机构或者部队退回不合格新兵的费用，在与有关地方人民政府征兵办公室办理退回手续之前，由新兵训练机构或者部队负责；办理退回手续之后，新兵训练机构或者部队人员返回的差旅费由其所在单位按照规定报销，其他费用由有关地方人民政府征兵办公室负责。

第六十二条 义务兵家庭优待金按照国家有关规定由中央财政和地方财政共同负担，实行城乡统一标准，由批准入伍地的县、自治县、不设区的市、市辖区人民政府按照规定发放。

县级以上人民政府征兵办公室应当向本级财政、退役军人工作主管部门提供当年批准入伍人数，用于制定义务兵家庭优待金分配方案。

第九章 战时征集

第六十三条 国家发布动员令或者国务院、中央军事委员会依法采取国防动员措施后，各级人民政府和军事机关必须按照要求组织战时征集。

第六十四条 战时根据需要，国务院和中央军事委员会可以在法律规定的范围内调整征集公民服现役的条件和办法。

战时根据需要，可以重点征集退役军人，补充到原服现役单位或者同类型岗位。

第六十五条 国防部征兵办公室根据战时兵员补充需求，指导县级以上地方人民政府征兵办公室按照战时征集的条件和办法组织实施征集工作。

第六十六条 应征公民接到兵役机关的战时征集通知后，必须按期到指定地点参加应征。

机关、团体、企业事业组织和乡、民族乡、镇的人民政府以及街道办事处必须组织本单位和本行政区域战时征集对象，按照规定的时间、地点报到。

从事交通运输的单位和个人，应当优先运送战时征集对象；其他组织和个人应当为战时征集对象报到提供便利。

第十章　法律责任

第六十七条　有服兵役义务的公民拒绝、逃避兵役登记的，应征公民拒绝、逃避征集服现役的，依法给予处罚。

新兵以逃避服兵役为目的，拒绝履行职责或者逃离部队的，依法给予处分或者处罚。

第六十八条　机关、团体、企业事业组织拒绝完成征兵任务的，阻挠公民履行兵役义务的，或者有其他妨害征兵工作行为的，对单位及负有责任的人员，依法给予处罚。

第六十九条　国家工作人员、军队人员在征兵工作中，有贪污贿赂、徇私舞弊、滥用职权、玩忽职守以及其他违反征兵工作规定行为的，依法给予处分。

第七十条　违反本条例规定，构成犯罪的，依法追究刑事责任。

第七十一条　本条例第六十七条、第六十八条规定的处罚，由县级以上地方人民政府兵役机关会同有关部门查明事实，经同级地方人民政府作出处罚决定后，由县级以上地方人民政府兵役机关、发展改革、公安、卫生健康、教育、人力资源社会保障等部门按照职责分工具体执行。

第十一章　附　　则

第七十二条　征集公民到中国人民武装警察部队服现役的工作，适用本条例。

第七十三条　从非军事部门招收现役军官（警官）、军士（警士）的体格检查、政治考核、办理入伍手续等工作，参照本条例有关规定执行。

第七十四条　本条例自 2023 年 5 月 1 日起施行。

民兵工作条例

(1990年12月24日中华人民共和国国务院、中华人民共和国中央军事委员会令第71号发布 根据2011年1月8日《国务院关于废止和修改部分行政法规的决定》修订)

第一章 总 则

第一条 为了做好民兵工作，加强国防后备力量建设，根据《中华人民共和国兵役法》的有关规定，制定本条例。

第二条 民兵是中国共产党领导的不脱离生产的群众武装组织，是中华人民共和国武装力量的组成部分，是中国人民解放军的助手和后备力量。

第三条 民兵工作的任务是：

（一）建立和巩固民兵组织，提高民兵军政素质，配备和管理民兵武器装备，储备战时所需的后备兵员；

（二）发动民兵参加社会主义现代化建设，组织民兵担负战备执勤，维护社会治安；

（三）组织民兵参军参战，支援前线，抵抗侵略，保卫祖国。

第四条 民兵工作应当贯彻人民战争思想，坚持劳武结合，坚持民兵制度与预备役制度、民兵工作与战时兵员动员准备工作的结合。

第五条 全国的民兵工作在国务院、中央军委领导下，由中国人民解放军总参谋部主管。

军区按照上级赋予的任务，负责本区域的民兵工作。

省军区（含卫戍区、警备区，下同）、军分区（含警备区，下同）、县（含市、市辖区，下同）人民武装部，是本地区的军事领导指挥机关，负责本区域的民兵工作。

乡、民族乡、镇、街道和企业事业单位设立的人民武装部，负责办理本区域、本单位的民兵工作，按规定不设立人民武装部的街道、企业事业单位，确定一个部门办理。

第六条 乡、民族乡、镇、街道和企业事业单位的人民武装部体制的变动，按照国家有关规定办理。

第七条 地方各级人民政府必须加强对民兵工作的领导，统筹安排民兵工作，组织和监督完成民兵工作任务。地方各级人民政府的有关部门，应当协助军事机关开展民兵工作，解决有关问题。

企业事业单位应当按照当地人民政府和本地区军事领导指挥机关的要求，把民兵工作纳入管理计划，完成民兵工作任务。

第八条 民兵应当做到：服从组织领导，听从上级指挥，掌握军事技术，爱护武器装备，学习政治文化，带头参加生产劳动，遵守法律、法规，保护群众利益。

第二章 民兵组织

第九条 民兵的组建范围，按照《中华人民共和国兵役法》第三十七条的规定执行。

第十条 公民应当依照《中华人民共和国兵役法》第三十七条、三十八条的规定参加民兵组织。

第十一条 民兵按照便于领导，便于活动，便于执行任务的原则编组。农村一般以行政村为单位编民兵连或者营，城市一般以企业事业单位、街道为单位编民兵排、连、营、团。

基干民兵单独编组，根据民兵人数分别编班、排、连、营或者团。

根据战备需要和现有武器装备，在基干民兵中组建民兵专业技术分队；在重点人防城市、交通枢纽和其他重要防卫目标地区，组建民兵高炮营、团。民兵专业技术分队可以跨单位编组。

第十二条 民兵干部由政治思想好、身体健康、年纪较轻、有一定文化知识和军事素质、热爱民兵工作的人员担任。

民兵干部应当优先从转业、退伍军人中选拔。

第十三条 民兵干部由本单位提名，由基层人民武装部或者本地区军事领导指挥机关按照任免权限任命。

企业事业单位的民兵连以上军政主官，由本单位负责人兼任。

基干民兵连长或者营长，由专职人民武装干部或者本单位负责人兼任。

第十四条 民兵组织每年整顿一次。整顿的内容包括：对民兵进行宣传教育、民兵的出入转队、调配干部、工作总结、清点装备、健全制度、集结点验等项工作。

退出现役的士兵,符合服预备役条件的,应当及时编入民兵组织。

第三章 政治工作

第十五条 民兵政治工作应当学习人民解放军的政治工作经验,继承和发扬民兵工作的优良传统,保证民兵工作方针、政策的贯彻执行和各项任务的完成。

第十六条 民兵政治教育以中国共产党的基本路线和国防教育为重点,进行民兵性质任务、优良传统、爱国主义、革命英雄主义、形势战备和政策法制等教育。

民兵政治教育主要结合组织整顿、军事训练、征兵和重大节日活动进行。

第十七条 民兵政治教育,平时应当根据民兵军事训练、战备执勤的任务、要求和民兵思想实际做好民兵的思想政治工作,提高练兵习武的自觉性,发动民兵带头参加社会主义物质文明和精神文明建设。战时应当动员民兵参军参战,支援前线,组织民兵开展杀敌立功、瓦解敌军等活动,保证战斗、战勤任务的完成。

第十八条 对专职人民武装干部的培养、选拔、调整和配备,应当按照有关规定进行。专职人民武装干部的任免,由本地区军事领导指挥机关按照任免权限办理。

第四章 军事训练

第十九条 民兵军事训练应当按照总参谋部颁发的《民兵军事训练大纲》进行,实施规范化训练。全国每年的训练任务,由总参谋部规定后,逐级下达。

第二十条 民兵的军事训练由县人民武装部组织实施。专职人民武装干部的军事训练,由军分区组织实施。

军兵种机关、部队和军事院校,应当协助省军区、军分区、县人民武装部开展民兵军事训练。

第二十一条 对参加军事训练的基干民兵,应当进行考核。考核合格的,由县人民武装部进行登记。民兵军事训练成绩评定标准,由总参谋部制定。

第二十二条　县应当逐步建立民兵军事训练基地，对民兵实行集中训练。

民兵军事训练基地应当健全管理制度，完善基本设施，保障军事训练的需要。

第二十三条　民兵军事训练的教材、器材，分级负责解决。总参谋部负责组织编印教材和配发部分制式训练器材，其余所需的训练器材，由省军区、军分区、县人民武装部分别购置或者调整解决。

民兵训练教材、器材应当严格管理，不得挪作它用。

第二十四条　农村的民兵和民兵干部在参加军事训练期间，由当地人民政府采取平衡负担的办法，按照当地同等劳力的收入水平给予误工补贴。

企业事业单位的民兵和民兵干部在参加军事训练期间，由原单位照发工资和奖金，原有的福利待遇不变；其伙食补助和往返差旅费由原单位按照国家规定在有关项目中开支。

企业事业单位自行组织的民兵活动，所需费用由本单位负责解决。

第五章　武器装备

第二十五条　民兵武器装备的发展和配备，由总参谋部统一规划。军区、省军区、军分区和县人民武装部根据上级的规划，进行配备和补充。

第二十六条　民兵武器装备的配备应当根据基干民兵的组建计划和战备、执勤、军事训练的需要，做到保证重点，合理布局。

第二十七条　民兵配属部队执行作战、支前任务所需武器装备，由县人民武装部配发；到达部队后，由所在部队补充。

第二十八条　民兵武器装备的调动，按照管辖范围，分别由县人民武装部、军分区、省军区、军区批准，跨军区调动或者调出民兵系统的，由总参谋部批准。

民兵武器装备，不得擅自借出。因执勤、训练需要借用配发给民兵或者民兵组织的武器装备时，必须报经县人民武装部批准。

第二十九条　民兵武器装备的保管，按照总参谋部的规定办理。

保管民兵武器装备的单位，必须有坚固的库（室）、健全的管理制度。武器库（室）必须有专人看管，有报警、消防等安全设施。

第三十条　掌握武器的民兵和民兵武器库（室）的看管人员，应当按照有关规定由人民武装部门审查批准。

第三十一条 民兵武器装备的修理,农村的,由县人民武装部负责;城市的,由配有武器装备的单位负责。上述单位不能修理的武器,由军分区、省军区、军区修械所(厂)修理。

第六章 战备执勤

第三十二条 民兵战备执勤,由县人民武装部根据上级赋予的任务,制定计划,具体组织实施。

第三十三条 陆海边防地区和其他战备重点地区的民兵组织,应当根据上级军事机关的要求,与驻地的人民解放军和人民武装警察部队实行联防。

发现敌人袭扰、空降和潜入等紧急情况,民兵应当在当地军事机关组织指挥下迅速进行围歼或者搜捕。

战时,民兵应当配合部队作战,担负各项战斗勤务,支援前线,保护群众,保卫生产。

民兵应当配合公安机关维护社会治安。

第三十四条 组织民兵担负勤务,应当爱惜民力,严加控制。

陆海边防民兵固定哨所的设立,由军分区根据战备需要提出方案,报省军区批准。

使用民兵担负守护桥梁、隧道、仓库等重要目标勤务,由目标归属单位根据国家有关规定提出申请,报省军区批准。

民兵担负治安勤务,由本地区军事领导指挥机关报同级人民政府批准,并报上级军事机关备案。在厂矿范围内,使用民兵担负维护治安、保护生产方面的勤务,由厂矿批准,报县人民武装部备案。

第三十五条 民兵担负勤务的报酬或者补助,由使用单位支付。

民兵守护重要目标执勤点所需营房、营具、厨具和通信、照明、饮水、警戒等设施,以及执勤民兵的生活补贴、执勤用品、必要的文化用品、医疗、伤亡抚恤等经费,由目标归属单位解决。

第三十六条 对参战、执行战勤任务、参加军事训练和维护社会治安中伤亡民兵的优待、安置和抚恤,按照国家有关规定办理。

第七章　民兵事业费

第三十七条　民兵事业费是保障民兵建设的专项经费，是国家预算的组成部分，应当严格管理，专款专用。

第三十八条　民兵事业费由省军区、军分区、县人民武装部按级负责管理。

民兵事业费的年度指标，由省军区根据全年民兵工作任务，向省（含自治区、直辖市，下同）人民政府编造预算，经批准后组织实施。

省军区后勤部与省财政厅（局）建立财务领报关系。省军区、军分区司令部负责拟制经费的分配和使用计划，后勤部负责财务的管理和监督。

县人民武装部是民兵事业费的基层开支单位，直接掌管民兵事业费的使用。

第三十九条　民兵事业费应当主要分配到县人民武装部使用。省军区、军分区两级留用的民兵事业费，除民兵装备管理维修费外，不得超过全省总指标的20%。

第四十条　民兵事业费主要用于民兵的军事训练、武器装备管理维修、组织建设、政治工作等项开支。

第四十一条　民兵事业费的使用和管理实施办法，由省人民政府、省军区制定。

民兵事业费的预算、决算和使用管理，由财政部、总参谋部实施监督，并接受审计机关的审计。

第八章　奖励和惩处

第四十二条　民兵、民兵组织和人民武装干部在参战、支前中做出显著成绩的，参照《中国人民解放军纪律条令》规定的奖励项目和批准权限，由军队给予奖励；在完成民兵工作或者执行维护社会治安等其他任务中做出显著成绩的，由地方人民政府、本地区的军事领导指挥机关给予奖励。

第四十三条　依照本条例规定，公民应当参加民兵组织而拒绝参加的，民兵拒绝、逃避军事训练和执行任务经教育不改的，由人民武装部门提请民兵所在单位给予行政处分，或者提请地方人民政府有关部门给予行政处罚，并强制其履行兵役义务。

民兵拒绝、逃避参军、参战、支前、维护社会治安等重大任务，或者在执行任务中因玩忽职守造成严重后果的，参照《中华人民共和国兵役法》的有关规定处罚；构成犯罪的，依法追究刑事责任。

第四十四条 对违反本条例规定，拒绝建立或者擅自取消民兵组织，拒绝完成民兵工作任务的单位，由本地区军事领导指挥机关报同级人民政府批准，对该单位给予批评或者行政处罚，对该单位负责人给予行政处分，并责令限期改正。

第九章 附 则

第四十五条 本条例由中国人民解放军总参谋部负责解释。

第四十六条 本条例自1991年1月1日起施行。1978年8月国防部颁布的《民兵工作条例》即行废止。

三、荣誉维护

中华人民共和国英雄烈士保护法

(2018年4月27日第十三届全国人民代表大会常务委员会第二次会议通过 2018年4月27日中华人民共和国主席令第5号公布 自2018年5月1日起施行)

第一条 为了加强对英雄烈士的保护,维护社会公共利益,传承和弘扬英雄烈士精神、爱国主义精神,培育和践行社会主义核心价值观,激发实现中华民族伟大复兴中国梦的强大精神力量,根据宪法,制定本法。

第二条 国家和人民永远尊崇、铭记英雄烈士为国家、人民和民族作出的牺牲和贡献。

近代以来,为了争取民族独立和人民解放,实现国家富强和人民幸福,促进世界和平和人类进步而毕生奋斗、英勇献身的英雄烈士,功勋彪炳史册,精神永垂不朽。

第三条 英雄烈士事迹和精神是中华民族的共同历史记忆和社会主义核心价值观的重要体现。

国家保护英雄烈士,对英雄烈士予以褒扬、纪念,加强对英雄烈士事迹和精神的宣传、教育,维护英雄烈士尊严和合法权益。

全社会都应当崇尚、学习、捍卫英雄烈士。

第四条 各级人民政府应当加强对英雄烈士的保护,将宣传、弘扬英雄烈士事迹和精神作为社会主义精神文明建设的重要内容。

县级以上人民政府负责英雄烈士保护工作的部门和其他有关部门应当依法履行职责,做好英雄烈士保护工作。

军队有关部门按照国务院、中央军事委员会的规定,做好英雄烈士保护工作。

县级以上人民政府应当将英雄烈士保护工作经费列入本级预算。

第五条　每年9月30日为烈士纪念日，国家在首都北京天安门广场人民英雄纪念碑前举行纪念仪式，缅怀英雄烈士。

县级以上地方人民政府、军队有关部门应当在烈士纪念日举行纪念活动。

举行英雄烈士纪念活动，邀请英雄烈士遗属代表参加。

第六条　在清明节和重要纪念日，机关、团体、乡村、社区、学校、企业事业单位和军队有关单位根据实际情况，组织开展英雄烈士纪念活动。

第七条　国家建立并保护英雄烈士纪念设施，纪念、缅怀英雄烈士。

矗立在首都北京天安门广场的人民英雄纪念碑，是近代以来中国人民和中华民族争取民族独立解放、人民自由幸福和国家繁荣富强精神的象征，是国家和人民纪念、缅怀英雄烈士的永久性纪念设施。

人民英雄纪念碑及其名称、碑题、碑文、浮雕、图形、标志等受法律保护。

第八条　县级以上人民政府应当将英雄烈士纪念设施建设和保护纳入国民经济和社会发展规划、城乡规划，加强对英雄烈士纪念设施的保护和管理；对具有重要纪念意义、教育意义的英雄烈士纪念设施依照《中华人民共和国文物保护法》的规定，核定公布为文物保护单位。

中央财政对革命老区、民族地区、边疆地区、贫困地区英雄烈士纪念设施的修缮保护，应当按照国家规定予以补助。

第九条　英雄烈士纪念设施应当免费向社会开放，供公众瞻仰、悼念英雄烈士，开展纪念教育活动，告慰先烈英灵。

前款规定的纪念设施由军队有关单位管理的，按照军队有关规定实行开放。

第十条　英雄烈士纪念设施保护单位应当健全服务和管理工作规范，方便瞻仰、悼念英雄烈士，保持英雄烈士纪念设施庄严、肃穆、清净的环境和氛围。

任何组织和个人不得在英雄烈士纪念设施保护范围内从事有损纪念英雄烈士环境和氛围的活动，不得侵占英雄烈士纪念设施保护范围内的土地和设施，不得破坏、污损英雄烈士纪念设施。

第十一条　安葬英雄烈士时，县级以上人民政府、军队有关部门应当举行庄严、肃穆、文明、节俭的送迎、安葬仪式。

第十二条　国家建立健全英雄烈士祭扫制度和礼仪规范，引导公民庄严有序地开展祭扫活动。

县级以上人民政府有关部门应当为英雄烈士遗属祭扫提供便利。

第十三条　县级以上人民政府有关部门应当引导公民通过瞻仰英雄烈士纪念设施、集体宣誓、网上祭奠等形式，铭记英雄烈士的事迹，传承和弘扬英雄烈士的精神。

第十四条　英雄烈士在国外安葬的，中华人民共和国驻该国外交、领事代表机构应当结合驻在国实际情况组织开展祭扫活动。

国家通过与有关国家的合作，查找、收集英雄烈士遗骸、遗物和史料，加强对位于国外的英雄烈士纪念设施的修缮保护工作。

第十五条　国家鼓励和支持开展对英雄烈士事迹和精神的研究，以辩证唯物主义和历史唯物主义为指导认识和记述历史。

第十六条　各级人民政府、军队有关部门应当加强对英雄烈士遗物、史料的收集、保护和陈列展示工作，组织开展英雄烈士史料的研究、编纂和宣传工作。

国家鼓励和支持革命老区发挥当地资源优势，开展英雄烈士事迹和精神的研究、宣传和教育工作。

第十七条　教育行政部门应当以青少年学生为重点，将英雄烈士事迹和精神的宣传教育纳入国民教育体系。

教育行政部门、各级各类学校应当将英雄烈士事迹和精神纳入教育内容，组织开展纪念教育活动，加强对学生的爱国主义、集体主义、社会主义教育。

第十八条　文化、新闻出版、广播电视、电影、网信等部门应当鼓励和支持以英雄烈士事迹为题材、弘扬英雄烈士精神的优秀文学艺术作品、广播电视节目以及出版物的创作生产和宣传推广。

第十九条　广播电台、电视台、报刊出版单位、互联网信息服务提供者，应当通过播放或者刊登英雄烈士题材作品、发布公益广告、开设专栏等方式，广泛宣传英雄烈士事迹和精神。

第二十条　国家鼓励和支持自然人、法人和非法人组织以捐赠财产、义务宣讲英雄烈士事迹和精神、帮扶英雄烈士遗属等公益活动的方式，参与英雄烈士保护工作。

自然人、法人和非法人组织捐赠财产用于英雄烈士保护的,依法享受税收优惠。

第二十一条 国家实行英雄烈士抚恤优待制度。英雄烈士遗属按照国家规定享受教育、就业、养老、住房、医疗等方面的优待。抚恤优待水平应当与国民经济和社会发展相适应并逐步提高。

国务院有关部门、军队有关部门和地方人民政府应当关心英雄烈士遗属的生活情况,每年定期走访慰问英雄烈士遗属。

第二十二条 禁止歪曲、丑化、亵渎、否定英雄烈士事迹和精神。

英雄烈士的姓名、肖像、名誉、荣誉受法律保护。任何组织和个人不得在公共场所、互联网或者利用广播电视、电影、出版物等,以侮辱、诽谤或者其他方式侵害英雄烈士的姓名、肖像、名誉、荣誉。任何组织和个人不得将英雄烈士的姓名、肖像用于或者变相用于商标、商业广告,损害英雄烈士的名誉、荣誉。

公安、文化、新闻出版、广播电视、电影、网信、市场监督管理、负责英雄烈士保护工作的部门发现前款规定行为的,应当依法及时处理。

第二十三条 网信和电信、公安等有关部门在对网络信息进行依法监督管理工作中,发现发布或者传输以侮辱、诽谤或者其他方式侵害英雄烈士的姓名、肖像、名誉、荣誉的信息的,应当要求网络运营者停止传输,采取消除等处置措施和其他必要措施;对来源于中华人民共和国境外的上述信息,应当通知有关机构采取技术措施和其他必要措施阻断传播。

网络运营者发现其用户发布前款规定的信息的,应当立即停止传输该信息,采取消除等处置措施,防止信息扩散,保存有关记录,并向有关主管部门报告。网络运营者未采取停止传输、消除等处置措施的,依照《中华人民共和国网络安全法》的规定处罚。

第二十四条 任何组织和个人有权对侵害英雄烈士合法权益和其他违反本法规定的行为,向负责英雄烈士保护工作的部门、网信、公安等有关部门举报,接到举报的部门应当依法及时处理。

第二十五条 对侵害英雄烈士的姓名、肖像、名誉、荣誉的行为,英雄烈士的近亲属可以依法向人民法院提起诉讼。

英雄烈士没有近亲属或者近亲属不提起诉讼的,检察机关依法对侵害英雄烈士的姓名、肖像、名誉、荣誉,损害社会公共利益的行为向人民法院提起诉讼。

负责英雄烈士保护工作的部门和其他有关部门在履行职责过程中发现第一款规定的行为，需要检察机关提起诉讼的，应当向检察机关报告。

英雄烈士近亲属依照第一款规定提起诉讼的，法律援助机构应当依法提供法律援助服务。

第二十六条 以侮辱、诽谤或者其他方式侵害英雄烈士的姓名、肖像、名誉、荣誉，损害社会公共利益的，依法承担民事责任；构成违反治安管理行为的，由公安机关依法给予治安管理处罚；构成犯罪的，依法追究刑事责任。

第二十七条 在英雄烈士纪念设施保护范围内从事有损纪念英雄烈士环境和氛围的活动的，纪念设施保护单位应当及时劝阻；不听劝阻的，由县级以上地方人民政府负责英雄烈士保护工作的部门、文物主管部门按照职责规定给予批评教育，责令改正；构成违反治安管理行为的，由公安机关依法给予治安管理处罚。

亵渎、否定英雄烈士事迹和精神，宣扬、美化侵略战争和侵略行为，寻衅滋事，扰乱公共秩序，构成违反治安管理行为的，由公安机关依法给予治安管理处罚；构成犯罪的，依法追究刑事责任。

第二十八条 侵占、破坏、污损英雄烈士纪念设施的，由县级以上人民政府负责英雄烈士保护工作的部门责令改正；造成损失的，依法承担民事责任；被侵占、破坏、污损的纪念设施属于文物保护单位的，依照《中华人民共和国文物保护法》的规定处罚；构成违反治安管理行为的，由公安机关依法给予治安管理处罚；构成犯罪的，依法追究刑事责任。

第二十九条 县级以上人民政府有关部门及其工作人员在英雄烈士保护工作中滥用职权、玩忽职守、徇私舞弊的，对直接负责的主管人员和其他直接责任人员，依法给予处分；构成犯罪的，依法追究刑事责任。

第三十条 本法自2018年5月1日起施行。

中华人民共和国国家勋章和国家荣誉称号法

(2015年12月27日第十二届全国人民代表大会常务委员会第十八次会议通过 2015年12月27日中华人民共和国主席令第38号公布 自2016年1月1日起施行)

第一条 为了褒奖在中国特色社会主义建设中作出突出贡献的杰出人士，弘扬民族精神和时代精神，激发全国各族人民建设富强、民主、文明、和谐的社会主义现代化国家的积极性，实现中华民族伟大复兴，根据宪法，制定本法。

第二条 国家勋章和国家荣誉称号为国家最高荣誉。

国家勋章和国家荣誉称号的设立和授予，适用本法。

第三条 国家设立"共和国勋章"，授予在中国特色社会主义建设和保卫国家中作出巨大贡献、建立卓越功勋的杰出人士。

国家设立"友谊勋章"，授予在我国社会主义现代化建设和促进中外交流合作、维护世界和平中作出杰出贡献的外国人。

第四条 国家设立国家荣誉称号，授予在经济、社会、国防、外交、教育、科技、文化、卫生、体育等各领域各行业作出重大贡献、享有崇高声誉的杰出人士。

国家荣誉称号的名称冠以"人民"，也可以使用其他名称。国家荣誉称号的具体名称由全国人民代表大会常务委员会在决定授予时确定。

第五条 全国人民代表大会常务委员会委员长会议根据各方面的建议，向全国人民代表大会常务委员会提出授予国家勋章、国家荣誉称号的议案。

国务院、中央军事委员会可以向全国人民代表大会常务委员会提出授予国家勋章、国家荣誉称号的议案。

第六条 全国人民代表大会常务委员会决定授予国家勋章和国家荣誉称号。

第七条 中华人民共和国主席根据全国人民代表大会常务委员会的决定，向国家勋章和国家荣誉称号获得者授予国家勋章、国家荣誉称号奖章，签发证书。

第八条　中华人民共和国主席进行国事活动，可以直接授予外国政要、国际友人等人士"友谊勋章"。

第九条　国家在国庆日或者其他重大节日、纪念日，举行颁授国家勋章、国家荣誉称号的仪式；必要时，也可以在其他时间举行颁授国家勋章、国家荣誉称号的仪式。

第十条　国家设立国家功勋簿，记载国家勋章和国家荣誉称号获得者及其功绩。

第十一条　国家勋章和国家荣誉称号获得者应当受到国家和社会的尊重，享有受邀参加国家庆典和其他重大活动等崇高礼遇和国家规定的待遇。

第十二条　国家和社会通过多种形式，宣传国家勋章和国家荣誉称号获得者的卓越功绩和杰出事迹。

第十三条　国家勋章和国家荣誉称号为其获得者终身享有，但依照本法规定被撤销的除外。

第十四条　国家勋章和国家荣誉称号获得者应当按照规定佩带国家勋章、国家荣誉称号奖章，妥善保管勋章、奖章及证书。

第十五条　国家勋章和国家荣誉称号获得者去世的，其获得的勋章、奖章及证书由其继承人或者指定的人保存；没有继承人或者被指定人的，可以由国家收存。

国家勋章、国家荣誉称号奖章及证书不得出售、出租或者用于从事其他营利性活动。

第十六条　生前作出突出贡献符合本法规定授予国家勋章、国家荣誉称号条件的人士，本法施行后去世的，可以向其追授国家勋章、国家荣誉称号。

第十七条　国家勋章和国家荣誉称号获得者，应当珍视并保持国家给予的荣誉，模范地遵守宪法和法律，努力为人民服务，自觉维护国家勋章和国家荣誉称号的声誉。

第十八条　国家勋章和国家荣誉称号获得者因犯罪被依法判处刑罚或者有其他严重违法、违纪等行为，继续享有国家勋章、国家荣誉称号将会严重损害国家最高荣誉的声誉的，由全国人民代表大会常务委员会决定撤销其国家勋章、国家荣誉称号并予以公告。

第十九条　国家勋章和国家荣誉称号的有关具体事项，由国家功勋荣誉表彰有关工作机构办理。

第二十条　国务院、中央军事委员会可以在各自的职权范围内开展功勋荣誉表彰奖励工作。

第二十一条　本法自2016年1月1日起施行。

全国人民代表大会常务委员会关于设立烈士纪念日的决定

（2014年8月31日第十二届全国人民代表大会常务委员会第十次会议通过）

近代以来，为了争取民族独立和人民自由幸福，为了国家繁荣富强，无数的英雄献出了生命，烈士的功勋彪炳史册，烈士的精神永垂不朽。为了弘扬烈士精神，缅怀烈士功绩，培养公民的爱国主义、集体主义精神和社会主义道德风尚，培育和践行社会主义核心价值观，增强中华民族的凝聚力，激发实现中华民族伟大复兴中国梦的强大精神力量，第十二届全国人民代表大会常务委员会第十次会议决定：

将9月30日设立为烈士纪念日。每年9月30日国家举行纪念烈士活动。

烈士褒扬条例

（2011年7月26日中华人民共和国国务院令第601号公布　根据2019年3月2日《国务院关于修改部分行政法规的决定》第一次修订　根据2019年8月1日《国务院关于修改〈烈士褒扬条例〉的决定》第二次修订　2024年9月27日中华人民共和国国务院令第791号第三次修订）

第一章　总　　则

第一条　为了弘扬烈士精神，抚恤优待烈士遗属，根据《中华人民共和国英雄烈士保护法》等有关法律，制定本条例。

第二条 公民在保卫祖国、社会主义建设以及促进世界和平和人类进步事业中英勇牺牲被评定为烈士的，依照本条例的规定予以褒扬。烈士的遗属，依照本条例的规定享受抚恤优待。

第三条 烈士褒扬工作坚持中国共产党的领导。

国家褒扬、纪念和保护烈士，维护烈士尊严荣誉，保障烈士遗属合法权益，宣传烈士事迹和精神，弘扬社会主义核心价值观，在全社会营造崇尚烈士、缅怀烈士、学习烈士、捍卫烈士、关爱烈士遗属的氛围。

第四条 国家对烈士遗属的抚恤优待应当与经济社会发展水平相适应，随经济社会的发展逐步提高。

烈士褒扬和烈士遗属抚恤优待经费列入预算，应当按照规定用途使用，接受财政部门、审计机关的监督。

第五条 全社会应当支持烈士褒扬工作，优待帮扶烈士遗属。

鼓励和支持社会力量为烈士褒扬和烈士遗属抚恤优待提供捐助。

第六条 国务院退役军人工作主管部门负责全国的烈士褒扬工作。县级以上地方人民政府退役军人工作主管部门负责本行政区域的烈士褒扬工作。

第七条 对在烈士褒扬工作中做出显著成绩的单位和个人，按照有关规定给予表彰、奖励。

第二章　烈士的评定

第八条 公民牺牲符合下列情形之一的，评定为烈士：

（一）在依法查处违法犯罪行为、执行国家安全工作任务、执行反恐怖任务、执行特勤警卫任务、执行突发事件应急处置与救援任务中牺牲的；

（二）抢险救灾或者其他为了抢救、保护国家财产、集体财产、公民生命财产牺牲的；

（三）在执行外交任务或者国家派遣的对外援助、维持国际和平、执法合作任务中牺牲的；

（四）在执行武器装备科研试验任务中牺牲的；

（五）其他牺牲情节特别突出，堪为楷模的。

军人牺牲，军队文职人员、预备役人员、民兵、民工以及其他人员因参战、执行作战支援保障任务、参加非战争军事行动、参加军事训练、执行军事勤务牺牲应当评定烈士的，依照《军人抚恤优待条例》的有关规定评定。

第九条 申报烈士，属于本条例第八条第一款第一项、第二项规定情形的，由死者生前所在工作单位、死者遗属或者事件发生地的组织、公民，向死者生前工作单位所在地、死者遗属户籍所在地或者事件发生地的县级人民政府退役军人工作主管部门提供有关死者牺牲情节等材料。收到材料的县级人民政府退役军人工作主管部门应当及时调查核实，提出评定烈士的报告，报本级人民政府。本级人民政府审核后逐级上报至省、自治区、直辖市人民政府审查评定。评定为烈士的，由省、自治区、直辖市人民政府送国务院退役军人工作主管部门复核。

属于本条例第八条第一款第三项、第四项规定情形的，由国务院有关部门提出评定烈士的报告，送国务院退役军人工作主管部门审查评定。

属于本条例第八条第一款第五项规定情形的，由死者生前所在工作单位、死者遗属或者事件发生地的组织、公民，向死者生前工作单位所在地、死者遗属户籍所在地或者事件发生地的县级人民政府退役军人工作主管部门提供有关死者牺牲情节等材料。收到材料的县级人民政府退役军人工作主管部门应当及时调查核实，提出评定烈士的报告，报本级人民政府。本级人民政府审核后逐级上报至省、自治区、直辖市人民政府，由省、自治区、直辖市人民政府审核后送国务院退役军人工作主管部门审查评定。

第十条 军队评定的烈士，由中央军事委员会政治工作部送国务院退役军人工作主管部门复核。

第十一条 国务院退役军人工作主管部门应当将复核结果告知烈士评定机关。通过复核的，由烈士评定机关向烈士遗属户籍所在地县级人民政府退役军人工作主管部门发送烈士评定通知书。

国务院退役军人工作主管部门评定的烈士，由其直接向烈士遗属户籍所在地县级人民政府退役军人工作主管部门发送烈士评定通知书。

第十二条 国务院退役军人工作主管部门负责将烈士名单呈报党和国家功勋荣誉表彰工作委员会。

烈士证书以党和国家功勋荣誉表彰工作委员会办公室名义制发。

第十三条 县级以上地方人民政府每年在烈士纪念日举行颁授仪式，

向烈士遗属颁授烈士证书。

第十四条　有关组织、个人对烈士评定、复核结果有异议的，可以向烈士评定或者复核机关反映。接到反映的机关应当及时调查处理。

第三章　烈士褒扬金和烈士遗属的抚恤优待

第十五条　国家建立烈士褒扬金制度。烈士褒扬金标准为烈士牺牲时上一年度全国城镇居民人均可支配收入的30倍。战时，参战牺牲的烈士褒扬金标准可以适当提高。

烈士褒扬金由烈士证书持有人户籍所在地县级人民政府退役军人工作主管部门发给烈士的父母（抚养人）、配偶、子女；没有父母（抚养人）、配偶、子女的，发给烈士未满18周岁的兄弟姐妹和已满18周岁但无生活费来源且由烈士生前供养的兄弟姐妹。

第十六条　烈士遗属除享受本条例第十五条规定的烈士褒扬金外，属于《军人抚恤优待条例》以及相关规定适用范围的，还按照规定享受一次性抚恤金，标准为烈士牺牲时上一年度全国城镇居民人均可支配收入的20倍加烈士本人40个月的基本工资，由县级人民政府退役军人工作主管部门发放；属于《工伤保险条例》以及相关规定适用范围的，还按照规定享受一次性工亡补助金以及相当于烈士本人40个月基本工资的烈士遗属特别补助金，其中一次性工亡补助金按照《工伤保险条例》规定发放，烈士遗属特别补助金由县级人民政府退役军人工作主管部门发放。

不属于前款规定范围的烈士遗属，由县级人民政府退役军人工作主管部门发给一次性抚恤金，标准为烈士牺牲时上一年度全国城镇居民人均可支配收入的20倍加40个月的中国人民解放军少尉军官基本工资。

第十七条　符合下列条件之一的烈士遗属，还享受定期抚恤金：

（一）烈士的父母（抚养人）、配偶无劳动能力、无生活费来源，或者收入水平低于当地居民平均生活水平的；

（二）烈士的子女未满18周岁，或者已满18周岁但因残疾或者正在上学而无生活费来源的；

（三）由烈士生前供养的兄弟姐妹未满18周岁，或者已满18周岁但因正在上学而无生活费来源的。

符合前款规定条件享受定期抚恤金的烈士遗属，由其户籍所在地县级人民政府退役军人工作主管部门依据其申请，在审核确认其符合条件当月起发给定期抚恤金。

第十八条　定期抚恤金标准参照上一年度全国居民人均可支配收入水平确定。定期抚恤金的标准及其调整办法，由国务院退役军人工作主管部门会同国务院财政部门规定。

第十九条　烈士遗属享受定期抚恤金后生活仍有特殊困难的，由县级人民政府通过发放生活补助、按照规定给予临时救助或者其他方式帮助解决。

第二十条　烈士生前的配偶再婚后继续赡养烈士父母（抚养人），继续抚养烈士未满18周岁或者已满18周岁但无劳动能力、无生活费来源且由烈士生前供养的兄弟姐妹的，由其户籍所在地县级人民政府退役军人工作主管部门依据其申请，参照烈士遗属定期抚恤金的标准给予定期补助。

第二十一条　国家按照规定为居住在农村和城镇无工作单位且年满60周岁、在国家建立定期抚恤金制度时已满18周岁的烈士子女发放定期生活补助，由其户籍所在地县级人民政府退役军人工作主管部门依据其申请，在审核确认其符合条件当月起发放。

第二十二条　享受定期抚恤金、补助的烈士遗属户籍迁移的，应当同时办理定期抚恤金、补助转移手续。当年的定期抚恤金、补助由户籍迁出地县级人民政府退役军人工作主管部门发放，自次年1月起由户籍迁入地县级人民政府退役军人工作主管部门发放。

第二十三条　县级以上地方人民政府退役军人工作主管部门应当与有关部门加强协同配合、信息共享，比对人员信息、待遇领取等情况，每年对享受定期抚恤金、补助对象进行确认，及时协助符合本条例规定条件的烈士遗属办理领取定期抚恤金、补助等手续，对不再符合条件的，停发定期抚恤金、补助。

享受定期抚恤金、补助的烈士遗属死亡的，继续发放6个月其原享受的定期抚恤金、补助，作为丧葬补助费。

第二十四条　国家建立健全荣誉激励机制，褒扬彰显烈士家庭甘于牺牲奉献的精神。地方人民政府应当为烈士遗属家庭悬挂光荣牌，为烈士遗属发放优待证，邀请烈士遗属代表参加重大庆典、纪念活动。

第二十五条　国家建立健全烈士遗属关爱帮扶制度。地方人民政府应当每年定期走访慰问、常态化联系烈士遗属，关心烈士遗属生活情况，为烈士遗属优先优惠提供定期体检、短期疗养、心理疏导、精神抚慰、法律援助、人文关怀等服务。对烈士未成年子女和无赡养人的烈士父母（抚养人）实行联系人制度，加强关爱照顾。

第二十六条　烈士遗属在军队医疗卫生机构和政府举办的医疗卫生机构按照规定享受相应的医疗优惠待遇，具体办法由国务院退役军人工作主管部门和中央军事委员会后勤保障部会同国务院财政、卫生健康、医疗保障等部门规定。

第二十七条　烈士的子女、兄弟姐妹本人自愿应征并且符合征兵条件的，优先批准其服现役；报考军队文职人员的，按照规定享受优待。烈士子女符合公务员考录条件的，在同等条件下优先录用为公务员。

烈士遗属符合就业条件的，由当地人民政府优先提供政策支持和就业服务，促进其实现稳定就业。烈士遗属已经就业，用人单位经济性裁员时，应当优先留用。烈士遗属从事经营活动的，享受国家和当地人民政府规定的优惠政策。

第二十八条　烈士子女接受学前教育和义务教育的，应当按照国家有关规定予以优待。烈士子女报考普通高中、中等职业学校的，按照当地政策享受录取等方面的优待；报考高等学校本、专科的，按照国家有关规定予以优待；报考研究生的，在同等条件下优先录取。在公办幼儿园和公办学校就读的，按照规定享受资助政策。

第二十九条　符合当地住房保障条件的烈士遗属承租、购买保障性住房的，县级以上地方人民政府有关部门应当给予优先照顾。居住在农村的烈士遗属住房有困难的，由当地人民政府帮助解决。

第三十条　烈士遗属凭优待证，乘坐境内运行的铁路旅客列车、轮船、长途客运班车和民航班机，享受购票、安检、候乘、通行等优先服务，随同出行的家属可以一同享受优先服务。鼓励地方人民政府为烈士遗属乘坐市内公共汽车、电车、轮渡和轨道交通工具提供优待服务，具体办法由当地人民政府规定。

烈士遗属参观游览图书馆、博物馆、美术馆、科技馆、纪念馆、体育场馆等公共文化设施和公园、展览馆、名胜古迹、景区等，按照规定享受优先优惠服务，具体办法由省、自治区、直辖市人民政府规定。

第三十一条　老年、残疾或者未满 16 周岁的烈士遗属，符合规定条件的可以根据本人意愿在光荣院、优抚医院集中供养。

各类社会福利机构应当优先接收烈士遗属，公办福利机构应当为烈士遗属提供优惠服务。

第四章　烈士纪念设施的保护和管理

第三十二条　按照国家有关规定修建的烈士陵园、纪念堂馆、纪念碑亭、纪念塔祠、纪念塑像、纪念广场和烈士骨灰堂、烈士墓、烈士英名墙等烈士纪念设施，受法律保护。

第三十三条　对烈士纪念设施实行分级保护，根据纪念意义、建设规模、保护状况等分为国家级烈士纪念设施、省级烈士纪念设施、设区的市级烈士纪念设施和县级烈士纪念设施。分级的具体标准由国务院退役军人工作主管部门规定。

国家级烈士纪念设施，由国务院退役军人工作主管部门报国务院批准后公布。

地方各级烈士纪念设施，由县级以上地方人民政府退役军人工作主管部门报本级人民政府批准后公布，并报上一级人民政府退役军人工作主管部门备案。

第三十四条　县级以上地方人民政府应当加强对烈士纪念设施的规划、建设、修缮、管理、维护，并将烈士纪念设施建设、修缮纳入国民经济和社会发展有关规划、国土空间规划等规划，确定烈士纪念设施保护单位，划定烈士纪念设施保护范围，设立保护标志，为安葬和纪念烈士提供良好的场所。

烈士纪念设施保护标志式样，由国务院退役军人工作主管部门规定。

第三十五条　烈士纪念设施的保护范围，应当根据烈士纪念设施的类别、规模、保护级别以及周围环境情况等划定，在烈士纪念设施边界外保持合理安全距离，确保烈士纪念设施周边环境庄严肃穆。

国家级烈士纪念设施的保护范围，由所在地省、自治区、直辖市人民政府划定，并由其退役军人工作主管部门报国务院退役军人工作主管部门备案。

地方各级烈士纪念设施的保护范围，由批准其保护级别的人民政府划定，并由其退役军人工作主管部门报上一级人民政府退役军人工作主管部门备案。

第三十六条 县级以上人民政府有关部门应当做好烈士纪念设施的保护和管理工作，严格履行新建、迁建、改扩建烈士纪念设施审批和改陈布展、讲解词审查程序，及时办理烈士纪念设施不动产登记，实行规范管理，提升烈士纪念设施管理效能。

未经批准，不得新建、迁建、改扩建烈士纪念设施。

第三十七条 烈士纪念设施应当免费向社会开放，供公众瞻仰、悼念烈士，开展纪念教育活动。

烈士纪念设施保护单位应当健全管理工作规范，维护纪念烈士活动的秩序，提高管理和服务水平。

第三十八条 烈士纪念设施保护单位应当搜集、整理、保管、陈列烈士遗物和事迹史料。属于文物的，依照有关法律、法规的规定予以保护。

第三十九条 烈士纪念设施保护单位应当根据事业发展和实际工作需要配备研究馆员和英烈讲解员，提高展陈和讲解人员专业素养，发挥红色资源优势，拓展宣传教育功能。

第四十条 烈士纪念设施名称应当严格按照批准保护级别时确定名称规范表述。

国家级烈士纪念设施确需更名的，由省、自治区、直辖市人民政府退役军人工作主管部门提出申请，经国务院退役军人工作主管部门批准后公布，并报国务院备案。

地方各级烈士纪念设施确需更名的，由省、自治区、直辖市人民政府退役军人工作主管部门批准后公布，并报本级人民政府和国务院退役军人工作主管部门备案。

第四十一条 任何组织和个人不得侵占烈士纪念设施保护范围内的土地和设施，不得以任何方式破坏、污损烈士纪念设施。

禁止在烈士纪念设施保护范围内进行其他工程建设。在烈士纪念设施保护范围周边进行工程建设，不得破坏烈士纪念设施的历史风貌，不得影响烈士纪念设施安全或者污染其环境。

第四十二条 任何组织和个人不得在烈士纪念设施保护范围内为烈士以外的其他人修建纪念设施或者安放骨灰、埋葬遗体。

第四十三条　任何组织和个人不得在烈士纪念设施保护范围内从事与纪念烈士无关或者有损烈士形象、有损纪念烈士环境和氛围的活动。

第四十四条　烈士在烈士陵园安葬。未在烈士陵园安葬的，县级以上地方人民政府退役军人工作主管部门征得烈士遗属同意，可以迁移到烈士陵园安葬，当地没有烈士陵园的，可以予以集中安葬。安葬烈士时，县级以上地方人民政府应当举行庄严、肃穆、文明、节俭的送迎、安葬仪式。

战时，参战牺牲烈士遗体收殓安葬工作由县级以上人民政府有关部门和军队有关部门负责，具体按照国家和军队有关规定办理。

第五章　烈士遗骸和遗物的保护

第四十五条　烈士遗骸、遗物受法律保护。

烈士遗物应当妥善保护、管理。

第四十六条　国务院退役军人工作主管部门会同有关部门制定烈士遗骸搜寻、发掘、鉴定整体工作规划和年度工作计划，有序组织实施烈士遗骸搜寻、发掘、鉴定工作，县级以上地方人民政府有关部门应当协同配合。

第四十七条　县级以上人民政府退役军人工作主管部门负责组织搜寻、发掘、鉴定烈士遗骸，有关组织和个人应当支持配合。

第四十八条　任何组织和个人发现疑似烈士遗骸时，应当及时报告当地县级人民政府退役军人工作主管部门。县级以上人民政府退役军人工作主管部门应当会同党史、公安、档案、文物、规划等有关部门，利用档案史料、现场遗物和技术鉴定比对等确定遗骸身份。对确定为烈士遗骸的，应当根据遗骸的现状、地点、环境等确定保护方式。

第四十九条　县级以上人民政府退役军人工作主管部门应当妥善保护烈士遗骸，按照规定安葬或者安放；对烈士遗物登记造册，妥善保管，有效运用；按照规定管理烈士遗骸的鉴定数据信息。

第五十条　鼓励支持有条件的教学科研机构、社会组织和其他社会力量有序参与烈士遗骸搜寻、发掘、鉴定和保护工作。

第五十一条　国家通过对外交流合作，搜寻查找在国外牺牲和失踪烈士的遗骸、遗物、史料信息，加强保护工作。

第五十二条　建立政府主导、社会协同、公民参与的工作机制，利用烈士遗骸搜寻鉴定成果和技术手段为烈士确认身份、寻找亲属。具体办法由国务院退役军人工作主管部门会同有关部门规定。

第六章　烈士事迹和精神的宣传弘扬

第五十三条　加强烈士事迹和精神的宣传、教育。各级人民政府应当把宣传、弘扬烈士事迹和精神作为社会主义精神文明建设的重要内容，加强爱国主义、集体主义、社会主义教育。

机关、团体、企业事业单位和其他组织应当采取多种形式纪念烈士，学习、宣传烈士事迹和精神。

第五十四条　县级以上人民政府应当在烈士纪念日举行烈士纪念活动，邀请烈士遗属代表参加。

在清明节和重要纪念日，机关、团体、企业事业单位和其他组织根据实际情况，组织开展烈士纪念活动。

第五十五条　教育行政部门应当以青少年学生为重点，将烈士事迹和精神宣传教育纳入国民教育体系。各级各类学校应当加强烈士事迹和精神教育，定期组织学生瞻仰烈士纪念设施。提倡青少年入队入团仪式、开学教育、主题团队日活动等在烈士纪念设施举行。

文化、新闻出版、广播电视、电影、网信等部门应当鼓励和支持以烈士事迹为题材、弘扬烈士精神的优秀文学艺术作品、广播电视和网络视听节目以及出版物的创作生产和宣传推广。

广播电台、电视台、报刊出版单位和网络视听平台以及其他互联网信息服务提供者应当通过播放或者刊登烈士题材作品、发布公益广告、开设专栏等方式，广泛宣传烈士事迹和精神。

第五十六条　建立健全烈士祭扫制度和礼仪规范，倡导网络祭扫、绿色祭扫，引导公民庄严有序开展祭扫纪念活动，鼓励社会力量积极参与烈士纪念设施保护、烈士事迹讲解、烈士纪念场所秩序维护等工作。

县级以上人民政府退役军人工作主管部门应当为社会公众祭扫纪念活动提供便利，做好服务保障工作。烈士纪念设施所在地人民政府退役军人工作主管部门对前来祭扫的烈士遗属，应当做好接待服务工作。烈士遗属户籍所在地人民政府退役军人工作主管部门组织烈士遗属前往烈士纪念设施祭扫的，应当妥善安排，确保安全；对自行前往异地祭扫的烈士遗属按照规定给予补助。

第五十七条 地方人民政府应当组织收集、整理、展陈烈士遗物、史料，编纂烈士英名录，将烈士事迹载入地方志。县级以上地方人民政府退役军人工作主管部门应当会同有关部门做好烈士史料研究工作。

第七章 法律责任

第五十八条 县级以上地方人民政府和有关部门、单位及其工作人员有下列情形之一的，对负有责任的领导人员和直接责任人员依法给予处分：

（一）违反本条例规定评定、复核烈士或者审批抚恤优待的；

（二）不按照规定的标准、数额、对象审批或者发放烈士褒扬金或者抚恤金、补助的；

（三）不按照规定履行烈士纪念设施保护、管理职责的；

（四）利用职务便利谋取私利的；

（五）在烈士褒扬工作中滥用职权、玩忽职守、徇私舞弊的。

第五十九条 县级以上地方人民政府和有关部门、单位及其工作人员套取、挪用、贪污烈士褒扬和烈士遗属抚恤优待经费的，由上级主管部门责令退回、追回，对负有责任的领导人员和直接责任人员依法给予处分。

第六十条 负有烈士遗属优待义务的单位不履行优待义务的，由县级以上地方人民政府退役军人工作主管部门责令限期履行义务；逾期仍未履行的，处2万元以上5万元以下的罚款；对负有责任的领导人员和直接责任人员依法给予处分。

第六十一条 冒领烈士褒扬金、抚恤金、补助，出具虚假证明或者伪造证件、印章骗取烈士褒扬金或者抚恤金、补助的，由县级以上地方人民政府退役军人工作主管部门取消相关待遇、追缴违法所得，并由其所在单位或者有关部门依法给予处分。

第六十二条 烈士遗属因犯罪被判处有期徒刑、剥夺政治权利或者被通缉期间，中止其享受的抚恤和优待；被判处死刑、无期徒刑的，取消其抚恤优待资格。

烈士遗属有前款规定情形的，由省、自治区、直辖市人民政府退役军人工作主管部门按照国家有关规定中止或者取消其抚恤优待相关待遇，报国务院退役军人工作主管部门备案。

第六十三条　违反本条例规定，有下列行为之一的，由县级以上人民政府退役军人工作主管部门责令改正，恢复原状、原貌；造成损失的，依法承担民事责任：

（一）未经批准新建、迁建、改扩建烈士纪念设施的；

（二）非法侵占烈士纪念设施保护范围内的土地、设施的；

（三）破坏、污损烈士纪念设施的；

（四）在烈士纪念设施保护范围内进行其他工程建设的；

（五）在烈士纪念设施保护范围内为烈士以外的其他人修建纪念设施、安放骨灰、埋葬遗体的。

第六十四条　在烈士纪念设施保护范围内从事与纪念烈士无关或者有损烈士形象、有损纪念烈士环境和氛围的活动的，烈士纪念设施保护单位应当及时劝阻；不听劝阻的，由县级以上地方人民政府退役军人工作主管部门给予批评教育，责令改正。

第六十五条　擅自发掘、鉴定、处置烈士遗骸，或者利用烈士遗物损害烈士尊严和合法权益的，由县级以上地方人民政府退役军人工作主管部门责令停止相关行为。

第六十六条　违反本条例规定，构成违反治安管理行为的，依法给予治安管理处罚；构成犯罪的，依法追究刑事责任。

第八章　附　　则

第六十七条　本条例所称战时，按照国家和军队有关规定执行。

国家综合性消防救援队伍人员在执行任务中牺牲应当评定烈士的，按照国家有关规定执行。

第六十八条　烈士证书、烈士评定通知书由国务院退役军人工作主管部门印制。

第六十九条　位于国外的烈士纪念设施的保护，由国务院退役军人工作主管部门会同外交部等有关部门办理。烈士在国外安葬的，由中华人民共和国驻该国外交、领事代表机构结合驻在国实际情况组织开展祭扫活动。

第七十条　本条例自 2025 年 1 月 1 日起施行。

烈士评定工作办法

(2025年6月19日　退役军人部发〔2025〕26号)

第一章　总　　则

第一条　为公正及时开展烈士评定，规范工作标准和程序，根据《中华人民共和国英雄烈士保护法》《烈士褒扬条例》《军人抚恤优待条例》等法律法规和国家有关规定，制定本办法。

第二条　烈士评定工作坚持中国共产党的领导，遵循以事实为依据、以法律为准绳的原则。

第三条　国务院退役军人工作主管部门负责全国烈士评定工作，定期向党和国家功勋荣誉表彰工作委员会呈报烈士名单。

第四条　建立烈士评定工作会商机制，根据实际需要，及时研究解决烈士评定工作中的问题。

第二章　烈士评定的研判要点

第五条　研究牺牲情形时，一般应当就下列事项进行判断：

（一）是否为了国家和人民的利益英勇牺牲；

（二）牺牲原因是否由所执行任务、抢救保护行为等直接导致或者直接相关；

（三）牺牲情节是否突出，成为后人学习的榜样；

（四）生平表现是否良好；

（五）社会反响是否较好。

第六条　研究适用《烈士褒扬条例》第八条第一款第一项牺牲情形时，一般应当对牺牲人员是否依法依规开展工作、所执行任务是否具有较大危险性、事件是否具有较大社会危害性等进行判断。

第七条　研究适用《烈士褒扬条例》第八条第一款第二项牺牲情形时，一般应当对牺牲人员与被抢救保护对象的遇险是否有直接关系、是否存在利害关系、是否在主动实施抢救保护的过程中牺牲等进行判断。

第八条　研究适用《烈士褒扬条例》第八条第一款第三项牺牲情形时，一般应当对牺牲人员执行的任务是否为国家有关部门批准并派遣到国外的任务进行判断。

第九条　研究适用《烈士褒扬条例》第八条第一款第四项牺牲情形时，一般应当对牺牲人员执行的任务是否为国家交办或者要求参加的具有一定安全风险的国防建设相关试验任务进行判断。

第十条　研究适用《烈士褒扬条例》第八条第一款第五项牺牲情形时，一般应当对牺牲人员是否属于在保卫祖国、社会主义建设或者促进世界和平和人类进步事业中英勇牺牲，牺牲情节是否特别突出、堪为楷模，且不属于前四项牺牲情形进行判断。

第十一条　研究判断军队人员牺牲情形时，由中央军委政治工作部指导军队有关单位按照《军人抚恤优待条例》和军队有关规定等办理。

第三章　烈士评定程序

第十二条　公民牺牲属于《烈士褒扬条例》第八条第一款第一项、第二项、第五项规定情形的，县级人民政府退役军人工作主管部门负责启动烈士评定程序。

死者生前所在工作单位、死者遗属或者事件发生地的组织、公民可以向死者生前工作单位所在地、死者遗属户籍所在地或者事件发生地的县级人民政府退役军人工作主管部门提供死者牺牲情节等材料。

第十三条　死者生前所在工作单位、死者遗属或者事件发生地的县级人民政府退役军人工作主管部门之间，因确定启动烈士评定程序的主体存在争议协商不成的，应当逐级上报至共同上级退役军人工作主管部门指定。

第十四条　县级人民政府退役军人工作主管部门应当在调查核实后对牺牲情形进行研究。

符合申报烈士条件的，应当提出评定烈士的报告，报本级人民政府。

不符合申报烈士条件的，应当将调查核实及研究判断等相关材料归档保存备查。

第十五条　评定烈士的报告经县级人民政府审核通过后，报设区的市级人民政府时，县级人民政府退役军人工作主管部门应当将调查核实有关材料报设区的市级人民政府退役军人工作主管部门。

第十六条　设区的市级人民政府退役军人工作主管部门对本级人民政府转办的评定烈士的报告提出审核意见，并报本级人民政府。

设区的市级人民政府退役军人工作主管部门应当根据实际，开展必要的调查核实工作。

第十七条　评定烈士的报告经设区的市级人民政府审核通过后，报省、自治区、直辖市人民政府时，设区的市级人民政府退役军人工作主管部门应当将调查核实有关材料报省、自治区、直辖市人民政府退役军人工作主管部门。

第十八条　省、自治区、直辖市人民政府退役军人工作主管部门对本级人民政府转办的评定烈士的报告提出审核意见，并报本级人民政府。

省、自治区、直辖市人民政府退役军人工作主管部门应当根据实际，开展必要的调查核实工作。

第十九条　县级以上地方人民政府退役军人工作主管部门在开展调查核实工作时，应当查清牺牲事件的起因、经过、结果，以及牺牲人员在事件过程中的主观态度、行为表现、具体情节和社会反响等。

调查核实工作一般不超过 30 个工作日。对情况疑难复杂，需要继续调查核实或研究论证的，经本单位负责人批准，可以根据实际情况适当延长。

需要人民法院判决、司法鉴定、有关部门出具牺牲情形证明文书等情况的，不计入调查核实时限。

第二十条　属于《烈士褒扬条例》第八条第一款第一项、第二项规定情形的，由省、自治区、直辖市人民政府退役军人工作主管部门向本级人民政府提出审查评定烈士的建议。

属于《烈士褒扬条例》第八条第一款第三项、第四项规定情形的，按照《烈士褒扬条例》第九条第二款规定办理。

属于《烈士褒扬条例》第八条第一款第五项规定情形的，由省、自治区、直辖市人民政府退役军人工作主管部门向本级人民政府提出送国务院退役军人工作主管部门审查评定的建议。

第二十一条　评定烈士的报告经县级以上地方人民政府审核未通过的，本级退役军人工作主管部门做好解释说明，并将相关材料的复印件归档保存备查。

第二十二条　国家综合性消防救援队伍人员在执行消防救援任务中牺

牲，属于《烈士褒扬条例》第八条第一款第一项、第二项规定情形的，由国务院应急管理部门评定烈士。

非执行消防救援任务牺牲的，按照《烈士褒扬条例》第九条规定申报评定烈士。

第二十三条　军队人员评定烈士程序，由中央军委政治工作部指导军队有关单位按照《军人抚恤优待条例》和军队有关规定等办理。

第四章　复核程序

第二十四条　经省、自治区、直辖市人民政府依据《烈士褒扬条例》第八条第一款第一项、第二项审查评定烈士的，本级退役军人工作主管部门按月度向国务院退役军人工作主管部门报送以下烈士复核材料：

（一）省、自治区、直辖市人民政府评定烈士的决定；

（二）设区的市级人民政府、县级人民政府报上级人民政府评定烈士的审核意见；

（三）县级以上地方人民政府退役军人工作主管部门评定烈士的报告或审核意见；

（四）牺牲情形有关调查核实材料；

（五）牺牲人员死亡证明；

（六）其他相关材料。

第二十五条　国务院应急管理部门按照本办法规定评定烈士的，按月度向国务院退役军人工作主管部门提供以下烈士复核材料：

（一）应急管理部评定烈士的决定；

（二）牺牲人员所在单位提出的申报烈士材料；

（三）逐级审核的有关材料；

（四）牺牲情形有关调查核实材料；

（五）牺牲人员死亡证明；

（六）其他相关材料。

第二十六条　军队有关单位按照《军人抚恤优待条例》等有关规定评定烈士的，中央军委政治工作部按月度向国务院退役军人工作主管部门提供以下烈士复核材料：

（一）军队有关单位评定烈士的决定；

（二）牺牲人员所在单位提出的申报烈士材料；

（三）逐级审核的有关材料；

（四）牺牲情形有关调查核实材料；

（五）牺牲人员死亡证明；

（六）其他相关材料。

第二十七条 烈士复核申请应包括以下内容：

（一）烈士的基本情况，包括姓名、性别、出生日期、籍贯、牺牲日期、民族、政治面貌、参加工作时间、生前单位及职务、所获功勋荣誉表彰情况等；

（二）烈士牺牲情节，包括事件发生时间、地点、起因、经过、结果，以及烈士的主观态度、行为表现、具体情节和社会反响等；

（三）法规依据，明确评定烈士所适用的具体法规条款；

（四）评定程序，说明自启动申报至逐级审核上报评定烈士的时间和流程情况；

（五）其他有必要说明的情况。

第二十八条 国务院退役军人工作主管部门在收到烈士复核申请后，应当及时对牺牲情形、法规适用、评定程序等进行审查，并按季度书面反馈复核结果。

第二十九条 烈士评定机关是省级人民政府的，烈士评定通知书由本级退役军人工作主管部门负责发送至烈士遗属户籍所在地县级人民政府退役军人工作主管部门。需要跨省份发送烈士评定通知书的，应当抄送烈士遗属户籍所在地省级人民政府退役军人工作主管部门。

第三十条 烈士评定机关是国务院退役军人工作主管部门、国务院应急管理部门或军队有关单位的，在向烈士遗属户籍所在地县级人民政府退役军人工作主管部门发送烈士评定通知书时，应当抄送烈士遗属户籍所在地省级人民政府退役军人工作主管部门。

第三十一条 发送烈士评定通知书，按照下列顺序确定接收的县级人民政府退役军人工作主管部门：

（一）烈士父母（抚养人）的户籍地；

（二）烈士配偶的户籍地；

（三）烈士子女的户籍地，有多个子女的，为长子女户籍地；

（四）没有父母（抚养人）、配偶、子女的，为未满18周岁的兄弟姐妹和已满18周岁但无生活费来源且由烈士生前供养的兄弟姐妹的户籍地，有多个符合条件的兄弟姐妹的，为其中长者的户籍地。

没有前款规定范围的烈士遗属，但有烈士其他兄弟姐妹的，为烈士其他兄弟姐妹的户籍地，有多个符合条件的兄弟姐妹的，为其中长者的户籍地；

没有父母（抚养人）、配偶、子女、兄弟姐妹的，不制发烈士评定通知书。

第三十二条　属于本办法第三十一条第一款规定范围的烈士遗属，均已定居国（境）外、国内户口已注销的，烈士评定通知书发送至烈士生前单位所在地的县级人民政府退役军人工作主管部门；均是现役军人且无户籍的，其单位所在地视同户籍地。

第五章　附　则

第三十三条　战时牺牲人员烈士评定、复核工作应当紧贴战时保障要求，军地一体联动，实现随评快核、便捷高效。

第三十四条　《烈士褒扬条例》施行前牺牲人员的烈士评定工作，参照本办法规定的程序办理。其他政策有特别规定程序的，依照其规定。

第三十五条　同一事件存在不同职业身份牺牲人员的，有关单位应当加强沟通，同步开展调查核实、申报、评定、复核等工作。

第三十六条　烈士评定时间超过烈士牺牲时间二年以上的，应当在复核申请中作出说明。

第三十七条　国务院退役军人工作主管部门定期向各省、自治区、直辖市人民政府退役军人工作主管部门通报全国烈士评定复核结果，并抄送国务院应急管理部门、中央军委政治工作部。

第三十八条　收到烈士评定通知书的县级人民政府退役军人工作主管部门负责将烈士、烈士遗属、烈士安葬地等信息录入褒扬纪念信息管理系统。

第三十九条　烈士评定、复核工作应严格依规依纪依法，自觉接受监督。

第四十条　本办法自印发之日起施行。

附件：1. 烈士评定通知书（略）

　　　2.《烈士评定通知书》填写说明（略）

烈士公祭办法

(2014年3月31日民政部令第52号公布　2023年3月31日退役军人事务部令第9号修订　自2023年5月1日起施行)

第一条　为了缅怀纪念烈士，传承和弘扬烈士精神，做好烈士公祭工作，根据有关法律法规和国家有关规定，制定本办法。

第二条　烈士公祭是国家缅怀纪念为争取民族独立和人民解放、实现国家富强和人民幸福、促进世界和平和人类进步而毕生奋斗、英勇牺牲的烈士的活动。

第三条　在清明节、国庆节或者烈士纪念日等重大庆典日、重要纪念日，县级以上地方人民政府在本行政区域内举行的烈士公祭活动，适用本办法。

烈士公祭活动应当庄严、肃穆、隆重、节俭。

第四条　举行烈士公祭活动，由县级以上地方人民政府退役军人工作主管部门提出建议和方案，报请同级人民政府组织实施。

第五条　烈士公祭活动应当在烈士纪念场所举行。

上级地方人民政府与下级地方人民政府在同一烈士纪念场所举行烈士公祭活动，应当合并进行。

第六条　烈士公祭活动方案应当包括以下内容：

（一）烈士公祭活动时间、地点；

（二）参加烈士公祭活动人员及其现场站位和着装要求；

（三）烈士公祭仪式仪程；

（四）烈士公祭活动的组织协调、宣传报道、交通和安全警卫、医疗保障、经费保障、礼兵仪仗、天气预报、现场布置和物品器材准备等事项的分工负责单位及负责人。

第七条　烈士公祭活动应当安排党、政、军和人民团体负责人参加，组织烈士遗属代表、老战士和退役军人代表、学校师生代表、各界干部群众代表、军队人员代表等参加。

第八条 参加烈士公祭活动人员着装应当庄重得体，可以按照规定穿着制式服装，佩戴获得的荣誉勋章、奖章、纪念章等。

第九条 烈士公祭活动现场应当标明肃穆区域，设置肃穆提醒标志。在肃穆区域内，应当言行庄重，不得喧哗。

第十条 烈士公祭仪式由组织活动的地方人民政府或者其退役军人工作主管部门的负责人主持。

烈士公祭仪式不设主席台，参加烈士公祭仪式人员应当面向烈士纪念碑（塔）等设施肃立。

第十一条 烈士公祭仪式一般应当按照下列程序进行：

（一）礼兵就位；

（二）主持人向烈士纪念碑（塔）等设施行鞠躬礼，宣布烈士公祭仪式开始；

（三）奏唱《中华人民共和国国歌》；

（四）宣读祭文；

（五）少先队员献唱《我们是共产主义接班人》；

（六）向烈士敬献花篮或者花圈，奏《献花曲》；

（七）整理绶带或者挽联；

（八）向烈士行三鞠躬礼；

（九）瞻仰烈士纪念碑（塔）等设施。

向烈士行三鞠躬礼后可以邀请参加活动的代表发言。

第十二条 在国庆节或者烈士纪念日等重大庆典日、重要纪念日进行烈士公祭的，可以采取向烈士纪念碑（塔）等设施敬献花篮的仪式，按照下列程序进行：

（一）礼兵就位；

（二）主持人向烈士纪念碑（塔）等设施行鞠躬礼，宣布敬献花篮仪式开始；

（三）奏唱《中华人民共和国国歌》；

（四）全体人员向烈士默哀；

（五）少先队员献唱《我们是共产主义接班人》；

（六）向烈士敬献花篮，奏《献花曲》；

（七）整理绶带；

（八）瞻仰烈士纪念碑（塔）等设施。

第十三条 烈士公祭仪式中的礼兵仪仗、花篮花圈护送由组织活动的地方人民政府协调当地驻军有关部门负责安排解放军或者武警部队官兵担任。

烈士公祭仪式可以安排军乐队或者其他乐队演奏乐曲，也可以播放音乐。

第十四条 烈士公祭活动的花篮或者花圈由党、政、军、人民团体及各界群众等敬献。

花篮的缎带或者花圈的挽联为红底黄字，上联书写烈士永垂不朽，下联书写敬献单位或个人。

整理缎带或者挽联按照先整理上联、后整理下联的顺序，双手整理。

默哀时应当脱帽，时间一般不少于一分钟。

瞻仰烈士纪念设施时一般按照顺时针方向绕行一周，活动人数较多的，也可以分别按顺时针或者逆时针方向绕行半周。

第十五条 县级以上地方人民政府在组织烈士公祭活动时，可以根据实际情况，引导公民通过观看烈士公祭活动直播、瞻仰烈士纪念设施、集体宣誓等，铭记烈士事迹，传承和弘扬烈士精神。

各级各类学校应当组织学生以适当方式参加烈士公祭，加强爱国主义、集体主义、社会主义教育。

第十六条 烈士纪念设施保护单位应当结合烈士公祭活动，采取多种形式广泛宣讲烈士英雄事迹和相关重大历史事件，配合有关单位开展爱国主义、集体主义、社会主义教育和其他主题教育活动。

第十七条 烈士纪念设施保护单位应当创新工作方式方法，健全服务和管理工作规范，保持烈士纪念场所庄严、肃穆、清净的环境和气氛，做好服务接待工作；可以按照庄严、有序、便捷的原则组织开展网上祭奠活动，方便广大人民群众瞻仰、悼念烈士。

第十八条 单位、个人在烈士纪念设施保护范围内组织开展缅怀纪念活动，应当文明有序，遵守有关祭扫礼仪规范，并接受烈士纪念设施保护单位管理。

单位组织开展集体缅怀纪念活动，可以参照本办法第十一条规定程序进行，也可以根据实际情况简化程序。

第十九条　对影响烈士公祭活动的，或者在烈士纪念设施保护范围内从事有损纪念烈士环境和气氛的活动的，烈士纪念设施保护单位应当及时劝阻；不听劝阻的，由县级以上地方人民政府退役军人工作主管部门按照职责规定给予批评教育，责令改正。

第二十条　任何单位和个人不得利用烈士公祭从事商业活动。

第二十一条　违反本办法规定，构成违反治安管理行为的，依法给予治安管理处罚；构成犯罪的，依法追究刑事责任。

第二十二条　对安葬在国外的烈士，驻外使领馆应当结合驻在国实际情况，参照本办法规定组织开展烈士公祭等祭扫纪念活动。

第二十三条　本办法自2023年5月1日起施行。

烈士安葬办法

（2022年11月30日退役军人事务部令第8号公布　自2023年2月1日起施行）

第一条　为了褒扬和尊崇烈士，做好烈士安葬工作，根据《中华人民共和国英雄烈士保护法》、《烈士褒扬条例》等法律法规，制定本办法。

第二条　烈士应当在烈士陵园或者烈士集中安葬墓区安葬。

烈士陵园、烈士集中安葬墓区是国家建立的专门安葬、纪念、宣传烈士的重要场所，受法律保护。

第三条　确定烈士安葬地和安排烈士安葬活动，应当征求烈士遗属意见。

烈士可以在牺牲地、生前户籍所在地、遗属户籍所在地或者生前工作单位所在地安葬。烈士安葬地确定后，就近在安葬地的烈士陵园或者烈士集中安葬墓区安葬烈士。

第四条　烈士骨灰盒或者灵柩应当覆盖中华人民共和国国旗。需要覆盖中国共产党党旗或者中国人民解放军军旗的，按照有关规定执行。

国旗、党旗、军旗不能同时覆盖，不得随遗体火化或者随骨灰盒、灵柩掩埋，安葬后由安葬地烈士纪念设施保护单位保存，也可以赠送给烈士遗属留作纪念。

第五条 运送烈士骨灰或者遗体（骸），由烈士牺牲地、烈士安葬地县级以上地方人民政府共同安排，并举行送迎仪式。

送迎工作方案由烈士牺牲地、烈士安葬地县级以上地方人民政府退役军人工作主管部门商相关部门制定并报同级人民政府批准后实施。

送迎仪式一般按下列程序进行：

（一）仪式开始；

（二）整理烈士灵柩（骨灰盒）并覆盖国旗（或者党旗、军旗）；

（三）奏国歌；

（四）向烈士默哀；

（五）起灵；

（六）仪式结束。

烈士生前为现役军人的，烈士骨灰或者遗体（骸）运送任务可由烈士牺牲地县级以上地方人民政府会同军队有关单位承担。

第六条 烈士安葬地县级以上地方人民政府应当举行庄严、肃穆、文明、节俭的烈士安葬仪式。

烈士安葬仪式应当邀请当地党委、政府和有关部门负责同志，烈士遗属代表、烈士生前所在单位代表，机关、团体、学校、企业事业单位、社会组织、军队等有关单位代表和退役军人代表参加。

烈士安葬仪式可以邀请解放军、武警部队官兵或者人民警察承担礼兵仪仗、花篮护送等任务；可以邀请军乐队或者其他乐队演奏乐曲，也可以播放音乐。

第七条 烈士安葬仪式一般按下列程序进行：

（一）仪式开始；

（二）礼迎烈士；

（三）奏国歌；

（四）宣读烈士评定文件、烈士生平事迹并致悼词或者祭文；

（五）向烈士默哀；

（六）安葬烈士骨灰或者遗体（骸）；

（七）向烈士敬献花篮（花圈）；

（八）仪式结束。

第八条 安葬烈士的方式包括：

（一）将烈士骨灰安葬于烈士墓区或者烈士骨灰堂；

（二）将烈士遗体（骸）安葬于烈士墓区；

（三）其他安葬方式。

安葬烈士应当遵守国家殡葬管理有关规定，尊重少数民族的丧葬习俗，倡导绿色、节地、生态安葬方式。

第九条 烈士墓穴、骨灰安放格位，由烈士纪念设施保护单位按照规定确定。

第十条 安葬烈士骨灰的墓穴面积一般不超过1平方米。允许土葬的地区，安葬烈士遗体（骸）的墓穴面积一般不超过4平方米。

第十一条 烈士墓碑碑文或者骨灰盒标识牌文字应当经烈士安葬地县级以上地方人民政府退役军人工作主管部门审定，内容应当包括烈士姓名、性别、民族、籍贯、出生年月、牺牲时间、单位、职务、简要事迹等基本信息，落款一般为安葬地县级以上地方人民政府。

第十二条 烈士墓区应当规划科学、布局合理，环境整洁、肃穆。烈士墓和烈士骨灰存放设施应当形制统一、用料优良，确保施工建设质量。

第十三条 烈士陵园、烈士集中安葬墓区的保护单位应当向烈士遗属发放烈士安葬证明书，载明烈士姓名、安葬时间和安葬地点等。没有烈士遗属的，应当将烈士安葬情况向烈士生前户籍所在地县级人民政府退役军人工作主管部门备案。

烈士生前有工作单位的，应当将安葬情况向烈士生前所在单位通报。

第十四条 烈士在烈士陵园或者烈士集中安葬墓区安葬后，原则上不迁葬。

对未在烈士陵园或者烈士集中安葬墓区安葬的零散烈士墓，县级以上地方人民政府退役军人工作主管部门应当根据实际情况并征得烈士遗属同意，就近迁入烈士陵园或者烈士集中安葬墓区。

第十五条 在生产生活或者相关工作中发现、发掘的疑似烈士遗骸，按照有关规定，经鉴定确认为烈士遗骸的，应当就近在烈士陵园或者烈士集中安葬墓区及时妥善安葬；已确认身份的，应当及时通知其亲属并邀请出席安葬仪式。

第十六条 烈士牺牲后无法搜寻到遗体（骸）、无法查找到安葬地或者安葬地在境外的，可在烈士牺牲地、生前户籍所在地或者遗属户籍所在地烈士陵园、烈士集中安葬墓区英名墙，纪念相关战役（战争）烈士陵园英名墙等设施镌刻烈士姓名予以纪念，但不得在烈士陵园或者烈士集中安葬墓区建造衣冠冢或者空墓。

第十七条　烈士陵园、烈士集中安葬墓区的保护单位应当建立烈士安葬信息档案，及时收集、整理、陈列有纪念意义的烈士遗物、事迹资料，烈士遗属、有关单位和个人应当予以配合。

第十八条　在烈士纪念日等重要纪念日和节日时，机关、团体、学校、企业事业单位和军队有关单位应当组织开展烈士纪念活动，祭奠缅怀烈士，弘扬英烈精神。

烈士陵园、烈士集中安葬墓区的保护单位及所在地人民政府退役军人工作主管部门对前来祭扫的烈士遗属和社会群众，应当做好接待服务工作。

第十九条　鼓励和支持社会殡仪专业服务机构等社会力量为烈士安葬提供专业化、规范化服务。

第二十条　战时牺牲人员遗体收殓安葬、在境外搜寻发掘的烈士遗骸归国安葬按照有关规定执行。

第二十一条　本办法自2023年2月1日起施行。

烈士纪念设施保护管理办法

（2013年6月27日民政部令第47号公布　2022年1月24日退役军人事务部令第6号修订　自2022年3月1日起施行）

第一章　总　　则

第一条　为加强烈士纪念设施保护管理，传承弘扬英烈精神和爱国主义精神，更好发挥烈士纪念设施褒扬英烈、教育后人的红色资源作用，根据《中华人民共和国英雄烈士保护法》、《烈士褒扬条例》和国家有关规定，制定本办法。

第二条　本办法所称烈士纪念设施，是指在中华人民共和国境内按照国家有关规定为纪念缅怀英烈专门修建的烈士陵园、烈士墓、烈士骨灰堂、烈士英名墙、纪念堂馆、纪念碑亭、纪念塔祠、纪念塑像、纪念广场等设施。

第三条　烈士纪念设施应当按照基础设施完备、保护状况优良、机构制度健全、服务管理规范、功能发挥显著的要求，加强保护管理工作。

第四条　国务院退役军人工作主管部门负责指导全国烈士纪念设施的保护管理工作。县级以上地方人民政府退役军人工作主管部门负责本行政区域烈士纪念设施的保护管理工作。

第五条　烈士纪念设施应当由县级以上人民政府退役军人工作主管部门报请同级人民政府确定保护单位，具体负责烈士纪念设施保护管理工作，加强工作力量，明确管理责任。不能确定保护单位的，应当由县级以上人民政府退役军人工作主管部门报请同级人民政府明确管理单位进行保护管理。

第六条　县级以上人民政府退役军人工作主管部门会同财政、发展改革等部门安排烈士纪念设施保护管理和维修改造经费，用于烈士纪念设施维修改造、设备更新、环境整治、展陈宣传和祭扫纪念活动等工作，接受财政、审计部门和社会监督。

第二章　分级保护

第七条　国家对烈士纪念设施实行分级保护，根据其纪念意义、建设规模、保护状况等可分别确定为：

（一）国家级烈士纪念设施；

（二）省级烈士纪念设施；

（三）设区的市级烈士纪念设施；

（四）县级烈士纪念设施。

未确定保护级别的烈士纪念设施由所在地县级人民政府退役军人工作主管部门进行保护管理或者委托有关单位、组织或者个人进行保护管理。对于零散烈士墓应当集中迁移保护，确不具备集中保护条件的，应当明确保护力量和管理责任。

第八条　符合下列基本条件之一的烈士纪念设施，可以申报国家级烈士纪念设施：

（一）为纪念在中国革命、建设、改革等各个历史时期的重大事件、重要战役和主要革命根据地斗争中牺牲的烈士而修建的烈士纪念设施；

（二）为纪念在全国有重要影响的著名烈士而修建的烈士纪念设施；

（三）位于革命老区、民族地区的规模较大的烈士纪念设施；

（四）为纪念为中国革命斗争牺牲的知名国际友人而修建的纪念设施；

（五）规模较大、基础设施完备、规划建设特色明显，具有全国性知名度或较强区域影响力的其他烈士纪念设施。

地方各级烈士纪念设施的申报条件，由同级人民政府退役军人工作主管部门制定，报上一级人民政府退役军人工作主管部门备案。

第九条 申报国家级烈士纪念设施，由省级人民政府退役军人工作主管部门提出申请，经国务院退役军人工作主管部门审核，报国务院批准后公布。

申报地方各级烈士纪念设施，由拟核定其保护级别的县级以上人民政府退役军人工作主管部门向本级人民政府提出申请，经本级人民政府批准后公布，并在公布后二十个工作日内报上一级人民政府退役军人工作主管部门备案。

第十条 申报烈士纪念设施保护级别，应提供以下材料：

（一）烈士纪念设施基本情况；

（二）烈士纪念设施保护单位或者管理单位情况；

（三）烈士纪念设施建设批准相关材料；

（四）烈士纪念设施建设规划平面图；

（五）土地使用权属（不动产权属）和保护范围证明；

（六）主要纪念设施的现状照片；

（七）需要提供的其他资料。

第十一条 烈士纪念设施应当设立保护标志，由公布其保护级别的县级以上人民政府退役军人工作主管部门负责设立。

烈士纪念设施保护标志式样，由国务院退役军人工作主管部门统一制定。

第三章 规划建设

第十二条 烈士纪念设施应当纳入当地国民经济和社会发展规划等相关规划，发挥好爱国主义教育基地、国防教育基地作用。

第十三条 烈士纪念设施保护单位和管理单位应当向所在地不动产登

记机构申请办理不动产登记，确认烈士纪念设施不动产权属。

第十四条 烈士纪念设施保护或管理单位的上级主管部门应当根据烈士纪念设施的类别、规模、保护级别以及周边环境等情况，提出划定烈士纪念设施保护范围的方案，报同级人民政府批准后公布，并报上一级人民政府退役军人工作主管部门备案。

第十五条 新建、迁建、改扩建烈士纪念设施应当从严控制，未经批准不得建设。对于反映同一历史人物、同一历史事件，已建烈士纪念设施的，原则上不得重复建设。

涉及重大革命历史题材、已故领导同志、已故著名党史人物、已故著名党外人士、已故近代名人的烈士纪念设施的新建、迁建、改扩建，应当按规定逐级上报，经党中央、国务院批准后实施。

不涉及以上内容的，应当由所在地县级以上人民政府退役军人工作主管部门提出申请，经核定其保护级别的县级以上人民政府退役军人工作主管部门审核并报同级人民政府批准后实施。

第十六条 新建、迁建、改扩建烈士纪念设施应当提出书面申请，申请材料包括项目名称、建设理由、建设内容、展陈内容、占地面积、建筑面积、用地性质、投资估算、资金来源等内容，并依法依规办理相关审批手续。新建烈士纪念设施的，应当同时提交申报保护级别文件。

第十七条 烈士纪念设施名称应当严格按照核定保护级别时确定名称规范表述。

地方各级烈士纪念设施确需更名的，应由省级人民政府退役军人工作主管部门批准后公布，并报同级人民政府和国务院退役军人工作主管部门备案。

国家级烈士纪念设施确需更名的，由省级人民政府退役军人工作主管部门提出申请，经国务院退役军人工作主管部门批准后公布，并报国务院备案。

第四章 维护利用

第十八条 烈士纪念设施保护单位和管理单位应当保证设施设备外观完整、题词碑文字迹清晰，保持庄严、肃穆、清净的环境和氛围，为社会公众提供良好的瞻仰和教育场所。

第十九条 烈士纪念设施应当免费向社会开放。

第二十条 烈士纪念设施保护单位和管理单位应当按照国家有关规定，加强对烈士纪念设施中文物和历史建筑物的保护管理。

对属于不可移动文物的烈士纪念设施，依据文物保护法律法规划定保护范围和建设控制地带，并按照文物保护标准做好相关防护措施；对可移动文物，应当设立专门库房，分级建档，妥善保管。

第二十一条 烈士纪念设施保护单位和管理单位应当开展英烈史料的收集整理、事迹编纂和陈列展示工作，挖掘研究英烈事迹和精神。

第二十二条 烈士纪念设施保护单位和管理单位应当及时更新优化展陈，在保持基本陈列相对稳定的前提下，及时补充完善体现时代精神和新史料新成果的展陈内容，经审批可每 5 年进行一次局部改陈布展，每 10 年进行一次全面改陈布展。

地方各级烈士纪念设施改陈布展，由县级以上人民政府退役军人工作主管部门提出申请，基本陈列改陈布展大纲和版式稿经核定其保护级别的县级以上人民政府退役军人工作主管部门商有关部门审定。

国家级烈士纪念设施改陈布展，由省级人民政府退役军人工作主管部门报国务院退役军人工作主管部门审定。

第二十三条 县级以上人民政府退役军人工作主管部门应当会同相关部门建立解说词研究审查制度，切实把好政治关、史实关，增强讲解的准确性、完整性和权威性。

第二十四条 烈士纪念设施保护单位和管理单位应当协助配合机关、团体、乡村、社区、学校、企事业单位和军队有关单位开展烈士纪念日公祭活动和其他纪念活动，维护活动秩序，提高服务水平。

第二十五条 烈士纪念设施保护单位和管理单位应当为烈士亲属和社会公众日常祭扫和瞻仰活动提供便利，创新服务方式，做好保障工作，推行文明绿色生态祭扫。

烈士纪念设施保护单位和管理单位应当配合接待异地祭扫的县级以上人民政府退役军人工作主管部门妥善安排祭扫活动，按照国家有关规定为自行前往异地祭扫的烈士亲属提供服务保障。

第二十六条 县级以上人民政府退役军人工作主管部门应当指导烈士纪念设施保护单位和管理单位充分发挥红色资源优势，拓展宣传教育功能，扩大社会影响力。

烈士纪念设施保护单位和管理单位应当加强网络宣传教育,通过开设网站和利用新媒体平台,为社会公众提供网上祭扫和学习教育平台,宣传英烈事迹,弘扬英烈精神。

第五章　组织管理

第二十七条　烈士纪念设施保护单位和管理单位应当健全服务和管理工作规范,完善内部规章制度,提高管理和服务水平。

第二十八条　县级以上人民政府退役军人工作主管部门应当加强对烈士纪念设施保护管理工作的监督考核。

省级人民政府退役军人工作主管部门应当会同有关部门每4年对本地区烈士纪念设施进行一次排查,建立排查档案。对保护不力、管理不善、作用发挥不充分的烈士纪念设施保护单位或管理单位进行通报批评,限期整改;情节严重的,依法依规追究责任。

第二十九条　烈士纪念设施保护单位和管理单位应当根据事业发展和实际工作需要科学合理设置岗位,明确岗位职责,定期组织业务培训和学习交流。

烈士纪念设施保护单位应当配备研究馆员和英烈讲解员,并注重提高其专业素养,也可采取利用志愿者力量、购买服务等方式组织具有相关专业知识的人员和机构提供研究和讲解服务。

第三十条　鼓励支持自然人、法人和非法人组织以捐赠财产等方式,参与烈士纪念设施保护管理工作。自然人、法人和非法人组织捐赠财产用于烈士纪念设施保护管理活动的,依法享受税收优惠。

县级以上人民政府退役军人工作主管部门应当会同文物部门指导烈士纪念设施保护单位和管理单位妥善保管捐赠的革命文物、烈士遗物等物品,建立健全捐赠档案,对捐赠的单位和个人按照国家有关规定给予精神鼓励或者物质奖励。

第三十一条　县级以上人民政府退役军人工作主管部门可通过政府购买服务等方式加强烈士纪念设施保护管理工作力量。

烈士纪念设施保护单位和管理单位可以设立志愿服务站点,招募志愿者开展志愿服务,鼓励退役军人、烈士亲属、机关干部、专家学者和青年学生到烈士纪念设施担任义务讲解员、红色宣讲员、文明引导员,参与设施保护、讲解宣讲和秩序维护等工作。

第六章 责任追究

第三十二条 烈士纪念设施保护范围内的土地和设施受法律保护,任何组织和个人不得在烈士纪念设施保护范围内从事与纪念英烈无关或者有损纪念英烈环境和氛围的活动,不得侵占烈士纪念设施保护范围内的土地和设施,不得破坏、污损烈士纪念设施。

第三十三条 在烈士纪念设施保护范围内从事有损纪念英烈环境和氛围活动的,烈士纪念设施保护单位和管理单位应当及时劝阻;不听劝阻的,由县级以上人民政府退役军人工作主管部门会同有关部门按照职责规定给予批评教育,责令改正。

第三十四条 非法侵占烈士纪念设施保护范围内的土地、设施,破坏、污损烈士纪念设施,或者在烈士纪念设施保护范围内为不符合安葬条件的人员修建纪念设施、安葬或安放骨灰或者遗体的,由所在地县级以上人民政府退役军人工作主管部门责令改正,恢复原状、原貌;造成损失的,依法承担民事责任。

第三十五条 烈士纪念设施保护单位和管理单位及其主管部门工作人员有下列行为之一的,由上级人民政府退役军人工作主管部门对其直接负责的责任人和其他主管人员进行批评教育,责令改正;情节严重的,依法依规追究责任:

(一)滥用职权、玩忽职守、徇私舞弊,造成烈士纪念设施、史料遗物遭受损失的;

(二)贪污、挪用烈士纪念设施保护管理经费的;

(三)未经批准擅自新建、迁建、改扩建烈士纪念设施的;

(四)其他违反相关法律法规行为的。

第三十六条 违反本办法规定,构成违反治安管理行为的,依法给予治安管理处罚;构成犯罪的,依法追究刑事责任。

第七章 附则

第三十七条 本办法自2022年3月1日起施行。

境外烈士纪念设施保护管理办法

（2020年2月1日退役军人事务部、外交部、财政部、中央军委政治工作部令第2号公布　自2020年4月1日起施行）

第一条　为了传承和弘扬烈士精神，加强境外烈士纪念设施保护管理，彰显我国良好国家形象，根据《中华人民共和国英雄烈士保护法》、《烈士褒扬条例》和国家有关规定，制定本办法。

第二条　本办法所称境外烈士纪念设施，是指在中华人民共和国境外为纪念中国烈士修建的烈士陵园、纪念堂馆、纪念碑亭、纪念塔祠、纪念塑像、烈士骨灰堂、烈士墓等设施。

第三条　境外烈士纪念设施保护管理领导小组统筹协调境外烈士纪念设施保护管理工作。

境外烈士纪念设施保护管理领导小组由退役军人事务部会同外交部、财政部、中央军委政治工作部等部门组成。退役军人事务部负责领导小组日常事务，驻外使领馆协助处理有关具体工作。

第四条　境外烈士纪念设施保护管理应当尊重历史、结合现实，根据纪念设施现状、所在国情况以及双边关系，经与所在国政府有关部门协商，通过签署双边合作协议等方式，明确保护管理具体事项。

第五条　境外烈士纪念设施保护管理工作包括下列事项：

（一）调查核实烈士纪念设施，查找、收集烈士遗骸、遗物；

（二）修缮保护、新建迁建烈士纪念设施；

（三）负责烈士纪念设施日常维护管理；

（四）搜集、整理、编纂、陈列、展示、保管烈士事迹和遗物史料；

（五）组织开展烈士祭扫和宣传纪念活动；

（六）其他相关事项。

第六条　境外烈士纪念设施保护管理工作所需经费，由中央财政安排，列入部门预算。

第七条　境外烈士纪念设施保护管理领导小组应当掌握境外烈士纪念

设施基本情况并建立档案。

退役军人事务部、烈士生前所在工作单位或其主管部门应当根据历史线索和资料，调查核实境外烈士纪念设施，搜寻查找烈士遗骸，驻外使领馆提供协助。

第八条 境外烈士纪念设施一般就地修缮保护。对于散落在境外的烈士墓，可以依托当地现有境外烈士纪念设施集中保护管理。

第九条 具有重大历史意义、确需新建境外烈士纪念设施的，以及因修缮保护需要或者因所在国建设规划等原因确需迁建境外烈士纪念设施的，应当按照有关规定经批准后实施。

第十条 境外烈士纪念设施保护管理领导小组应当与所在国政府有关部门协商划定境外烈士纪念设施保护范围，明确不得侵占保护范围内的土地和设施，不得单方面拆除、变更、迁移纪念设施，在保护范围内不得从事与纪念烈士无关的活动。

第十一条 境外烈士纪念设施保护管理领导小组与所在国政府有关部门协商确定境外烈士纪念设施管理方式，驻外使领馆可以根据纪念设施现状、所在国情况提出建议。

确定由所在国政府负责管理的，境外烈士纪念设施保护管理领导小组应当协调所在国政府有关部门指定专门机构进行管理。

确定由我国政府负责管理的，由境外烈士纪念设施保护管理领导小组或授权驻外使领馆通过签署委托协议的方式，委托中资企业（机构）、所在国华侨华人友好社团等进行管理，也可以委托所在国华侨华人进行管理。

第十二条 各有关部门和单位应当开展烈士史料收集整理、事迹编纂和陈列展示工作，宣传烈士英雄事迹，褒扬英烈风范，加深我国同所在国的友谊。

烈士史料等属于文物的，依照有关法律法规的规定予以保护。

第十三条 在烈士纪念日、清明节或者其他重要纪念日期间，驻外使领馆应当结合所在国情况组织烈士公祭活动。

烈士公祭活动可以根据实际情况邀请所在国政府、中资企业（机构）、华侨华人和社会各界代表参加。

第十四条 驻外使领馆可以结合实际，为赴所在国祭扫的烈士家属提供协助，引导赴所在国参观访问的我国代表团、旅游者及旅居所在国我国侨民、留学生前往境外烈士纪念设施瞻仰祭扫。

烈士纪念活动应当庄严、肃穆，符合我国祭扫习惯和境外烈士纪念设施所在国习俗。

第十五条 驻外使领馆应当敦促境外烈士纪念设施管理机构或者人员对在境外烈士纪念设施举行的各项祭扫纪念活动进行登记。

第十六条 驻外使领馆应当敦促境外烈士纪念设施管理机构或者人员做好纪念设施保护范围内的设施维护、安全保卫、绿化美化、环境卫生等工作。

第十七条 侵占境外烈士纪念设施保护范围内土地、设施，破坏、污损境外烈士纪念设施，在保护范围内从事与纪念活动无关的活动的，驻外使领馆应当敦促境外烈士纪念设施管理机构或者人员及时制止。情节严重、造成损害后果的，驻外使领馆应当通过外交途径向所在国政府提出交涉，敦促其严肃处理；涉及已返回境内中国公民的，驻外使领馆应当敦促所在国相关部门将相关材料移交境外烈士纪念设施保护管理领导小组，由有关部门依法处理。

第十八条 我国在境外的其他因公牺牲人员纪念设施保护管理工作，参照本办法执行。

第十九条 香港特别行政区、澳门特别行政区和台湾地区烈士纪念设施的保护管理，参照国家有关规定执行。

第二十条 本办法自2020年4月1日起施行。

《烈士光荣证》管理工作暂行规定

（2021年11月10日　退役军人部发〔2021〕66号）

第一章　总　　则

第一条 为规范《烈士光荣证》管理，维护烈士称号荣誉性、严肃性，在全社会广泛营造尊崇英烈、关爱烈属的浓厚氛围，根据《中华人民共和国英雄烈士保护法》、《烈士褒扬条例》等制定本规定。

第二条 本规定所称《烈士光荣证》，是党和国家向烈士遗属颁授的烈士光荣纪念证书，是纪念缅怀烈士、彰显烈士崇高荣誉、传承弘扬英烈精神的荣誉载体和象征。

《烈士光荣证》不作为享受相关待遇的凭证。

第三条 退役军人事务部建立《烈士光荣证》制作和发送等烈士证书管理档案；地方各级人民政府退役军人事务部门应当建立《烈士光荣证》发放、补发和持证烈士遗属信息登记、变更等烈士证书管理档案。

烈士证书管理档案是烈士档案的一部分，保管期限为永久。

第四条 《烈士光荣证》管理工作坚持统一领导、分级实施，依法管理、以人为本，体现尊崇、彰显荣誉的原则。

第二章 制 作

第五条 公民在保卫祖国和社会主义建设事业中牺牲，在2018年5月1日后评定为烈士并完成备案的，制作发放《烈士光荣证》。

第六条 退役军人事务部负责印制《烈士光荣证》，并发送给持证烈士遗属户籍所在地省级人民政府退役军人事务部门。

第七条 《烈士光荣证》为横版设计，证芯图案由红旗、国徽、金色花环边框、两侧华表组成，信息内容由文头、正文、落款、证书编号组成。

《烈士光荣证》有存放版和悬挂版两种版式，存放版配装镶嵌国徽的封面外夹，悬挂版配装红木色边框。

第八条 《烈士光荣证》登记内容包括烈士姓名、牺牲时间、牺牲原因和证书编号、制发日期。

烈士姓名以烈士生前身份证件登记姓名为准；没有身份证件的，以历史档案资料记载姓名为准。

烈士牺牲时间以死亡证明或人民法院宣告死亡确定的日期为准；没有上述时间的，以历史档案资料记载的牺牲时间为准。

烈士牺牲原因按照《烈士褒扬条例》、《军人抚恤优待条例》等规定的牺牲情形填写；2011年8月1日前牺牲的，按当时相关政策规定的牺牲情形填写。

证书编号由汉字和10位数字组成。编制标准为前冠汉字"国烈"，第1至4位数字为烈士备案完成年份号，第5至10位为顺序码，以评定时间为序，评定时间相同的按姓氏笔画排序。

制发日期使用阿拉伯数字，填写烈士证书实际制作日期。

第三章 颁 授

第九条 《烈士光荣证》由持证烈士遗属户籍所在地县级以上人民政府在每年9月30日烈士纪念日举行仪式颁授。

《烈士光荣证》颁授仪式一般公开举行，组织颁授仪式的县级以上人民政府退役军人事务部门制定工作方案，报请同级人民政府批准后实施；对不宜公开的烈士，颁授仪式可以单独组织，具体方式由组织颁授仪式的县级以上人民政府退役军人事务部门会同烈士生前所在单位和烈士遗属协商确定。

第十条 《烈士光荣证》由烈士遗属协商确定一名遗属持有，并书面告知持证烈士遗属户籍所在地县级人民政府退役军人事务部门；持证烈士遗属为现役军人且无户籍的，书面告知其经常居住地县级人民政府退役军人事务部门。

协商确定持证烈士遗属按照下列顺序：第一顺序为烈士的父母（抚养人）、配偶、子女；第二顺序为烈士的兄弟姐妹。协商不通的，按照下列顺序确定一名持证烈士遗属：（一）父母（抚养人）；（二）配偶；（三）子女，有多个子女的发给长子女；（四）兄弟姐妹，有多个兄弟姐妹的发给其中的年长者。无上述亲属的，《烈士光荣证》由烈士评定机关存档管理。

第十一条 《烈士光荣证》一般由持证烈士遗属本人领取；持证烈士遗属本人领取有困难的，也可由组织颁授仪式的退役军人事务部门根据持证烈士遗属意愿另行确定参加颁授仪式的领取代表。

持证烈士遗属经常居住地与户籍所在地不一致的，可以在8月31日前向户籍所在地县级人民政府退役军人事务部门申请在经常居住地参加颁授仪式。收到申请的县级人民政府退役军人事务部门应当与其经常居住地县级人民政府退役军人事务部门协调，在收到申请后10日内通知本人办理意见。

第十二条 颁授仪式工作方案应明确具体时间、地点、参加人员、着装要求、颁授程序和仪式的主持人、宣读人、颁授人等内容。

第十三条 颁授仪式应当在具备条件的广场、会场或者烈士纪念设施举行，可以与烈士纪念日公祭活动统筹组织。

第十四条 颁授仪式应当庄严、肃穆、隆重、节俭，现场显著位置悬挂或摆放仪式标识，摆放鲜花或花篮。

参加颁授仪式的人员应当着装得体，言行庄重。

第十五条 颁授仪式一般由组织仪式的县级以上人民政府退役军人事务部门负责人主持，县级以上人民政府负责人颁授《烈士光荣证》。

第十六条 举行颁授仪式时应当邀请烈士遗属代表、烈士生前所在单位干部职工代表、学校师生代表、退役军人代表、公安民警代表、国家综合性消防救援队伍指战员代表和社会各界群众代表参加，有条件的可以邀请解放军或武警部队官兵代表参加。

第十七条 《烈士光荣证》颁授仪式一般按照以下程序进行：

（一）礼兵就位；

（二）礼迎烈士遗属；

（三）宣布仪式开始，奏唱《中华人民共和国国歌》；

（四）宣读烈士评定决定；

（五）向烈士默哀；

（六）颁授《烈士光荣证》；

（七）少先队员向烈士遗属代表献花；

（八）礼送烈士遗属；

（九）宣布颁授仪式结束。

第四章 持证烈士遗属变更

第十八条 持证烈士遗属确定后原则上不再变更。持证烈士遗属死亡的，符合本规定第十条规定条件的其他烈士遗属可以向本人户籍所在地县级人民政府退役军人事务部门申请变更；申请人为现役军人且无户籍的，可以向其经常居住地县级人民政府退役军人事务部门申请。

第十九条 申请变更持证烈士遗属，应当提交以下材料：书面申请（包括烈士信息、原持证烈士遗属信息、与烈士的关系和申请理由等），申请人身份证件复印件、原持证烈士遗属死亡证明等，有其他符合持证烈士遗属条件的，还需提供协商一致的变更协议。

第二十条 县级人民政府退役军人事务部门应当对申请材料进行审查，对于材料不齐备或者不符合法定形式的，应当告知申请人补正材料；烈士遗属中无符合持证条件的，应当告知申请人不予变更，《烈士光荣证》可以由烈士后人自行协商，妥善保管。

第二十一条 县级人民政府退役军人事务部门对报送的材料初审后，认为符合变更条件的，应当提出变更意见，通过全国褒扬纪念信息管理系统逐级上报省级人民政府退役军人事务部门审核；不符合变更条件的，告知申请人理由。

第二十二条 省级人民政府退役军人事务部门应当对报送的材料进行审核，对符合变更条件的，在全国褒扬纪念信息管理系统内审核通过；不符合变更条件的，予以驳回。

申请人与原持证烈士遗属户籍所在地不属同一省份的，应当征求原持证烈士遗属户籍所在地省级人民政府退役军人事务部门意见。原持证烈士遗属户籍所在地省级人民政府退役军人事务部门应当及时核查，认为可以变更的，予以确认；认为不能变更的，应当不同意并告知理由。

第五章 证件补发

第二十三条 持证烈士遗属应当珍惜爱护、妥善保管《烈士光荣证》。因不可抗力或非持证烈士遗属主要责任等原因导致《烈士光荣证》灭失或遗失的，持证烈士遗属可以向本人户籍所在地县级人民政府退役军人事务部门申请补发。

第二十四条 申请补发《烈士光荣证》，应当提交以下材料：书面申请（包括烈士信息、持证烈士遗属信息、与烈士的关系和申请理由等）、申请人身份证件复印件，登报遗失声明等。

第二十五条 县级人民政府退役军人事务部门对报送的材料初审后，认为符合补发条件的，应当提出补发意见，通过全国褒扬纪念信息管理系统逐级上报退役军人事务部审核；不符合补发条件的，驳回申请并告知申请人理由。

第二十六条 退役军人事务部对报送的材料进行审核。符合补发条件的，予以补发，证书登记内容保持不变，制发日期填写补发日期；不符合补发条件的，予以驳回。

补发的《烈士光荣证》由持证烈士遗属户籍所在地县级人民政府退役军人事务部门及时送达持证烈士遗属。

第六章 监督管理

第二十七条 任何组织和个人不得仿制、伪造、变造、买卖、出租《烈士光荣证》，不得将《烈士光荣证》用于商业广告、制作商标或者其他商业性用途，不得用于娱乐活动，不得进行丑化、玷污、破坏《烈士光荣证》的活动。

各级人民政府退役军人事务部门发现前款不当行为的，应当会同相关部门依法及时处置。

第二十八条 各级人民政府退役军人事务部门应当会同有关部门加强对《烈士光荣证》管理，接受社会监督。相关单位和工作人员有下列情形之一的，上级人民政府退役军人事务部门应当责令改正，并视情节轻重依法追究责任：

（一）为不符合条件的对象制作发放《烈士光荣证》的；

（二）违反规定办理《烈士光荣证》持证烈士遗属变更的；

（三）违反规定补发《烈士光荣证》的；

（四）不履行法定职责并造成社会不良影响的；

（五）利用职务便利谋取私利的。

第二十九条 违反规定发放或补发的《烈士光荣证》，由持证烈士遗属户籍所在地县级人民政府退役军人事务部门依法收回，逐级交回退役军人事务部。

违反规定变更持证烈士遗属的，由受理持证烈士遗属变更申请的县级人民政府退役军人事务部门进行纠正，按照本规定第四章持证烈士遗属变更程序，逐级上报省级人民政府退役军人事务部门审核批准。

第七章 附 则

第三十条 各级人民政府退役军人事务部门在办理变更持证烈士遗属或补发烈士证书事项时，一般应当在15日内完成本级需要办理的事项。情况复杂的，经本级退役军人事务部门负责人批准，可适当延长办理期限。

第三十一条 烈士遗属中无中国境内公民的，烈士证书由烈士生前户籍所在地县级人民政府退役军人事务部门管理。

第三十二条 《烈士证明书》与《烈士光荣证》具有同等法律效力，

参照本规定管理。《烈士证明书》需要补发的，按照本规定程序补发《烈士证明书》。

第三十三条 本规定自发布之日起施行。过去有关烈士证书管理规定与本规定不一致的，以本规定为准。

为烈属、军属和退役军人等家庭悬挂光荣牌工作实施办法

（2018年7月29日　国办发〔2018〕72号）

第一条 为做好悬挂光荣牌工作，弘扬拥军优属优良传统，营造爱国拥军、尊崇军人的浓厚社会氛围，推进军人荣誉体系建设，依据《烈士褒扬条例》、《军人抚恤优待条例》等有关法规政策，制定本办法。

第二条 本办法的适用对象是烈士遗属、因公牺牲军人遗属、病故军人遗属（以下统称"三属"）家庭和中国人民解放军现役军人（以下简称现役军人）家庭、退役军人家庭。

主动为持《中华人民共和国烈士证明书》、《中华人民共和国军人因公牺牲证明书》、《中华人民共和国军人病故证明书》的"三属"家庭和现役军人家庭、退役军人家庭悬挂光荣牌。对于非持证的烈士、因公牺牲军人、病故军人的父母（抚养人）、配偶和子女家庭，依申请悬挂光荣牌。

同时具备两个以上悬挂光荣牌条件的家庭，只悬挂一个光荣牌。

第三条 光荣牌称号统一为"光荣之家"。

第四条 悬挂光荣牌工作坚持彰显荣誉、规范有序、分级负责、属地落实的原则。

第五条 退役军人事务部统一设计和规范光荣牌的样式、监督光荣牌制作，光荣牌落款为省（自治区、直辖市）人民政府、新疆生产建设兵团。

省级人民政府退役军人事务主管部门负责本省份光荣牌的统一制作。

县级人民政府退役军人事务主管部门会同当地人民武装部门组织落实本行政区域内光荣牌的具体悬挂工作。

第六条 光荣牌的悬挂位置应尊重悬挂家庭的意愿，一般悬挂在其大

门适当位置，保证醒目、协调、庄严、得体。

因建筑结构、材质等因素不适合悬挂的，可在客厅醒目位置摆放。

第七条 悬挂光荣牌的对象居住地或户籍所在地改变，或发生光荣牌老化破损等情形，可申请更换光荣牌。

现役军人退出现役或去世后，其家庭继续悬挂光荣牌。

悬挂光荣牌家庭的"三属"或退役军人去世后，该家庭可继续悬挂光荣牌，但不再更换。

第八条 悬挂、更换光荣牌工作原则上于每年建军节或春节前进行。

集中悬挂或更换光荣牌时，村（居）民委员会或社区应举行悬挂仪式，安排专人负责安装悬挂。悬挂仪式应简朴、庄重、热烈。

第九条 悬挂光荣牌对象及其家庭成员依法被判处刑事处罚或被公安机关处以治安管理处罚且产生恶劣影响的，现役军人被除名、开除军籍的，取消其家庭悬挂光荣牌资格，已悬挂的由县级人民政府退役军人事务主管部门负责收回。

被公安机关处以治安管理处罚后能够主动改正错误、积极消除负面影响的，经县级人民政府退役军人事务主管部门审核同意，可以恢复悬挂光荣牌。

第十条 省级人民政府退役军人事务主管部门要加强对悬挂光荣牌工作的指导和检查督促，对工作不及时、不到位的，要责令限期整改。退役军人事务部会同军地有关部门定期组织抽查，并通报情况。

第十一条 悬挂光荣牌工作列入全国和省级双拥模范城（县）创建考评内容，作为创建双拥模范城（县）的重要条件。

第十二条 县级人民政府退役军人事务主管部门要建立健全悬挂光荣牌工作建档立卡制度，汇总相关信息和统计数据，及时录入全国优抚信息管理系统，加强信息数据管理。

第十三条 各地区应结合悬挂光荣牌工作和本地实际，视情开展送年画春联、走访慰问和为立功现役军人家庭送立功喜报等活动。

第十四条 本办法适用于中国人民武装警察部队官兵家庭。

第十五条 本办法由退役军人事务部负责解释。

第十六条 本办法自印发之日起施行。本办法实施前已悬挂的光荣牌，原则上继续保留，需要更换时按照本办法办理。

附件

光荣牌设计和技术标准

　　光荣牌（式样图附后）材质为钛金牌，底色为金黄色、沙底镀金；规格为 280 毫米×135 毫米，厚度 1 毫米；"光荣之家"字样为红色套亮金边，方正魏碑简体 132 号字，四个字规格为 202 毫米×43 毫米，距上边 31 毫米，左右居中；"×××人民政府"字样为方正宋体黑色 32 号简体字，规格为 82 毫米×11 毫米，距下边 29 毫米，距右边 32 毫米；左下角配长城图案、亮金色，规格为 155 毫米×36 毫米，距下边 15 毫米，距左边 16 毫米；红色花边宽 4 毫米，距边缘 10 毫米，花边内线粗 0.7 毫米，花边外线粗 1 毫米。右下花边内"退役军人事务部监制"字样为方正宋体黑色 20 号字，规格为 73 毫米×6.8 毫米，距下边 16.5 毫米，与"×××人民政府"右端对齐。

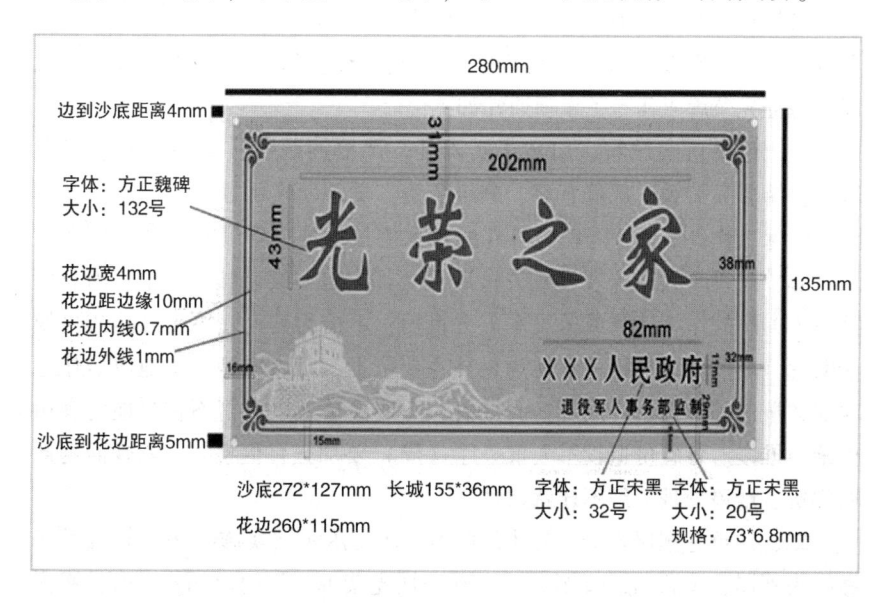

退役军人事务部关于规范为烈属、军属和退役军人等家庭悬挂光荣牌工作的通知

(2019年4月4日)

各省、自治区、直辖市退役军人事务厅(局),新疆生产建设兵团退役军人事务局:

《为烈属、军属和退役军人等家庭悬挂光荣牌工作实施办法》(以下简称《实施办法》)印发以来,各地按照国务院部署,稳步推进各项工作,整体进展顺利。目前各地悬挂光荣牌已进入高峰期,但也暴露出一些问题和不足,主要是个别地区让对象自行领取光荣牌、不为户籍不在本地的长住对象悬挂光荣牌、不悬挂全国统一样式的光荣牌、仪式感和宣传不够等,严重影响了工作效果和对象满意度,必须引起高度重视,立即整改。现就规范悬挂光荣牌工作有关事项通知如下:

一、严肃落实政策,切实压实责任。严格按照《实施办法》规定要求,坚持彰显荣誉、规范有序、分级负责、属地落实的原则,层层压实责任,确保工作高效落实,符合条件的对象应挂尽挂。自《实施办法》印发之日起,现役军人退出现役或去世后,给其家庭继续悬挂,烈士、因公牺牲军人、病故军人遗属或退役军人去世后,不再为其家庭重新悬挂或更换光荣牌。要以对象户籍所在地为悬挂主要依据,对象户籍所在地或居住地改变,按照其申请悬挂或更换光荣牌,不能简单地以户籍不在当地为理由拒绝、推诿。各省份退役军人事务厅(局)要加强督促检查,发现问题严格问责、严肃处理,绝不迁就姑息。

二、注重悬挂仪式,充分体现尊崇。认真落实《实施办法》和《关于做好为烈属、军属和退役军人等家庭悬挂光荣牌工作的通知》(退役军人部函〔2019〕5号)相关要求,切实注重和突出悬挂光荣牌的仪式感。要结合本地实际,精心组织举行集中悬挂仪式,做到既简朴、庄重,又热情、热烈。要尊重对象意愿选择悬挂或摆放方式,需要悬挂的必须安排专人负责悬挂到位,坚决杜绝出现让悬挂对象自行领取光荣牌的现象,真正把好

事办好、实事做实，把党和政府的关心关爱送达每位对象的心坎上。

三、及时建档立卡，实施动态管理。要建立健全悬挂光荣牌工作建档立卡制度，结合退役军人和其他优抚对象信息采集工作，依托全国优抚信息管理系统及时建立完善的电子台账。电子台账应包括悬挂光荣牌家庭户主的基本信息、人员类别、户籍所在地、现长住地、悬挂时间、悬挂方式和变动情况等信息项目。要实施动态管理和定期更新，在今年5月1日前完成悬挂光荣牌任务的同时，高标准落实建档立卡工作，切实做到悬挂情况清楚明晰，悬挂对象信息档案齐全规范。同时，加强和当地人民武装部等部门的联系沟通，结合新兵入伍、老兵退役等情况，及时更新信息数据，切实实现定期更新、动态管理，形成长效工作机制。

四、加强集中宣传，营造浓厚氛围。借助各种媒介、采取多种方式，加强对悬挂光荣牌工作的宣传报道，既要报道工作进展，让对象知道何时能够挂上光荣牌，也要报道工作成效、宣传国家优抚政策，在全社会营造尊重退役军人、尊崇现役军人的浓厚氛围。要注意收集各级在开展悬挂光荣牌、退役军人和其他优抚对象信息采集工作中的先进经验做法和事迹等信息，包括图片、视频、典型故事等，以便后期宣传和资料存档。相关信息请于4月30日前以光盘形式报送我部。

民政部、财政部关于加强
零散烈士纪念设施建设管理保护工作的通知

（2011年3月15日　民发〔2011〕32号）

各省、自治区、直辖市民政厅（局）、财政厅（局），各计划单列市民政局、财政局，新疆生产建设兵团民政局、财务局：

在我党领导的长期革命斗争和社会主义建设中，无数先烈英勇牺牲，为民族独立、人民幸福和国家富强做出了巨大贡献。党和国家历来高度重视烈士褒扬工作，各级党委和政府为缅怀先烈，兴建了大量烈士纪念设施，并不断加强建设管理保护工作，提升建设管理保护水平，烈士纪念设施整体面貌得到改观，管理保护工作取得了长足进步。但由于受诸多因素的影

响,全国仍有一些零散烈士纪念设施急需修缮保护。为加强零散烈士纪念设施建设管理保护工作,现就有关事项通知如下:

一、充分认识加强零散烈士纪念设施建设管理保护工作的重要意义

零散烈士纪念设施是我国烈士纪念设施的重要组成部分,是安葬、缅怀、褒扬革命先烈的重要场所,是对广大人民群众进行爱国主义和革命传统教育的重要载体,是不可再生的红色宝贵资源。加强零散烈士纪念设施建设管理保护工作,对于促进烈士褒扬工作创新发展、进一步加强在全社会弘扬烈士精神、促进社会和谐稳定和全面进步具有重要而深远的意义。各级民政、财政部门要充分认清新形势下做好零散烈士纪念设施建设管理保护工作的重要意义,从政治、全局和事业成败的高度出发,以对国家和民族负责、对历史和未来负责的态度,通过加强领导、密切协作、广泛宣传、共同努力,把零散烈士纪念设施建设好、管理好、保护好。

二、明确把握指导思想、总体目标和基本原则

(一)指导思想。以邓小平理论和"三个代表"重要思想为指导,深入贯彻落实科学发展观,全面加强零散烈士纪念设施建设管理保护工作,实施抢救保护工程,努力提升建设管理保护水平,充分发挥主题功能,推进烈士褒扬工作的创新发展,进一步在全社会弘扬烈士精神,为构建社会主义和谐社会做出新的贡献。

(二)总体目标。从2011年开始,依托现有烈士陵园,统筹规划,适当集中,分类实施,力争在2014年10月1日前完成所有散葬烈士墓的迁移、整合、修缮工作,完成零散烈士纪念设施的维修改造,基本建立起长效管理保护机制,充分发挥烈士纪念设施"褒扬烈士、教育群众"的主题功能。

(三)基本原则。

统筹安排,分步实施。要对零散烈士纪念设施建设管理保护工作进行总体安排,综合考虑各有关因素,分步有序推进各项工作。

以人为本,尊重习俗。要充分尊重和体谅烈属的意愿,尊重地方习俗,注重人文关怀,把握好烈士墓动土迁移过程中的每一个细节。

立足当前,着眼长远。要根据本地当前的实际情况,科学整合现有烈士纪念设施资源。在改扩建工程中,既要避免起点过低,又要防止盲目贪大。注重设计的庄重、新颖并富有时代气息,力争把每一个抢救保护工程建成精品。

广泛宣传，强化制度。要广泛宣传，突出主题，注重实效，通过宣传为开展工作营造良好氛围。要强化制度建设，研究建立烈士纪念设施建设管理保护规范、标准和日常管理等制度，为加强烈士纪念设施建设管理保护工作提供保障。

三、全力推动零散烈士纪念设施建设管理保护工作

（一）高度重视，全面开展零散烈士纪念设施普查工作。各地民政部门要按照《民政部关于开展烈士纪念设施普查工作的通知》（民函〔2010〕341号）的要求，对辖区内的县级以上烈士纪念设施管理保护单位和未列入县级以上管理保护的零散烈士纪念设施进行全面摸底调查，深入细致做好相关工作，做到不遗漏、不重复、无错误，如实填报各项信息。要按照时间要求，把握好工作进度，及时准确地把普查信息录入到全国烈士纪念设施管理保护系统，为全面实施抢救保护工程打好基础。各地民政部门要在普查工作的基础上，制定本地区的零散烈士纪念设施抢救保护总体规划和实施方案，按照有关要求报民政部。

（二）加大投入，切实保障零散烈士纪念设施建设管理保护工作顺利开展。地方各级民政、财政部门要根据本地普查数据资料、抢救保护总体规划和实施方案等实际情况认真核算资金需求。地方各级财政部门要按照属地管理、责任明确、分级负担的原则，及时、足额将零散烈士纪念设施抢救保护工作经费纳入财政预算。省级财政要切实加大资金投入力度。中央财政将根据零散烈士纪念设施普查数据、抢救保护总体规划、各地工作进展、地方财力差别等情况对各地开展零散烈士纪念设施抢救保护工作给予一次性补助。各地要按照有关规定加强零散烈士纪念设施抢救保护专项补助资金的使用管理。补助资金要实行专项管理、分账核算、专款专用，并按有关资金管理制度的规定严格使用，健全内控制度，严禁截留、挤占和挪用。

（三）全面部署，抓紧实施零散烈士纪念设施集中抢救保护工程。各地要根据抢救保护总体规划和实施方案，组织实施集中抢救保护工程。对无人管理的，按其规模分类保护，规模较大的烈士墓群就地改建成烈士陵园；规模较小的以县、乡为单位适当集中，当地有烈士陵园的迁入烈士陵园安葬，没有烈士陵园的在烈士墓相对集中的地方修建烈士陵园。对乡镇管理的，原则上就地改造，完善相关设施。对烈士亲属管理的，在协商的基础上，迁入烈士陵园集中安葬或签订管理协议继续由亲属管理。抢救保护工程分期分批组织实施。今年下半年选择一批基础好的地区先期开展一期工程，力争在新中国成立65周年之前完成全部抢救保护工程。

（四）加强管理，逐步建立长效管理保护机制。零散烈士纪念设施集中抢救保护工程完成后，各级人民政府要根据散葬烈士墓的迁移、整合、修缮及零散烈士纪念设施维修改造情况，将其纳入相应的管理保护体系。各地要结合实际情况，充实烈士纪念设施保护单位管理力量，给予必要的人员和经费保障，切实落实好各项日常管理和维护工作。

四、加强领导，确保零散烈士纪念设施建设管理保护工作顺利实施

零散烈士纪念设施建设管理保护工作是一项社会各界广泛关注，广大人民群众和烈属十分期盼的政治工程、民心工程。各地、各有关部门要高度重视，充分认识加强零散烈士纪念设施建设管理保护工作的重要性和紧迫性，切实增强政治责任感和使命感。要加强组织领导和部门协作，根据工作实际情况由民政部门牵头成立专门工作小组，充实工作力量，统筹安排，精心组织；要落实工作责任，充分发挥职能作用，加强协调，注重形成工作合力，注重完善工作方式，确保每项工作有序进行；要多方筹集资金，加大投入力度，为建设管理保护工作提供必要的财力支持；要加大宣传力度，充分发挥新闻媒体作用，向社会广泛宣传此项工作的重大意义、社会效果，争得人民群众的支持和广泛参与，尤其是在烈士墓动土迁移过程中，要适时通报工程进度，得到烈士亲属的理解和支持，营造良好的工作氛围；要加强督促检查，确保各项工作按时高标准完成。民政部将会同财政部等有关部门对各地工作情况进行督促检查。

关于进一步加强烈士纪念工作的意见

（2013年7月3日）①

在中国革命、建设、改革各个历史时期，涌现出无数为民族独立、人民解放和国家富强、人民幸福矢志奋斗、无私奉献、英勇牺牲的烈士，他

---

① 该日期为新华社发布日期。

们的功勋彪炳史册，他们的精神成为激励全国各族人民为实现中华民族伟大复兴而不懈奋斗的力量源泉。中央历来高度重视烈士纪念工作，出台了一系列政策措施，推动烈士纪念工作取得明显成效。随着形势任务的发展变化，烈士纪念工作还存在一些不足，特别是有的地方和部门对这项工作重视不够，公众参与度不高，相关制度机制不完善。为深入贯彻落实党的十八大精神，着力推进社会主义核心价值体系建设，经中央同意，现就进一步加强烈士纪念工作提出如下意见。

一、大力弘扬烈士精神

各地区各部门各单位要充分利用报刊、广播、影视、网络等媒体，广泛宣传烈士精神。积极开展主题教育活动，运用专题展览、报告会、阅读活动等多种形式，将弘扬烈士精神融入群众性文化活动之中。鼓励创作出版以烈士英雄事迹为题材、群众喜闻乐见的文艺作品和通俗读物，积极开展烈士史料编纂工作，制作展播反映烈士纪念设施建设保护管理的专题片，创办开通中华英烈网。整合军地资源，拓展研究领域，深入挖掘和大力弘扬在不同历史时期形成的烈士精神，在全社会营造缅怀烈士、崇尚烈士、学习烈士的浓厚氛围。

二、广泛开展纪念烈士活动

每年清明节、国庆节等节日和重要纪念日期间，各级党委、政府和驻军部队以及企事业单位、社会组织要充分利用烈士纪念设施、爱国主义教育基地、国防教育基地等红色资源，组织开展祭奠烈士、缅怀英烈活动。采取有力措施，引导广大干部群众积极参与瞻仰烈士纪念设施、献花植树等经常性纪念活动，将烈士纪念活动融入日常生活、学校教育和红色旅游。充分运用现代信息技术手段，开展网上祭奠活动。研究设立烈士纪念日，建立健全烈士祭扫制度和礼仪规范等相关规章制度，让人民群众充分参与，确保烈士纪念活动深入持久、庄严有序开展。

三、坚持用烈士英雄事迹教育青少年

要在中小学充实关于著名烈士英雄事迹教育的内容，利用课堂教学、主题教育等对学生进行形式多样的思想道德教育。积极组织老红军、老八路、老战士、老党员和烈士后人，为青少年讲授烈士生平和英雄事迹，增强宣传教育活动的吸引力和感染力。坚持在入队、入团、入党、入伍等人生成长的重要时机，倡导在18岁成人、学生毕业时，组织开展烈士英雄事迹教育活动，通过参观瞻仰烈士纪念设施、集体宣誓仪式、网上祭奠英烈等形式，引导广大青少年铭记烈士的英名和壮举，进一步树立正确的世界观、人生观、价值观，增强历史责任感和使命感。

四、加强烈士纪念设施保护管理

各级党委、政府和有关部门要整合各地区各部门烈士纪念设施资源，理顺隶属关系，明确保护管理责任，统一归口民政部门实施保护管理，充分发挥烈士纪念设施的整体效能。认真落实烈士纪念设施保护管理相关法规，研究制定烈士纪念设施建设规范和标准，完善烈士纪念设施保护管理办法，明确分级保护管理责任，加大经费投入和保护管理力度。高质量高标准完成零散烈士纪念设施抢救保护工程，积极稳妥推进境外烈士纪念设施保护管理工作，建立健全保护管理长效机制。加强烈士史料和遗物的收集、抢救、挖掘、保护和陈列展示工作。对已公布为文物的烈士纪念设施，要按照文物保护法有关规定加强保护、管理与利用。动员社会力量支持烈士纪念设施建设保护管理，研究制定社会捐赠、志愿服务、义务劳动等方面的政策规定。建立检查监督机制，严肃查处人为破坏和污损烈士纪念设施的行为。

五、完善烈属抚恤优待政策

各级党委和政府要不断完善烈属优待帮扶政策，进一步强化政府主体责任，逐步提高烈属抚恤金标准，妥善解决烈属生活、医疗、住房和子女教育、就业等方面存在的实际困难。对符合条件的烈属家庭，优先配租配售保障性住房或发放廉租住房租赁补贴；对住房困难的农村烈属家庭，当地政府要积极帮助解决困难。切实加强优抚医院、光荣院建设，最大限度地满足烈属医疗、供养服务需求。定期走访慰问烈属，精心组织烈属祭扫活动，认真落实为烈属挂光荣牌工作，积极动员社会力量为烈属送温暖献爱心，让广大烈属切实感受到党和政府的关心关爱，感受到全社会的尊重。

六、认真履行部门职责

民政部门要统筹协调规划烈士纪念工作，研究制定烈士褒扬政策规定，做好烈士评定备案、烈属抚恤优待、纪念设施保护管理和组织指导祭扫活动等工作。宣传部门要加强对烈士纪念工作宣传报道的指导协调，逐步将符合条件的烈士纪念设施命名为爱国主义教育基地，并落实相关政策。党史、军史研究部门要加强对烈士精神的理论研究。组织、机构编制和人力资源社会保障部门要在队伍建设、人才培养等方面，加大对烈士纪念工作的支持力度。发展改革部门要将烈士纪念设施建设和保护纳入国民经济和社会发展规划，将重要烈士纪念设施纳入红色旅游发展规划。教育部门要以青少年学生为重点，把烈士英雄事迹宣传教育贯穿到国民教育体系。财政部门要加大经费保障力度，健全经费保障使用管理办法。文化、新闻出版广电等部门要鼓励和支持弘扬烈士精神的文学艺术、影视作品，以及报刊、图书、数字、音像电子等出版物的创作生产和宣传推广。文物部门要做好涉及烈士的文物鉴定和普查工作，加强对革命文物保护管理的指导。旅游部门要积极引导广大群众参观瞻仰烈士纪念设施，接受英雄事迹教育。工会、共青团、妇联等人民团体要组织企业职工、青少年、妇女开展纪念烈士活动。军队和武警部队要支持和配合地方政府做好烈士纪念工作，努力形成齐抓共管、共同推进的良好局面。

七、强化组织领导

各级党委和政府要加强对烈士纪念工作的组织领导和统筹协调，坚持继承与发展并举、建设与保护并重，努力推动烈士纪念工作深入持久开展。建立党委统一领导、政府行政主导、部门主动配合、社会广泛参与的工作机制，定期研究解决烈士纪念工作中存在的困难和问题。将烈士纪念工作落实情况纳入文明城市、双拥模范城（县）创建活动考评内容，同步考评、同步推进。把烈士纪念设施日常保护管理和维修改造经费纳入同级财政预算，民政部门会同财政部门安排中央财政性资金对国家级和零散烈士纪念设施维修改造给予补助，并对中西部地区予以倾斜。强化烈士纪念设施保护单位的公益属性，根据烈士纪念设施分级保护管理标准和工作需要，调整优化机构设置，充实人员力量。按照稳定队伍、充实力量、提高素质的要求，加强教育培训，健全激励机制，注重选拔使用，努力建设一支政治坚定、业务精湛、结构合理、甘于奉献的工作人员队伍，为烈士纪念工作提供人才保障。

退役军人事务部、公安部、财政部、交通运输部、文化和旅游部关于做好烈士亲属异地祭扫组织服务工作的意见

(2020 年 3 月 28 日 退役军人部发〔2020〕22 号)

各省、自治区、直辖市退役军人事务厅（局）、公安厅（局）、财政厅（局）、交通运输厅（局、委）、文化和旅游厅（局），新疆生产建设兵团退役军人事务局、公安局、财政局、交通运输局、文化体育广电和旅游局：

做好烈士亲属异地祭扫组织服务工作，保障好烈士亲属权益，是新时代烈士褒扬工作的重要内容，是政府和社会各界的共同责任，对大力弘扬烈士精神、关心关爱烈士亲属具有重要意义。根据《中华人民共和国英雄烈士保护法》和《烈士褒扬条例》，为切实做好烈士亲属异地祭扫组织服务工作，现提出如下意见。

一、指导思想

以习近平新时代中国特色社会主义思想为指引，深入贯彻落实党的十九大和十九届二中、三中、四中全会精神，推进国家治理体系和治理能力现代化，围绕全面加强烈士祭扫组织服务，落实属地责任，加强精细化管理，推动形成以组织祭扫为主、自行祭扫为补充的异地祭扫机制，注重加强教育引导规范，切实维护安全有序文明的祭扫秩序，加强烈士纪念设施保护管理，创新服务形式，丰富服务内容，进一步增强烈士亲属的荣誉感和获得感，在全社会树立缅怀英烈、尊崇烈属的良好风尚。

二、基本原则

（一）体现尊崇关爱。认真做好烈士亲属异地祭扫组织保障工作，提高服务水平，为烈士亲属提供优质服务。切实落实好各项优抚政策，积极帮助解决实际困难，让他们感受到党和政府的关心，感受到全社会的尊崇。

（二）加强管理引导。完善烈士亲属异地祭扫办理流程，规范优先优

惠政策，加强法制宣传，做好行前谈话，明确依法、文明、有序祭扫相关要求。在充分尊重烈士亲属祭扫意愿的基础上，多措并举，通过开展网上祭扫、召开座谈会、举办专题纪念活动等形式实现就地祭扫。

（三）注重协同配合。加强部门协同，建立健全情况通报、定期会商、联合督办等工作机制，切实形成工作合力。树立全国"一盘棋"思想，加强信息共享，加大区域协作联动力度，确保烈士亲属异地祭扫活动组织服务工作有序衔接。

三、异地祭扫范围

因烈士未安葬在其亲属户籍所在地或者常住地省份，烈士亲属前往烈士安葬地或者纪念地省份开展祭扫纪念活动的，各地按规定提供服务保障。安葬地是指烈士墓或者骨灰存放处，如在我国境内无明确安葬地的，烈士亲属可就近选择一处专门纪念烈士的纪念堂馆、碑亭、塔祠、塑像或者篆刻烈士姓名的烈士英名墙作为纪念地。

四、异地祭扫组织服务对象

异地祭扫组织服务对象包括烈士的父母（抚养人）、配偶、子女、兄弟姐妹，如确无上述人员的，可包括祖父母、外祖父母、孙子女、外孙子女、女婿、儿媳、公、婆、岳父、岳母等。

五、异地祭扫组织服务方式

异地祭扫组织服务分为组织祭扫和自行祭扫两种方式。

（一）组织祭扫。符合条件且有异地祭扫意愿的烈士亲属，其户籍所在地或者常住地县级以上人民政府退役军人事务部门根据申请有序组织异地祭扫活动，统一开具"烈士亲属异地祭扫证明书"，原则上每年组织1次。对于年满65周岁或者身有残疾、体弱多病的烈士亲属，需自行安排1名身体健康的亲属陪同祭扫。前往祭扫的亲属及陪同人员每次不超过3人。

（二）自行祭扫。符合条件但因故不能参加组织祭扫的烈士亲属，经户籍所在地或者常住地县级人民政府退役军人事务部门审核并开具"烈士亲属异地祭扫介绍信"后，可自行前往祭扫，享受相应服务保障，原则上每年1次，每次不超过3人。

六、异地祭扫组织服务保障

（一）组织服务保障标准。

1. 组织祭扫的烈士亲属及陪同人员，由负责组织的县级以上人民政府退役军人事务部门承担省际城市间交通及食宿费,烈士安葬地或者纪念地县级人民政府退役军人事务部门承担当地交通及食宿费。

2. 自行祭扫的烈士亲属,祭扫回程后凭"烈士亲属异地祭扫介绍信"回执,由户籍所在地或者常住地县级人民政府退役军人事务部门按照当地机关工作人员国内差旅费处级及以下标准给予定额补助,其中,省际城市间交通费按照火车票标准计算,食宿及当地交通费按照3天计算。烈士安葬地或者纪念地县级人民政府退役军人事务部门不再承担当地交通及食宿费。无"烈士亲属异地祭扫介绍信"自行前往祭扫的,不享受定额补助。

(二)交通出行优先。

1. 祭扫车辆在祭扫活动期间通行高速公路时,按照《收费公路管理条例》、《深化收费公路制度改革取消高速公路省界收费站实施方案》等相关要求,依法交纳车辆通行费。在祭扫活动期间通行高速公路时,凭"烈士亲属异地祭扫证明书"或者"烈士亲属异地祭扫介绍信"享受高速公路优先通行服务。

2. 异地祭扫的烈士亲属,在祭扫活动期间乘坐火车(高铁)、轮船、客运班车以及民航班机时,凭"烈士亲属异地祭扫证明书"或者"烈士亲属异地祭扫介绍信"享受优先购买车(船)票或值机、安检、乘车(船、机),并可使用优先通道(窗口)。

3. 参加祭扫活动的车辆,在高速公路服务区凭"烈士亲属异地祭扫证明书"或者"烈士亲属异地祭扫介绍信",享受优先加油、加水和车辆维修等服务。

(三)文化服务优惠优先。

异地祭扫的烈士亲属,在祭扫活动期间到国有文化文物系统所属博物馆、纪念馆、美术馆等公共文化设施和实行政府定价或指导价管理的公园、展览馆、名胜古迹、景区,凭"烈士亲属异地祭扫证明书"或者"烈士亲属异地祭扫介绍信"享受"三属"减免门票优惠政策。

七、异地祭扫办理程序

(一)提出申请。符合条件且有异地祭扫意愿的烈士亲属,于每年8月1日前向户籍所在地或者常住地县级人民政府退役军人事务部门提出下一年度异地祭扫的申请,申请内容包括烈士姓名、祭扫地点、具体时间、日程安排、烈士亲属身份证明材料等。

(二）制定计划。县级人民政府退役军人事务部门汇总审核祭扫需求，提出下一年度异地祭扫计划，于9月30日前逐级上报至省级人民政府退役军人事务部门。省级人民政府退役军人事务部门合理统筹祭扫需求，有序安排本地区异地祭扫活动。

（三）开具证明。组织祭扫的县级以上人民政府退役军人事务部门，在祭扫活动前统一开具并保管"烈士亲属异地祭扫证明书"；自行祭扫的烈士亲属，由县级人民政府退役军人事务部门审核后开具"烈士亲属异地祭扫介绍信"。

（四）通报信息。开具"烈士亲属异地祭扫证明书"或者"烈士亲属异地祭扫介绍信"的县级以上人民政府退役军人事务部门，需在祭扫前1个月向烈士安葬地或者纪念地县级人民政府退役军人事务部门通报异地祭扫相关安排。

八、组织保障

（一）健全工作机制。各地各部门要切实加强烈士亲属异地祭扫组织服务工作的组织领导，强化政治责任和使命担当。要建立健全相关工作机制，在地方各级党委和政府的统一领导下，退役军人事务部门统筹协调，公安、财政、交通运输、文化旅游等部门各司其职、分工协作、密切配合。

（二）提高服务水平。各地各部门要强化服务意识，丰富服务内容，创新服务形式，探索网上办理申请业务，为烈士亲属异地祭扫提供便利，并积极引导开展网上祭扫、就地祭扫和代为祭扫。各级烈士纪念设施保护单位要完善基础设施，提升陈展水平，美化净化环境，尽最大努力为祭扫活动提供良好场所、为烈士亲属提供优质服务。要加大边境烈士陵园信息化改造力度，及时对祭扫活动场地及相关服务设施进行安全检查和风险评估，排除各类隐患，不断提升祭扫组织接待和安保维稳工作水平，确保祭扫活动安全进行。

（三）规范祭扫秩序。各地各部门要加强政策解读，及时宣传祭扫制度，规范祭扫秩序，加强行前教育，引导烈士亲属文明有序祭扫。祭扫期间，对不符合政策仍拒缴过路费、拒付住宿费、拒购景区门票、破坏公共设施、堵门堵路、要求超标准接待的，要依法妥善劝阻。对不听劝阻仍滋事扰序，构成违反治安管理行为的，由公安机关依法给予治安管理处罚；构成犯罪的，依法追究刑事责任。

(四)加强经费保障。各地将烈士亲属异地祭扫组织服务工作经费列入财政预算予以保障,可统筹使用相关渠道资金,做好本地区烈士祭扫纪念活动等工作。

本意见自 2020 年 5 月 1 日起施行。《民政部关于做好烈士亲属祭扫接待工作的通知》(民电〔2010〕30 号)废止。各地要根据本意见,结合实际制定具体实施办法和辖区内祭扫规范,切实做好本地区烈士亲属异地祭扫组织服务工作。

附件:1. 烈士亲属异地祭扫证明书(样式)(略)
2. 烈士亲属异地祭扫介绍信(样式)(略)

四、权益保障

（一）综 合

中华人民共和国民法典（节录）

（2020年5月28日第十三届全国人民代表大会第三次会议通过 2020年5月28日中华人民共和国主席令第45号公布 自2021年1月1日起施行）

……

第一千零八十一条 现役军人的配偶要求离婚，应当征得军人同意，但是军人一方有重大过错的除外。

……

中华人民共和国刑法（节录）

（1979年7月1日第五届全国人民代表大会第二次会议通过 1997年3月14日第八届全国人民代表大会第五次会议修订 根据1998年12月29日第九届全国人民代表大会常务委员会第六次会议通过的《全国人民代表大会常务委员会关于惩治骗购外汇、逃汇和非法买卖外汇犯罪的决定》、1999年12月25日第九届全国人民代表大会常务委员会第十三次会议通过的《中华人民共和国刑法修正案》、2001年8月31日第九届全国人民代表大会常务委员会第二十三次会议通过的《中华人民共和国刑法修正案（二）》、2001年12月29日第九届全国人民代表大会常务委员会第二十五次会议通过的《中华人民共和国刑法修正案（三）》、2002年12月28日第九届全国人民代表大会常务委员会第三十一次会议通过的《中华人民共和国刑法修正案（四）》、2005年2月28日第十届全国人民代表大会常务委员会第十四次会议通过的《中华人民共和国刑法修正案（五）》、2006年6月29日第十届全国人民代表大会常务委员会第二十二次会议通过的《中华人民共和国刑法修正案（六）》、2009年2月28日第十一届全国人民代表大会常务委员会第七次会议通过的《中华人民共和国刑法修正案（七）》、2009年8月27日第十一届全国人民代表大会常务委员会第十次会议通过的《全国人民代表大会常务委员会关于修改部分法律的决定》、2011年2月25日第十一届全国人民代表大会常务委员会第十九次会议通过的《中华人民共和国刑法修正案（八）》、2015年8月29日第十二届全国人民代表大会常务委员会第十六次会议通过的《中华人民共和国刑法修正案（九）》、2017年11月4日第十二届全国人民代表大会常务委员会第三十次会议通过的《中华人民共和国刑法修正案（十）》、2020年12月26日第十三届全国人民代表大会常务委员会第二十四次会议通过的《中华人民共和国刑法修正案（十一）》和2023年12月29日第十四届全国人民代表大会常务委员会第七次会议通过的《中华人民共和国刑法修正案（十二）》修正)①

……

第二百五十九条 明知是现役军人的配偶而与之同居或者结婚的，处三年以下有期徒刑或者拘役。

利用职权、从属关系，以胁迫手段奸淫现役军人的妻子的，依照本法第二百三十六条的规定定罪处罚。

……

---

① 刑法、历次刑法修正案、涉及修改刑法的决定的施行日期，分别依据各法律所规定的施行日期确定。

(二) 保　险

中华人民共和国军人保险法

（2012年4月27日第十一届全国人民代表大会常务委员会第二十六次会议通过　2012年4月27日中华人民共和国主席令第56号公布　自2012年7月1日起施行）

第一章　总　　则

第一条　为了规范军人保险关系，维护军人合法权益，促进国防和军队建设，制定本法。

第二条　国家建立军人保险制度。

军人伤亡保险、退役养老保险、退役医疗保险和随军未就业的军人配偶保险的建立、缴费和转移接续等适用本法。

第三条　军人保险制度应当体现军人职业特点，与社会保险制度相衔接，与经济社会发展水平相适应。

国家根据社会保险制度的发展，适时补充完善军人保险制度。

第四条　国家促进军人保险事业的发展，为军人保险提供财政拨款和政策支持。

第五条　中国人民解放军军人保险主管部门负责全军的军人保险工作。国务院社会保险行政部门、财政部门和军队其他有关部门在各自职责范围内负责有关的军人保险工作。

军队后勤（联勤）机关财务部门负责承办军人保险登记、个人权益记录、军人保险待遇支付等工作。

军队后勤（联勤）机关财务部门和地方社会保险经办机构，按照各自职责办理军人保险与社会保险关系转移接续手续。

第六条　军人依法参加军人保险并享受相应的保险待遇。

军人有权查询、核对个人缴费记录和个人权益记录，要求军队后勤

(联勤）机关财务部门和地方社会保险经办机构依法办理养老、医疗等保险关系转移接续手续，提供军人保险和社会保险咨询等相关服务。

第二章　军人伤亡保险

第七条　军人因战、因公死亡的，按照认定的死亡性质和相应的保险金标准，给付军人死亡保险金。

第八条　军人因战、因公、因病致残的，按照评定的残疾等级和相应的保险金标准，给付军人残疾保险金。

第九条　军人死亡和残疾的性质认定、残疾等级评定和相应的保险金标准，按照国家和军队有关规定执行。

第十条　军人因下列情形之一死亡或者致残的，不享受军人伤亡保险待遇：

（一）故意犯罪的；

（二）醉酒或者吸毒的；

（三）自残或者自杀的；

（四）法律、行政法规和军事法规规定的其他情形。

第十一条　已经评定残疾等级的因战、因公致残的军人退出现役参加工作后旧伤复发的，依法享受相应的工伤待遇。

第十二条　军人伤亡保险所需资金由国家承担，个人不缴纳保险费。

第三章　退役养老保险

第十三条　军人退出现役参加基本养老保险的，国家给予退役养老保险补助。

第十四条　军人退役养老保险补助标准，由中国人民解放军总后勤部会同国务院有关部门，按照国家规定的基本养老保险缴费标准、军人工资水平等因素拟订，报国务院、中央军事委员会批准。

第十五条　军人入伍前已经参加基本养老保险的，由地方社会保险经办机构和军队后勤（联勤）机关财务部门办理基本养老保险关系转移接续手续。

第十六条　军人退出现役后参加职工基本养老保险的，由军队后勤（联勤）机关财务部门将军人退役养老保险关系和相应资金转入地方社会保险经办机构，地方社会保险经办机构办理相应的转移接续手续。

军人服现役年限与入伍前和退出现役后参加职工基本养老保险的缴费年限合并计算。

第十七条 军人退出现役后参加新型农村社会养老保险或者城镇居民社会养老保险的，按照国家有关规定办理转移接续手续。

第十八条 军人退出现役到公务员岗位或者参照公务员法管理的工作人员岗位的，以及现役军官、文职干部退出现役自主择业的，其养老保险办法按照国家有关规定执行。

第十九条 军人退出现役采取退休方式安置的，其养老办法按照国务院和中央军事委员会的有关规定执行。

第四章 退役医疗保险

第二十条 参加军人退役医疗保险的军官、文职干部和士官应当缴纳军人退役医疗保险费，国家按照个人缴纳的军人退役医疗保险费的同等数额给予补助。

义务兵和供给制学员不缴纳军人退役医疗保险费，国家按照规定的标准给予军人退役医疗保险补助。

第二十一条 军人退役医疗保险个人缴费标准和国家补助标准，由中国人民解放军总后勤部会同国务院有关部门，按照国家规定的缴费比例、军人工资水平等因素确定。

第二十二条 军人入伍前已经参加基本医疗保险的，由地方社会保险经办机构和军队后勤（联勤）机关财务部门办理基本医疗保险关系转移接续手续。

第二十三条 军人退出现役后参加职工基本医疗保险的，由军队后勤（联勤）机关财务部门将军人退役医疗保险关系和相应资金转入地方社会保险经办机构，地方社会保险经办机构办理相应的转移接续手续。

军人服现役年限视同职工基本医疗保险缴费年限，与入伍前和退出现役后参加职工基本医疗保险的缴费年限合并计算。

第二十四条 军人退出现役后参加新型农村合作医疗或者城镇居民基本医疗保险的，按照国家有关规定办理。

第五章　随军未就业的军人配偶保险

第二十五条　国家为随军未就业的军人配偶建立养老保险、医疗保险等。随军未就业的军人配偶参加保险，应当缴纳养老保险费和医疗保险费，国家给予相应的补助。

随军未就业的军人配偶保险个人缴费标准和国家补助标准，按照国家有关规定执行。

第二十六条　随军未就业的军人配偶随军前已经参加社会保险的，由地方社会保险经办机构和军队后勤（联勤）机关财务部门办理保险关系转移接续手续。

第二十七条　随军未就业的军人配偶实现就业或者军人退出现役时，由军队后勤（联勤）机关财务部门将其养老保险、医疗保险关系和相应资金转入地方社会保险经办机构，地方社会保险经办机构办理相应的转移接续手续。

军人配偶在随军未就业期间的养老保险、医疗保险缴费年限与其在地方参加职工基本养老保险、职工基本医疗保险的缴费年限合并计算。

第二十八条　随军未就业的军人配偶达到国家规定的退休年龄时，按照国家有关规定确定退休地，由军队后勤（联勤）机关财务部门将其养老保险关系和相应资金转入退休地社会保险经办机构，享受相应的基本养老保险待遇。

第二十九条　地方人民政府和有关部门应当为随军未就业的军人配偶提供就业指导、培训等方面的服务。

随军未就业的军人配偶无正当理由拒不接受当地人民政府就业安置，或者无正当理由拒不接受当地人民政府指定部门、机构介绍的适当工作、提供的就业培训的，停止给予保险缴费补助。

第六章　军人保险基金

第三十条　军人保险基金包括军人伤亡保险基金、军人退役养老保险基金、军人退役医疗保险基金和随军未就业的军人配偶保险基金。各项军人保险基金按照军人保险险种分别建账，分账核算，执行军队的会计制度。

第三十一条　军人保险基金由个人缴费、中央财政负担的军人保险资金以及利息收入等资金构成。

第三十二条　军人应当缴纳的保险费，由其所在单位代扣代缴。

随军未就业的军人配偶应当缴纳的保险费，由军人所在单位代扣代缴。

第三十三条　中央财政负担的军人保险资金，由国务院财政部门纳入年度国防费预算。

第三十四条　军人保险基金按照国家和军队的预算管理制度，实行预算、决算管理。

第三十五条　军人保险基金实行专户存储，具体管理办法按照国家和军队有关规定执行。

第三十六条　军人保险基金由中国人民解放军总后勤部军人保险基金管理机构集中管理。

军人保险基金管理机构应当严格管理军人保险基金，保证基金安全。

第三十七条　军人保险基金应当专款专用，按照规定的项目、范围和标准支出，任何单位和个人不得贪污、侵占、挪用，不得变更支出项目、扩大支出范围或者改变支出标准。

第七章　保险经办与监督

第三十八条　军队后勤（联勤）机关财务部门和地方社会保险经办机构应当建立健全军人保险经办管理制度。

军队后勤（联勤）机关财务部门应当按时足额支付军人保险金。

军队后勤（联勤）机关财务部门和地方社会保险经办机构应当及时办理军人保险和社会保险关系转移接续手续。

第三十九条　军队后勤（联勤）机关财务部门应当为军人及随军未就业的军人配偶建立保险档案，及时、完整、准确地记录其个人缴费和国家补助，以及享受军人保险待遇等个人权益记录，并定期将个人权益记录单送达本人。

军队后勤（联勤）机关财务部门和地方社会保险经办机构应当为军人及随军未就业的军人配偶提供军人保险和社会保险咨询等相关服务。

第四十条　军人保险信息系统由中国人民解放军总后勤部负责统一建设。

第四十一条　中国人民解放军总后勤部财务部门和中国人民解放军审计机关按照各自职责，对军人保险基金的收支和管理情况实施监督。

第四十二条　军队后勤（联勤）机关、地方社会保险行政部门，应当对单位和个人遵守本法的情况进行监督检查。

军队后勤（联勤）机关、地方社会保险行政部门实施监督检查时，被检查单位和个人应当如实提供与军人保险有关的资料，不得拒绝检查或者谎报、瞒报。

第四十三条 军队后勤（联勤）机关财务部门和地方社会保险经办机构及其工作人员，应当依法为军队单位和军人的信息保密，不得以任何形式泄露。

第四十四条 任何单位或者个人有权对违反本法规定的行为进行举报、投诉。

军队和地方有关部门、机构对属于职责范围内的举报、投诉，应当依法处理；对不属于本部门、本机构职责范围的，应当书面通知并移交有权处理的部门、机构处理。有权处理的部门、机构应当及时处理，不得推诿。

第八章 法律责任

第四十五条 军队后勤（联勤）机关财务部门、社会保险经办机构，有下列情形之一的，由军队后勤（联勤）机关或者社会保险行政部门责令改正；对直接负责的主管人员和其他直接责任人员依法给予处分；造成损失的，依法承担赔偿责任：

（一）不按照规定建立、转移接续军人保险关系的；
（二）不按照规定收缴、上缴个人缴纳的保险费的；
（三）不按照规定给付军人保险金的；
（四）篡改或者丢失个人缴费记录等军人保险档案资料的；
（五）泄露军队单位和军人的信息的；
（六）违反规定划拨、存储军人保险基金的；
（七）有违反法律、法规损害军人保险权益的其他行为的。

第四十六条 贪污、侵占、挪用军人保险基金的，由军队后勤（联勤）机关责令限期退回，对直接负责的主管人员和其他直接责任人员依法给予处分。

第四十七条 以欺诈、伪造证明材料等手段骗取军人保险待遇的，由军队后勤（联勤）机关和社会保险行政部门责令限期退回，并依法给予处分。

第四十八条 违反本法规定，构成犯罪的，依法追究刑事责任。

第九章 附 则

第四十九条 军人退出现役后参加失业保险的,其服现役年限视同失业保险缴费年限,与入伍前和退出现役后参加失业保险的缴费年限合并计算。

第五十条 本法关于军人保险权益和义务的规定,适用于人民武装警察;中国人民武装警察部队保险基金管理,按照中国人民武装警察部队资金管理体制执行。

第五十一条 本法自 2012 年 7 月 1 日起施行。

中共中央办公厅、国务院办公厅
关于解决部分退役士兵社会保险问题的意见

(2019 年 4 月 28 日)①

广大退役士兵曾经为国防和军队建设作出贡献,在党和政府的重视关怀下,总体上得到了妥善安置,受到社会的尊崇和优待。但是,一些退役士兵未能及时参加基本养老、基本医疗保险或参保后因企业经营困难、下岗失业等原因缴费中断,享受养老、医疗保障待遇面临困难。为保证退役士兵享有的保障待遇与服役贡献相匹配、与经济社会发展水平相适应,切实维护他们的切身利益,现提出如下意见。

一、总体要求

以习近平新时代中国特色社会主义思想为指导,紧紧围绕统筹推进"五位一体"总体布局和协调推进"四个全面"战略布局,贯彻新发展理念,践行以人民为中心的发展思想,在既有制度框架内,抓住主要矛盾,坚持问题导向,深挖制度潜力,创新政策措施,依法合理解决广大退役士兵最关心最直接最现实的利益问题,完善基本养老、基本医疗保险参保和接续政策,使他们退休后能够享受相关待遇,共享经济社会改革发展成果,切实感受到党和政府的关怀与优待,体会到社会尊崇。

---

① 该日期为新华社发布日期。

二、政策措施

以政府安排工作方式退出现役的退役士兵，适用以下政策。

（一）允许参保和补缴

未参加社会保险的允许参保。退役士兵入伍时未参加城镇职工基本养老、基本医疗保险的，入伍时间视为首次参保时间；2012年7月1日《中华人民共和国军人保险法》实施前退役的，军龄视同为基本养老保险、基本医疗保险缴费年限；在《中华人民共和国军人保险法》实施后退役、国家给予军人退役基本养老保险补助的，军龄与参加基本养老保险、基本医疗保险的缴费年限合并计算。

参保后缴费中断的允许补缴。退役士兵参加基本养老保险出现欠缴、断缴的，允许按不超过本人军龄的年限补缴，补缴免收滞纳金。达到法定退休年龄、基本养老保险累计缴费年限（含军龄）未达到国家规定最低缴费年限的，允许延长缴费至最低缴费年限；2011年7月1日《中华人民共和国社会保险法》实施前首次参保、延长缴费5年后仍不足最低缴费年限的，允许一次性缴费至最低缴费年限。达到法定退休年龄、城镇职工基本医疗保险累计缴费年限（含军龄）未达到国家规定年限的，可以缴费至国家规定年限。

退役士兵参加工伤保险、失业保险、生育保险存在的问题，各地按规定予以解决。

（二）补缴责任和要求

退役士兵参加社会保险缴纳费用，原则上单位缴费部分由所在单位负担，个人缴费部分由个人负担。

原单位已不存在或缴纳确有困难的，由原单位上级主管部门负责补缴；上级主管部门不存在或无力缴纳的，由安置地退役军人事务主管部门申请财政资金解决。政府补缴年限不超过本人军龄。上述单位缴费财政补助部分由中央、省、市、县四级承担，安置地省级政府承担主体责任，中央财政对地方给予适当补助。

对于个人缴费部分，个人属于最低生活保障对象、特困人员的，地方政府对其个人缴费予以适当补助。

（三）缴费工资基数和费率

城镇职工基本养老保险。缴费工资基数由安置地按照补缴时上年度职工平均工资的60%予以确定，单位和个人缴费费率按补缴时安置地规定执行，相应记录个人权益。

城镇职工基本医疗保险。缴费工资基数由参保地按照补缴时上年度职工平均工资的60%予以确定，单位和个人缴费费率按参保地规定执行。

（四）参保和补缴手续

建立"一门受理、协同办理"的经办机制。需要参加社会保险或补缴社会保险费的退役士兵持本人有效身份证件和相关退役证明，到安置地退役军人事务主管部门登记军龄、提出申请。安置地退役军人事务主管部门将相关认定信息及证明材料分别提供给安置地（或参保地）社会保险、医疗保险及相关征收机构办理参保和补缴手续。

三、加强组织领导

（一）健全工作机制。地方各级政府各有关部门要强化政治责任和使命担当，建立党委和政府统一领导，退役军人事务部门统筹协调，财政、人力资源社会保障、医疗保障、税务、审计等相关部门各司其职、密切配合的工作机制。国家层面建立由退役军人事务部牵头、有关部门参加的部际联席会议制度。

（二）加强督导落实。各地要对照本意见要求，对符合条件的退役士兵登记造册，制定方案，核算资金，确保政策落实到位。其中，涉及基本养老保险的补缴工作，要结合实际加快工作进度，争取尽快完成工作任务。各地要实行工作进展情况通报制度，对因工作不到位、责任不落实未能完成任务的，要倒查责任、严肃追责。

（三）强化帮扶援助。对于达到法定退休年龄，按照本意见缴费后仍未达到最低缴费年限的，各地要采取多种有效措施予以帮助。要积极通过教育培训、推荐就业、扶持创业等方式，帮助退役士兵就业创业。对于年龄偏大、扶持后仍就业困难的退役士兵，符合条件的，优先通过政府购买的公共服务岗位帮扶就业。有就业能力的退役士兵应主动就业创业，用工单位和退役士兵应依法缴纳社会保险费。

本意见适用于施行前出现的未参保和断缴问题。各省区市各有关部门要根据本地区本系统实际制定具体落实措施，实施过程中的重大问题、重要情况要及时向党中央、国务院报告。

财政部、退役军人部、人力资源社会保障部、医保局、民政部、税务总局关于解决部分退役士兵社会保险问题中央财政补助资金有关事项的通知

(2019年7月5日 财社〔2019〕81号)

各省、自治区、直辖市财政厅（局）、退役军人事务厅（局）、人力资源社会保障厅（局）、医疗保障局、民政厅（局），税务总局各省、自治区、直辖市和计划单列市税务局，新疆生产建设兵团财政局、退役军人事务局、人力资源社会保障局、医疗保障局、民政局：

为贯彻落实《中共中央办公厅 国务院办公厅印发〈关于解决部分退役士兵社会保险问题的意见〉的通知》（以下称《通知》），妥善解决部分退役士兵基本养老保险和基本医疗保险未参保和中断缴费问题，规范中央财政补助资金使用管理，现将有关事项通知如下：

一、政府补助范围

以政府安排工作方式退出现役的退役士兵，在《通知》实施前，未参加基本养老保险和基本医疗保险或参保后缴费中断的，可以按不超过本人军龄的年限补缴。

退役士兵参加基本养老保险和基本医疗保险所需缴费，原则上单位缴费部分由所在单位负担，个人缴费部分由个人负担。原单位已不存在或缴纳确有困难的，由原单位上级主管部门负责补缴；上级主管部门不存在或无力缴纳的，由安置地退役军人事务主管部门申请财政资金解决。

二、中央财政补助范围及标准

退役士兵补缴基本养老保险单位缴费部分所需政府补助资金，中央财政对中西部兵员大省、中西部非兵员大省、东部兵员大省、东部非兵员大省分别按照50%、40%、30%、20%的比例给予补助。1978年以来，累计接收符合政府安排工作条件的退役士兵达40万人以上的，认定为兵员大省。

退役士兵补缴基本医疗保险单位缴费部分所需政府补助资金，由地方财政承担。退役士兵个人属于最低生活保障对象、特困人员的，地方政府对其补缴基本养老保险和基本医疗保险个人缴费予以适当补助，所需资金由地方财政承担。

三、中央财政补助资金预拨和结算

中央财政补助资金实行先预拨后结算的补助方式。2019年起，中央财政根据各地工作进展情况预拨补助资金，2022年结算剩余补助资金。鼓励各地加快工作进度，对提前完成工作任务的，中央财政将及时结算补助资金。

部分退役士兵基本养老保险补缴工作完成后，地方各级退役军人事务部门应会同人力资源社会保障、财政部门按要求逐级汇总上报《部分退役士兵补缴基本养老保险中央财政补助资金结算申请表》（附件1）和《部分退役士兵补缴基本养老保险情况统计表》（附件2）。2022年4月1日前，各省（区、市）退役军人事务部门应会同人力资源社会保障、财政部门向退役军人部上报中央财政补助资金结算申请报告及附件1。结算申请报告应包括：本地基本养老保险补缴工作开展情况；基本养老保险补缴人数、补缴年限、补缴金额；地方财政补助资金安排及中央财政补助资金分配使用情况；申请结算的补助资金；工作中存在的问题及建议等。退役军人部对各省（区、市）的结算申请报告及其附件进行审核后向财政部提出结算建议，财政部根据退役军人部审核情况结算中央财政补助资金。

四、补助资金使用管理

各省（区、市）财政部门在收到中央财政预拨资金预算后，应及时将资金预算分解下达到市（区）、县（市）财政部门或安排用于省级退役军人事务部门办理的退役士兵基本养老保险补缴工作。地方各级财政部门应统筹使用中央和地方安排的财政补助资金，做好退役士兵基本养老保险补缴工作，对补缴所需资金不得挂账处理，切实保障退役士兵养老保险权益。

对《通知》出台前，已经开展部分退役士兵基本养老保险补缴工作的地区，中央财政按照本通知规定安排和结算补助资金。退役士兵基本养老保险补缴工作完成后，各地可根据本地实际将中央财政补助资金统筹用于其他支出。

五、监督检查

退役军人部、人力资源社会保障部、财政部将对各省（区、市）中央财政补助资金安排使用情况进行专项检查。各级财政、退役军人事务、人力资源社会保障等部门及其工作人员在退役士兵补缴基本养老保险中央财政补助资金使用管理工作中，存在虚报退役士兵补缴人数和补助金额、挤占挪用补助资金、贪污浪费以及其他滥用职权、玩忽职守、徇私舞弊等违法违纪行为的，按照《中华人民共和国预算法》《中华人民共和国公务员法》《中华人民共和国监察法》《财政违法行为处罚处分条例》等有关规定追究相关部门和个人责任；涉嫌犯罪的，移送司法机关处理。

六、有关工作要求

各地各有关部门要各司其职、密切配合，最迟于2021年底前完成部分退役士兵基本养老保险补缴工作。退役军人事务部门要做好人员摸排、身份审核确认、补助资金审核申请等工作，并切实承担起统筹协调责任。人力资源社会保障、医保、税务部门要根据部门职责，做好历史参保记录核查、费用补缴和征收、参保权益确认等工作。民政部门要积极协助做好最低生活保障对象、特困人员等身份确认工作。财政部门要及时安排拨付基本养老保险和基本医疗保险补缴所需补助资金，切实做好资金保障，会同相关部门加强资金管理，确保资金使用安全、规范、高效。

附件：
1. 部分退役士兵补缴基本养老保险中央财政补助资金结算申请表（略）
2. 部分退役士兵补缴基本养老保险情况统计表（略）

国务院办公厅、中央军委办公厅转发保监会、发展改革委、财政部、总参谋部、总政治部、总后勤部、总装备部关于推进商业保险服务军队建设指导意见的通知

（2015年7月30日　国办发〔2015〕60号）

保监会、发展改革委、财政部、总参谋部、总政治部、总后勤部、总装备部《关于推进商业保险服务军队建设的指导意见》已经国务院、中央

军委同意，现转发给你们，请认真贯彻执行。

推进商业保险服务军队建设工作，有利于军民融合深度发展，拓宽保险服务领域，完善具有中国特色的军人保险制度体系。各地区、军地各有关部门要站在战略和全局的高度，充分认识商业保险服务军队建设的重要意义，自觉把思想和行动统一到党中央、国务院、中央军委决策部署上来，以高度负责的精神，认真履行职责，加强组织协调，抓好工作落实，提供优质高效的商业保险服务，以实际行动促进国防和军队现代化建设，维护国家改革发展稳定大局。

关于推进商业保险服务军队建设的指导意见

为贯彻落实党的十八大和十八届三中、四中全会精神，推动军民融合深度发展，进一步发挥商业保险服务军队建设的作用，根据《中华人民共和国保险法》等法律制度规定，结合军队和保险业实际，现提出以下意见：

一、充分认识商业保险服务军队建设的重要意义

（一）推进商业保险服务军队建设，是保障军人权益的重要举措。军队是国家的坚强柱石，担负着维护国家主权、安全、领土完整，保障国家和平发展的神圣使命。近年来，围绕建设一支听党指挥、能打胜仗、作风优良的人民军队这一党在新形势下的强军目标，部队官兵认真履行使命任务，不断加大训练难度强度，风险保障需求日益提升。推进商业保险服务军队建设，有利于建立健全军民结合的多层次、多渠道风险保障体系，减少军人后顾之忧，维护军人权益，增强军队凝聚力战斗力，服务军队建设科学发展。

（二）建立完善具有中国特色的军人保险制度体系，是促进保险业持续健康发展的重要契机。保险是市场经济条件下风险管理的基本手段，在促进经济社会发展和保障人民群众生产生活方面发挥着积极作用。建立完善具有中国特色的军人保险制度体系，有利于完善对军队单位和军队人员及其家庭成员的保险服务，对于创新保险服务方式，拓宽保险服务领域，提高保险运行效率，促进保险业持续健康发展，具有重要意义。

二、基本原则

（三）政府支持、市场主导。坚持政策扶持与市场运作相结合，以市场化为导向,加强对军人商业保险发展的政策引导支持,积极发挥商业保险作用,不断创新军人保险保障方式,拓宽军人保险保障渠道,增强军人保险保障能力。

(四)军民融合、互利共赢。注重发挥资源整合优势,综合考虑军事保密、监督管理能力、商业保险机构服务水平等因素,合理确定军地各方职责,密切分工协作,坚持走军民融合式发展路子,实现军民合作共赢。

(五)专业运作、持续发展。遵循商业保险规律,利用保险机构专业优势,合理测算、规范运作,开发军人商业保险产品,鼓励军队单位和军队人员及其家庭成员自愿投保,提高保险运行效率和保障水平,推动军人商业保险可持续发展。

三、鼓励提供优质保险服务

(六)开发丰富多样的保险产品。支持保险机构在国家和军队政策制度框架内,开发针对性强的军队单位团体保险产品并提供一揽子保险解决方案。根据军队特殊需求,研究开发适用于军队房产、车辆等资产的财产保险品种,探索建立军队重大自然灾害风险分散机制。研究开发团体人身保险产品,化解军队人员职业风险。支持保险机构为军队人员及其家庭成员开发多样化的养老险、健康险、意外险、家庭财产险、机动车辆险、信用保证险、责任险等专属保险产品,为军队人员及其家庭成员提供多层次、多类别和长期均衡的保险保障。

(七)给予适度优惠。保险机构应当有效分散风险,建立专门的军人商业保险风险数据库,坚持收益覆盖风险和保本微利的定价原则,合理确定保险费率,开发军人商业保险专属产品,营造公平竞争市场环境。鼓励保险机构对军队单位和军队人员及其家庭成员购买非专属保险产品给予适度优惠。

(八)提供高效优质承保理赔服务。保险机构要加强经营管理,提高军人商业保险的工作效率和服务质量。鼓励保险机构为军队购买商业保险制订一揽子保险计划,探索创新承保、理赔、风险管理等服务,建立快速受理、快速理赔、快速结案机制,提供更加优质、高效、便捷的军人商业保险服务,支持保险机构设立专门服务网点,满足军人商业保险业务需要。

四、加强政策引导支持

(九)落实税收优惠政策。对保险机构开展军队单位和军队人员及其家庭成员的保险业务，按照税收法律法规及相关规定征免税收。

（十）优化保险服务外部条件。军队探索通过商业保险手段，建立市场化的风险管理和损失补偿机制。在符合保密规定前提下，军队单位为保险机构的项目风险评估、承保方案设计和精算定价提供必要基础数据。参保军队单位和军队人员及其家庭成员要在记名投保、理赔账户确认、理赔凭证提交等方面，为保险机构承保、查勘定损、理赔和风险管理等提供便利，在符合保密规定前提下，允许保险机构开展现场查勘定损等服务；对于特别重大的财产保险损失，如因保密原因保险机构无法开展现场查勘定损等服务的，参保军队单位的上级军人保险主管部门应出具证明。

五、健全工作保障机制

（十一）加强组织领导。发挥军队军人保险委员会在商业保险服务军队建设中的统筹作用，逐步建立健全军地商业保险工作机制，加强组织协调，定期交流情况，共同研究制定相关制度和支持政策。保险机构要与参保军队单位建立对接机制，了解军队单位和军队人员及其家庭成员的保险需求，沟通解决理赔等保险服务中可能出现的问题。充分发挥现有保险纠纷调解组织功能作用，高效、妥善化解保险纠纷。

（十二）做好保密工作。建立保险机构开展军人商业保险保密审查制度，加强保密管理。开展军人商业保险的保险机构要站在维护国家利益和军事利益的高度，增强保密意识，建立完善保密制度，明确保密工作要求；对军人商业保险业务实行单独代码、单独核算、分账管理，在统计、财务、查询等功能上进行特殊处理；将经办军人商业保险的员工纳入保密工作范围，开展有针对性的保密法纪教育。军队单位要与承保保险机构签订保密协议，对投保标的及其相关信息实行分类管理，严格做好涉密信息的保密工作。

（十三）加大宣传力度。开展军人商业保险的保险机构要做好军人商业保险的咨询、宣传工作，帮助部队官兵了解政策，用足、用好政策，维护好自身保险权益。军队单位要为保险机构的保险宣传提供便利条件。

六、明确服务对象范围

（十四）本意见所称军队单位是指军队团级以上建制单位；军队人员是指现役军官、文职干部、士兵和供给制学员，以及军队文职人员和军队正式职工；家庭成员是指军队人员的配偶、子女和父母。

（十五）本意见适用于中国人民武装警察部队。

（三）退役安置

退役军人安置条例

（2024年7月29日中华人民共和国国务院、中华人民共和国中央军事委员会令第787号公布　自2024年9月1日起施行）

第一章　总　　则

第一条　为了规范退役军人安置工作，妥善安置退役军人，维护退役军人合法权益，让军人成为全社会尊崇的职业，根据《中华人民共和国退役军人保障法》、《中华人民共和国兵役法》、《中华人民共和国军人地位和权益保障法》，制定本条例。

第二条　本条例所称退役军人，是指从中国人民解放军依法退出现役的军官、军士和义务兵等人员。

第三条　退役军人为国防和军队建设做出了重要贡献，是社会主义现代化建设的重要力量。

国家关心、优待退役军人，保障退役军人依法享有相应的权益。

全社会应当尊重、优待退役军人，支持退役军人安置工作。

第四条　退役军人安置工作坚持中国共产党的领导，坚持为经济社会发展服务、为国防和军队建设服务的方针，贯彻妥善安置、合理使用、人尽其才、各得其所的原则。

退役军人安置工作应当公开、公平、公正，军地协同推进。

第五条　对退役的军官，国家采取退休、转业、逐月领取退役金、复员等方式妥善安置。

对退役的军士，国家采取逐月领取退役金、自主就业、安排工作、退休、供养等方式妥善安置。

对退役的义务兵，国家采取自主就业、安排工作、供养等方式妥善安置。

对参战退役军人，担任作战部队师、旅、团、营级单位主官的转业军官、属于烈士子女、功臣模范的退役军人，以及长期在艰苦边远地区或者飞行、舰艇、涉核等特殊岗位服现役的退役军人，依法优先安置。

第六条　中央退役军人事务工作领导机构负责退役军人安置工作顶层设计、统筹协调、整体推进、督促落实。地方各级退役军人事务工作领导机构负责本地区退役军人安置工作的组织领导和统筹实施。

第七条　国务院退役军人工作主管部门负责全国的退役军人安置工作。中央军事委员会政治工作部门负责组织指导全军军人退役工作。中央和国家有关机关、中央军事委员会机关有关部门应当在各自职责范围内做好退役军人安置工作。

县级以上地方人民政府退役军人工作主管部门负责本行政区域的退役军人安置工作。军队团级以上单位政治工作部门（含履行政治工作职责的部门，下同）负责本单位军人退役工作。地方各级有关机关应当在各自职责范围内做好退役军人安置工作。

省军区（卫戍区、警备区）负责全军到所在省、自治区、直辖市以转业、逐月领取退役金、复员方式安置的退役军官和逐月领取退役金的退役军士移交工作，配合安置地做好安置工作；配合做好退休军官、军士以及以安排工作、供养方式安置的退役军士和义务兵移交工作。

第八条　退役军人安置所需经费，按照中央与地方财政事权和支出责任划分原则，列入中央和地方预算，并根据经济社会发展水平适时调整。

第九条　机关、群团组织、企业事业单位和社会组织应当依法接收安置退役军人，退役军人应当接受安置。

退役军人应当模范遵守宪法和法律法规，保守军事秘密，保持发扬人民军队光荣传统和优良作风，积极投身全面建设社会主义现代化国家的事业。

第十条　县级以上地方人民政府应当把退役军人安置工作纳入年度重点工作计划，纳入目标管理，建立健全安置工作责任制和考核评价制度，将安置工作完成情况纳入对本级人民政府负责退役军人有关工作的部门及其负责人、下级人民政府及其负责人的考核评价内容，作为双拥模范城（县）考评重要内容。

第十一条　对在退役军人安置工作中做出突出贡献的单位和个人，按照国家有关规定给予表彰、奖励。

第二章 退役军官安置方式

第十二条 军官退出现役,符合规定条件的,可以作退休、转业或者逐月领取退役金安置。

军官退出现役,有规定情形的,作复员安置。

第十三条 对退休军官,安置地人民政府应当按照国家保障与社会化服务相结合的方式,做好服务管理工作,保障其待遇。

第十四条 安置地人民政府根据工作需要设置、调整退休军官服务管理机构,服务管理退休军官。

第十五条 转业军官由机关、群团组织、事业单位和国有企业接收安置。

安置地人民政府应当根据转业军官德才条件以及服现役期间的职务、等级、所作贡献、专长等和工作需要,结合实际统筹采取考核选调、赋分选岗、考试考核、双向选择、直通安置、指令性分配等办法,妥善安排其工作岗位,确定相应的职务职级。

第十六条 退役军官逐月领取退役金的具体办法由国务院退役军人工作主管部门会同有关部门制定。

第十七条 复员军官按照国务院退役军人工作主管部门、中央军事委员会政治工作部门制定的有关规定享受复员费以及其他待遇等。

第三章 退役军士和义务兵安置方式

第一节 逐月领取退役金

第十八条 军士退出现役,符合规定条件的,可以作逐月领取退役金安置。

第十九条 退役军士逐月领取退役金的具体办法由国务院退役军人工作主管部门会同有关部门制定。

第二节 自主就业

第二十条 退役军士不符合逐月领取退役金、安排工作、退休、供养条件的,退役义务兵不符合安排工作、供养条件的,以自主就业方式安置。

退役军士符合逐月领取退役金、安排工作条件的,退役义务兵符合安排工作条件的,可以选择以自主就业方式安置。

第二十一条 对自主就业的退役军士和义务兵,根据其服现役年限发放一次性退役金。

自主就业退役军士和义务兵的一次性退役金由中央财政专项安排,具体标准由国务院退役军人工作主管部门、中央军事委员会政治工作部门会同国务院财政部门,根据国民经济发展水平、国家财力情况、全国城镇单位就业人员平均工资和军人职业特殊性等因素确定,并适时调整。

第二十二条 自主就业的退役军士和义务兵服现役期间个人获得勋章、荣誉称号或者表彰奖励的,按照下列比例增发一次性退役金:

(一)获得勋章、荣誉称号的,增发 25%;

(二)荣立一等战功或者获得一级表彰的,增发 20%;

(三)荣立二等战功、一等功或者获得二级表彰并经批准享受相关待遇的,增发 15%;

(四)荣立三等战功或者二等功的,增发 10%;

(五)荣立四等战功或者三等功的,增发 5%。

第二十三条 对自主就业的退役军士和义务兵,地方人民政府可以根据当地实际情况给予一次性经济补助,补助标准及发放办法由省、自治区、直辖市人民政府制定。

第二十四条 因患精神障碍被评定为 5 级至 6 级残疾等级的初级军士和义务兵退出现役后,需要住院治疗或者无直系亲属照顾的,可以由安置地人民政府退役军人工作主管部门安排到有关医院接受治疗,依法给予保障。

第三节 安 排 工 作

第二十五条 军士和义务兵退出现役,符合下列条件之一的,由安置地人民政府安排工作:

(一)军士服现役满 12 年的;

(二)服现役期间个人获得勋章、荣誉称号的;

(三)服现役期间个人荣获三等战功、二等功以上奖励的;

(四)服现役期间个人获得一级表彰的;

（五）因战致残被评定为5级至8级残疾等级的；

（六）是烈士子女的。

符合逐月领取退役金条件的军士，本人自愿放弃以逐月领取退役金方式安置的，可以选择以安排工作方式安置。

因战致残被评定为5级至6级残疾等级的中级以上军士，本人自愿放弃以退休方式安置的，可以选择以安排工作方式安置。

第二十六条　对安排工作的退役军士和义务兵，主要采取赋分选岗的办法安排到事业单位和国有企业；符合规定条件的，可以择优招录到基层党政机关公务员岗位。

安排工作的退役军士和义务兵服现役表现量化评分的具体办法由国务院退役军人工作主管部门会同中央军事委员会政治工作部门制定。

第二十七条　根据工作需要和基层政权建设要求，省级公务员主管部门应当确定一定数量的基层公务员录用计划，综合考虑服现役表现等因素，按照本条例第二十六条的规定择优招录具有本科以上学历的安排工作的退役军士和义务兵。招录岗位可以在省级行政区域内统筹安排。

参加招录的退役军士和义务兵是烈士子女的，或者在艰苦边远地区服现役满5年的，同等条件下优先录用。

艰苦边远地区和边疆民族地区在招录退役军士和义务兵时，可以根据本地实际适当放宽安置去向、年龄、学历等条件。

第二十八条　根据安置工作需要，省级以上人民政府可以指定一批专项岗位，按照规定接收安置安排工作的退役军士和义务兵。

第二十九条　对安排到事业单位的退役军士和义务兵，应当根据其服现役期间所作贡献、专长特长等，合理安排工作岗位。符合相应岗位条件的，可以安排到管理岗位或者专业技术岗位。

第三十条　机关、群团组织、事业单位接收安置安排工作的退役军士和义务兵，应当按照国家有关规定给予编制保障。

国有企业应当按照本企业全系统新招录职工数量的规定比例核定年度接收计划，用于接收安置安排工作的退役军士和义务兵。

第三十一条　对接收安置安排工作的退役军士和义务兵任务较重的地方，上级人民政府可以在本行政区域内统筹调剂安排。

安置地人民政府应当在接收退役军士和义务兵的6个月内完成安排退

役军士和义务兵工作的任务。

第三十二条 安排工作的退役军士和义务兵的安置岗位需要签订聘用合同或者劳动合同的，用人单位应当按照规定与其签订不少于3年的中长期聘用合同或者劳动合同。其中，企业接收军龄10年以上的退役军士的，应当与其签订无固定期限劳动合同。

第三十三条 对安排工作的残疾退役军士和义务兵，接收单位应当安排力所能及的工作。

安排工作的因战、因公致残退役军士和义务兵，除依法享受工伤保险待遇外，还享受与所在单位工伤人员同等的生活福利、医疗等其他待遇。

第三十四条 符合安排工作条件的退役军士和义务兵无正当理由拒不服从安置地人民政府安排工作的，视为放弃安排工作待遇；在待安排工作期间被依法追究刑事责任的，取消其安排工作待遇。

第三十五条 军士和义务兵退出现役，有下列情形之一的，不以安排工作方式安置：

（一）被开除中国共产党党籍的；

（二）受过刑事处罚的；

（三）法律法规规定的因被强制退役等原因不宜以安排工作方式安置的其他情形。

第四节 退休与供养

第三十六条 中级以上军士退出现役，符合下列条件之一的，作退休安置：

（一）退出现役时年满55周岁的；

（二）服现役满30年的；

（三）因战、因公致残被评定为1级至6级残疾等级的；

（四）患有严重疾病且经医学鉴定基本丧失工作能力的。

第三十七条 退休军士移交政府安置服务管理工作，参照退休军官的有关规定执行。

第三十八条 被评定为1级至4级残疾等级的初级军士和义务兵退出现役的，由国家供养终身。

因战、因公致残被评定为1级至4级残疾等级的中级以上军士，本人自愿放弃退休安置的,可以选择由国家供养终身。

国家供养分为集中供养和分散供养。

第四章 移交接收

第一节 安置计划

第三十九条 退役军人安置计划包括全国退役军人安置计划和地方退役军人安置计划,区分退役军官和退役军士、义务兵分类分批下达。

全国退役军人安置计划,由国务院退役军人工作主管部门会同中央军事委员会政治工作部门、中央和国家有关机关编制下达。

县级以上地方退役军人安置计划,由本级退役军人工作主管部门编制下达或者会同有关部门编制下达。

第四十条 伤病残退役军人安置计划可以纳入本条例第三十九条规定的计划一并编制下达,也可以专项编制下达。

退役军人随调随迁配偶和子女安置计划与退役军人安置计划一并下达。

第四十一条 中央和国家机关及其管理的企业事业单位接收退役军人的安置计划,按照国家有关规定编制下达。

第四十二条 因军队体制编制调整,军人整建制成批次退出现役的安置,由国务院退役军人工作主管部门、中央军事委员会政治工作部门会同中央和国家有关机关协商办理。

第二节 安置地

第四十三条 退役军人安置地按照服从工作需要、彰显服役贡献、有利于家庭生活的原则确定。

第四十四条 退役军官和以逐月领取退役金、退休方式安置的退役军士的安置地按照国家有关规定确定。

第四十五条 退役义务兵和以自主就业、安排工作、供养方式安置的退役军士的安置地为其入伍时户口所在地。但是,入伍时是普通高等学校在校学生,退出现役后不复学的,其安置地为入学前的户口所在地。

退役义务兵和以自主就业、安排工作、供养方式安置的退役军士有下列情形之一的,可以易地安置:

（一）服现役期间父母任何一方户口所在地变更的，可以在父母任何一方现户口所在地安置；

（二）退役军士已婚的，可以在配偶或者配偶父母任何一方户口所在地安置；

（三）退役军士的配偶为现役军人且符合随军规定的，可以在配偶部队驻地安置；双方同时退役的，可以在配偶的安置地安置；

（四）因其他特殊情况，由军队旅级以上单位政治工作部门出具证明，经省级以上人民政府退役军人工作主管部门批准，可以易地安置。

退役军士按照前款第二项、第三项规定在国务院确定的中等以上城市安置的，应当结婚满 2 年。

第四十六条 因国家重大改革、重点项目建设以及国防和军队改革需要等情况，退役军人经国务院退役军人工作主管部门批准，可以跨省、自治区、直辖市安置。

符合安置地吸引人才特殊政策规定条件的退役军人，由接收安置单位所在省级人民政府退役军人工作主管部门商同级人才工作主管部门同意，经国务院退役军人工作主管部门和中央军事委员会政治工作部门批准，可以跨省、自治区、直辖市安置。

第四十七条 对因战致残、服现役期间个人荣获三等战功或者二等功以上奖励、是烈士子女的退役军人，以及父母双亡的退役军士和义务兵，可以根据本人申请，由省级以上人民政府退役军人工作主管部门按照有利于其生活的原则确定安置地。

第四十八条 退役军人在国务院确定的超大城市安置的，除符合其安置方式对应的规定条件外，按照本人部队驻地安置的，还应当在驻该城市部队连续服役满规定年限；按照投靠方式安置的，还应当符合国家有关规定要求的其他资格条件。

第四十九条 退役军人服现役期间个人获得勋章、荣誉称号的，荣立一等战功或者获得一级表彰的，可以在全国范围内选择安置地。其中，退役军人选择在国务院确定的超大城市安置的，不受本条例第四十八条规定的限制。

退役军人服现役期间个人荣立二等战功或者一等功的，获得二级表彰并经批准享受相关待遇的，在西藏、新疆、军队确定的四类以上艰苦边远地区、军队确定的二类以上岛屿或者飞行、舰艇、涉核等特殊岗位服现役累计满15年的，可以在符合安置条件的省级行政区域内选择安置地。

退役军人在西藏、新疆、军队确定的四类以上艰苦边远地区、军队确定的二类以上岛屿或者飞行、舰艇、涉核等特殊岗位服现役累计满10年的，可以在符合安置条件的设区的市级行政区域内选择安置地。

第三节 交 接

第五十条 以转业、逐月领取退役金、复员方式安置的退役军官和以逐月领取退役金方式安置的退役军士的人事档案，由中央军事委员会机关部委、中央军事委员会直属机构、中央军事委员会联合作战指挥中心、战区、军兵种、中央军事委员会直属单位等单位的政治工作部门向安置地省军区（卫戍区、警备区）移交后，由安置地省军区（卫戍区、警备区）向省级人民政府退役军人工作主管部门进行移交。

安排工作的退役军士和义务兵的人事档案，由中央军事委员会机关部委、中央军事委员会直属机构、中央军事委员会联合作战指挥中心、战区、军兵种、中央军事委员会直属单位等单位的政治工作部门向安置地省级人民政府退役军人工作主管部门进行移交。

以自主就业、供养方式安置的退役军士和义务兵的人事档案，由军队师、旅、团级单位政治工作部门向安置地人民政府退役军人工作主管部门进行移交。

第五十一条 以转业、逐月领取退役金、复员方式安置的退役军官，由退役军人工作主管部门发出接收安置报到通知，所在部队应当及时为其办理相关手续，督促按时报到。

以逐月领取退役金、安排工作、供养方式安置的退役军士和以安排工作、供养方式安置的退役义务兵，应当按照规定时间到安置地人民政府退役军人工作主管部门报到；自主就业的退役军士和义务兵，应当自被批准退出现役之日起30日内，到安置地人民政府退役军人工作主管部门报到。无正当理由不按照规定时间报到超过30日的，视为放弃安置待遇。

第五十二条 退休军官和军士的移交接收，由退休军官和军士所在部队团级以上单位政治工作部门和安置地人民政府退役军人工作主管部门组织办理。

第五十三条　退役军人报到后，退役军人工作主管部门应当及时为需要办理户口登记的退役军人开具户口登记介绍信，公安机关据此办理户口登记。

退役军人工作主管部门应当督促退役军人及时办理兵役登记信息变更。

实行组织移交的复员军官，由军队旅级以上单位政治工作部门会同安置地人民政府退役军人工作主管部门和公安机关办理移交落户等相关手续。

第五十四条　对符合移交条件的伤病残退役军人，军队有关单位和安置地人民政府退役军人工作主管部门应当及时移交接收，予以妥善安置。

第五十五条　对退役军人安置政策落实不到位、工作推进不力的地区和单位，由省级以上人民政府退役军人工作主管部门会同有关部门约谈该地区人民政府主要负责人或者该单位主要负责人；对拒绝接收安置退役军人或者未完成安置任务的部门和单位，组织、编制、人力资源社会保障等部门可以视情况暂缓办理其人员调动、录（聘）用和编制等审批事项。

第五章　家属安置

第五十六条　以转业、逐月领取退役金、复员方式安置的退役军官和以逐月领取退役金、安排工作方式安置且符合家属随军规定的退役军士，其配偶可以随调随迁，未成年子女可以随迁。

以转业、逐月领取退役金、复员方式安置的退役军官身边无子女的，可以随调一名已经工作的子女及其配偶。

第五十七条　退役军人随调配偶在机关或者事业单位工作，符合有关法律法规规定的，安置地人民政府负责安排到相应的工作单位。对在其他单位工作或者无工作单位的随调随迁配偶，安置地人民政府应当提供就业指导，协助实现就业。

对安排到企业事业单位的退役军人随调配偶，安置岗位需要签订聘用合同或者劳动合同的，用人单位应当与其签订不少于3年的中长期聘用合同或者劳动合同。

鼓励和支持退役军人随调随迁家属自主就业创业。对有自主就业创业意愿的随调配偶，可以采取发放一次性就业补助费等措施进行安置，并提供就业指导服务。一次性就业补助费标准及发放办法由省、自治区、直辖市人民政府制定。随调随迁家属按照规定享受就业创业扶持相关优惠政策。

退役军人随调配偶应当与退役军人同时接收安置，同时发出报到通知。

第五十八条 退役军人随调随迁家属户口的迁移、登记等手续，由安置地公安机关根据退役军人工作主管部门的通知及时办理。

退役军人随迁子女需要转学、入学的，安置地人民政府教育行政部门应当及时办理。

第五十九条 转业军官和安排工作的退役军士自愿到艰苦边远地区工作的，其随调随迁配偶和子女可以在原符合安置条件的地区安置。

第六十条 退休军官、军士随迁配偶和子女的落户、各项社会保险关系转移接续以及随迁子女转学、入学，按照国家有关规定执行。

第六章　教育培训

第六十一条 退役军人离队前，所在部队在保证完成军事任务的前提下，应当根据需要开展教育培训，介绍国家改革发展形势，宣讲退役军人安置政策，组织法律法规和保密纪律等方面的教育。县级以上地方人民政府退役军人工作主管部门应当给予支持配合。

第六十二条 军人退出现役后，退役军人工作主管部门和其他负责退役军人安置工作的部门应当区分不同安置方式的退役军人，组织适应性培训。

对符合条件的退役军人，县级以上人民政府退役军人工作主管部门可以组织专业培训。

第六十三条 符合条件的退役军人定岗后，安置地人民政府退役军人工作主管部门、接收安置单位可以根据岗位需要和本人实际，选派到高等学校或者相关教育培训机构进行专项学习培训。退役军人参加专项学习培训期间同等享受所在单位相关待遇。

第六十四条 退役军人依法享受教育优待政策。

退役军人在达到法定退休年龄前参加职业技能培训的，按照规定享受职业技能培训补贴等相应扶持政策。

第六十五条 退役军人教育培训的规划、组织协调、督促检查、补助发放工作，以及师资、教学设施等方面保障，由退役军人工作主管部门和教育培训行政主管部门按照分工负责。

第七章　就业创业扶持

第六十六条　国家采取政府推动、市场引导、社会支持相结合的方式，鼓励和扶持退役军人就业创业。以逐月领取退役金、自主就业、复员方式安置的退役军人，按照规定享受相应就业创业扶持政策。

第六十七条　各级人民政府应当加强对退役军人就业创业的指导和服务。县级以上地方人民政府每年应当组织开展退役军人专场招聘活动，帮助退役军人就业。

对符合当地就业困难人员认定条件的退役军人，安置地人民政府应当将其纳入就业援助范围。对其中确实难以通过市场实现就业的，依法纳入公益性岗位保障范围。

第六十八条　机关、群团组织、事业单位和国有企业在招录或者招聘人员时，对退役军人的年龄和学历条件可以适当放宽，同等条件下优先招录、招聘退役军人。退役军官在军队团和相当于团以下单位工作的经历，退役军士和义务兵服现役的经历，视为基层工作经历。

各地应当设置一定数量的基层公务员职位，面向服现役满5年的高校毕业生退役军人招考。

用人单位招用退役军人符合国家规定的，依法享受税收优惠等政策。

第六十九条　自主就业的退役军士和义务兵入伍前是机关、群团组织、事业单位或者国有企业人员的，退出现役后可以选择复职复工，其工资、福利待遇不得低于本单位同等条件人员的平均水平。

第七十条　自主就业的退役军士和义务兵入伍前通过家庭承包方式承包的农村土地，承包期内不得违法收回或者强迫、阻碍土地经营权流转；通过招标、拍卖、公开协商等非家庭承包方式承包的农村土地，承包期内其家庭成员可以继续承包；承包的农村土地被依法征收、征用或者占用的，与其他农村集体经济组织成员享有同等权利。

符合条件的复员军官、自主就业的退役军士和义务兵回入伍时户口所在地落户，属于农村集体经济组织成员但没有承包农村土地的，可以申请承包农村土地，农村集体经济组织或者村民委员会、村民小组应当优先解决。

第七十一条　服现役期间因战、因公、因病致残被评定残疾等级和退役后补评或者重新评定残疾等级的残疾退役军人，有劳动能力和就业意愿的，优先享受国家规定的残疾人就业优惠政策。退役军人所在单位不得因其残疾而辞退、解除聘用合同或者劳动合同。

第八章　待遇保障

第七十二条　退休军官的政治待遇按照安置地国家机关相应职务层次退休公务员有关规定执行。退休军官和军士的生活待遇按照军队统一的项目和标准执行。

第七十三条　转业军官的待遇保障按照国家有关规定执行。

安排工作的退役军士和义务兵的工资待遇按照国家有关规定确定，享受接收安置单位同等条件人员的其他相关待遇。

第七十四条　退役军人服现役年限计算为工龄，退役后与所在单位工作年限累计计算，享受国家和所在单位规定的与工龄有关的相应待遇。其中，安排工作的退役军士和义务兵的服现役年限以及符合本条例规定的待安排工作时间合并计算为工龄。

第七十五条　安排工作的退役军士和义务兵待安排工作期间，安置地人民政府应当按照当地月最低工资标准逐月发放生活补助。

接收安置单位应当在安排工作介绍信开具30日内，安排退役军士和义务兵上岗。非因退役军士和义务兵本人原因，接收安置单位未按照规定安排上岗的，应当从介绍信开具当月起，按照不低于本单位同等条件人员平均工资80%的标准，逐月发放生活费直至上岗为止。

第七十六条　军人服现役期间享受的残疾抚恤金、护理费等其他待遇，退出现役移交地方后按照地方有关规定执行。退休军官和军士享受的护理费等生活待遇按照军队有关规定执行。

第七十七条　符合条件的退役军人申请保障性住房和农村危房改造的，同等条件下予以优先安排。

退役军人符合安置住房优待条件的，实行市场购买与军地集中统建相结合的方式解决安置住房，由安置地人民政府统筹规划、科学实施。

第七十八条　分散供养的退役军士和义务兵购（建）房所需经费的标准，按照安置地县（市、区、旗）经济适用住房平均价格和60平方米的建筑面积确定；没有经济适用住房的地区按照普通商品住房价格确定。所购

（建）房屋产权归分散供养的退役军士和义务兵所有，依法办理不动产登记。

分散供养的退役军士和义务兵自行解决住房的，按照前款规定的标准将购（建）房费用发给本人。

第七十九条 军官和军士退出现役时，服现役期间的住房公积金按照规定一次性发给本人，也可以根据本人意愿转移接续到安置地，并按照当地规定缴存、使用住房公积金；服现役期间的住房补贴发放按照有关规定执行。

第八十条 退役军人服现役期间获得功勋荣誉表彰的，退出现役后依法享受相应待遇。

第九章 社 会 保 险

第八十一条 军人退出现役时，军队按照规定转移军人保险关系和相应资金，安置地社会保险经办机构应当及时办理相应的转移接续手续。

退役军人依法参加养老、医疗、工伤、失业、生育等社会保险，缴纳社会保险费，享受社会保险待遇。

退役军人服现役年限与入伍前、退役后参加社会保险的缴费年限依法合并计算。

第八十二条 安排工作的退役军士和义务兵在国家规定的待安排工作期间，按照规定参加安置地职工基本养老保险并享受相应待遇，所需费用由安置地人民政府同级财政资金安排。

第八十三条 安置到机关、群团组织、企业事业单位的退役军人，依法参加职工基本医疗保险并享受相应待遇。

安排工作的退役军士和义务兵在国家规定的待安排工作期间，依法参加安置地职工基本医疗保险并享受相应待遇，单位缴费部分由安置地人民政府缴纳，个人缴费部分由个人缴纳。

逐月领取退役金的退役军官和军士、复员军官、自主就业的退役军士和义务兵依法参加职工基本医疗保险或者城乡居民基本医疗保险并享受相应待遇。

第八十四条 退休军官和军士移交人民政府安置后，由安置地人民政府按照有关规定纳入医疗保险和相关医疗补助。

退休军官享受安置地国家机关相应职务层次退休公务员的医疗待遇,退休军士医疗待遇参照退休军官有关规定执行。

第八十五条 退役军人未及时就业的,可以依法向户口所在地人力资源社会保障部门申领失业保险待遇,服现役年限视同参保缴费年限,但是以退休、供养方式安置的退役军人除外。

第八十六条 退役军人随调随迁家属,已经参加社会保险的,其社会保险关系和相应资金转移接续由社会保险经办机构依法办理。

第十章 法律责任

第八十七条 退役军人工作主管部门和其他负责退役军人安置工作的部门及其工作人员有下列行为之一的,由其上级主管部门责令改正,对负有责任的领导人员和直接责任人员依法给予处分:

(一) 违反国家政策另设接收条件、提高安置门槛的;

(二) 未按照规定确定退役军人安置待遇的;

(三) 在退役军人安置工作中出具虚假文件的;

(四) 挪用、截留、私分退役军人安置工作经费的;

(五) 在退役军人安置工作中利用职务之便为自己或者他人谋取私利的;

(六) 有其他违反退役军人安置法律法规行为的。

第八十八条 接收安置退役军人的单位及其工作人员有下列行为之一的,由当地人民政府退役军人工作主管部门责令限期改正;逾期不改正的,予以通报批评,并对负有责任的领导人员和直接责任人员依法给予处分:

(一) 拒绝或者无故拖延执行退役军人安置计划的;

(二) 在国家政策之外另设接收条件、提高安置门槛的;

(三) 将接收安置退役军人编制截留、挪用的;

(四) 未按照规定落实退役军人安置待遇的;

(五) 未依法与退役军人签订聘用合同或者劳动合同的;

(六) 违法与残疾退役军人解除聘用合同或者劳动合同的;

(七) 有其他违反退役军人安置法律法规行为的。

对干扰退役军人安置工作、损害退役军人合法权益的其他单位和个人,依法追究责任。

第八十九条　退役军人弄虚作假骗取安置待遇的,由县级以上地方人民政府退役军人工作主管部门取消相关待遇,追缴非法所得,依法追究责任。

第九十条　违反本条例规定,构成违反治安管理行为的,依法给予治安管理处罚;构成犯罪的,依法追究刑事责任。

第十一章　附　　则

第九十一条　中国人民武装警察部队依法退出现役的警官、警士和义务兵等人员的安置,适用本条例。

本条例有关军官的规定适用于军队文职干部。

士兵制度改革后未进行军衔转换士官的退役安置,参照本条例有关规定执行。

第九十二条　军官离职休养和少将以上军官退休后,按照国务院和中央军事委员会的有关规定安置管理。

军队院校学员依法退出现役的,按照国家有关规定执行。

已经按照自主择业方式安置的退役军人的待遇保障,按照国务院和中央军事委员会的有关规定执行。

第九十三条　本条例自2024年9月1日起施行。《退役士兵安置条例》同时废止。

退役安置补助经费管理办法

(2014年11月25日财社〔2014〕187号发布　根据2019年11月18日《财政部、退役军人部、医保局关于修改退役安置等补助资金管理办法的通知》修正)

第一条　为规范退役安置补助经费管理,保障退役安置工作顺利推进,根据国家相关法律法规和政策规定,制定本办法。

第二条　退役安置补助经费,是指各级财政部门安排用于保障军队移交政府离退休人员生活待遇及相关管理工作、军队离退休干部服务管理机构（以下简称服务管理机构）用房建设、1级至4级分散供养残疾退役士兵购（建）房以及自主就业退役士兵免费参加一次职业教育和技能培训等方面支出的资金。

中央财政补助资金实施期限暂至2023年12月31日。期满后财政部会同退役军人部根据法律、行政法规和国务院有关规定及工作需要评估确定后续期限。

第三条　本办法所称离退休人员，包括军队和武警部队移交政府安置的离休干部、退休干部、退休士官（退休志愿兵，下同）和无军籍离休干部、退休退职职工。

第四条　本办法所称的服务管理机构用房主要包括：管理人员办公室、为老干部提供服务管理的活动室和医疗室等专门用房以及车库等配套用房。

第五条　退役安置补助经费的使用必须坚持专款专用、科学管理、强化监督的原则，严格按照规定的范围、标准和程序使用，确保资金使用安全、规范、高效。

第六条　退役安置补助经费包括：

（一）用于保障军队移交政府离退休人员生活待遇及相关管理工作的资金，由各级财政部门安排的补助资金、军队安排资金及其他收入组成。其中由军队负担的经费，包括离退休人员移交当年剩余月份离退休经费、退休干部和士官部分定期增资经费、离退休干部和士官调整生活待遇当年经费以及国务院、中央军委有关部门规定的其他经费。

（二）用于服务管理机构用房建设、1级至4级分散供养残疾退役士兵购（建）房以及自主就业退役士兵免费参加一次职业教育和技能培训等方面的资金由中央财政安排，不足部分由地方财政解决，相应纳入各级政府预算。

第七条　退役安置补助经费支出范围包括：离退休人员经费、服务管理机构经费、军队离退休干部服务管理机构用房建设补助资金、1级至4级分散供养残疾退役士兵购（建）房补助资金、退役士兵职业教育和技能培训补助资金等。

第八条　离退休人员经费主要包括：

（一）基本离退休费，指发给军队离退休人员的基本离退休费。

（二）生活补助，指发给军队离退休人员个人的各项生活补助。

（三）医疗费，指离退休人员和离退休干部无经济收入家属、遗属医疗保障和医疗补助经费。包括已参加基本医疗保险按规定向社会保险经办机构缴纳基本医疗保险费和对退休干部个人自付医疗费较多部分的补助，以及未参加基本医疗保险的离退休人员和离退休干部无经济收入家属、遗属按规定准予报销的医疗费用。

（四）离休干部特需费，指国家定额补助、服务管理机构集中用于解决离休干部特殊困难和必要的活动经费开支。

（五）福利费，指服务管理机构按规定比例从离退休人员基本离退休费提取的，用于离退休人员各项福利的经费。

（六）家属、遗属生活补助费，指发放给离退休干部和士官的无经济收入家属、遗属个人的生活补助费。

（七）其他费用，指按规定用于离退休人员开支的其他费用。

上述第一项、第二项和第六项发给个人的经费要逐步通过银行发放，第三项中参加医疗保险和公务员医疗补助代缴经费要及时代缴，其他费用由服务管理机构统一掌握，按规定开支。

第九条 服务管理机构经费主要包括：

（一）基本支出，指服务管理机构工作人员的人员经费和日常公用经费。

（二）项目支出，指离退休干部住房维修、机构开办费等经财政部门批准的项目经费支出。

第十条 军队离退休干部服务管理机构用房建设补助资金包括用于管理人员办公室，为老干部提供服务管理的活动室、医疗室等专门用房，以及车库等配套用房的改建、扩建、新建、购置等方面支出的资金。

第十一条 1级至4级分散供养残疾退役士兵购（建）房补助资金是用于1级至4级分散供养残疾退役士兵移交地方安置时购（建）房补助支出的资金。

第十二条 退役士兵职业教育和技能培训补助资金包括自主就业退役士兵免费参加一次职业教育和技能培训所需的学杂费、住宿费、技能鉴定费、生活补助费，以及转业士官待分配期间管理教育（含培训）和医疗补助资金等。

第十三条 按政策规定支出标准分配的退役安置补助经费，其分配依据为：

（一）中央财政按照退役军人部汇总的各地接收军队移交政府离退休人员情况和有关政策规定安排中央补助地方军队离退休人员经费。

（二）中央财政按照军地有关部门核定的移交安置计划和相关规定标准对各地军队离退休干部服务管理机构经费给予补助。

（三）安置地政府按照集中安置军队离退休干部购房补贴建筑面积标准的10%统一规划建设服务管理机构用房，中央财政综合考虑国家统计局最新统计的各地办公楼销售价格，安排军队离退休干部服务管理机构用房建设补助资金。

（四）中央财政根据1级至4级分散供养残疾退役士兵人数（由中央军委政治工作部和训练管理部等有关部门提供，退役军人部审核汇总）和中央财政定额补助标准，安排1级至4级分散供养残疾退役士兵购（建）房补助资金。

（五）中央财政按照各省（自治区、直辖市）自主就业退役士兵参加教育培训人数（由各地退役军人事务部门上报，退役军人部审核汇总）和中央财政定额补助标准，安排自主就业退役士兵职业教育和技能培训资金。

第十四条　地方财政结合中央财政补助资金，根据有关政策规定、退役军人事务部门汇总的基础数据和经费需求，在本级预算中科学合理安排相关经费。地方各级财政部门要保证中央财政和本级财政安排的安置经费及时足额到位。对军队划拨的经费以及其他收入要严格纳入预算管理。

第十五条　地方各级退役军人事务部门和服务管理机构，每年应会同同级财政部门审核汇总上一年度新接收退役安置人员情况、已接收人员变化情况以及退役安置补助经费需求情况，并逐级及时汇总上报退役军人部。退役军人部会同军队有关部门提出资金分配方案及分区域绩效目标，函报财政部。财政部接收资金分配方案后，在30日内审定并下达补助经费预算，同步下达区域绩效目标，抄送退役军人部和财政部各地监管局。年度执行中，退役军人部会同财政部指导省级退役军人事务部门、财政部门对绩效目标实现情况进行监控，确保绩效目标如期实现。

省级退役军人事务部门应会同同级财政部门组织市县做好补助经费绩效自评工作，将区域绩效自评结果报送退役军人部、财政部，并抄送财政部当地监管局。财政部和退役军人部适时开展退役安置补助经费重点绩效评价。绩效评价结果作为预算安排、政策调整和改进管理的重要依据。

第十六条 地方各级财政应将服务管理机构开展工作所需支出纳入本级政府预算,按照同类事业单位并结合上级补助经费核定基本支出和项目支出,统筹安排同级服务管理机构经费预算,保障服务管理工作的正常开展。服务管理机构用房由安置地政府统一规划,可以采取改建、扩建、新建、购置等方式。地方各级退役军人事务、财政部门应会同军地有关部门核定同级服务管理机构用房面积,按照服务管理社会化的要求,合理制定服务管理机构用房的建设规划,并报主管部门批准。

第十七条 地方各级退役军人事务部门和服务管理机构应当严格按照本办法规定的开支范围执行。离退休人员经费和服务管理机构经费结余报经同级财政部门确认后,可结转下一年度继续使用。服务管理机构固定资产要按国家有关规定进行分类登记入账,加强日常管理。

第十八条 地方各级退役军人事务、财政部门应当根据开展教育培训工作的内容,制定教育培训补助资金的申请和拨付程序,并根据参加教育培训退役士兵实际人数、培训阶段、学习效果、就业情况等因素实施绩效考评,采取分阶段、分比例的方式将补助资金直接拨付到承担教育培训的机构。

承担教育培训任务的机构向组织教育培训的退役军人事务部门提出资金申请,申请报告必须附有退役士兵学员花名册,并经相应行政主管部门审核确认。

组织教育培训的退役军人事务部门应当在认真审核申请报告及花名册的基础上,确认教育培训工作任务,并提出补助资金分配方案;同级财政部门对退役军人事务部门提出的资金分配方案审核确认后及时下达补助资金。

第十九条 各级财政、退役军人事务部门应当强化补助经费的使用管理,并积极配合有关部门做好审计、稽查等工作。财政部各地监管局在规定职权范围内,依法对补助经费的使用管理情况进行监督。

各级财政、退役军人事务部门及其工作人员在补助经费的分配、审核、使用、管理等工作中,存在违反本办法规定的行为,以及其他滥用职权、玩忽职守、徇私舞弊等违法违纪行为的,按照《中华人民共和国预算法》《中华人民共和国公务员法》《中华人民共和国监察法》《财政违法行为处罚处分条例》等国家有关规定追究相应责任;涉嫌犯罪的,依法移送司法机关处理。

第二十条 省级财政、退役军人事务部门可以依据本办法，结合当地实际，制定具体的实施细则。

第二十一条 本办法由财政部会同退役军人部负责解释。

第二十二条 本办法自发布之日起施行。《军队移交政府离退休人员安置经费使用管理办法》（财社〔2005〕52号）、《退役士兵职业教育和技能培训资金使用管理办法》（财社〔2011〕35号）、《1级至4级分散供养残疾退役士兵购（建）房资金使用管理办法》（财社〔2013〕15号）、《军队离退休干部服务管理机构用房建设专项补助资金使用管理办法》（财社〔2013〕16号）同时废止。

逐月领取退役金退役军人服务管理规定

（2022年6月1日 退役军人部发〔2022〕43号）

第一章 总 则

第一条 为规范逐月领取退役金退役军人服务管理工作，根据《中华人民共和国退役军人保障法》、《退役军人逐月领取退役金安置办法》等法律政策，制定本规定。

第二条 本规定所称逐月领取退役金退役军人，是指按照《退役军人逐月领取退役金安置办法》退出现役并以逐月领取退役金方式安置的军队退役人员。

第三条 逐月领取退役金退役军人服务管理工作坚持政治引领、关心关爱、服务优先、依法管理的原则。

第四条 逐月领取退役金退役军人服务管理坚持党的领导，由退役军人事务部门主管，退役军人服务中心、站（以下统称退役军人服务机构）组织实施。

退役军人事务部门负责逐月领取退役金退役军人服务管理工作，及时协调解决问题，监督检查相关法规政策落实情况。

退役军人服务机构承担逐月领取退役金退役军人日常服务管理工作。

第二章　服务管理内容

第五条　退役军人事务部门、退役军人服务机构应当加强对逐月退役军人的思想政治教育和保密教育提醒，引导其继续发扬人民军队优良传统，坚决拥护党的路线方针政策，模范遵守宪法和法律法规，永葆政治本色。

第六条　退役军人服务机构应当协助所在街道、乡镇党组织加强对逐月领取退役金退役军人党员的教育管理，督促履行党员义务。

逐月领取退役金退役军人党员所在党组织每年对其参加组织生活、缴纳党费及日常表现等情况提出的评定意见，可作为退役军人事务部门确定其政治荣誉、优待服务的参考依据。

第七条　接收安置工作实行先转接党员组织关系、后办理报到手续的程序。市、县级退役军人事务部门、退役军人服务机构应当主动协调相关部门组织做好逐月领取退役金退役军人党员组织关系转接、办理落户、社会保险关系转接、住房公积金转接、预备役登记、开设银行账户等工作。有条件的地方提供"一站式"服务，提高办事效率，优化服务质量，方便逐月领取退役金退役军人办理接收安置手续。

第八条　县级退役军人事务部门、退役军人服务机构应当做好逐月领取退役金退役军人人事档案存放工作，建立健全入档、保管、查阅、复制、转接等制度，定期开展档案安全检查，按照规定建立数字档案。

第九条　市、县级退役军人服务机构应当建立逐月领取退役金退役军人年度登记审核制度，每年1月至3月采取现场或互联网的方式对逐月领取退役金退役军人提供的参加党组织生活、参加社团、出入国境、奖惩情况等信息进行审核。对年度登记审核通过的，按规定落实相关待遇；对年度登记审核未通过的，及时通知逐月领取退役金退役军人补正有关信息；对发现的苗头性问题，及时约谈提醒、教育引导。

第十条　退役军人事务部门按照有关规定为逐月领取退役金退役军人发放和调整退役金。

第十一条　退役军人事务部门在接收逐月领取退役金退役军人时举行迎接仪式，按国家有关规定组织逐月领取退役金退役军人参加重大庆典活动、对有突出贡献的给予表彰奖励，协调有关部门将符合条件的逐月领取退役金退役军人编入地方志。

第十二条 退役军人事务部门、退役军人服务机构落实常态化联系退役军人制度，定期联系逐月领取退役金退役军人，开展走访慰问活动，及时掌握思想、工作、生活等情况，传递党和政府的关心关爱。

对患有严重疾病、遭遇重大突发情况等导致生活困难的逐月领取退役金退役军人，按规定给予帮扶援助。

第十三条 退役军人事务部门、退役军人服务机构扶持逐月领取退役金退役军人就业创业，鼓励其结合自身优势，在基层治理、稳边固边、国防教育、志愿服务等方面发挥积极作用。

第三章 服务管理方式

第十四条 退役军人服务机构应当建立健全逐月领取退役金退役军人服务管理工作制度，不断提升服务管理水平。

第十五条 退役军人服务机构应当完善服务管理网络，发挥服务站点末梢作用，探索开展网格化管理，实现逐月领取退役金退役军人服务管理的全覆盖。

第十六条 退役军人服务机构应当按照退役军人事务部门制定的规范标准，推进服务管理工作的标准化建设，确保规范运行。

第十七条 退役军人事务部门、退役军人服务机构应当加强信息化建设，发挥安置服务管理信息系统等信息化平台作用，提高服务管理效能。

第十八条 逐月领取退役金退役军人已就业的，退役军人服务机构引导用人单位依据国家法律政策做好服务管理工作、及时告知重要情况。

第十九条 退役军人服务机构鼓励和支持逐月领取退役金退役军人加强自我教育、自我服务、自我管理，可以遴选政治过硬、身体健康、经验丰富、能力较强的逐月领取退役金退役军人在自我服务管理中发挥带头作用。

第四章 服务管理保障

第二十条 退役军人事务部门、退役军人服务机构应当加强自身队伍建设，县级以上退役军人服务中心明确责任处（科）室、乡镇（街道）退役军人服务站明确专人负责相关服务管理工作。有条件的地方可以引进专业化社会服务力量提升服务效能。

第二十一条　退役军人事务部门、退役军人服务机构应当加强能力建设，通过政治教育、业务培训、岗位练兵等方式，提升工作人员思想政治素质、政策业务水平和服务管理能力。

第二十二条　逐月领取退役金退役军人服务管理经费，由中央和地方按照财政事权和支出责任划分分别承担，用于服务管理相关工作。

第二十三条　退役军人事务部门应当建立逐月领取退役金退役军人服务管理工作考核评价制度，纳入年度工作绩效和领导班子考核。对做出突出贡献的单位和个人，按照国家有关规定给予表彰、奖励。

第二十四条　退役军人事务部门、退役军人服务机构应当加强对工作人员的作风纪律监督，引导其树牢满腔热忱为退役军人服务的意识。对政策落实不到位、工作推进不力的单位和人员，按照相关规定追究责任。

第五章　附　　则

第二十五条　本规定由退役军人事务部、财政部负责解释。

第二十六条　本规定自发布之日起施行。

困难退役军人帮扶援助工作规范

（2025年1月20日　退役军人部发〔2025〕6号）

第一条　根据《中华人民共和国退役军人保障法》等法律法规规定和退役军人事务部、民政部、财政部、住房和城乡建设部、国家医疗保障局《关于加强困难退役军人帮扶援助工作的意见》（退役军人部发〔2019〕62号）等政策文件精神，结合工作实际，制定本规范。

第二条　本规范所称困难退役军人是指因服役期间致残、患有严重疾病、长期失业、旧伤复发、重大突发事件、重大家庭变故等原因，导致生活出现严重困难的退役军人和其他符合条件的优抚对象。

第三条　退役军人帮扶援助工作综合考虑退役军人生活困难程度、服现役期间所作贡献和现实表现，确定相应的帮扶顺序，发放帮扶资金物资防止搞平均主义。同等困难条件下向参战、获得功勋荣誉表彰、在艰苦边远地区和特殊岗位服役的退役军人倾斜，树立服役贡献越大、关爱帮扶越好的鲜明导向。优军优抚基本公共服务由户籍地提供逐步调整为常住地提供。

第四条　退役军人事务部每年与民政部进行1次数据比对，由各地退役军人事务部门组织摸排核实后，纳入全国困难退役军人帮扶援助服务系统，确保帮扶援助信息的真实准确。

第五条　退役军人服务中心（站）通过日常走访、定期摸排等方式，准确把握困难退役军人思想动态、生活情况和家庭状况，摸清急难愁盼问题，及时将相关信息录入全国困难退役军人帮扶援助服务系统。对老弱病残、鳏寡孤独等特殊困难群体，经常性上门走访，帮助解决实际困难。

退役军人事务部门要把困难退役军人帮扶援助工作作为民生实事的重要内容，对各类困难事项实行台账式、清单化管理。

第六条　民政部门将符合条件的退役军人及其家庭纳入最低生活保障、特困人员救助供养范围。低保边缘家庭中的重病重残退役军人经个人申请，可按照单人户纳入低保范围。落实优待抚恤金不计入家庭收入等有关政策规定，用足用好社会救助政策。

第七条　卫生健康部门指导辖区医疗机构对一时无力承担医疗费用且符合帮扶援助条件的困难退役军人，采取一事一议的方式，实行免除住院预交金等举措。

医疗保障部门按规定对纳入低保、特困、返贫致贫人口范围的退役军人实施大病保险降低起付标准、提高支付比例、取消最高支付限额等倾斜支付政策。对符合条件的困难退役军人经三重制度保障后医疗费用负担仍然较重的，按规定给予倾斜救助。

退役军人事务部门积极发挥优抚医院、光荣院作用，整合医疗资源，接收或集中供养孤老、生活不能自理的退役军人，为困难退役军人健康体检适当减免费用。

支持商业保险公司按照市场化原则为困难退役军人提供人身意外、重大疾病等商业保险产品。

第八条　住房和城乡建设部门在公租房保障、农村危房改造中，结合退役军人服役期间所作贡献和参战、立功、伤残退役军人住房实际需求，将符合条件的纳入优先保障范围。

第九条　每年秋季开学前夕，退役军人事务部门对有入学子女的困难退役军人家庭进行全面走访，通过现金、实物帮扶等形式，让其家庭感受到党和政府的关怀温暖。

教育部门及有关学校按照相关规定对符合条件的困难退役军人子女给予教育资助，保障其基本学习需要，确保顺利完成学业。

第十条 退役军人事务部门发现退役军人突发重大疾病或重大意外变故、遭受重大自然灾害等情况后，及时开展走访慰问。对享受社会保障待遇后仍有困难的，给予必要的帮扶援助。

第十一条 各地财政部门按照预算管理规定，合理安排资金加强对困难退役军人的帮扶援助。

加强对帮扶资金的监督管理，明确细化帮扶对象标准，规范帮扶审批、资金支付程序，确保专款专用，提高资金使用效益。

第十二条 退役军人事务部门与相关部门建立定期沟通会商机制，共同研究解决困难退役军人帮扶援助工作中遇到的重难点问题。

第十三条 退役军人事务部门通过专项行动实施、项目活动支撑、物资服务保障等方式，提供大病救助、子女助学、照料护理、社会融入、能力提升、法律援助、心理疏导等服务，给予多元化、个性化帮扶救助，打造"情暖老兵"公益品牌。

第十四条 加强区域协作，集中资源力量，推动信息数据共通、公益资源共用、帮扶项目共创、帮扶服务共享，常态化开展致敬英雄、大病救助、子女助学、受灾家庭帮扶等项目，探索建立异地帮扶机制，协同帮助解决困难退役军人实际问题。

第十五条 充分发挥各级各类退役军人关爱基金（会）、协会效应，注重发挥老龄协会和残联、妇联以及老年协会等作用，带动社会工作服务机构等社会力量，为困难退役军人送去关爱尊崇和专业化社会服务。

广泛开展爱心企业、个人特别是退役军人创办企业、"兵支书"等，与困难退役军人"结对子"活动，提供就业帮扶、技能培训、生活照料、养老服务等。

第十六条 本规范由退役军人事务部会同教育部、民政部、财政部、住房和城乡建设部、国家卫生健康委员会、国家医疗保障局负责解释。

第十七条 本规范自印发之日起施行。现行政策与本规范不一致的，以本规范为准。

退役军人事务部、中央军委政治工作部关于进一步规范退役士兵移交安置工作有关具体问题的通知

(2019年12月23日)

各省、自治区、直辖市退役军人事务厅（局），新疆生产建设兵团退役军人事务局，各战区、各军兵种、军委机关各部门、军事科学院、国防大学、国防科技大学、武警部队政治工作部（局、处）：

为进一步规范移交安置工作，明确各方权责，统一执行尺度，提升工作的严肃性、协同性和高效性，更好地维护退役士兵合法权益，更好地服务改革强军战略，根据《退役士兵安置条例》、《关于进一步加强由政府安排工作退役士兵就业安置工作的意见》（退役军人部发〔2018〕27号）等法规文件精神，结合新形势新任务和军地各级反映的突出问题，现就有关具体问题明确如下：

一、关于安排工作和自主就业退役士兵的离队报到接收

（一）严格报到规定。集中移交的安排工作退役士兵应当在《退役士兵接收安置通知书》（附件1）规定的时间内，自主就业退役士兵和非集中移交的安排工作退役士兵应当自被批准退出现役之日起30日内，持退出现役证件、介绍信（集中移交的还应有《退役士兵接收安置通知书》）到安置地退役军人事务部门办理报到登记。

（二）加强督促提醒。部队应当加强退役士兵离队和择业观教育，联合驻地退役军人事务部门开展政策宣讲，使其知晓退役后的安置待遇、报到规定和违规须承担的责任。部队移交退役士兵档案时应当一并提供退役士兵家庭住址、联系电话和部队工作人员姓名、联系电话。安置地退役军人事务部门在收到退役士兵档案后，应当通过告知书形式对临近报到期限但仍未报到的退役士兵进行督促提醒，同时函商其家庭所在乡镇人民政府（街道办事处）退役军人服务站督促退役士兵按时报到。告知书

和函件应当包括报到规定、时限以及不按时报到退役士兵须承担的责任等内容。

（三）规范档案交接。集中移交的安排工作退役士兵档案由军队各大单位兵员管理部门按规定移交省级人民政府退役军人事务部门；自主就业退役士兵和非集中移交的安排工作退役士兵的档案，一般由部队师（旅）、团级单位在士兵退役之日起20日内邮寄至安置地退役军人事务部门。档案移交时，所在单位应当按照《军队档案条例》有关规定，留存退役士兵档案的数字复制件。安置地退役军人事务部门应当在收到退役士兵档案后的20日内，将《退役士兵档案转递通知单回执》寄回部队师（旅）、团级单位兵员管理部门。军地双方要加强沟通，在各自职责范围内为对方核查提供便利和协助，涉及档案的补充材料应当按照档案移交程序进行移交。对自主就业和非集中移交的安排工作退役士兵，拟作退档处理的，安置地退役军人事务部门应当及时与其原部队沟通协商，确需退档的应当向部队出具书面说明，并逐级上报省级人民政府退役军人事务部门备案。

（四）认真组织接收。安置地退役军人事务部门应当做好退役士兵报到接收工作，须与退役士兵逐人面谈了解其服役经历等情况，并填写留存本人基本信息和联系电话；对本人情况与档案记载明显不相符的，以及退役士兵反映与原服役部队有遗留问题未解决的，应与相关部队核实商议达成一致意见后按实际情况处理。安置地退役军人事务部门应当对军地沟通和退役士兵报到情况进行记录和归档。

（五）做好相关服务。安置地退役军人事务部门要发挥牵头作用，主动协调相关部门为退役士兵提供优质服务。在退役士兵集中报到时段，通过设置专门窗口，开展"一站式"服务，方便退役士兵办理落户、党（团）组织关系转接、社会保险关系接续、预备役登记等手续；通过举办适应性培训、发放宣传资料、现场讲解答疑等方式，帮助退役士兵了解安置政策、程序和就业形势。

二、关于退役士兵安排工作手续的办理

（一）强化组织管理。安置地退役军人事务部门应当会同相关部门科学合理拟订安排工作计划，并报同级人民政府批准下达，确保安置岗位质量。要健全"阳光安置"工作机制，督促接收单位落实待遇。要突出思想政治教育，加强待安置期服务管理，教育引导安排工作的退役士兵遵守法律法规，珍惜荣誉机会，服从地方政府和接收单位安排，及时办理安排工作手续。

（二）办理分配手续。安排工作退役士兵的接收单位确定后，安置地退役军人事务部门应当及时书面通知退役士兵办理分配手续，明确办理时限和要求。对按时前来办理手续的退役士兵，安置地退役军人事务部门应当面开具《退役士兵安排工作介绍信》（附件2），并据实填写办理日期，按规定向接收单位移交《退役士兵安排工作登记卡》（附件3）和退役士兵档案材料。对未按时前来办理手续的，安置地退役军人事务部门应当出具告知书督促，同时明确其无正当理由超过告知书规定办理时限15个工作日的，将单方面开具《退役士兵安排工作介绍信》。安置地退役军人事务部门单方面开出《退役士兵安排工作介绍信》15个工作日内，退役士兵前来领取办理手续的应当允许；无正当理由超过15个工作日仍未领取的，作失效处理后与前期督促等材料一并归档，按规定作"视为放弃安排工作待遇"处理。

（三）办理上岗手续。退役士兵应当持《退役士兵安排工作介绍信》在规定的时间内到接收单位办理上岗手续。接收单位应当在退役军人事务部门开出《退役士兵安排工作介绍信》1个月内安排退役士兵上岗。接收单位在退役士兵办理上岗手续时填写《退役士兵安排工作登记卡》，加盖公章后及时回传安置地退役军人事务部门。安置地退役军人事务部门根据接收单位提供的信息，对临近《退役士兵安排工作介绍信》开出15个工作日仍未到接收单位办理上岗手续的退役士兵，再次给予督促并记录。年度安排工作结束后，接收单位应当向安置地退役军人事务部门报送接收安置工作情况和《退役士兵安排工作登记卡》原件一份（另份单位留存），并按规定退回未按时办理上岗手续的退役士兵档案材料。

三、关于退役士兵放弃安排工作待遇、选择灵活就业的申请程序和相关待遇

（一）本人书面申请。按照《关于进一步加强由政府安排工作退役士兵就业安置工作的意见》规定，退役时选择由政府安排工作的退役士兵回到地方后又放弃安排工作待遇的，经本人申请确认后，允许灵活就业。上述退役士兵，应当在确认选岗前向安置地退役军人事务部门提出书面申请，

如实填写《安排工作退役士兵自愿放弃安排工作选择灵活就业申请表》（附件4）。申请书和申请表必须由本人签名。

（二）部门审核办理。对符合条件的退役士兵，安置地退役军人事务部门应当与本人签订协议书，明确双方责任、权利和义务；并按退役士兵在部队选择自主就业应领取的一次性退役金和地方一次性经济补助之和的80%，发给一次性就业补助金。一次性就业补助金发放原则上与年度安排工作同步完成，因资金预算等原因确须延至下一年度发放的，应当向退役士兵说明情况，并于下一年度12月底前付清。灵活就业的退役士兵可按规定享受扶持自主就业退役士兵就业创业的各项优惠政策。

四、关于"视为放弃安置待遇"和"视为放弃安排工作待遇"退役士兵的认定和管理

（一）严守认定要求。《退役士兵安置条例》第十七条规定，退役士兵无正当理由不按规定时间报到超过30天的，视为放弃安置待遇。《退役士兵安置条例》第四十条和《关于进一步加强由政府安排工作退役士兵就业安置工作的意见》规定，由政府安排工作退役士兵无正当理由自开出安置介绍信15个工作日内拒不服从安置地人民政府安排工作的，视为放弃安排工作待遇。上述规定中"不服从安置地人民政府安排工作"，是指退役士兵无正当理由不按本通知要求办理安排工作手续，即：超过规定时间拒不到安置地退役军人事务部门领取《退役士兵安排工作介绍信》，或虽领取介绍信但超过规定时间拒不到接收单位办理上岗手续。安置地退役军人事务部门要本着对退役士兵负责的态度，依法依规严格认定，切实做好报到和安排工作手续办理的事前提醒和督促，严禁擅自扩大范围和更改条件。需要军队有关部门和地方接收单位配合的，相关部门单位应当在各自职责范围内提供协助。退役士兵认为退役军人事务部门的认定工作侵犯其合法权益的，可以依法申请行政复议或提起行政诉讼。

（二）明确相关待遇。原属自主就业的退役士兵，被认定"视为放弃安置待遇"的，不再享受地方一次性经济补助。原属安排工作的退役士兵，被认定"视为放弃安置待遇"或"视为放弃安排工作待遇"的，不再享受政府安排工作待遇，也不享受灵活就业一次性就业补助金、自主就业地方一次性经济补助。上述退役士兵在补办报到等手续后，可享受扶持退役军人就业创业的优惠政策。

（三）规范工作程序。"视为放弃安置待遇"和"视为放弃安排工作待遇"的退役士兵，安置地退役军人事务部门应当书面（附件5、6）告知本人，并以适当形式在一定范围内向社会公开，退役士兵档案按照当地自主就业退役士兵档案管理规定办理。年度安置工作结束后，安置地退役军人事务部门应当将"视为放弃安置待遇"和"视为放弃安排工作待遇"退役士兵的情况，逐级报至省级人民政府退役军人事务部门备案。

五、关于退役士兵因特殊情形不能按时报到和办理安排工作手续的处理

对因特殊情形不能按时报到和办理安排工作手续的退役士兵，各有关方应当给予关心关爱，工作中加强相互协作，一人一案研究解决，沟通和处理结果作出书面记录并归档。

（一）未能按时报到。退役士兵在规定的到地方报到期限内，报到前突发重大疾病或者发生事故的，由原部队根据实际情况按照有关规定予以处理。其中，离队前由原部队、离队后由退役士兵本人或家属，在规定的报到期限内向安置地退役军人事务部门书面说明情况，申请延期。申请延期时间一般不超过30日（下同）。超过延期时间确实无法到地方报到的，由军地协商达成一致意见后，按实际情况妥善处理。

（二）不能办理手续。退役士兵按规定到安置地退役军人事务部门报到后，在规定的到接收单位办理上岗手续期限前，突发重大疾病或者发生事故的，由退役士兵本人或家属在规定的办理安排工作手续期限内向安置地退役军人事务部门、接收单位分别书面说明情况，申请延期。超过延期时间确实无法办理安排工作手续的，由安置地退役军人事务部门根据实际情况按照相关规定予以处理。

本通知中各类告知书应当按有关法律规定的方式送达。各省、自治区、直辖市退役军人事务部门可根据本通知精神，结合当地实际，进一步规范细化工作流程和文书格式。

本通知自2019年12月23日起施行，适用于施行后退出现役的士兵。

附件：

1. 退役士兵接收安置通知书（式样）（略）
2. 退役士兵安排工作介绍信（式样）（略）

3. 退役士兵安排工作登记卡（式样）（略）

4. 安排工作退役士兵自愿放弃安排工作选择灵活就业申请表（式样）（略）

5. 视为放弃安置待遇告知书（式样）（略）

6. 视为放弃安排工作待遇告知书（式样）（略）

退役军人事务部等 7 部门关于加强和改进退役军人人事档案管理利用工作的意见

（2021 年 11 月 9 日　退役军人部发〔2021〕65 号）

各省、自治区、直辖市退役军人事务厅（局）、教育厅（教委）、财政厅（局）、人力资源社会保障厅（局）、档案局，新疆生产建设兵团退役军人事务局、教育局、财政局、人力资源社会保障局、档案局，各战区、各军兵种、军委机关各部门、军事科学院、国防大学、国防科技大学、武警部队政治工作部（局、处）：

为有效解决退役军人人事档案管理利用面临的突出问题，进一步提升工作的科学化、制度化、规范化、信息化水平，根据《中华人民共和国退役军人保障法》、《中华人民共和国档案法》、《干部人事档案工作条例》、《军队档案条例》等法律法规规定，结合进入新发展阶段做好退役军人工作的新任务新要求，现就加强和改进退役军人人事档案管理利用工作提出如下意见：

一、总体要求

（一）指导思想。

坚持以习近平新时代中国特色社会主义思想为指导，深入贯彻习近平强军思想和习近平总书记关于退役军人工作重要论述，聚焦退役军人人事档案管理利用工作面临的老难题和新挑战，创新思路举措，加强顶层设计，积极稳妥实施，推动形成权责清晰、管理规范、服务优质、运转高效、安全可靠的退役军人人事档案工作制度机制，更好地维护退役军人合法权益，服务国防和军队建设，服务经济社会发展。

（二）基本原则。

——加强统筹设计。坚持服务全局、立足现状、着眼长远，围绕退役军人人事档案管理利用，加强科学设计，厘清部门职责，完善政策措施，健全工作机制，夯实基层基础，确保工作高质量发展。

——坚持问题导向。针对退役军人人事档案管理职责分工不明确、保管利用不规范、遗失缺件补办难、信息化程度不够高、作用发挥不明显等重难点问题，综合施策，源头治理，有序化解。

——注重改革创新。按照体现时代性、把握规律性、富于创造性的思路，适应军地相关改革，主动回应退役军人新关切和军地基层新需要，补齐政策"空白点"，连通工作"衔接点"，有效提升退役军人人事档案管理和服务水平。

——强化协同配合。退役军人事务部门牵头负责，密切军地、部门之间协作配合；明确退役军人事务系统各级职责，强化上下协同，加强基层能力建设，发挥安置地退役军人服务中心作用，提高工作效率和质量。

二、主要任务

（三）明确职责分工。按照依法管理、统筹协调、属地负责的原则，明确各级相关部门职责。退役军人事务部负责全国退役军人人事档案工作的统筹规划和监督指导，建立健全退役军人人事档案管理利用制度机制。地方各级退役军人事务部门负责本行政区域内安置的退役军人人事档案管理利用等工作。各级退役军人服务中心、军休服务管理机构等服务保障机构，根据要求承担具体任务，提供相关延伸性、辅助性服务。退役军人人事档案管理接受同级党委组织部门和档案主管部门的监督和指导。教育、财政、人力资源社会保障，以及军队相关部门在各自职责范围内做好退役军人人事档案管理利用工作。

（四）规范档案交接。退役军人人事档案由军地相关单位区分不同安置方式进行移交接收，其转递应当按规定通过机要渠道邮寄或派专人取送，严禁由退役军人本人自行携带。

1. 作转业、逐月领取退役金、复员安置的退役军官，以及作安排工作、逐月领取退役金安置的退役军士和作安排工作安置的退役义务兵的人事档案，由军队相关单位政治工作部门按规定向县级以上退役军人事务部门和相关部门移交。

2. 作自主就业、供养安置的退役军人的人事档案，由军队师、旅、团级单位政治工作部门按规定向安置地退役军人事务部门移交。

3. 作退休安置的退役军人的人事档案，由军队师级单位政治工作部门按规定向安置地退役军人事务部门移交。

（五）严格档案审核。军地各级相关部门应当在各自职责范围内，按照档案管理权限和相关规定，严格整理审核退役军人人事档案，严禁弄虚作假。

1. 军队相关单位整档审核。军人退役时，其所在团级以上单位应当按照《军队档案条例》等有关规定，整理、审核退役军人人事档案，确保要素齐全、清晰完整、真实准确，同时按照管理权限留存退役军人人事档案数字复制件。工作中，要加强对退役军人人事档案的保密审查和脱密处理，并在档案封皮、档案袋及档案材料《转递单》中明确保密要求。

2. 退役军人事务部门和相关部门审核。县级以上退役军人事务部门和相关部门接收退役军人人事档案后，应当按规定进行审核。对于退役士兵，属于入伍批准、义务兵注册、军士退役时本衔级注册相关证表缺失的，其人事档案材料中应当具备中央军委政治工作部统一制发的《士兵档案材料证明信》。

3. 加强军地协作合力解决难题。退役军人人事档案审核过程中，军地双方要加强沟通，在各自职责范围内为对方审档核查提供便利和协助。对档案材料蓄意作假伪造的，由军队按照有关规定认定和处理后进行移交；对属于退役军人弄虚作假骗取安置待遇的，由县级以上退役军人事务部门和相关部门取消相关安置待遇。

（六）实行分类管理。对于本意见实施后移交的退役军人人事档案，按照分类归集、属地管理的原则，根据不同安置方式确定相应管理机构。

1. 转业军官和安排工作退役士兵的人事档案，由县级以上退役军人事务部门和相关部门移交接收安置单位进行管理。

2. 逐月领取退役金退役军人、复员军官、自主就业退役士兵、分散供养退役军人，以及灵活就业退役士兵和视为放弃安排工作待遇退役士兵、视为放弃安置待遇退役士兵的人事档案，一般由安置地退役军人事务部门委托所属退役军人服务中心存放。其中，入伍时是普通高等学校在校学生的退役士兵，退出现役后复学的，其人事档案由安置地退役军人事务部门转交相关学校进行管理。

3. 退休和集中供养退役军人的人事档案，一般由安置地退役军人事务部门委托所属军休服务管理机构、优抚医院存放管理。

（七）有序转接档案。对于本意见实施前存放在其他部门以及因特殊情况由本人保存的退役军人人事档案，按照应转尽转、积极稳妥、循序渐进的原则，由安置地退役军人事务部门指导所属退役军人服务中心进行有序转接。人事档案转接工作各地可在有条件的地区先行试点，再逐步推开，原则上应于2023年底前完成。

1. 对于存放在地方乡（镇、街道）、人民武装部、公共就业和人才服务机构，以及授权管理流动人员人事档案机构等单位的退役军人人事档案，由安置地退役军人事务部门牵头，指导所属退役军人服务中心会同原档案管理单位进行全面摸底造册，建立工作台账，制定转接计划，分批分步进行交接。

2. 对于存放在档案馆的退役军人人事档案，由其继续管理；已设置自主择业专门管理服务机构的地区，自主择业军队转业干部人事档案仍由其继续管理。

3. 对于退役军人因特殊情况由本人自行保管的人事档案，实行一事一批，按照个人申请、县级审批的程序办理。由退役军人本人自主自愿向安置地退役军人事务部门提出书面申请，如实填写《退役军人人事档案移交申请表》（见附件），申请书中本人应对其人事档案材料的真实性作出承诺，申请书和申请表必须由本人签名。安置地退役军人事务部门应当与申请人共同启封其人事档案（已启封的须申请人书面说明原因），并按规定进行复印，供后续审核使用，人事档案复印件须申请人本人签字确认，之后，当面密封其人事档案并加盖公章暂存。安置地退役军人事务部门可委托所属退役军人服务中心，根据人事档案复印件信息商有关部门仅对申请人军人身份信息进行核实，属于退役军人的应当及时作出审批，按规定存放其人事档案；对于经核查不属于退役军人的，不予批准，并书面向申请人说明理由、通知取档。日后，退役军人根据审核交接后的人事档案提出相关待遇申请等事项的，安置地退役军人事务部门应当按照一事一审的原则，商军地有关部门对相应档案材料另行审核。

（八）完善基础设施。各级退役军人事务部门要按照《档案馆建筑设计规范》（JGJ25-2010）等相关规定，结合实际加快档案库房建设，分别设置办公、整理、阅览和档案库房等，配备必要的档案装具以及温湿度检测调控系统、消防系统、安防系统等设施设备，夯实硬件基础，不断提高现代化、规范化、标准化建设水平。目前自建档案库房确有困难的地区，可继续委托档案管理机构暂时保管退役军人人事档案，同时加快协调推动自建档案库房工作。

（九）建立数字档案。各级退役军人事务部门要按照《干部人事档案数字化技术规范》（GB/T33870-2017）等相关技术标准对退役军人人事档案进行数字化，严格规范档案目录建库、档案扫描、图像处理、数据存储、数据验收、数据交换、数据备份、安全管理等基本环节，不断加强与业务系统和数据库关联融合，确保数字人事档案真实、完整、可用、安全，且与纸质人事档案保持一致。退役军人数字人事档案的利用、转递和保密等按照纸质人事档案相关规定执行。

1. 对于本意见实施后县级以上退役军人事务部门新接收年度退役军人人事档案，由其指导所属退役军人服务中心及时进行数字化工作。其中，转业军官和安排工作退役士兵，以及复学普通高等学校在校学生退役士兵人事档案，应当在转交其接收安置单位或相关学校前完成档案数字化工作；作其他方式安置的退役军人人事档案，应当在接收档案后6个月内完成数字化工作。

2. 对于本意见实施后从各部门按规定接收的历年退役军人人事档案，以及由军休服务管理机构、优抚医院、自主择业军队转业干部管理服务机构等部门管理的退役军人人事档案，由相关退役军人事务部门指导所属退役军人服务中心于2025年底前全部完成人事档案数字化工作。

（十）改进日常服务。各级退役军人事务部门要根据人事档案管理法规规定，因地制宜，聚焦档案收、管、存、用、安全、保密等事项，建立健全符合国家档案标准、体现退役军人特点的人事档案管理利用制度规范和标准指南，确保工作有章可循、有据可依。地方各级退役军人服务中心要统筹利用现有资源，明确承担退役军人人事档案日常保管利用工作的机构和人员，逐步建立完善"统一存放，免费服务"的工作机制，优化办理流程，提高服务质效。对于暂时委托档案机构管理的退役军人人事档案，退役军人事务部门要结合工作实际，制定完善退役军人人事档案托管办法，加强日常监督指导，确保档案存放管理安全、使用规范便捷。对于部分退役军人人事档案丢失、损毁或个别材料缺失的情况，军地各级相关部门要分类施策、稳妥处理，积极探索建立退役军人人事档案查证渠道，研究处理办法，为落实相关待遇提供依据。对于退役军人死亡满5年的，其人事档案管理按有关规定执行。退役军人人事关系和劳动关系按有关法律法规执行。

三、工作保障

（十一）提高思想认识。退役军人人事档案是军人参军入伍、政治思想、服役表现等的历史记载，是全面了解军人服役经历、确定其退役后各项待遇的重要依据，是做好应急备战人才储备的基础支撑，军地各级有关部门特别是退役军人事务部门要进一步提高政治站位，强化大局意识，切实把加强退役军人人事档案管理利用工作摆上重要位置，采取有力措施，确保各项任务有序推进、落地见效。

（十二）建立工作机制。军地各级有关部门要增强政治责任感和工作主动性，建立健全在党委政府领导下，退役军人事务部门牵头，军地各相关部门各司其职、合力共为的工作机制，推动退役军人人事档案管理利用工作高质量发展。

（十三）加强队伍建设。各级退役军人事务部门要把"政治可靠、忠诚履职、担当奉献、坚持原则"作为选配退役军人人事档案工作人员的首要条件，档案工作人员原则上应当具备相应的专业知识和技能，其中档案专业人员可以按照国家有关规定评定专业技术职称。要加强业务学习培训，不断提升档案工作队伍的政策水平和综合素养。

（十四）强化督导问效。各级退役军人事务部门要会同相关部门建立退役军人人事档案管理利用工作考评机制，采取跟踪调度、现场指导、定期通报等方式及时跟进了解情况，解决重难点问题。对于在退役军人人事档案管理利用工作中出现的违纪违法行为，要严格依法依规予以处理，构成犯罪的，依法追究刑事责任。

本意见适用于符合《中华人民共和国退役军人保障法》规定且移交地方安置的退役军人，自2021年11月9日起施行。各地相关部门可根据本意见精神，结合实际制定具体实施办法，进一步规范细化工作流程，切实做好本地区退役军人人事档案管理利用工作。

军队离休退休干部服务管理办法

(2014年9月23日民政部令第53号公布　2021年12月1日退役军人事务部令第5号修订)

第一章　总　　则

第一条　为了做好军队离休退休干部服务管理工作，根据《中华人民共和国退役军人保障法》和国家有关规定，制定本办法。

本办法所称军队离休退休干部，是指移交政府安置的由退役军人事务部门服务管理的中国人民解放军和中国人民武装警察部队离休退休干部（以下简称军休干部）。

第二条　军休干部服务管理应当从维护军休干部的合法权益出发，贯彻执行国家关于军休干部的法律法规和政策，完善军休干部服务保障和教育管理机制，落实军休干部政治待遇和生活待遇。

军休干部服务管理坚持政治关心、生活照顾、服务优先、依法管理的原则。

第三条　军休干部服务管理工作坚持党的领导，由退役军人事务部门主管，军休服务管理机构（以下简称军休机构）具体组织实施。

退役军人事务部门应当依法负责军休干部服务管理工作，及时研究解决存在的问题，监督检查军休服务管理相关法律法规和政策措施落实情况。

军休机构是服务和管理军休干部的专设机构，包括军休服务管理中心、军休所、军休服务站等，承担军休干部服务管理具体工作。

第四条　军休干部服务管理应当与经济发展相协调，与社会进步相适应，实行国家保障与社会化服务相结合。

第五条　对在军休干部服务管理中作出突出贡献的单位和个人，按照国家有关规定给予表彰、奖励。

第二章　服务管理内容

第六条　退役军人事务部门、军休机构应当加强军休干部思想政治工作，引导军休干部继续发扬人民军队优良传统，模范遵守宪法和法律法规，永葆政治本色。

第七条 退役军人事务部门、军休机构应当按照规定落实军休干部政治待遇，组织军休干部阅读有关文件、听取党和政府重要会议精神传达等。

退役军人事务部门应当主动协调当地离退休干部管理部门，将军休干部纳入本级老干部工作体系。

第八条 退役军人事务部门在国家、地方和军队举行重大庆典和重大政治活动时，应当按照要求组织军休干部参加。

第九条 退役军人事务部门应当协调当地人民政府和军队有关负责人，在八一建军节、春节等重大节日走访慰问军休干部。

第十条 退役军人事务部门应当按规定落实军休干部荣誉疗养制度，对服役期间或移交安置后作出突出贡献的军休干部，分层级、分批次组织疗养。

第十一条 军休机构应当做好以下服务保障工作：

（一）举行新接收军休干部迎接仪式。

（二）按时发放军休干部离退休费和津贴补贴，帮助符合条件的军休干部落实优抚待遇。

（三）协调做好军休干部的医疗保障工作，落实体检制度，建立健康档案，开展医疗保健知识普及活动，引导军休干部科学保健、健康养生。

（四）培育军休干部文化队伍，开展军休文化体育活动，引导和鼓励军休干部参与社会文化活动。

（五）开展经常性走访探望，定期了解军休干部情况和需求，提供必要的关心照顾。

（六）协助办理军休干部去世后的丧葬事宜，按照政策规定落实遗属待遇。

第十二条 退役军人事务部门、军休机构应当依法依规加强对军休干部参加社会组织、出国（境）、著作出书、发表言论等事项的管理，督促军休干部遵纪守法和遵守军休机构各项规章制度。

第十三条 退役军人事务部门、军休机构应当鼓励支持军休干部保持和发扬优良传统，发挥自身优势，继续贡献力量。

第三章　服务管理方式

第十四条　军休机构应当建立健全工作制度，为军休干部老有所养、老有所医、老有所教、老有所学、老有所为、老有所乐创造条件。

第十五条　军休机构应当建立值班制度，并采取定期联系、定人包户等方式，为军休干部提供及时、方便的日常服务保障。

第十六条　军休机构应当坚持共性服务和个性化服务相结合，为军休干部提供细致周到的服务。对失能、失智、重病、高龄、独居、空巢等军休干部，应当重点照顾并提供必要帮助。

第十七条　军休机构应当按照退役军人事务部门制定的规范标准，推进服务管理工作标准化建设，确保规范运行。

第十八条　军休机构应当推进社会化服务，根据需要引进医疗、养老、志愿服务等方面力量，为军休干部提供多元服务。

第十九条　退役军人事务部门、军休机构应当加强信息化建设，充分运用信息化技术，发挥军休安置服务管理信息系统、网络"军休所"等信息化平台作用，提高工作效率，实现精准服务。

第二十条　退役军人事务部门、军休机构应当推进军休老年大学建设，线上线下融合，扩大教学供给，提高办学水平，不断满足军休干部终身学习需求。

第二十一条　退役军人事务部门应当健全军休机构服务网格，加强军休干部服务保障。

第二十二条　军休干部管理委员会是在军休机构内军休干部自我教育、自我管理、自我服务的群众性组织。

军休机构内设有军休干部管理委员会的，军休机构党组织应当加强对军休干部管理委员会的领导，按照有关规定组织开展活动，发挥军休干部管理委员会的作用，定期听取军休干部管理委员会工作情况报告，研究解决其反映的问题。

第四章　军休机构建设

第二十三条　退役军人事务部门根据安置管理工作实际，按照统筹规划、合理布局、精干高效、便于服务的原则设置、调整军休机构。

第二十四条　军休机构实行法定代表人负责制，对重大问题实行科学决策、民主决策。

军休机构应当依法依规落实政策公开、财务公开、服务公开，接受军休干部和工作人员监督。

第二十五条 军休机构应当加强党组织建设，改进和创新军休干部党组织工作，落实党的组织生活制度，增强党组织的政治功能和组织力，使之成为组织、凝聚、教育军休干部和工作人员的坚强堡垒。

加强军休干部中的流动党员管理，将流动党员就近安排在暂住地军休机构党组织参加组织生活。

第二十六条 军休机构应当加强基础设施建设，设置会议室、活动室、阅览室、荣誉室等场所，根据军休干部特点和需求，因地制宜开展适老化改造，具备条件的可引进或设立养老、医疗、助餐等功能设施，建立必要的室外文化体育活动场地，创造良好休养环境。

第二十七条 军休机构应当按规定用好军休经费，加强军休经费和国有资产管理，提高使用效益，接受有关部门的审计监督。

第二十八条 军休机构应当加强军休干部档案管理。

第二十九条 军休机构应当加强安全管理，制定并落实卫生、灾害等突发事件应急预案，增强风险防控和应急处置能力，及时消除安全隐患，防止安全责任事故发生。

第五章　服务管理工作人员

第三十条 退役军人事务部门应当加强军休服务管理工作人员队伍建设，在编制员额内配齐配强工作力量，优化队伍结构。

第三十一条 军休机构在编制员额内新聘用工作人员，除国家政策性安置、按照人事管理权限由上级任命、涉密岗位等人员外，应当面向社会公开招聘，同等条件下优先聘用退役军人、军人家属。

第三十二条 退役军人事务部门可以通过引进专业化服务等渠道充实工作力量。

第三十三条 服务管理工作人员应当强化能力素质和作风纪律，树牢全心全意为军休干部服务的意识。

第三十四条 退役军人事务部门、军休机构应当定期开展教育培训、岗位练兵、业务竞赛等活动，提高工作人员思想政治素质、政策理论水平和服务管理能力。

第三十五条 退役军人事务部门应当建立以军休干部满意度为主要内容的服务管理工作监督考评体系，定期对军休机构及其负责人进行测评。

退役军人事务部门、军休机构应当建立工作人员绩效考核、岗位交流制度。对军休政策落实不到位、工作推进不力的人员，按照有关规定进行处理。

第六章 附 则

第三十六条 中国人民解放军和中国人民武装警察部队移交政府安置的退休军（警）士的服务管理参照本办法执行。

第三十七条 本办法自2022年1月1日起施行。

退役军人事务部办公厅关于进一步加强军队离退休干部安全管理工作的通知

（2018年12月12日）

各省、自治区、直辖市退役军人事务厅（局）：

时下正值隆冬季节，火灾、煤气中毒等各类安全事故易发高发。军队离退休干部服务管理机构（以下简称军休机构）担负着党中央、国务院、中央军委赋予的服务保障军队离退休干部（以下简称军休干部）的重要职责任务，抓好安全管理工作、确保军休干部身心安全至关重要。为深入贯彻习近平总书记关于安全生产系列重要指示精神，全面落实党中央、国务院关于安全生产的决策部署，进一步加强军休干部安全管理工作，现就有关事项通知如下：

一、提高防范意识，加强技能培训

各级退役军人事务部门和军休机构要加强对军休干部和工作人员的安全教育培训，促使他们强化安全理念、树立红线意识、掌握处置程序，为抓好安全管理工作夯实思想和技能基础。要结合本单位工作生活环境和军休干部实际，采取发放宣传材料、开展知识咨询、举办安全宣讲等形式，组织学习安全相关法律法规和管理制度。利用开设专题专栏、播放宣传影片、悬挂安全横幅、张贴宣传标语、推送微信短信等方式，展开全方位、立体式安全宣传，营造良好安全氛围。通过组织观看警示教育展览、参观安全体验中心、探访社区安全教育基地等方法，进行互动体验式安全教育，推动党和国家关于安全工作的系列决策部署和重要指示精神进机构、进家庭，实现安全法律法规家喻户晓、安全常识人人皆知。要结合军休干部日常生活安全需求，举办安全基本技能培训，安排专业人员或邀请专家进行防火、防盗、防诈骗等专题讲座，对行动不便的军休干部登门授课。深入开展应急演练活动，邀请消防人员进行各种险情下防护、逃生的现场演示，切实增强军休干部和工作人员的安全自助自救能力。

二、严格履职尽责，增强服务效能

各级退役军人事务部门和军休机构要把加强军休干部思想教育和满足军休干部身心安全需求结合起来，抓紧抓好。要统一军休干部思想认识，组织他们认真学习《人民日报》评论员文章，支持对极少数打着"退役军人"旗号的违法犯罪分子进行依法打击，维护广大退役军人形象，确保在思想上政治上行动上同以习近平同志为核心的党中央保持高度一致。要完善定人包户制度，定期走访军休干部，及时了解他们的身体状况和需求。坚持全时值班制度，健全安全管理应急预案，有效应对突发状况。建立自我互助制度，鼓励军休干部和工作人员成立互助小组，定期查找身边安全隐患，积极开展互帮互助活动。要加强对空巢、失独、病重、高龄及失能、半失能等重点对象的服务保障，建立并及时更新信息档案，提高走访联系频率，每周至少走访1次，及时掌握有关情况。对患重病、大病的空巢军休干部，积极协调本人或家属同意，将其送到医院进行专业看护治疗。关注军休干部心理健康，鼓励社会工作者、志愿者走进军休机构，提供专业心理疏导，防止因精神疾病而导致极端情况。

三、加大排查力度，根治安全隐患

各级退役军人事务部门要对军休机构安全管理情况开展全覆盖排查、全方位治理。要重点检查军休机构24小时值班和重要时期领导带班制度是否严格执行，电气火使用等各类安全管理制度是否建立健全，定人、定岗、定责的安全责任制度是否落实到位，消防设施是否符合要求并保持畅通，车辆管理、派遣、维护是否严格规范等。要持续加强对老旧住宅小区、军休干部活动室等用火用电安全管理督查和高层建筑消防安全综合治理，从细摸排高危敏感场所，逐个详细登记，逐一落实监管责任。对排查中发现的各类隐患问题和薄弱环节要列出清单、建立台账，限期整改、务求实效。对一时不能整改的，要采取有效防范措施，责任到人，整改结果要由主要负责人签字确认。要强化隐患排查治理监督，实行重大安全隐患挂账督办，组织"回头看"，做到检查、整改、验收闭环管理，确保安全风险点真正得到有效清除。

四、加强组织领导，压实安全责任

各级退役军人事务部门要始终把军休机构安全管理列为重点工作，纳入议事日程，召开专题会议，及时研究部署，切实加强领导，帮助他们解决关键性安全问题，在组织机构、人才队伍、资金支持等方面提供保障。要坚持党政同责、一岗双责、齐抓共管、失职追责，按照"谁主管、谁负责"的原则，建立主要负责同志负总责，分管负责同志具体抓，安全管理人员和岗位员工具体负责的安全工作管理责任制，层层落实责任，层层传导压力，确保各项安全制度措施落实到位。要针对军休工作特点，压实军休机构主体责任，确保安全责任落实到每个环节、每个岗位、每位人员，细化到每个具体位置、每项工作标准，确保人人肩上有担子、个个身上有责任。对因失职渎职、工作不力造成严重安全后果的，要依法依规追究相关责任人责任。

军队无军籍退休职工服务管理办法

（2015年12月17日民政部令第57号公布　2025年5月14日退役军人事务部令第10号修订）

第一条　为了做好军队无军籍退休职工服务管理工作，根据国家有关规定，制定本办法。

第二条　本办法所称军队无军籍退休职工，是指已移交政府安置的中国人民解放军和中国人民武装警察部队无军籍退休职工（以下简称无军籍职工）。

第三条　无军籍职工服务管理工作坚持中国共产党的领导，坚持以人民为中心，坚持国家保障与社会化服务相结合，与经济社会发展水平相适应，无军籍职工服务管理应当从维护无军籍职工的合法权益出发，贯彻执行国家关于无军籍职工的政策，完善服务管理机制，落实有关待遇。

第四条 退役军人工作主管部门在本级人民政府的领导下，负责本行政区域内无军籍职工服务管理工作。

退役军人工作主管部门指定的退役军人服务中心、乡镇（街道）退役军人服务站等服务管理单位，承担无军籍职工服务管理具体工作。

第五条 退役军人工作主管部门应当按照规定做好无军籍职工接收安置相关工作，研究解决无军籍职工服务管理重大问题，督促相关法规政策落实。

第六条 服务管理单位应当加强无军籍职工思想政治教育，引导其继续发扬革命优良传统，传承红色基因，拥护党的路线方针政策，遵守宪法和法律法规，践行社会主义核心价值观。

第七条 服务管理单位按照规定协助所在乡镇（街道）党组织加强对无军籍职工党员的教育管理，办理组织关系转接事宜。

第八条 服务管理单位按照规定落实无军籍职工生活待遇，协助落实医疗待遇。

第九条 服务管理单位应当结合实际开展走访慰问、文化体育等活动，及时掌握无军籍职工思想、生活等情况，传递党和政府的关心关爱。

第十条 服务管理单位应当按照规定做好无军籍职工档案管理工作，建立健全工作制度，配备必要的设施设备，定期开展档案安全检查，根据工作需要推进档案数字化建设，提供必要的档案利用服务。

第十一条 建立无军籍职工年度登记审核制度，每年1月至3月采取现场确认或者网上确认的方式对无军籍职工提供的有关信息进行审核。对年度登记审核通过的，按照规定落实相关待遇；对年度登记审核未通过的，及时通知无军籍职工补正有关信息。

对逾期未进行年度登记的，安置地退役军人工作主管部门等应当通过适当方式及时联系、确认；确实无法联系、确认的，自下月起暂停发放相关待遇；补办登记后，恢复并补发相关待遇；无军籍职工去世的，及时作减员处理，停发相关待遇。

第十二条 鼓励无军籍职工结合自身优势，在基层治理、志愿服务等方面积极发挥作用。

第十三条　加强无军籍职工服务管理队伍建设，提高工作人员政策业务水平和服务管理能力。退役军人工作主管部门应当指定人员负责无军籍职工服务管理工作。

第十四条　积极引导无军籍职工融入社区。统筹利用社会资源，为无军籍职工提供多元服务。可以通过购买专业社会服务、租用场地设施等，提升服务水平。

第十五条　加强信息化建设，发挥信息管理系统等信息化平台作用，提高服务管理效能。

第十六条　鼓励和支持无军籍职工加强自我教育、自我管理、自我服务，探索通过建立互助小组等方式，实现服务管理全覆盖。

第十七条　按照国家有关规定，对在无军籍职工服务管理工作中做出突出贡献的单位和个人给予表彰、奖励，对政策落实不到位、工作推进不力的单位和个人进行处理。

第十八条　对违纪违法的无军籍职工的待遇调整，应当按照国家有关规定，参照事业单位退休人员政策规定执行。

第十九条　移交政府安置的军队无军籍离休干部、退职职工的服务管理，参照本办法执行。国家对军队无军籍离休干部、退职职工服务管理另有规定的，从其规定。

第二十条　本办法自 2025 年 7 月 1 日起施行。

（四）教育培训

国务院关于推行终身职业技能培训制度的意见

（2018 年 5 月 3 日　国发〔2018〕11 号）

职业技能培训是全面提升劳动者就业创业能力、缓解技能人才短缺的结构性矛盾、提高就业质量的根本举措，是适应经济高质量发展、培育经济发展新动能、推进供给侧结构性改革的内在要求，对推动大众创业万众创新、推进制造强国建设、提高全要素生产率、推动经济迈上中高端具有重要意义。为全面提高劳动者素质，促进就业创业和经济社会发展，根据党的十九大精神和"十三五"规划纲要相关要求，现就推行终身职业技能培训制度提出以下意见。

一、总体要求

（一）指导思想。

以习近平新时代中国特色社会主义思想为指导，全面深入贯彻党的十九大和十九届二中、三中全会精神，认真落实党中央、国务院决策部署，统筹推进"五位一体"总体布局和协调推进"四个全面"战略布局，坚持以人民为中心的发展思想，牢固树立新发展理念，深入实施就业优先战略和人才强国战略，适应经济转型升级、制造强国建设和劳动者就业创业需要，深化人力资源供给侧结构性改革，推行终身职业技能培训制度，大规模开展职业技能培训，着力提升培训的针对性和有效性，建设知识型、技能型、创新型劳动者大军，为全面建成社会主义现代化强国、实现中华民族伟大复兴的中国梦提供强大支撑。

（二）基本原则。

促进普惠均等。针对城乡全体劳动者，推进基本职业技能培训服务普惠性、均等化，注重服务终身，保障人人享有基本职业技能培训服务，全面提升培训质量、培训效益和群众满意度。

坚持需求导向。坚持以促进就业创业为目标，瞄准就业创业和经济社会发展需求确定培训内容，加强对就业创业重点群体的培训，提高培训后的就业创业成功率，着力缓解劳动者素质结构与经济社会发展需求不相适应、结构性就业矛盾突出的问题。

创新体制机制。推进职业技能培训市场化、社会化改革，充分发挥企业主体作用，鼓励支持社会力量参与，建立培训资源优化配置、培训载体多元发展、劳动者按需选择、政府加强监管服务的体制机制。

坚持统筹推进。加强职业技能开发和职业素质培养，全面做好技能人才培养、评价、选拔、使用、激励等工作，着力加强高技能人才队伍建设，形成有利于技能人才发展的制度体系和社会环境，促进技能振兴与发展。

（三）目标任务。

建立并推行覆盖城乡全体劳动者、贯穿劳动者学习工作终身、适应就业创业和人才成长需要以及经济社会发展需求的终身职业技能培训制度，实现培训对象普惠化、培训资源市场化、培训载体多元化、培训方式多样化、培训管理规范化，大规模开展高质量的职业技能培训，力争2020年后基本满足劳动者培训需要，努力培养造就规模宏大的高技能人才队伍和数以亿计的高素质劳动者。

二、构建终身职业技能培训体系

（四）完善终身职业技能培训政策和组织实施体系。面向城乡全体劳动者，完善从劳动预备开始，到劳动者实现就业创业并贯穿学习和职业生涯全过程的终身职业技能培训政策。以政府补贴培训、企业自主培训、市场化培训为主要供给，以公共实训机构、职业院校（含技工院校，下同）、职业培训机构和行业企业为主要载体，以就业技能培训、岗位技能提升培训和创业创新培训为主要形式，构建资源充足、布局合理、结构优化、载体多元、方式科学的培训组织实施体系。（人力资源社会保障部、教育部等按职责分工负责。列第一位者为牵头单位，下同）

（五）围绕就业创业重点群体，广泛开展就业技能培训。持续开展高校毕业生技能就业行动，增强高校毕业生适应产业发展、岗位需求和基层就业工作能力。深入实施农民工职业技能提升计划——"春潮行动"，将农村转移就业人员和新生代农民工培养成为高素质技能劳动者。配合化解过剩产能职工安置工作，实施失业人员和转岗职工特别职业培训计划。实施新型职业农民培育工程和农村实用人才培训计划，全面建立职业农民制度。对城乡未继续升学的初、高中毕业生开展劳动预备制培训。对即将退役的军人开展退役前技能储备培训和职业指导，对退役军人开展就业技能培训。面向符合条件的建档立卡贫困家庭、农村"低保"家庭、困难职工家庭和残疾人，开展技能脱贫攻坚行动，实施"雨露计划"、技能脱贫千校行动、残疾人职业技能提升计划。对服刑人员、强制隔离戒毒人员，开展以顺利回归社会为目的的就业技能培训。（人力资源社会保障部、教育部、工业和信息化部、民政部、司法部、住房城乡建设部、农业农村部、退役军人事务部、国务院国资委、国务院扶贫办、全国总工会、共青团中央、全国妇联、中国残联等按职责分工负责）

（六）充分发挥企业主体作用，全面加强企业职工岗位技能提升培训。将企业职工培训作为职业技能培训工作的重点，明确企业培训主体地位，完善激励政策，支持企业大规模开展职业技能培训，鼓励规模以上企业建立职业培训机构开展职工培训，并积极面向中小企业和社会承担培训任务，降低企业兴办职业培训机构成本，提高企业积极性。对接国民经济和社会发展中长期规划，适应高质量发展要求，推动企业健全职工培训制度，制定职工培训规划，采取岗前培训、学徒培训、在岗培训、脱产培训、业务研修、岗位练兵、技术比武、技能竞赛等方式，大幅提升职工技能水平。全面推行企业新型学徒制度，对企业新招用和转岗的技能岗位人员，通过校企合作方式，进行系统职业技能培训。发挥失业保险促进就业作用，支持符合条件的参保职工提升职业技能。健全校企合作制度，探索推进产教融合试点。（人力资源社会保障部、教育部、工业和信息化部、住房城乡建设部、国务院国资委、全国总工会等按职责分工负责）

（七）适应产业转型升级需要，着力加强高技能人才培训。面向经济社会发展急需紧缺职业（工种），大力开展高技能人才培训，增加高技能人才供给。深入实施国家高技能人才振兴计划，紧密结合战略性新兴产业、先进制造业、现代服务业等发展需求，开展技师、高级技师培训。对重点关键岗位的高技能人才，通过开展新知识、新技术、新工艺等方面培训以及技术研修攻关等方式，进一步提高他们的专业知识水平、解决实际问题能力和创新创造能力。支持高技能领军人才更多参与国家科研项目。发挥高技能领军人才在带徒传技、技能推广等方面的重要作用。（人力资源社会保障部、教育部、工业和信息化部、住房城乡建设部、国务院国资委、全国总工会等按职责分工负责）

（八）大力推进创业创新培训。组织有创业意愿和培训需求的人员参加创业创新培训。以高等学校和职业院校毕业生、科技人员、留学回国人员、退役军人、农村转移就业和返乡下乡创业人员、失业人员和转岗职工等群体为重点，依托高等学校、职业院校、职业培训机构、创业培训（实训）中心、创业孵化基地、众创空间、网络平台等，开展创业意识教育、创新素质培养、创业项目指导、开业指导、企业经营管理等培训，提升创业创新能力。健全以政策支持、项目评定、孵化实训、科技金融、创业服务为主要内容的创业创新支持体系，将高等学校、职业院校学生在校期间开展的"试创业"实践活动纳入政策支持范围。发挥技能大师工作室、劳模和职工创新工作室作用，开展集智创新、技术攻关、技能研修、技艺传承等群众性技术创新活动，做好创新成果总结命名推广工作，加大对劳动者创业创新的扶持力度。(人力资源社会保障部、教育部、科技部、工业和信息化部、住房城乡建设部、农业农村部、退役军人事务部、国务院国资委、国务院扶贫办、全国总工会、共青团中央、全国妇联、中国残联等按职责分工负责)

(九) 强化工匠精神和职业素质培育。大力弘扬和培育工匠精神，坚持工学结合、知行合一、德技并修，完善激励机制，增强劳动者对职业理念、职业责任和职业使命的认识与理解，提高劳动者践行工匠精神的自觉性和主动性。广泛开展"大国工匠进校园"活动。加强职业素质培育，将职业道德、质量意识、法律意识、安全环保和健康卫生等要求贯穿职业培训全过程。(人力资源社会保障部、教育部、科技部、工业和信息化部、住房城乡建设部、国务院国资委、国家市场监督管理总局、全国总工会、共青团中央等按职责分工负责)

三、深化职业技能培训体制机制改革

(十) 建立职业技能培训市场化社会化发展机制。加大政府、企业、社会等各类培训资源优化整合力度，提高培训供给能力。广泛发动社会力量，大力发展民办职业技能培训。鼓励企业建设培训中心、职业院校、企业大学，开展职业训练院试点工作，为社会培育更多高技能人才。鼓励支持社会组织积极参与行业人才需求发布、就业状况分析、培训指导等工作。政府补贴的职业技能培训项目全部向具备资质的职业院校和培训机构开放。(人力资源社会保障部、教育部、工业和信息化部、民政部、国家市场监督管理总局、全国总工会等按职责分工负责)

(十一) 建立技能人才多元评价机制。健全以职业能力为导向、以工作业绩为重点、注重工匠精神培育和职业道德养成的技能人才评价体系。建立与国家职业资格制度相衔接、与终身职业技能培训制度相适应的职业技能等级制度。完善职业资格评价、职业技能等级认定、专项职业能力考核等多元化评价方式，促进评价结果有机衔接。健全技能人才评价管理服务体系，加强对评价质量的监管。建立以企业岗位练兵和技术比武为基础、以国家和行业竞赛为主体、国内竞赛与国际竞赛相衔接的职业技能竞赛体系，大力组织开展职业技能竞赛活动，积极参与世界技能大赛，拓展技能人才评价选拔渠道。(人力资源社会保障部、教育部、工业和信息化部、住

房城乡建设部、国务院国资委、全国总工会、共青团中央、中国残联等按职责分工负责）

（十二）建立职业技能培训质量评估监管机制。对职业技能培训公共服务项目实施目录清单管理，制定政府补贴培训目录、培训机构目录、鉴定评价机构目录、职业资格目录，及时向社会公开并实行动态调整。建立以培训合格率、就业创业成功率为重点的培训绩效评估体系，对培训机构、培训过程进行全方位监管。结合国家"金保工程"二期，建立基于互联网的职业技能培训公共服务平台，提升技能培训和鉴定评价信息化水平。探索建立劳动者职业技能培训电子档案，实现培训信息与就业、社会保障信息联通共享。（人力资源社会保障部、财政部等按职责分工负责）

（十三）建立技能提升多渠道激励机制。支持劳动者凭技能提升待遇，建立健全技能人才培养、评价、使用、待遇相统一的激励机制。指导企业不唯学历和资历，建立基于岗位价值、能力素质、业绩贡献的工资分配机制，强化技能价值激励导向。制定企业技术工人技能要素和创新成果按贡献参与分配的办法，推动技术工人享受促进科技成果转化的有关政策，鼓励企业对高技能人才实行技术创新成果入股、岗位分红和股权期权等激励方式，鼓励凭技能创造财富、增加收入。落实技能人才积分落户、岗位聘任、职务职级晋升、参与职称评审、学习进修等政策。支持用人单位对聘用的高级工、技师、高级技师，比照相应层级工程技术人员确定其待遇。完善以国家奖励为导向、用人单位奖励为主体、社会奖励为补充的技能人才表彰奖励制度。（人力资源社会保障部、教育部、工业和信息化部、公安部、国务院国资委、国家公务员局等按职责分工负责）

四、提升职业技能培训基础能力

（十四）加强职业技能培训服务能力建设。推进职业技能培训公共服务体系建设，为劳动者提供市场供求信息咨询服务，引导培训机构按市场和产业发展需求设立培训项目，引导劳动者按需自主选择培训项目。推进培训内容和方式创新，鼓励开展新产业、新技术、新业态培训，大力推广"互联网+职业培训"模式，推动云计算、大数据、移动智能终端等信息网络技术在职业技能培训领域的应用，提高培训便利度和可及性。（人力资源社会保障部、国家发展改革委等按职责分工负责）

（十五）加强职业技能培训教学资源建设。紧跟新技术、新职业发展变化，建立职业分类动态调整机制，加快职业标准开发工作。建立国家基本职业培训包制度，促进职业技能培训规范化发展。支持弹性学习，建立学习成果积累和转换制度，促进职业技能培训与学历教育沟通衔接。实行专兼职教师制度，完善教师在职培训和企业实践制度，职业院校和培训机构可根据需要和条件自主招用企业技能人才任教。大力开展校长等管理人员培训和师资培训。发挥院校、行业企业作用，加强职业技能培训教材开发，提高教材质量，规范教材使用。（人力资源社会保障部、教育部等按职责分工负责）

（十六）加强职业技能培训基础平台建设。推进高技能人才培训基地、技能大师工作室建设，建成一批高技能人才培养培训、技能交流传承基地。加强公共实训基地、职业农民培育基地和创业孵化基地建设，逐步形成覆盖全国的技能实训和创业实训网络。对接世界技能大赛标准，加强竞赛集训基地建设，提升我国职业技能竞赛整体水平和青年技能人才培养质量。积极参与走出去战略和"一带一路"建设中的技能合作与交流。（人力资源社会保障部、国家发展改革委、教育部、科技部、工业和信息化部、财政部、农业农村部、商务部、国务院国资委、国家国际发展合作署等按职责分工负责）

五、保障措施

（十七）加强组织领导。地方各级人民政府要按照党中央、国务院的总体要求，把推行终身职业技能培训制度作为推进供给侧结构性改革的重要任务，根据经济社会发展、促进就业和人才发展总体规划，制定中长期职业技能培训规划并大力组织实施，推进政策落实。要建立政府统一领导，人力资源社会保障部门统筹协调，相关部门各司其职、密切配合，有关人民团体和社会组织广泛参与的工作机制，不断加大职业技能培训工作力度。（人力资源社会保障部等部门、单位和各省级人民政府按职责分工负责）

（十八）做好公共财政保障。地方各级人民政府要加大投入力度，落实职业技能培训补贴政策，发挥好政府资金的引导和撬动作用。合理调整就业补助资金支出结构，保障培训补贴资金落实到位。加大对用于职业技能培训各项补贴资金的整合力度，提高使用效益。完善经费补贴拨付流程，简化程序，提高效率。要规范财政资金管理，依法加强对培训补贴资金的监督，防止骗取、挪用，保障资金安全和效益。有条件的地区可安排经费，对职业技能培训教材开发、新职业研究、职业技能标准开发、师资培训、职业技能竞赛、评选表彰等基础工作给予支持。(人力资源社会保障部、教育部、财政部、审计署等按职责分工负责)

(十九)多渠道筹集经费。加大职业技能培训经费保障,建立政府、企业、社会多元投入机制,通过就业补助资金、企业职工教育培训经费、社会捐助赞助、劳动者个人缴费等多种渠道筹集培训资金。通过公益性社会团体或者县级以上人民政府及其部门用于职业教育的捐赠,依照税法相关规定在税前扣除。鼓励社会捐助、赞助职业技能竞赛活动。(人力资源社会保障部、教育部、工业和信息化部、民政部、财政部、国务院国资委、税务总局、全国总工会等按职责分工负责)

(二十)进一步优化社会环境。加强职业技能培训政策宣传,创新宣传方式,提升社会影响力和公众知晓度。积极开展技能展示交流,组织开展好职业教育活动周、世界青年技能日、技能中国行等活动,宣传校企合作、技能竞赛、技艺传承等成果,提高职业技能培训吸引力。大力宣传优秀技能人才先进事迹,大力营造劳动光荣的社会风尚和精益求精的敬业风气。(人力资源社会保障部、教育部、全国总工会、共青团中央等按职责分工负责)

退役军人事务部等七部门关于全面做好退役士兵教育培训工作的指导意见

(2021年9月7日 退役军人部发〔2021〕53号)

各省、自治区、直辖市退役军人事务厅(局)、教育厅(教委)、财政厅(局)、人力资源社会保障厅(局)、征兵办公室,新疆生产建设兵团退役军人事务局、教育局、财政局、人力资源社会保障局、征兵办公室,各战区联合参谋部、政治工作部,各军兵种参谋部(战勤部)、政治工作部,军委机关各部门办公厅(秘书局、综合局)、政治工作局,军事科学院科研部、政治工作部,国防大学教育训练部、政治工作部,国防科技大学教务处、政治工作处,武警部队参谋部、政治工作部,各省军区(卫戍区、警备区）。

退役士兵为国防和军队现代化建设作出过重要贡献，是国家宝贵的人力资源。加强退役士兵教育培训工作，有利于促进退役士兵提升能力素质，有利于提高就业质量，有利于经济社会高质量发展，为全面建设社会主义现代化国家贡献新的力量。为贯彻《中华人民共和国退役军人保障法》，进一步做好退役士兵教育培训工作，现提出如下意见。

一、总体要求

以习近平新时代中国特色社会主义思想为指导，全面贯彻党的十九大和十九届二中、三中、四中、五中全会精神，坚持政府主导、社会支持，面向退役军士和退役义务兵，建立包括适应性培训、职业技能培训、学历教育和终身学习的教育培训体系，促进退役士兵为经济社会建设更好服务。

二、普遍推行适应性培训

（一）加强职业技能储备培训和离队前教育。军队做好面向现役士兵的教育培训，支持其在服役期间学习储备多种职业技能，取得更多职业技能等级证书；进一步完善退役士兵离队前教育工作。县级以上地方人民政府退役军人事务部门积极主动配合驻地部队按需开展"送技能进军营"、定期开展"送政策进军营"等活动，宣讲政策形势，加强择业指导，实现区域内驻军单位基本覆盖。

（二）实施即退即训。面向自主就业退役士兵开展适应性培训，帮助其尽快转变角色融入社会。培训工作由省（区、市）退役军人事务部门结合实际统筹安排，在自主就业退役士兵返乡报到后及时组织实施，培训时长不少于80学时。

（三）确保培训实效。适应性培训要强化思想政治引领，面向自主就业退役士兵开展安全保密教育，树牢组织纪律意识；宣讲退役政策，普及相关法律法规；开展心理调适，促进角色转换；实施职业指导，分析就业创业形势，引导合理就业预期；组织人才测评，提供就业推荐、职业培训项目推介。采用"互联网+培训"等多种教学手段，灵活安排教学，定期开展培训评估，确保教学效果。

三、全员开展职业技能培训

（四）优化培训模式。退役军人事务部门依托职业技能等级证书目录、职业技能培训机构目录中的机构面向自主就业退役士兵开展职业技能培训，实施学历证书+若干职业技能等级证书制度（1+X证书制度）和学分银行制度，建立学习成果认定、积累和转换机制。地方各级退役军人事务部门在省域内联网设立自主就业退役士兵培训台账，加强对参训人员和教育培训经费的管理，制定培训资助标准，建立培训资金省级统筹机制，实现培训待遇省域内通兑；依托现有资源统筹建立退役军人就业创业园地，发挥示范作用。鼓励各省（区、市）教育培训机构对接共享优质培训资源，促进自主就业退役士兵职业技能培训均衡化发展。自主就业退役士兵可在达到法定退休年龄前接受一次免费职业技能培训，按规定由各地退役军人事务部门、教育部门选择实施1+X证书制度且对接职业教育国家学分银行的职业院校及应用型本科高校作为培训基地开展培训，培训成果记入职业教育国家学分银行。自主就业退役士兵在培训基地学校以外的培训机构参加培训，可在退役军人事务部门、人力资源社会保障部门统筹下，按照规定程序和标准享受资助待遇。

（五）提高管理服务能力。对签约合作的承训单位按有关规定实施合同管理，建立健全激励约束机制，定期开展检查考核，提高培训质量。深化退役士兵职业技能培训工作"放管服"改革，提高服务效能。严格执行保密规定，确保退役士兵信息安全。结合培训项目实际，科学设定学时要求。推动军地有关部门建立军事专业与职业对应目录和军地职业技能证书衔接机制，对军事专业资格证书，地方可视作对应职业的同级技能证书，发挥同等效力，不再重新鉴定评价。

四、全力支持提升学历

（六）支持从高校应征入伍士兵退役后复学深造。支持入伍前已被普通高等学校录取并保留入学资格或者保留学籍的退役士兵入学或复学，经学校同意并履行相关程序后可转入本校其他专业学习，免修公共体育、军事技能和军事理论等课程，直接获得相应课程学分，允许适当延长修业年限。高职（专科）升普通本科、成人本科按规定免试入学。符合条件的退役大学生士兵参加全国硕士研究生招生考试按有关规定享受加分照顾。服役期间获二等功以上奖励，符合全国硕士研究生招生考试报考条件的退役士兵可申请免初试攻读硕士研究生。适度扩大"退役大学生士兵"专项硕士研究生招生计划规模。

（七）鼓励高中、初中学历退役士兵提升学历。退役士兵参加中职教育实行注册免试入学；报考高职院校免文化素质考试。符合条件的退役士兵参加全国普通高考、成人高考，按规定享受加分照顾。高等学校可按规定通过单列计划、单独招生等方式招考退役士兵。将退役士兵服役期间的学历教育和非学历教育学习成果按规定记入国家学分银行，实现退役前后学习成果贯通连续。建立健全行业教育合作机制，对适合退役士兵就业的行业，加大行业系统内院校招生力度，以专业教育促进退役士兵入行就业，努力实现"入学即入职"。

（八）注重提升教学质量。退役军人事务部门可根据学费减免政策指导退役士兵按需报考。教育等部门按照国家有关规定，规范退役士兵培养过程，将教学成效作为重要因素纳入院校考核评优的指标体系。培养院校要设计符合退役士兵特点的人才培养方案，采用地方订单定向培养等方式，严把教学质量和教育纪律关口，在学业考核上对退役士兵和其他在校生"同大纲、同标准"。

五、开展终身教育培训

（九）实行职业生涯全过程培训。将退役士兵培训纳入国家终身职业技能培训制度体系。以职业素养提升、技术更新、技能等级晋升为培养目标，鼓励用人单位定期组织退役士兵参加岗位技能提升和知识更新培训，拓展职业上升空间。退役军人事务部门依托就业企业合作签约机制，支持合作企业为受聘退役士兵提供多渠道、多层级、多频次的教育培训。紧紧围绕服务乡村振兴、打造"双创"升级版等国家战略，开展退役士兵创业培训。

（十）建设全国退役士兵网络学习平台。依托现有资源，集成网络教学、信息推送、职业能力倾向测试、学习台账登记、统计分析等功能，为退役士兵在线参加适应性培训、职业技能培训、学历教育和终身教育培训提供平台支撑。建立政府引导、多方参与的资源共建共享机制，鼓励各类教育培训机构在网络学习平台面向退役士兵发布优质课程、开展线上培训、实施教学管理，提升培训效能。

六、加强组织领导

（十一）强化协同发力。各地区、各部门要进一步提高政治站位，高度重视退役士兵教育培训工作，多措并举，抓出实效。建立健全部门间协调机制，退役军人事务部门统筹协调，相关部门各司其职、协调配合，统筹规划退役士兵教育培训工作。推动实现区域间协调联动，依托乡村振兴和区域一体化发展，对接共享优质教育培训资源。各地区结合实际，由教育等部门研究制定落实退役士兵终身教育培训政策的具体措施，建立年度报告、检查和评估机制。

（十二）优化经费保障。自2019年秋季学期起，对通过全国统一高考或高职分类招考方式考入普通高等学校的全日制在校自主就业退役士兵学生均实行学费减免，减免最高限额按规定标准执行；全日制在校退役士兵学生全部享受本专科生国家助学金。退役士兵参加全日制中等职业教育的，按规定享受中等职业教育国家奖助学金和免学费政策。

自主就业退役士兵适应性培训、职业技能培训经费可通过退役安置补助经费列支。地方财政要加强退役士兵教育培训经费保障，制定经费管理办法，提高资金使用效率。中央财政合理确定补助标准。有条件的地区在经费方面可对参战、军龄长、有立功受奖表现、所学技能多等级高的退役士兵学员适当倾斜，退役士兵各项教育培训经费按现有渠道拨付。

（十三）明确部门职责。退役军人事务部门负责退役士兵教育培训工作的协调推动；教育、人力资源社会保障等有关部门做好退役士兵招生录取、教学管理、技能鉴定评价、数据共享等工作；财政部门负责按规定落实退役士兵教育培训相关经费保障；军队有关部门负责组织实施士兵服役期间继续教育、离队前教育和退役后教育培训档案材料移交等工作，协同地方有关部门促进退役士兵军地技能证书有效衔接转换。

（十四）注重宣传引导。要创新宣传方式，充分运用各类新闻媒体，采取灵活多样形式，做好退役士兵教育培训工作的宣讲普及，提升相关政策影响力和知晓度。鼓励自主就业退役士兵在返乡报到和就业前的窗口期尽早参加职业技能培训。广泛开展各类交流活动，展示退役士兵参加教育培训成果，提高教育培训工作的吸引力。强化典型引领，积极宣传各地区、各部门开展退役士兵教育培训、提高服务质量的经验与成效，营造支持和服务退役士兵教育培训的良好环境。

教育部办公厅、退役军人事务部办公厅、财政部办公厅关于全面做好退役士兵职业教育工作的通知

(2019年8月7日 教职成厅函〔2019〕17号)

各省、自治区、直辖市教育厅（教委）、退役军人事务厅（局）、财政厅（局），新疆生产建设兵团教育局、退役军人事务局、财政局：

为深入贯彻落实党中央、国务院、中央军委关于新时代退役军人工作的决策部署，适应经济社会发展需要，提高退役士兵就业创业能力，促进退役士兵充分稳定就业，根据《国家职业教育改革实施方案》和《高职扩招专项工作实施方案》精神，现就全面推动退役士兵接受职业教育工作通知如下。

一、加大招生工作力度

（一）鼓励符合高考报名条件的退役士兵报考高职院校，由省级教育部门指导有关高职院校在高职分类招生考试中采取自愿报名、单列计划、单独录取的办法组织实施，确保有升学意愿且达到基本培养要求的考生能被录取。退役士兵可免于文化素质考试，由各校组织与报考专业相关的职业适应性面试或技能测试，鼓励采用情景模拟、问答、才艺展示等方式进行测试。学校可通过联合测试或成绩互认等方法，减轻考生考试负担。各地退役军人事务部门负责招生宣传动员，发动符合条件的退役士兵积极报考；根据教育部门提供的报名数据，严格开展退役士兵考生资格审核。

（二）退役士兵申请就读中等职业学校，可免试入学。

（三）退役士兵学员修业年限可适当延长，达到毕业要求的可颁发相应学历证书，符合相关学位授予条件即可取得学位证书。

（四）鼓励支持退役士兵参加高等教育自学考试及各类高等学校举办的学历继续教育。各地退役军人事务部门负责退役士兵考生的资格审核工作。

（五）鼓励高职（专科）学历的退役士兵申请就读普通本科高校，具体招生办法由省级教育部门制定。

二、灵活开展教育教学

（一）各地教育、退役军人事务部门要加强工作统筹，指导相应院校制定专项规章制度，提高退役士兵学生教学与管理的灵活性、针对性、有效性。就读职业院校的退役士兵学生应建立正式学籍，一般单独编班开展教学。

（二）教育部门要指导学校针对退役士兵需求与特点，优化专业设置。退役士兵入学后采取学分制管理、多元化教学，实行弹性学习时间，鼓励半工半读、工学结合。同时，要坚持"宽进严出"原则，严格培养质量，严把考试考核关口，严肃作风纪律要求，使退役士兵学有所获、学有所成。经过有关复核程序，退役士兵可以免修服役岗位相关专业课程以及公共体育课、军事课等课程，获得相应学分。对于取得职业技能等级证书的，根据证书等级和类别按规定免修相应课程。服役经历可以视作相关岗位实习经历和参加社会实践活动。

（三）支持退役士兵学生参加"1+X证书"制度试点，鼓励退役士兵学员获得学历证书的同时积极取得多类职业技能等级证书。面向技术技能人才紧缺行业领域，打造针对退役士兵的高水平专业化产教融合实训基地。支持职业院校坚持学历教育与培训并举并重，按照育训结合、长短结合、内外结合的要求，积极引进、开发就业创业培训项目。

（四）各地要围绕现代农业、先进制造业、现代服务业、战略性新兴产业等行业领域需求，积极研究编制针对退役士兵的教育项目。民族地区、边疆地区、贫困地区等地方，可以结合国家战略、区域特点、地方需要，有针对性的创设符合实际的教育教学形式。对于服役期间有过士官长、班长、士官参谋、专业技师以及支部委员等岗位经验的退役士兵，要给予重点关注，注重发挥示范作用。

三、加强就业指导服务

（一）退役军人事务等部门要按照职责对退役军人提供有针对性的就业服务。各地要指导职业院校积极与各类企业等用人单位建立紧密、稳定的合作关系，坚持就业导向，开设就业指导课程，搭建就业平台，提供就业岗位，将就业指导贯穿教育全过程，大力开展"订单、定岗、定向"教育培训，促进退役士兵充分就业。

（二）各地要强化校企深度合作，发挥企业在退役士兵职业教育中的重要作用。加大政策激励与指导力度，鼓励支持大企业举办退役士兵教育培训后帮助其就业。有条件的地方探索设立退役士兵职业教育集团，强化教育培训针对性、有效性，有机衔接教育培训与就业。鼓励企业积极推动新招录退役士兵参加学徒培训，按规定享受相关补贴。

（三）退役士兵就读期间，院校应该采取多种渠道，组织有针对性的创业教育，定期开展创业论坛等活动，开展创业意识教育、创业项目指导、经营管理咨询等专项培训，联合成功创业退役军人组建创业指导团队，鼓励引导有条件、有能力的退役士兵创业发展，以创业带动就业。

四、完善保障机制措施

（一）各地教育、退役军人事务、财政部门要充分利用现有退役军人事务工作机制以及教育相关工作机制，会同职业院校、企业等单位，健全专项协作模式，相互配合支持，统筹规划，定期会商，及时妥善研究解决工作中遇到的新情况新问题，确保工作有序进行。

（二）各级财政要落实《退役士兵安置条例》等法律法规，将自主就业退役士兵的职业教育和技能培训经费列入县级以上人民政府财政预算。加强资金监管，确保资金效能与安全。

（三）退役士兵接受学历职业教育，纳入招生计划，按照当地生均财政拨款标准拨付经费。退役士兵学生，按照规定享受学费减免、助学金等资助政策。

（四）各级退役军人事务部门要主动协同教育部门，在每年退伍季集中开展政策宣传，本着自愿参加、自选专业的原则，积极引导退役士兵参加职业教育，为退役士兵提高学历层次、增强职业技能提供更多保障渠道。各级退役军人事务部门要制定切实可行措施，通过普遍通知、重点走访、召开座谈会等方式做好宣传，并结合信息采集、光荣牌发放、走访慰问、送政策进军营等活动积极动员，引导退役士兵参加职业教育，确保政策落地落实。

（五）省级退役军人事务部门要加强组织管理工作，全面建立退役士兵教育培训台账。要会同教育部门加强对教育教学过程与效果的考核考评，制定有效措施，建立资金联动，设定评价标准，实施动态管理。要加快信息化建设,有效对接需求与供给,提供便捷线上线下服务。

(六)各地要积极正面宣传政策措施,树立积极承接、出色完成任务的院校典型,以及通过教育培训实现充分稳定就业、成功创业的退役士兵典型,营造全社会关心退役军人人才建设、支持退役军人教育培训工作、助力退役军人就业创业的良好氛围。

(七)各地要深刻认识退役士兵职业教育工作的重要意义,充分发挥退役士兵群体的人力资源优势,将面向退役士兵的高职扩招工作与退役士兵职业教育工作统筹考虑,形成全面推进退役士兵接受职业教育的合力,有质量地扩大高素质技术技能人才培养规模。

(五)就业创业

退役军人事务部等8部门关于加强就业困难退役军人帮扶工作的意见

(2023年1月29日 退役军人部发〔2023〕4号)

各省、自治区、直辖市及新疆生产建设兵团退役军人事务厅(局)、发展改革委、财政厅(局)、人力资源社会保障厅(局)、农业农村(农牧)厅(局)、市场监管局(厅、委)、工商联,国家税务总局各省、自治区、直辖市、计划单列市税务局:

为深入贯彻习近平总书记关于退役军人工作重要论述,认真落实党中央、国务院稳就业保民生决策部署,切实推动《中华人民共和国退役军人保障法》和《中华人民共和国就业促进法》有效落实,筑牢退役军人就业帮扶底线,现就做好就业困难退役军人帮扶工作提出以下意见。

一、深化思想认识

就业是最大的民生工程。广大退役军人曾经为国防和军队建设作出贡献,是重要的人力人才资源,在经济社会发展各个领域发挥着积极作用。

受多方面因素影响,部分退役军人在就业过程中存在不同程度的困难,未能及时就业或下岗失业。做好就业困难退役军人帮扶工作,是落实就业优先战略、做好稳就业保就业的内在要求,是就业困难退役军人缓解生活困难、实现个人价值的现实需要,对促进经济社会发展、服务国防和军队建设、维护社会大局稳定具有重要意义。

各有关部门要坚持以习近平新时代中国特色社会主义思想为指导,进一步提高政治站位,深刻认识做好就业困难退役军人帮扶工作的重要性和紧迫性。要以实现更加充分更高质量就业为目标,立足就业困难退役军人的特点和需求,提供多岗位供给、多渠道保障的帮扶,全面落实各项支持政策,不断提高援助服务水平,努力使有需要的就业困难退役军人及时就业,保障就业困难退役军人共享改革发展成果。

二、明确帮扶对象

本意见所称"就业困难退役军人",是指按照《中华人民共和国就业促进法》规定,被人力资源社会保障部门认定为就业困难人员的退役军人。

三、精准开展多样化援助

(一)强化择业引导。各级退役军人事务部门要建立常态化联系机制,准确了解就业困难退役军人思想状况和实际情况,通过定期走访、座谈交流等形式,宣传就业政策、分析就业形势、分享成功经验,帮助就业困难退役军人树立正确就业观、择业观。要帮助退役军人科学确定就业预期,选择适合自身条件、能力水平的岗位及时就业。要引导其树立"幸福生活都是奋斗出来的"思想观念,通过辛勤劳动改变生活现状、提高生活质量、实现个人价值。

(二)加强岗位推荐。各地退役军人事务部门要会同有关部门每年至少组织 2 次退役军人专场招聘活动,重点组织引导就业困难退役军人参加。退役军人事务部门要高度关注本地区登记就业困难退役军人,针对性推荐岗位信息。鼓励各类企业特别是与退役军人事务部门签约合作企业、退役军人创办企业充分发挥吸纳就业作用,优先向就业困难退役军人提供就业岗位和帮扶。强化各级公共就业服务机构、各级退役军人服务中心(站)联动合作,积极开展"民营企业招聘月"、"金秋招聘月"等活动,通过专场招聘、联合招聘等形式,加大岗位推介力度,并按职责提供职业介绍、就业指导、政策咨询等服务。鼓励经营性人力资源服务机构和社会组织为退役军人就业提供免费或优惠服务。要用好全国退役军人就业创业信息系统等渠道平台，及时收集、汇总、提供岗位需求信息，促进供需双方快速精准对接。有条件地区可探索推动"72小时快速就业"服务模式，及时满足有迫切需求的就业困难退役军人需要。

（三）支持创业和灵活就业。各有关部门要结合实际，支持有意愿和有一定能力的就业困难退役军人从事投资小、见效快、风险低的灵活经营活动。鼓励退役军人按规定发展各类特色小店、摊点商铺，进入电商零售、网约配送、供应链管理、出行服务等新业态就业，扩大经济收入来源，改善生活条件。对就业困难退役军人从事个体经营或创办小微企业的，按规定落实税收优惠、一次性创业补贴等支持政策。鼓励有条件的地方为就业困难退役军人提供经营场所，视情减免场地、管理、卫生等费用。地方政府投资开发的经营场所可安排一定比例场地，免费提供给灵活就业的就业困难退役军人，并优先接纳符合条件的就业困难退役军人。

（四）落实帮扶措施。引导就业困难退役军人办理就业失业登记，提供精准就业帮扶。将符合条件的失业退役军人认定为就业困难人员，落实就业援助政策措施。其中企业吸纳就业、签订劳动合同并缴纳社会保险费的，按规定给予社会保险补贴、落实税收优惠等政策；灵活就业后缴纳社会保险费的，按规定给予社会保险补贴。退役军人未及时就业的，可以按规定向户籍所在地人力资源社会保障部门申领失业保险待遇。

（五）用好公益性岗位。对符合当地就业困难人员认定条件的退役军人，经过就业帮扶确实难以通过市场渠道实现就业的，按规定通过公益性岗位予以安置，给予公益性岗位补贴和社会保险补贴。岗位补贴标准原则上不高于当地最低工资标准，社会保险补贴包括用人单位缴纳的基本养老保险费、基本医疗保险费、失业保险费。公益性岗位补贴期限不超过3年，距法定退休年龄不足5年的可延长至退休。

（六）做好技能培训。鼓励就业困难退役军人参加各类职业技能培训。对有培训意愿的就业困难退役军人，由当地人力资源社会保障部门、退役军人事务部门密切配合，优先组织参加职业培训，符合条件的按规定落实职业培训补贴政策。各级退役军人事务部门要定期开展退役军人培训需求摸底，定期组织新增人员的就业政策培训，及时组织开展实用性强、利于就业的技能培训。鼓励返乡入乡退役军人参加高素质农民培育计划，提升致富技能水平。

四、强化组织保障

（一）加强组织领导。各级退役军人事务部门要充分借助当地党委退役军人事务工作领导机构力量，切实履行主体责任，把做好就业困难退役军人帮扶工作作为重要内容，统一部署、创新举措、加强引导、完善监管，为就业困难退役军人提供及时、精准、便捷的帮扶服务。各级退役军人服务中心（站）要明确就业困难退役军人帮扶服务职能，稳步推进落实落地，将帮扶工作成效纳入退役军人工作考核内容。各有关部门要在职能范围内支持、协助做好就业困难退役军人帮扶工作。

（二）强化经费保障。各有关部门要立足职责，按规定用好稳就业保就业相关资金，支持就业困难退役军人帮扶工作，确保帮扶政策有效落实。鼓励有条件的地方利用公益基金开展帮扶服务。

（三）健全工作机制。各级退役军人事务部门与人力资源社会保障部门要加强信息共享和工作对接，协作开展就业困难退役军人帮扶工作，定期沟通会商，及时研究解决问题。要充分利用全国退役军人就业创业信息系统，建立就业困难退役军人台账和帮扶工作数据库，定期跟踪就业失业状态，适时掌握就业情况，及时与困难退役军人帮扶援助系统平台进行数据对接。无正当理由不接受就业服务或已不符合就业服务条件的人员，应当及时调整退出就业帮扶范围。就业困难退役军人退出帮扶范围后，情况发生变化、符合认定条件的，可再次申请就业服务对象认定。

退役军人事务部、中共中央组织部、中共中央政法委员会等关于促进新时代退役军人就业创业工作的意见

（2018年7月27日　退役军人部发〔2018〕26号）

各省、自治区、直辖市党委组织部、政法委，政府办公厅、教育厅（局）、公安厅（局）、民政厅（局）、财政厅（局）、人力资源社会保障厅（局）、

国资委、扶贫办、国家税务总局各省、自治区、直辖市、计划单列市税务局，各战区、各军兵种、军委机关各部门、军事科学院、国防大学、国防科技大学、武警部队政治工作部（局、处）：

　　退役军人是重要的人力资源，是建设中国特色社会主义的重要力量。促进他们就业创业、引导他们积极投身"大众创业、万众创新"实践，对于更好实现退役军人自身价值、助推经济社会发展、服务国防和军队建设具有重要意义。新时代退役军人就业创业工作要以习近平新时代中国特色社会主义思想为指导，坚持政府推动、政策优先，市场导向、需求牵引，自愿选择、自主作为，社会支持、多方参与，调动各方面力量共同推进，保障退役军人在享受普惠性就业创业扶持政策和公共服务基础上再给予特殊优待。现就促进退役军人（自主就业退役士兵、自主择业军转干部、复员干部）就业创业工作提出如下意见：

一、提升就业创业能力

　　（一）完善多层次、多样化的教育培训体系。将退役军人就业创业培训纳入国家学历教育和职业教育体系，依托普通高校、职业院校（含技工院校）等教育资源，促进现役军人与退役军人教育培训相衔接、学历教育与技能培训互为补充，改善知识结构，提升能力素质。

　　（二）开展退役前技能储备培训。组织开展退役前技能储备培训和职业指导，深入开展"送政策进军营"活动，加强经济社会发展和就业形势介绍、政策咨询、心理调适、"一对一"职业规划，有条件的部队可在军人退役前开展技能培训，努力把退役军人服役期间锤炼的品质转化为就业创业的优势。

　　（三）加强退役后职业技能培训。引导退役军人积极参加职业技能培训，退役后可选择接受一次免费（免学杂费、免住宿费、免技能鉴定费）培训，并享受培训期间生活补助。教育培训期限一般为2年，最短不少于3个月。督促指导承训机构突出提高社会适应能力和就业所需知识及技能，按需求进行实用性培训，开展"订单式""定向式""定岗式"培训，推进培训精细化、个性化。坚持谁培训、谁推荐就业，压实目标责任，提高就业成功率。

　　（四）推行终身职业技能培训。将退役军人纳入国家终身职业技能培训政策和组织实施体系，鼓励用人单位定期组织退役军人参加岗位技能提升和知识更新培训。对下岗失业退役军人,及时纳入失业人员特别职业培训计划、职业技能培训等范围,并按规定予以补贴。

(五)鼓励参加学历教育。鼓励各地将符合高考报名条件的退役军人纳入高等职业院校单独考试招生范围。退役军人参加全国普通高考、成人高考、研究生考试,符合条件的可享受加分照顾,同等条件下优先录取。成人高校招生专升本免试入学,服役期间立二等功以上且符合报考条件的,可申请免初试攻读硕士研究生。退役军人接受中等职业教育可实行注册入学。中等职业教育期间,按规定享受免学费和国家助学金资助;对退役一年以上、参加全国统一高考,考入全日制普通本科和高专高职学校的自主就业退役士兵,学历教育期间按规定享受学费资助和相关奖助学金资助,家庭经济困难退役士兵享受学生生活费补助。国家鼓励军人服役期间参加开放教育、自学考试等学历继续教育,退役后可根据需要继续完成学业,获得相应国民高等教育学历文凭。

(六)加强教育培训管理。建立退役军人职业技能承训机构目录、承训企业目录和普通高校、职业学校目录,及时向社会公开并实行定期考核、动态管理。各类目录由省级退役军人事务部门每年发布。经省级退役军人事务部门同意,退役军人可参加跨省异地教育培训。加强对承训单位教育培训质量考核,建立激励机制。

二、加大就业支持力度

(七)适当放宽招录(聘)条件。机关、社会团体、企业事业单位在招收录用工作人员或聘用职工时,对退役军人的年龄和学历条件适当放宽,同等条件下优先招录聘用退役军人。

(八)加大公务员招录力度。在军队服役5年(含)以上的高校毕业生士兵退役后可以报考面向服务基层项目人员定向考录的职位,同服务基层项目人员共享公务员定向考录计划,优先录用建档立卡贫困户家庭高校毕业生退役士兵。各地特别是边远地区、深度贫困地区结合实施乡村振兴、脱贫攻坚等战略,设置一定数量基层公务员职位面向退役军人招考,西藏和四川、云南、甘肃、青海四省藏区以及新疆南疆地区县乡逐步扩大招考数量。各级党政机关在组织开展选调生工作时,注意选调有服役经历的优秀大学生。适当提高政法干警招录培养体制改革试点定向招录退役军人比例,应征入伍的高校毕业生退役后报考试点班的,教育考试笔试成绩总分加 10 分。有效拓宽从反恐特战等退役军人中招录公安机关人民警察渠道。

（九）拓展就业渠道。研究制定适合退役军人就业的岗位目录，提高退役军人服务保障以及安保等岗位招录退役军人的比例，辅警岗位同等条件下优先招录退役军人。选派退役军人参与社会治理、稳边固边、脱贫攻坚等重点工作，鼓励退役军人到党的基层组织、城乡社区担任专职工作人员。

（十）鼓励企业招用。吸纳退役军人就业的企业，符合条件的可享受相关税收优惠。对退役军人就业作出突出贡献的企业，给予表彰、奖励。

（十一）强化就业服务。各级公共就业服务机构设立退役军人窗口或实行退役军人优先制度，为其提供便捷高效服务。县级以上地方人民政府每年至少组织 2 次退役军人专场招聘活动，为其就业搭建平台。国家鼓励专业人力资源企业和社会组织为退役军人就业提供免费服务。

（十二）实施后续扶持。建立退役军人就业台帐，实行实名制管理，动态掌握就业情况，对出现下岗失业的，及时纳入再就业帮扶范围。接收退役军人的单位裁减人员的，优先留用退役军人。单位依法关闭、破产、改制的，当地人民政府优先推荐退役军人再就业，优先保障退役军人合法权益。

三、积极优化创业环境

（十三）开展创业培训。组织有创业意愿的退役军人，依托专业培训机构和大学科技园、众创空间、网络平台等，开展创业意识教育、创业项目指导、企业经营管理等培训，增强创业信心，提升创业能力。加强创业培训质量评估，对培训质量好的培训机构给予奖励。

（十四）优先提供创业场所。政府投资或社会共建的创业孵化基地和创业园区可设立退役军人专区，有条件的地区可专门建立退役军人创业孵化基地、众创空间和创业园区，并按规定落实经营场地、水电减免、投融资、人力资源、宣传推广等优惠服务。

（十五）享受金融税收优惠。符合条件的退役军人及其创办的小微企业可申请创业担保贷款，并按国家规定享受贷款贴息。鼓励有条件的地方因地制宜加大对退役军人就业创业的支持力度。退役军人从事个体经营，符合条件的可享受国家相关税收优惠。适时研究完善支持退役军人就业创业的税收优惠政策。

（十六）探索设立创业基金。引导企业和社会组织积极扶持退役军人创业，鼓励社会资本设立退役军人创业基金，拓宽资金保障渠道。

四、建立健全服务体系

（十七）搭建信息平台。加强信息化建设，形成全国贯通、实时共享、上下联动的退役军人就业创业服务信息平台，充分运用大数据，畅通信息渠道，促进供需有效对接，为退役军人就业创业提供精准服务。

（十八）建立指导队伍。组织动员创业经验丰富、关爱退役军人、热心公益事业的企业家和专家学者等人员，组成退役军人就业创业指导团队，发挥其在职业规划、创业指导、吸纳就业等方面的传帮带作用。

（十九）建设实训基地。依托现有专为退役军人服务的机构，按照分级分类管理原则，加快建立优势互补、资源共享、专为退役军人服务的区域化实训基地，将其纳入国家政策支持范围，给予适当补助。

（二十）引导多元服务。积极倡导全社会共同参与退役军人就业创业，把政府提供公共服务、社会力量补充服务、退役军人自我服务结合起来，支持为退役军人就业创业服务的社会组织依法开展工作。

五、切实加强组织领导

（二十一）健全工作机制。要把退役军人就业创业工作作为一项政治任务摆上重要议事日程，健全工作机制，统筹协调、组织指导退役军人就业创业工作，重点做好研究制定政策、拟定实施方案、选定承训单位和就业创业指导服务机构、开展监督考评等重要事项。

（二十二）明确任务分工。退役军人事务部门负责退役军人就业创业的组织协调、宣传发动、监督考评等工作。教育部门负责推荐并指导所属教育培训机构做好招生录取、教学管理、就业推荐等组织实施工作。财政部门负责退役军人就业创业经费的安排与监管工作。人力资源社会保障部门负责指导职业培训机构、公共就业服务机构为退役军人提供职业技能培训、基本公共就业服务。军地有关部门按照职责共同做好退役军人就业创业相关工作。

（二十三）严格追责问责。要把退役军人就业创业工作纳入年度绩效考核内容，加强监督检查，严格追踪问效，确保政策落实落地。对在中央政策之外增设条件、提高门槛的，坚决予以清理和纠正；对政策落实不到位、工作推进不力的，及时进行督查督办；对严重违反政策规定、造成不良影响的，严肃追究相关人员责任。

（二十四）强化宣传教育。加强退役军人思想政治和择业观念教育，帮助他们尽快实现角色转换，顺利融入社会，退役不褪色、退伍不褪志，继续保持发扬人民军队的光荣传统和优良作风，在社会主义现代化建设事业中再立新功、赢得全社会尊重。同时，大力宣传退役军人就业创业典型，弘扬自信自强、积极向上的精神风貌。宣传社会各界关心支持退役军人就业创业的先进事迹，营造有利于退役军人就业创业的良好氛围。

各地结合实际制定实施细则，贯彻落实情况及时报告。

退役军人事务部等16部门关于促进退役军人投身乡村振兴的指导意见

(2021年8月16日　退役军人部发〔2021〕48号)

民族要复兴，乡村必振兴。习近平总书记和党中央高度重视乡村振兴，强调要"举全党全社会之力推动乡村振兴"，指出"乡村振兴，人才是关键"。退役军人是重要的人力人才资源，是社会主义现代化建设的重要力量。促进退役军人投身乡村振兴，既是响应国家号召、投身国家战略的具体体现，也是引导他们返乡干事创业、实现人生价值的重要途径，有助于推动农村基层社会治理现代化能力提升，有助于推动农业农村经济社会更快更好发展，有助于推动乡村国防动员能力进一步强化。现就促进退役军人投身乡村振兴提出以下指导意见：

一、拓宽就业渠道

（一）**鼓励退役军人到乡村重点产业创业就业。**引导有资金、有技术、懂市场、能创新的退役军人，在农业内外、生产两端和城乡两头创业，发展特色种植业、规模养殖业、加工流通业、乡村服务业、乡村旅游和休闲农业等特色产业。重点支持返乡退役军人创办农产品储藏保鲜、分等分级、清洗包装等农产品初加工主体，发展蔬菜、水果、食用菌、茶叶等产业，利用新技术改造提升传统食品加工。引导农业产业化龙头企业、民营企业积极招用退役军人。支持退役军人从事乡村保洁员、水管员、护路员、生态护林员等工作，进一步增加就业收入。

（二）**支持退役军人领办新型农业经营主体。**鼓励退役军人创办领办家庭农场、农民合作社、农业社会化服务组织等新型农业经营主体和服务主体,并积极吸纳农村退役军人就业。支持退役军人中的乡村工匠、文化能人、手工艺人发挥自身特长,创办家庭工场、手工作坊、乡村车间等,开发剪纸、蜡染、刺绣、石雕、砖雕等乡土产业,领办兴办智慧农业、视频农业、直播直销等数字农业经营主体,创新产品营销模式,扩大销售市场,带动农民增收。

(三)持续引导退役军人参与乡村建设和基层治理。注重从退役军人党员中培养选拔村党组织书记,推动村党组织带头人队伍整体优化提升。落实艰苦边远地区乡镇公务员考录政策,适当降低门槛、放宽开考比例,鼓励县乡两级拿出一定数量的职位面向具有本地户籍或在本地长期生活工作的退役军人招考。鼓励复学的退役大学生士兵参加"一村一名大学生"、"三支一扶"等计划,反哺农业农村。引导退役军人从事乡村教师、农业经理人、乡镇人民调解员等职业,在同等条件下优先聘用,充实乡村建设人才队伍。鼓励各地通过适当方式引导退役军人参与农村环境整治提升、乡村公共基础设施建设及基本公共服务活动。

二、强化培育赋能

(四)引导参加学历教育。鼓励退役军人报考农业类高职院校,按规定享受优待政策。支持返乡入乡退役军人依托弹性学制、农学交替、送教下乡等教学培养方式,就地就近接受职业高等教育。

(五)加强涉农类职业技能培训。支持返乡入乡退役军人参加农业类相关职业技能培训。鼓励职业院校围绕本地农产特色,瞄准本地新农村建设要求,推出一批实用性强、见效快的中短期培训项目,符合条件的按规定纳入职业培训补贴范围,不断提高返乡入乡退役军人农技致富能力。

(六)做好农业创业培训。依托高素质农民培育计划,支持符合条件的退役军人参与新型农业经营和服务主体能力提升、种养加能手技能培训、农村创业创新带头人培育、乡村治理及社会事业发展带头人培育等行动,提升退役军人创业就业能力。按规定将符合条件的退役军人纳入农村实用人才带头人示范培训、地方农业执法骨干培训、农村创业创新培训、农机合作社运营管理等培训范围,针对性提升退役军人参与乡村振兴能力。有序推动农村创业创新导师队伍建设,加快培训平台共建共享,探索"平台+导师+创客"服务模式。

三、加强政策支持

（七）落实财税优惠政策。对符合条件的返乡创业退役军人，按规定纳入创业扶持政策范围。对符合条件的返乡入乡创业企业提供创业担保贷款贴息支持。充分发挥农产品产地冷藏保鲜设施建设、农业产业融合发展等项目的示范引领作用，引导、鼓励退役军人参与。返乡入乡退役军人从事个体经营或在乡企业招用退役军人，可按规定享受税收优惠政策。退役军人在乡村创办中小微企业，吸纳就业困难人员并为其缴纳社会保险费的，按规定给予企业社会保险补贴。

（八）加大金融政策支持。鼓励和支持金融机构创新金融产品和服务方式，引导银行机构提供专属信贷产品，推广"互联网+返乡创业+信贷"等模式，满足退役军人返乡创业融资需求。发挥政府性融资担保机构作用，为符合条件的返乡入乡退役军人提供融资担保，鼓励保险机构为退役军人农业创业企业提供综合保险服务，支持退役军人创办的乡村企业。引导各类产业发展基金、创业投资基金投入返乡入乡退役军人创办的项目，鼓励社会资本设立退役军人返乡入乡创业基金，拓宽资金保障渠道。

（九）加大用地政策支持。严格落实相关法律法规，在农村土地承包经营权、宅基地使用权、房屋财产权、集体收益分配权保障过程中，对回到农村、符合条件的退役军人，加强信息对接，维护合法权益。鼓励各地制定细则，在新编县乡级国土空间规划、省级制定土地利用年度计划中做好各类用地安排，支持退役军人等返乡入乡创业就业人员发展农村产业融合发展项目用地需求。农村整治用地指标，优先用于符合条件的返乡入乡退役军人。允许在符合国土空间规划和用途管制要求、不占用永久基本农田和生态保护红线的前提下探索创新用地方式，支持退役军人创办乡村休闲旅游等新产业新业态。

（十）加大保障政策支持。符合住房保障条件的退役军人家庭纳入城镇住房保障范围。推动地方政府建立社保关系转移接续机制，将返乡创业退役军人的权益纳入法治保障。

四、优化服务保障

（十一）做好公共服务。鼓励公共人力资源服务机构免费为退役军人提供职业介绍、创业指导等服务。建立完善退役军人就业台账，动态跟踪退役军人返乡入乡就业创业情况。鼓励各地打通部门间信息查询互认通道，提高服务精准度。积极培育市场化中介服务机构,引导行业协会商会发挥作用,鼓励为退役军人提供专业服务。积极邀请、支持、组织退役军人涉农企业参加各类招聘活动,有条件的可以设置退役军人涉农专区或专场招聘。

(十二)发挥聚集功能。依托农村产业融合发展示范园、农产品加工园、高新技术园区等,按规定设立一批乡情浓厚、特色突出、设施齐全的退役军人就业创业园区。建设一批集"生产+加工+科技+营销+品牌+体验"于一体、"预孵化+孵化器+加速器+稳定器"全产业链的孵化实训基地、众创空间和星创天地等,帮助退役军人开展上下游配套创业。

(十三)强化宣传激励。通过优秀人才评选、创新创业比赛、职业技能大赛等途径,每年选树一批乡村人才中的退役军人先进典型,按照国家有关规定给予表彰,引导退役军人增强力争上游、务农光荣的思想观念。掀起退役军人"返乡创业光荣、自主创业光荣、服务创业光荣"的社会新风尚,用身边人身边事教育引导身边人,让退役军人学有榜样、干有方向。对招用退役军人较多的乡村企业典型予以宣传,在退役军人事务、农业农村、工商联等相关评选表彰活动中,同等条件下予以优先考虑。

各地各部门要高度重视、相互配合,形成齐抓共管的工作合力,结合实际情况,拿出管用措施,积极促进退役军人投身乡村振兴,让退役军人就业创业有成就感、有获得感、有归属感,为全面推进乡村振兴和加快农业农村现代化做出新的更大贡献。

财政部、税务总局、退役军人事务部关于进一步扶持自主就业退役士兵创业就业有关税收政策的公告

(2023年8月2日 财政部、税务总局、退役军人事务部公告2023年第14号)

为进一步扶持自主就业退役士兵创业就业,现将有关税收政策公告如下:

一、自2023年1月1日至2027年12月31日，自主就业退役士兵从事个体经营的，自办理个体工商户登记当月起，在3年（36个月，下同）内按每户每年20000元为限额依次扣减其当年实际应缴纳的增值税、城市维护建设税、教育费附加、地方教育附加和个人所得税。限额标准最高可上浮20%，各省、自治区、直辖市人民政府可根据本地区实际情况在此幅度内确定具体限额标准。

纳税人年度应缴纳税款小于上述扣减限额的，减免税额以其实际缴纳的税款为限；大于上述扣减限额的，以上述扣减限额为限。纳税人的实际经营期不足1年的，应当按月换算其减免税限额。换算公式为：减免税限额＝年度减免税限额÷12×实际经营月数。城市维护建设税、教育费附加、地方教育附加的计税依据是享受本项税收优惠政策前的增值税应纳税额。

二、自2023年1月1日至2027年12月31日，企业招用自主就业退役士兵，与其签订1年以上期限劳动合同并依法缴纳社会保险费的，自签订劳动合同并缴纳社会保险当月起，在3年内按实际招用人数予以定额依次扣减增值税、城市维护建设税、教育费附加、地方教育附加和企业所得税优惠。定额标准为每人每年6000元，最高可上浮50%，各省、自治区、直辖市人民政府可根据本地区实际情况在此幅度内确定具体定额标准。

企业按招用人数和签订的劳动合同时间核算企业减免税总额，在核算减免税总额内每月依次扣减增值税、城市维护建设税、教育费附加和地方教育附加。企业实际应缴纳的增值税、城市维护建设税、教育费附加和地方教育附加小于核算减免税总额的，以实际应缴纳的增值税、城市维护建设税、教育费附加和地方教育附加为限；实际应缴纳的增值税、城市维护建设税、教育费附加和地方教育附加大于核算减免税总额的，以核算减免税总额为限。

纳税年度终了，如果企业实际减免的增值税、城市维护建设税、教育费附加和地方教育附加小于核算减免税总额，企业在企业所得税汇算清缴时以差额部分扣减企业所得税。当年扣减不完的，不再结转以后年度扣减。

自主就业退役士兵在企业工作不满1年的，应当按月换算减免税限额。计算公式为：企业核算减免税总额＝Σ每名自主就业退役士兵本年度在本单位工作月份÷12×具体定额标准。

城市维护建设税、教育费附加、地方教育附加的计税依据是享受本项税收优惠政策前的增值税应纳税额。

三、本公告所称自主就业退役士兵是指依照《退役士兵安置条例》（国务院 中央军委令第 608 号）的规定退出现役并按自主就业方式安置的退役士兵。

本公告所称企业是指属于增值税纳税人或企业所得税纳税人的企业等单位。

四、自主就业退役士兵从事个体经营的，在享受税收优惠政策进行纳税申报时，注明其退役军人身份，并将《中国人民解放军退出现役证书》、《中国人民解放军义务兵退出现役证》、《中国人民解放军士官退出现役证》或《中国人民武装警察部队退出现役证书》、《中国人民武装警察部队义务兵退出现役证》、《中国人民武装警察部队士官退出现役证》留存备查。

企业招用自主就业退役士兵享受税收优惠政策的，将以下资料留存备查：1. 招用自主就业退役士兵的《中国人民解放军退出现役证书》、《中国人民解放军义务兵退出现役证》、《中国人民解放军士官退出现役证》或《中国人民武装警察部队退出现役证书》、《中国人民武装警察部队义务兵退出现役证》、《中国人民武装警察部队士官退出现役证》；2. 企业与招用自主就业退役士兵签订的劳动合同（副本），为职工缴纳的社会保险费记录；3. 自主就业退役士兵本年度在企业工作时间表（见附件）。

五、企业招用自主就业退役士兵既可以适用本公告规定的税收优惠政策，又可以适用其他扶持就业专项税收优惠政策的，企业可以选择适用最优惠的政策，但不得重复享受。

六、纳税人在 2027 年 12 月 31 日享受本公告规定的税收优惠政策未满 3 年的，可继续享受至 3 年期满为止。退役士兵以前年度已享受退役士兵创业就业税收优惠政策满 3 年的，不得再享受本公告规定的税收优惠政策；以前年度享受退役士兵创业就业税收优惠政策未满 3 年且符合本公告规定条件的，可按本公告规定享受优惠至 3 年期满。

七、按本公告规定应予减征的税费，在本公告发布前已征收的，可抵减纳税人以后纳税期应缴纳税费或予以退还。发布之日前已办理注销的，不再追溯享受。

特此公告。

附件：自主就业退役士兵本年度在企业工作时间表（样表）（略）

国家税务总局、人力资源社会保障部、农业农村部、教育部、退役军人事务部关于重点群体和自主就业退役士兵创业就业税收政策有关执行问题的公告

（2024年3月29日　国家税务总局、人力资源社会保障部、农业农村部、教育部、退役军人事务部公告2024年第4号）

为推动《财政部 税务总局 人力资源社会保障部 农业农村部关于进一步支持重点群体创业就业有关税收政策的公告》（2023年第15号）和《财政部 税务总局 退役军人事务部关于进一步扶持自主就业退役士兵创业就业有关税收政策的公告》（2023年第14号）有效落实，进一步优化征管操作流程，加强部门协作，提高纳税人享受政策便利度，现就重点群体和自主就业退役士兵创业就业税收政策（以下简称"政策"）有关执行问题公告如下：

一、关于重点群体从事个体经营税收政策

（一）申报享受

纳入全国防止返贫监测和衔接推进乡村振兴信息系统的脱贫人口（含防止返贫监测对象，以下简称"脱贫人口"）、在人力资源社会保障部门公共就业服务机构登记失业半年以上的人员、零就业家庭和享受城市居民最低生活保障家庭劳动年龄内的登记失业人员、毕业年度内高校毕业生，向税务部门申报纳税时，填写《重点群体或自主就业退役士兵创业信息表》（附件1），通过填报相关纳税申报表享受政策，并按以下要求留存资料备查：

1. 脱贫人口享受政策的，由其留存能证明相关人员为脱贫人口的材料（含电子信息）。

2. 登记失业半年以上人员、零就业家庭和城市低保家庭的登记失业人员享受政策的，由其留存《就业创业证》《就业失业登记证》，或人力资源

社会保障部门出具的其他能证明相关人员登记失业情况的材料（含电子信息）。

3. 毕业年度内已毕业的高校毕业生享受政策的，由其留存毕业证、中国高等教育学历认证报告或国（境）外学历学位认证书和《就业创业证》（含电子信息）；尚未毕业的，由其留存学生证或其他能够证明学籍信息的材料和《就业创业证》（含电子信息）。

（二）税费款扣减限额及顺序

1. 重点群体从事个体经营的，以申报时本年度已实际经营月数换算其扣减限额。换算公式为：扣减限额＝年度限额标准÷12×本年度已实际经营月数。

2. 纳税人在扣减限额内，每月（季）依次扣减增值税、城市维护建设税、教育费附加、地方教育附加和个人所得税。城市维护建设税、教育费附加、地方教育附加的计税依据是享受本项税收优惠政策前的增值税应纳税额。纳税人本年内累计应缴纳税款小于上述扣减限额的，减免税额以其应缴纳税款为限；大于上述扣减限额的，以上述扣减限额为限。

二、关于企业招用重点群体税收政策

（一）向人力资源社会保障部门申请

1. 企业持下列材料向县级以上（含县级）人力资源社会保障部门提交申请：

（1）招用重点群体清单，清单信息应包括招用重点群体人员姓名、公民身份号码、类别（脱贫人口或登记失业半年以上人员）、在本企业工作时间。

（2）企业与招用重点群体签订的劳动合同（含电子劳动合同），依法为其缴纳养老、工伤、失业保险的记录。上述材料已实现通过信息共享、数据比对等方式审核的地方，可不再要求企业提供相关材料。

2. 县级以上人力资源社会保障部门接到企业报送的材料后，重点核实以下情况：（1）招用人员是否属于享受税收优惠政策的人员范围；（2）企业是否与招用人员签订了1年以上期限劳动合同，并依法为招用人员缴纳养老、工伤、失业保险。

3. 人力资源社会保障部门核实后，对符合条件的企业核发《企业吸纳重点群体就业认定证明》或出具相关证明材料（含电子信息）；具备条件的，也可通过信息交换的方式将审核情况及时反馈至税务部门。

4. 招用人员发生变化的，企业应向人力资源社会保障部门办理变更申请。

（二）向税务部门申报享受政策

1. 企业向税务部门申报纳税时，填写《重点群体或自主就业退役士兵就业信息表》（附件2），通过填报相关纳税申报表申报享受政策。

2. 企业应当留存与重点群体签订的劳动合同（含电子劳动合同）、为职工缴纳的社会保险费记录（含电子信息）备查。

招用脱贫人口的，还需留存能证明相关人员为脱贫人口的材料（含电子信息）备查。

招用登记失业半年以上人员的，还需留存其《就业创业证》《就业失业登记证》，以及人力资源社会保障部门核发的《企业吸纳重点群体就业认定证明》或出具的相关证明材料（含电子信息）备查；已通过信息交换的方式将审核情况反馈至税务部门的地区，可不再要求企业留存相关材料。

（三）税费款扣减限额及顺序

1. 企业应当以本年度招用重点群体人员申报时已实际工作月数换算扣减限额。实际工作月数按照纳税人本年度已为重点群体依法缴纳社会保险费的时间计算。计算公式为：

扣减限额＝∑每名重点群体本年度在本企业已实际工作月数÷12×年度定额标准

2. 企业在扣减限额内每月（季）依次扣减增值税、城市维护建设税、教育费附加和地方教育附加。企业本年内累计应缴纳税款小于上述扣减限额的，减免税额以其应缴纳税款为限；大于上述扣减限额的，以上述扣减限额为限。城市维护建设税、教育费附加、地方教育附加的计税依据是享受本项政策前的增值税应纳税额。

3. 纳税年度终了，如果企业实际减免的增值税、城市维护建设税、教育费附加和地方教育附加小于年度扣减限额，企业在企业所得税汇算清缴时以差额部分扣减企业所得税。当年扣减不完的，不再结转以后年度扣减。

三、关于自主就业退役士兵创业就业税收政策

（一）自主就业退役士兵从事个体经营的，向税务部门申报纳税时，填写《重点群体或自主就业退役士兵创业信息表》（附件1），通过填报相

关纳税申报表申报享受政策。

（二）企业招用自主就业退役士兵就业的，向税务部门申报纳税时，填写《重点群体或自主就业退役士兵就业信息表》（附件2），通过填报相关纳税申报表申报享受政策。

（三）纳税人享受自主就业退役士兵创业就业政策的税款扣减额度、顺序等方面的规定比照重点群体创业就业税收优惠政策执行。

（四）纳税人应当按照《财政部 税务总局 退役军人事务部关于进一步扶持自主就业退役士兵创业就业有关税收政策的公告》（2023年第14号）第四条的规定留存相关资料备查。自主就业退役士兵的退役证件遗失的，应当留存退役军人事务管理部门出具的其他能够证明其退役信息的材料（含电子信息）。

四、关于征管操作口径

（一）同一重点群体人员或自主就业退役士兵开办多家个体工商户的，应当选择其中一户作为政策享受主体。除该个体工商户依法办理注销登记、变更经营者或转型为企业外，不得调整政策享受主体。

（二）同一重点群体人员或自主就业退役士兵在多家企业就业的，应当由与其签订1年以上劳动合同并依法为其缴纳养老、工伤、失业保险的企业作为政策享受主体。

（三）企业同时招用多个不同身份的就业人员（包括脱贫人口、登记失业半年以上人员、自主就业退役士兵、自主择业军队转业干部、随军家属、残疾人等），可按照规定分别适用对应的政策。

（四）企业招用的同一就业人员如同时具有多重身份（包括脱贫人口、登记失业半年以上人员、自主就业退役士兵、自主择业军队转业干部、随军家属、残疾人等），应当选定一个身份享受政策，不得重复享受。

（五）为更好促进重点群体或自主就业退役士兵就业，对于企业因以前年度招用重点群体或自主就业退役士兵就业符合政策条件但未及时申报享受的，可依法申请退税；如申请时该重点群体或自主就业退役士兵已从企业离职，不再追溯执行。

五、关于税收优惠政策管理

（一）农业农村部建立全国统一的全国防止返贫监测和衔接推进乡村振兴信息系统，供各级农业农村、人力资源社会保障、税务部门查询脱贫人口身份信息。农业农村部门为纳税人提供脱贫人口身份信息查询服务。

（二）人力资源社会保障部门为纳税人提供登记失业半年以上人员身份信息查询服务。

（三）退役军人事务部汇总上年度新增自主就业退役士兵信息后30日内将其身份信息交换至税务总局。

（四）各级税务部门加强税收优惠政策日常管理，对享受政策的人员信息有疑问的，可提请同级人力资源社会保障、农业农村、教育、退役军人事务部门核实；同级人力资源社会保障、农业农村、教育、退役军人事务部门应在30日内将核实结果反馈至税务部门。

（五）《就业创业证》已与社会保障卡等其他证件整合或实现电子化的地区，可根据实际情况以其他证件或电子信息代替《就业创业证》办理业务、留存相关电子证照备查。

（六）各级税务、人力资源社会保障、农业农村、教育、退役军人事务部门可根据各地实际情况，优化部门间信息共享、审核、协查等事项的具体方式和流程。

本公告自2024年1月1日起施行。《国家税务总局 人力资源社会保障部 国务院扶贫办 教育部关于实施支持和促进重点群体创业就业有关税收政策具体操作问题的公告》（2019年第10号）和《财政部 税务总局 退役军人事务部关于进一步扶持自主就业退役士兵创业就业有关税收政策的公告》（2023年第14号）附件《自主就业退役士兵本年度在企业工作时间表（样表）》同时废止。

特此公告。

附件：1. 重点群体或自主就业退役士兵创业信息表（样表）（略）
2. 重点群体或自主就业退役士兵就业信息表（样表）（略）

教育部办公厅关于进一步做好高职学校退役军人学生招收、培养与管理工作的通知

(2020年10月28日 教职成厅函〔2020〕16号)

各省、自治区、直辖市教育厅（教委），新疆生产建设兵团教育局：

为深入贯彻落实国务院关于高职扩招和加强退役军人教育培训工作有关部署，提升退役军人技术技能水平和就业创业能力，促进其充分稳定就业，现就进一步做好高职学校退役军人学生招收、培养与管理工作通知如下。

一、精准设置招生专业

（一）加强省级统筹。各省级教育行政部门要根据退役军人规模、区域分布等情况，统筹招收退役军人学生的高等职业学校布局。指导有关高职学校按照社会急需、基础适切、就业率高的原则，依托优质教育教学资源，根据地方经济社会发展需要，结合退役军人自身基础与优势等因素，在充分调研退役军人就业创业需求的基础上，统筹规划、科学设置专业。

（二）鼓励设置发挥退役军人优势的专业。有关高职学校应针对退役军人政治素质过硬、作风纪律严明、身体素质较好等优势，结合服役期间的业务专长，优先考虑设置社会工作、党务工作、健身指导与管理、救援技术、建设工程管理、汽车运用与维修技术、船舶工程技术、飞行器维修技术等专业，重点培养城乡社区和"两新组织"等基层党群工作者、体育和健身教练、消防和应急救援人员、建筑工程技术人员、汽车（或船舶、民用航空器）维修人员等高素质技术技能人才。

二、全面落实招生考试政策

（一）优化招生考试方式。鼓励符合高考报名条件的退役军人报考高职学校，由省级教育行政部门指导有关高职学校在高职分类招生考试中采取自愿报名、单列计划、单独考试、单独录取的办法组织实施，各校组织与报考专业相关的职业适应性面试或技能测试，鼓励采用情景模拟、问答、技术技能展示等方式进行测试。

（二）落实相关考试政策。符合条件的退役军人可免于文化素质考试，取得相关职业技能等级证书以及职业资格证书的，报考相关专业可免予职业技能测试。对于符合免试条件的技能拔尖退役军人，可以由高职学校按规定予以免试录取。鼓励高职学校通过联合考试或成绩互认等方式，减轻退役军人考试负担。

三、灵活确定培养模式

（一）创新培养模式。在标准不降的前提下，根据退役军人学生的学情调研分析结果，为退役军人学生提供个性化、菜单式培养方式，鼓励实施现代学徒制培养、订单培养、定向培养，鼓励半工半读、工学结合，缓解退役军人学生工学矛盾。

（二）单独制订人才培养方案。落实《教育部关于职业院校专业人才培养方案制订与实施工作的指导意见》（教职成〔2019〕13号）要求，单独编制适合退役军人学生培养的专业人才培养方案，合理设置课程，确保总学时不低于2500，其中集中学习不得低于总学时的40%。退役军人学生可按规定提出转专业、辅修第二专业等。退役军人学生可申请免修公共体育、军事技能和军事理论等课程，直接获得相应学分。

（三）灵活安排教学进程。退役军人入学后可实行弹性学制、弹性学期、弹性学时，学业年限3-6年。要充分发挥学分制优势，灵活学习时间，支持利用周末、寒暑假、晚间等开展教学。坚持集中教学和分散教学相结合，线下和线上相结合，在校学习和社区（企业）学习、"送教上门"相结合。创新实习管理方式，集中安排实习和学生自主实习相结合。用好专业教学资源库、在线开放课程、虚拟仿真实训等优质教学资源，鼓励采用项目式、案例式、问题式、参与式、讨论式等教学方法，融教学做于一体，使学生的技能不断提升。

四、创新教学管理与评价

（一）做好学分认定积累与转换。将退役军人服役期间的学历教育和非学历教育学习成果纳入职业教育国家学分银行。鼓励退役军人学生参加1+X证书制度试点，学习储备多种职业技能，拓展就业本领。对于取得职业技能等级证书的，根据证书等级和类别按规定免修相应课程或减免相应学分。

（二）创新学生管理。退役军人学生可单独编班，配足配强辅导员或班主任。对学习时间有保障的退役军人学生，经本人自愿申请，可编入统招生班级培养。鼓励退役军人学生选推"老班长"、党员、立功受奖人员担任学生干部，开展自我管理、自我教育、自我监督。鼓励符合条件的退役军人担任兼职辅导员，或参与学校军训指导、体育课教学、宿舍管理等。

（三）实施多元化考核评价。针对退役军人学生单独设计考核评价方法，积极探索考试与考查相结合、过程性考核与课程结业考试相结合、线上考试与线下考试相结合，对退役军人学生的学习成果进行多元评价，为退役军人学习提供便利。坚持"宽进严出"原则，修完规定内容，成绩合格、达到学校毕业要求的，由学校颁发普通全日制毕业证书。达到最长修学年限尚未达到毕业要求的，按照相关规定，颁发肄业证或结业证，坚决杜绝"清考"行为。

五、推进职业教育与继续教育融合

（一）开展学历继续教育。鼓励支持退役军人参加高等教育自学考试及各类学历继续教育。通过多种形式，支持具有高中学历的退役军人接受专科层次继续教育，符合条件的可接受本科层次继续教育；支持具有高等职业教育（专科）学历的退役军人接受本科层次继续教育。支持将退役军人纳入"一村一名大学生计划"等项目。

（二）扩大培训供给。鼓励社会力量和行业企业参与培训，开设符合产业升级和技术进步趋势、就业潜力大、含金量高的职业技能培训项目，提高退役军人就业创业能力。鼓励有条件的职业学校牵头组建退役军人教育培训集团（联盟），推动退役、培训、就业有机衔接。

六、完善服务保障体系

（一）健全联动工作机制。各省级教育行政部门要发挥好职业教育部门联席会议作用，主动加强与退役军人事务管理部门的沟通配合，统筹规划，定期会商，并向省委教育工作领导小组报告工作进展。

（二）加强就业创业指导。坚持就业导向，将就业指导贯穿教育全过程，开设职业生涯规划和就业指导课程，大力开展订单、定岗、定向教育培训，促进退役军人充分就业。要加强退役军人创业教育，为他们成功创业提供便利、创造条件。

（三）做好典型宣传推广。各地要认真推广在退役军人学生培养中有突出贡献、重大创新、显著成效的学校典型案例，积极宣传广大教师和辅导员关心、支持、帮助退役军人学生学习就业的先进事迹，广大退役军人学生勤奋好学、厚德强技、创新创业的典型事例，营造支持退役军人教育培训和就业创业的良好氛围。

退役军人事务部等8部门关于促进退役军人到开发区就业创业的意见

（2021年1月27日　退役军人部发〔2021〕6号）

各省、自治区、直辖市退役军人事务厅（局），发展改革委、科技厅（委、局）、财政厅（局）、自然资源厅（局）、商务厅（局），新疆生产建设兵团退役军人事务局、发展改革委、科技局、财政局、自然资源局、商务局，海关总署广东分署、驻天津、上海特派办，各直属海关，税务总局各省、自治区、直辖市、计划单列市税务局：

退役军人是重要的人力资源，是建设中国特色社会主义的重要力量。促进他们到企业、产业集聚的各类开发区实现稳定就业、投身"双创"实践，对更好实现退役军人自身价值、助推经济社会发展、服务国防和军队建设具有重要意义。退役军人到开发区就业创业促进工作要以习近平新时代中国特色社会主义思想为指导，坚持政府推动、市场引导、社会支持相结合，紧密结合国家区域发展战略，调动各方面力量共同推进，保障退役军人在本区域就业创业享受同等条件下优先、普惠基础上优待。现就促进退役军人到开发区就业创业提出以下意见：

一、落实扶持政策

（一）开发区内退役军人从事个体经营或企业招用退役军人，符合相关规定的，可享受税收优惠政策。

（二）对退役军人创办中小微企业吸纳就业困难人员、农村建档立卡贫困人员就业的，按规定给予社会保险补贴。

二、积极促进就业

（三）发挥各区管委会促进就业的主导作用，需管委会审批、核准的生产经营性项目，享受管委会政策扶持的企业，在招录用工时，同等条件下优先录用退役军人。鼓励所有驻区企业优先招用退役军人。

（四）政府投资项目以及区内自行投资项目产生的岗位，招聘的物业公司、自身平台公司等企业和机构用工岗位中，设定一定比例（数量）招用退役军人。

（五）各区在开展的特色招聘活动中设置退役军人招聘专区，定向提供适合退役军人就业的岗位。

（六）加强岗位信息归集提供，建立各区与退役军人事务部门岗位信息共享渠道，用好退役军人就业创业网、中国开发区网等平台，加快实现公共机构岗位信息区域和全国公开发布。定期统计并与当地退役军人事务部门共享区内退役军人就业数据。

三、优化创业环境

（七）鼓励政府投资开发的孵化基地等创业载体对退役军人予以优先支持。对各区孵化基地等创业载体，优惠或免费提供退役军人场地、设置退役军人专区的，当地政府可视情给予适当支持。

（八）加大对退役军人初创企业的土地使用、项目遴选、贷款抵押、导师推荐、房租减免、住房优惠等政策扶持力度，降低创业成本。鼓励各区根据实际情况出台相关措施，对退役军人创办的紧跟国家产业发展导向的、获得版权注册或专利等创新技术的、推动经济转型或具有较强就业吸纳作用的企业，给予重点关注和支持。

（九）充分发挥创业投资和政府创业投资引导基金作用，支持退役军人初创企业发展。

四、加强服务管理

（十）发挥区内创新创业服务机构作用，在同等条件下，优先优惠为退役军人及其创办企业提供有关金融、外贸、法律、保险、审计、会计、知识产权、资产评估、计算、测试、信息咨询、人才交流与培训等支撑服务。

（十一）鼓励各区开设退役军人"绿色通道"，对符合入驻条件的，简化相关核准手续。

（十二）加强对区内退役军人创办企业的信用培育。退役军人创办企业申请高信用等级管理的，应加快认定工作进程。

（十三）对违反国家及地方法律法规、各区相关制度及管理规定，造成社会危害、损害退役军人及军创企业良好社会形象的，依法依规进行处理。

本意见所称开发区是指经济技术开发区、高新技术产业开发区、海关特殊监管区域等国家级开发区和经济开发区、工业园区、高新技术产业园区等省级开发区，具体可参照《中国开发区审核公告目录》。各地要高度重视、上下配合，结合实际情况，制定具体措施，积极促进退役军人就业创业。

关于进一步加强由政府安排工作退役士兵就业安置工作的意见

（2018年7月27日 退役军人部发〔2018〕27号）

各省、自治区、直辖市、新疆生产建设兵团党委组织部，文明办，发展改革委，公安厅（局）、民政厅（局）、财政厅（局）、人力资源社会保障厅（局）、医疗保障局（办）、国资委，各战区、各军兵种、军委机关各部门、军事科学院、国防大学、国防科技大学、武警部队政治工作部（局、处）：

为进一步加强和改进由政府安排工作退役士兵就业安置工作，真正把党和国家关心关爱退役士兵的各项要求落到实处，显著提高退役士兵的获得感、荣誉感，根据《退役士兵安置条例》等有关政策规定，结合新时代做好退役士兵安置工作的新任务新要求，现提出如下意见：

一、统一思想认识

退役士兵是退役军人的重要组成部分，由政府安排工作退役士兵曾是部队建设的骨干、是地方发展的重要人力资源。妥善安置这些人员，对贯彻落实改革强军战略，推进国防和军队建设；对维护政治社会大局稳定，全面建成小康社会具有重要意义。习近平总书记对退役军人工作高度重视，对退役安置作出一系列重要论述。各部门要提高政治站位，深刻领会习近平总书记关于退役军人工作的重要指示批示精神，把退役士兵安置作为一项重要的政治任务，不讲条件、不打折扣地履行安置责任和国防义务，为现役官兵安心服役、专谋打赢提供有力保障，为退役士兵融入社会、就业创业创造良好条件。任何部门、行业和单位都不得以任何理由拒绝接收安置退役士兵。

二、提升安置质量

（一）严格落实政策规定。各类机关、团体、企事业单位都要严格落实中发〔2016〕24号文件要求,确保"由政府安排工作退役士兵安置到机关、事业单位和国有企业的比例不低于80%"。安置地退役士兵安置工作主管部门要制定具体的办法措施,形成机关、事业单位和国有企业科学合理的分类接收结构比例。党政机关要采取措施鼓励退役士兵参加公务员招考,事业单位和国有企业要发挥安置主渠道作用,确保提供充足的安置岗位数量,不断提高安置岗位质量。

国有、国有控股和国有资本占主导地位的企业,要按照本企业全系统新招录职工数量的5%核定年度接收计划,每年4月底前主动报送同级人民政府退役士兵安置工作主管部门,审核通过后按计划落实。不得提供濒临破产或生产有困难的企业岗位以及与退役士兵安置地不在同一地区(设区市)的岗位给退役士兵。中央企业岗位不计入属地提供的岗位数量。

(二)改进接收安置制度

1. 放宽安置地限制。士兵服现役期间父母户口所在地变更的,可随父母任何一方安置。经本人申请,也可在配偶或者配偶父母任何一方户口所在地安置。其中,易地安置落户到国务院确定的超大城市的,应符合其关于落户的相关政策规定。

2. 加强计划统筹。县级安置任务较重的可由市级在本行政区域内统筹安排,市级安置有困难的可由省级统筹调剂安排。由上级统筹安排的人员,要经本人同意且不受户口所在地限制,公安部门根据实际安置地办理落户手续。

3. 允许灵活就业。选择由政府安排工作的退役士兵回到地方后又放弃安排工作待遇的,经本人申请确认后,由安置地人民政府按照其在部队选择自主就业应领取的一次性退役金和地方一次性经济补助金之和的80%,发给一次性就业补助金,同时按规定享受扶持退役军人就业创业的各项优惠政策。

三、依法保障待遇

(一)及时安排上岗。接收单位应当从所在地人民政府退役士兵安置工作主管部门开出介绍信的1个月内,安排退役士兵上岗。非因退役士兵本人原因,接收单位未按照规定安排上岗的,应当从开出介绍信的当月起,按照不低于本单位同等条件人员平均工资80%的标准,逐月发给退役士兵生活费直至上岗为止。

（二）落实岗位待遇。退役士兵享受所在单位正式员工同工龄、同工种、同岗位、同级别待遇。军龄10年以上的，接收的企业应当与其签订无固定期限劳动合同，接收的事业单位应当与其签订期限不少于3年的聘用合同。任何部门、行业和单位不得出台针对退役士兵的歧视性措施，严禁以劳务派遣等形式代替接收安置。

（三）发放相关补助。退役士兵待安排工作期间，安置地人民政府应当按照上年度最低工资标准逐月发放生活补助。

（四）接续基本保险。退役士兵在国家规定的待安排工作期，以其在军队服役最后年度的缴费工资为基数，按20%的费率缴纳基本养老保险费，其中8%作为个人缴费记入个人账户，所需费用由安置地人民政府同级财政资金安排。退役士兵在国家规定的待安排工作期按规定参加安置地职工基本医疗保险，单位缴费部分由安置地人民政府足额缴纳，个人缴费部分由退役士兵个人缴纳，军地相关部门协同做好保险关系接续，确保待遇连续享受。

（五）坚持公平公正。把退役士兵服现役期间的表现作为安排工作的主要依据，结合量化评分情况进行排序选岗，使服役时间长、贡献大的退役士兵能够优先选岗。要进一步健全"阳光安置"制度，各地可结合实际研究制定选岗定岗的具体办法措施。

四、强化组织领导

（一）明确列入考核范围。各级各有关部门要协调推动将由政府安排工作退役士兵就业安置工作纳入党委政府目标考核体系，作为对下级党委政府年度考核内容，作为参加双拥模范城（县）、爱国拥军模范单位和个人评选的重要条件，作为文明城市、文明单位评选和社会信用评价的重要依据。

（二）切实加强督导检查。各级退役士兵安置工作主管部门要采取定期跟踪、实地督导等方式及时跟进了解工作情况。结合重视程度、工作力度以及任务完成情况，进行通报表扬或通报批评，对有问题的地区和单位，要限期整改。年度接收安置工作结束后，接收安置退役士兵的用人单位，要向同级人民政府退役士兵安置工作主管部门报告安置任务落实情况，地方人民政府退役士兵安置工作主管部门要向上级人民政府退役士兵安置工作主管部门报告安置任务落实情况。

（三）依法依规追究责任。各级要及时梳理汇总年度落实岗位、取消安置待遇等情况，形成存据、规范管理。要建立责任倒查制度，退役士兵安置工作主管部门要积极会同相关部门，对政策落实不到位的地区和拒收退役士兵的单位，进行约谈督促、挂牌督办、媒体曝光，责令限期整改；对拒绝整改的，要对相关单位负责人和直接责任人依法依规问责。

（四）高度重视教育管理。强化政策宣讲。每年士兵退役前，县级以上退役士兵安置工作主管部门到驻地部队开展2次以上"政策进军营"活动；退役士兵待安排工作期间，要向他们讲清安置政策和不同单位行业基本用人需求及发展预期等，帮助其找准就业预期与就业现状的平衡点，使他们能够更好更快融入社会。坚持规范管理。由政府安排工作退役士兵无正当理由自开出安置介绍信15个工作日内拒不服从安置地人民政府安排工作的，视为放弃安排工作待遇；在待安排工作期间被依法追究刑事责任的，取消其安排工作待遇；弄虚作假骗取安置待遇的，取消相关安置待遇。注重宣传引导。对接收安置工作积极、措施得力、成效显著的行业部门以及在不同岗位建功立业的退役士兵，要作为先进典型及时给予宣传表扬，激励各部门行业不断提高接收安置的积极性，引导广大退役士兵退伍不褪色，珍惜荣誉，自觉做改革发展的维护者、推动者。

本意见自2018年8月1日起执行，2018年8月1日后退出现役的士兵适用本意见。各地各有关部门要根据本意见，制定具体实施办法，落实好各项规定和任务。

退役军人事务员职业技能等级认定实施细则（暂行）

（2024年12月6日　退役军人办发〔2024〕34号）

第一章　总　　则

第一条　为规范退役军人事务员职业技能等级认定工作，确保退役军人事务员职业技能评价质量，根据《退役军人事务部 人力资源社会保障部关于加快推进退役军人事务员职业技能等级认定的实施意见》（退役军人部发〔2024〕35号)、《关于印发〈职业技能等级认定工作规程（试行）〉的通知》(人社职司便函〔2020〕17号）等文件精神，结合工作实际，制定本细则。

第二条　本细则适用于经省级退役军人事务部门推荐、人力资源社会保障部门备案的职业技能等级认定机构（以下简称评价机构）。

第三条　退役军人事务员职业技能等级分为初级工（五级）、中级工（四级）、高级工（三级）、技师（二级）和高级技师（一级）5个级别。

第四条　评价机构按照"谁评价、谁发证、谁负责"的原则履行主体责任，确保职业技能等级认定工作的合规性和真实性。

第二章　评价机构遴选备案

第五条　评价机构应同时具备以下条件：

（一）属于在中国境内依法登记的法人，具有规范的管理制度和财务制度，社会信用良好，无违法违规、失信等不良行为记录。

（二）属于在人力资源社会保障部门正式备案的评价机构，主要包括：由教育部门或人力资源社会保障部门主管的全日制高等院校、职业院校（含技工院校），经民政部门备案的行业协会，国有企业等单位。

（三）设有负责退役军人事务员职业技能等级认定工作的专门内设组织；配备与评价工作相适应的专职工作人员、专家团队；具有符合退役军人事务员国家职业标准的场地、设施设备（含视频监控设备）、信息系统；保密、消防等安全防护措施完善。

（四）具有丰富的考核评价经验；具有退役军人事务相关工作经历的优先。

（五）具有较完善的退役军人事务员职业技能等级认定工作质量管控措施，能够自觉接受退役军人事务部门、人力资源社会保障部门监督。

（六）坚持把社会效益放在首位，不以营利为目的，能够提供稳定的职业技能等级认定工作经费保障。

（七）不存在违反国家相关禁止性规定的情形。

第六条　评价机构遴选备案流程：

（一）公告。省级退役军人事务部门会同人力资源社会保障部门，向社会发布遴选公告。

（二）申报。根据属地管理原则，由申报机构向省级退役军人事务部门提出申请。

（三）遴选。省级退役军人事务部门和人力资源社会保障部门共同组织专家对申报机构进行评审，可以采取资料审核、技术抽查、现场查看、访谈咨询、质询答辩等方式，形成评审意见，择优遴选。原则上每个省份遴选出的评价机构数量不超过3个。

（四）公示。由省级退役军人事务部门向社会公示遴选出的评价机构名单，公示期不少于5个工作日。

（五）推荐。省级退役军人事务部门将公示无异议的评价机构相关材料报退役军人事务部。经国家退役军人服务中心初审，退役军人事务部思想政治和权益维护司复核后，形成审核意见并反馈省级退役军人事务部门。

（六）备案。省级退役军人事务部门根据审核意见，严格按照国家有关要求，将推荐机构报省级人力资源社会保障部门备案（职业评价范围包括"退役军人事务员"），并向退役军人事务部报备，形成退役军人事务员评价机构目录。

第七条 评价机构备案、变更、续期、终止等依据各省级人力资源社会保障部门评价机构管理办法实施，经省级退役军人事务部门和人力资源社会保障部门共同认定后执行，并由退役军人事务部门和人力资源社会保障部门更新相关信息。

第三章 职业技能等级认定组织实施

第八条 评价机构以退役军人事务员国家职业标准为依据组织开展职业技能等级认定。

第九条 职业技能等级认定主要采取理论知识考试、技能操作考核以及综合评审等方式实施。

第十条 评价机构应制定职业技能等级认定考务管理、质量管理、题（卷）库管理、证书管理和收费标准等管理办法，并向社会公开。

第十一条 评价机构应向属地退役军人事务部门和人力资源社会保障部门签署开展职业技能等级认定工作诚信承诺书，并按要求组织考务。

第十二条 评价机构应建立健全考评人员队伍和内部质量督导人员队伍，考评员证书和内部质量督导员证书由评价机构报省级退役军人事务部门审定通过后发放，并报退役军人事务部备案。评价机构应制定人员管理办法，规范考评流程，加强质量管理，保障公正公平，维护证书权威性。

第十三条　评价机构按照省级退役军人事务部门和人力资源社会保障部门要求，制定职业技能等级认定评价计划，及时发布职业技能等级认定评价计划及公告。

第十四条　对经考试考核评审合格人员，评价机构可认定其职业技能等级，颁发相应职业技能等级证书。职业技能等级证书由退役军人事务部提供统一样式，评价机构按要求制作并颁发。

第十五条　评价机构应做好证书数据的核验、保存和管理，按人力资源社会保障部门要求及时上传"技能人才评价工作网"，对证书数据的真实性、合规性、完整性、时效性、安全性等负主体责任。

第十六条　评价机构应加强档案管理。妥善保管评价工作全过程资料，纸质材料保管不少于3年，电子材料保管不少于5年，确保评价过程和结果可追溯、可倒查。保存期满需要销毁的，由评价机构进行台账登记并统一销毁。

第十七条　评价机构应将报名和认定数据与退役军人事务部门实时对接，定期向省级退役军人事务部门和人力资源社会保障部门报送职业技能等级认定有关情况统计表。

第十八条　评价机构开展职业技能等级认定的收费项目及标准等，按照本地区相关部门规定执行。

第四章　服务和监管

第十九条　职业技能等级认定实行属地管理，省级退役军人事务部门和人力资源社会保障部门对本地区职业技能等级认定负有监管职责，应积极构建政府监管、机构自律、社会监督的监管体系，稳妥组织实施，强化舆情管控。

第二十条　省级退役军人事务部门会同人力资源社会保障部门，指导评价机构做好职业技能等级认定管理人员、考评人员、内部质量督导人员和专家队伍建设规划，组织人员培训，加强规范管理。

第二十一条　退役军人事务部退役军人培训中心、国家退役军人服务中心依托退役军人事务员工作信息平台，分别做好职业技能等级认定题库建设、职业培训师资管理和评价机构及职业技能等级证书有关信息查询服务、职业技能竞赛组织管理等工作。

第二十二条 退役军人事务部门会同人力资源社会保障部门采取"双随机、一公开"（随机抽取检查对象、随机选派执法检查人员，抽查情况及查处结果及时向社会公开）监管模式，通过调阅资料、现场检查等方式，对评价机构及其评价活动进行抽查检查和工作评估；对群众投诉举报和媒体报道等反映的问题及时调查核实处理。

第二十三条 退役军人事务部门加强退役军人事务员职业技能等级认定业务受理和质量监督的信息化管理。

第二十四条 退役军人事务部门在监管过程中，发现评价机构违规的，按照《关于加强职业技能评价规范管理工作的通知》（人社厅发〔2024〕27号）要求，会同人力资源社会保障部门对其给予限期整改、移出退役军人事务员评价机构目录等处理。移出退役军人事务员评价机构目录的，应及时向社会发布公告。

第二十五条 评价机构在开展退役军人事务员职业技能等级认定工作过程中，不履行工作承诺，经调查属实的，清退出退役军人事务员评价机构目录。考评人员、内部质量督导人员等相关工作人员以及参评人员出现违规行为的，根据相关规定严肃处理；涉嫌违法犯罪的，依法移交有关部门处理。

第二十六条 评价机构退出退役军人事务员评价机构目录的，应妥善处理档案移交、费用结算、证书清理等后续工作。

第五章 试点及成果转化

第二十七条 2023年6月至2024年12月期间开展的退役军人事务员培训评价试点工作，由退役军人事务部和省级退役军人事务部门共同组织实施，按照国家职业标准和职业技能等级认定相关工作要求执行。

第二十八条 2025年1月1日前，开展培训评价试点的12个省份退役军人事务部门与人力资源社会保障部门积极沟通对接，加快推进评价机构的遴选备案工作，并共同对试点期间考试合格人员进行复核确认，复核通过人员可直接认定职业技能等级认定五级成绩，由已备案的评价机构颁发职业技能等级证书，同步有序开展培训评价工作。试点省份已经合作开展退役军人事务员培训工作，并具有职业技能评价认定资质的相关机构，经试点地区推荐、省级审核，可以作为首批评价机构先行报退役军人事务部审定。

第二十九条　其他省份按要求做好评价机构遴选筹备工作，条件成熟的可向退役军人事务部申请正式开展职业技能等级认定工作。

第六章　附　　则

第三十条　本细则由退役军人事务部负责解释。

第三十一条　本细则自公布之日起施行。

附件：1. 退役军人事务员职业技能等级认定机构遴选推荐工作指引（略）

2. 退役军人事务员职业技能等级认定工作指引（略）

退役军人事务部、人力资源社会保障部关于加快推进退役军人事务员职业技能等级认定的实施意见

（2024年7月5日　退役军人部发〔2024〕35号）

各省、自治区、直辖市退役军人事务厅（局）、人力资源社会保障厅（局），新疆生产建设兵团退役军人事务局、人力资源社会保障局：

为加快推进退役军人事务员职业技能等级认定工作，根据《中共中央办公厅 国务院办公厅关于加强新时代高技能人才队伍建设的意见》、《中共中央办公厅 国务院办公厅印发〈关于加快推进退役军人服务保障体系建设的意见〉的通知》、《人力资源社会保障部关于健全完善新时代技能人才职业技能等级制度的意见（试行）》（人社部发〔2022〕14号）和《退役军人事务部 中央组织部 中央编办 财政部 人力资源社会保障部关于印发〈退役军人服务中心（站）建设与工作规范（暂行）〉的通知》（退役军人部

发〔2019〕25号）等文件精神，现提出如下意见。

一、总体要求

坚持以习近平新时代中国特色社会主义思想为指导，全面贯彻党的二十大精神，紧紧围绕建设更高水平退役军人服务保障体系这一目标，把职业技能等级认定作为促进退役军人工作高质量发展的有力支撑，积极构建科学化的退役军人事务人才评价体系，健全完善退役军人事务员考核认定制度，加快建设数量充足、结构合理、管理规范、素质优良的退役军人事务员队伍，服务经济社会发展大局。

职业技能等级认定范围包括退役军人服务中心（站）现有编内外工作人员，以及拟通过招录程序安排在退役军人服务中心（站）从事相关工作的人员。在各级党委和政府统一领导下，退役军人事务部门会同人力资源社会保障部门加快推进以岗位使用为导向的退役军人事务员职业技能等级认定体系建设，建立退役军人事务员职业技能等级与人员聘用、岗位晋升、表彰奖励、薪酬待遇、津补贴等相挂钩的激励机制。

二、主要内容

（一）确定职业技能等级认定机构。各级退役军人服务中心（站）是退役军人事务员的用人单位。省级退役军人事务部门积极对接沟通人力资源社会保障部门，统筹公共实训基地、普通高校、职业院校（含技工院校）、职业技能培训机构等资源，受理申报并遴选一批符合条件的单位（表格样式见附件），报国家退役军人服务中心初审合格后，经退役军人事务部思想政治和权益维护司审定，形成推荐意见。省级退役军人事务部门根据推荐意见，严格按照国家相关要求，报经人力资源社会保障部门备案后成为职业技能等级认定机构。原则上每个省份不超过3个。

（二）规范考核认定和颁发证书。经人力资源社会保障部门备案的职业技能等级认定机构，要严格按照《退役军人事务员国家职业标准》相关要求，开展五级/初级工、四级/中级工、三级/高级工、二级/技师、一级/高级技师的考核认定工作。要将退役军人事务员国家职业标准和统一开发的退役军人事务员国家职业技能等级认定培训教材及考试题库作为培训、考核的主要依据。通过理论知识考试、技能考核以及综合评审等方式，围绕职业道德、基础知识、开展思想政治工作、提供服务保障、管理档案信息等方面开展考核，并对合格人员颁发职业技能等级证书。职业技能等级证书按照人力资源社会保障部编码规则，由退役军人事务部统一证书样式，实现全国范围内查询验证。

（三）建立常态化考核认定机制。退役军人事务部门要指导退役军人服务中心（站），依托退役军人事务员职业技能等级认定以及培训场所，定期组织已完成认定的退役军人事务员开展业务知识和实操技能轮训。鼓励各级退役军人服务中心（站）优先录用取得退役军人事务员职业技能等级证书的人员。乡镇（街道）及以上退役军人服务中心（站）应当开展退役军人事务员上岗初任培训。

（四）加强退役军人事务员人才管理。退役军人事务员职业技能等级认定机构要将报名和认定数据与退役军人事务部门实时对接。要加强退役军人事务员职业建设风险防控，形成科学、安全、有序的退役军人事务员人才开发和管理机制。

（五）强化考评人员培养和储备。退役军人事务部门、人力资源社会保障部门要督促指导退役军人事务员职业技能等级认定机构持续加强退役军人事务员考评人员队伍建设，优化完善能力提升机制，不断加强职业道德教育，将职业道德作为评价考评人员素质的首要标准。

（六）建立保障激励机制。退役军人事务部门要会同人力资源社会保障部门积极推动各级退役军人服务中心（站）加大退役军人事务员业务培训、等级认定等方面的经费投入和政策保障，推动退役军人服务中心（站）将职业技能等级作为退役军人事务员薪酬、津补贴等相关待遇的重要参考。推动退役军人事务员职业技能等级与社区工作者能力水平双向比照认定。退役军人事务部门对积极参与退役军人事务员职业技能等级认定、成效突出的单位及个人，按照有关规定予以表扬。

（七）举办职业技能竞赛。支持各级退役军人事务部门将职业技能等级认定与岗位练兵、技术比武等活动相结合，引领带动从业人员技能水平提升，培养高技能人才。鼓励以赛促评，依据国家职业标准举办的职业技能竞赛，可按照有关规定对获得优秀等次的选手晋升相应职业技能等级。

三、有关要求

（一）强化组织领导。各级退役军人事务部门要充分认识退役军人事务员职业技能等级认定对于加强退役军人服务保障体系建设的重要意义，联合有关部门健全工作机制，制定工作计划，明确目标任务，积极有序推进。要会同人力资源社会保障部门指导用人单位和社会培训评价组织有序推进职业技能等级认定工作，进一步提升退役军人事务员队伍素质能力。要加强与人力资源社会保障部门的协作配合，不断完善机制、强化措施，切实把退役军人事务员职业技能等级认定工作抓细抓实。

（二）加强监督管理。退役军人事务部门和人力资源社会保障部门要加强退役军人事务员职业技能等级认定机构的监管工作，指导相关机构严格审核考生资质，严控考评发证范围，强化评价组织管理和风险防控，做好信息保密，严格按规定区域和地点组织开展退役军人事务员职业技能等级认定。

（三）分步有序推进。2025年1月1日前，退役军人事务部在部分地区组织退役军人事务员评价先行先试工作，开展退役军人事务员职业技能等级认定。同时，试点地区制定完善符合当地实际的推进实施方案。试点期间取得的职业技能等级证书有效。试点成熟后，将在全国范围内组织开展退役军人事务员等级认定工作，并建立常态化认定机制，持续推进等级认定工作有序、稳步开展。

（四）加强宣传引导。要通过报刊、网站、自媒体等宣传渠道，加强对退役军人事务员等级认定工作的宣传，特别是大力宣传在退役军人服务保障工作和等级认定工作中表现突出、效果显著的单位和个人，进一步增强退役军人事务员的职业认同感、归属感和队伍凝聚力。要大力选树职业楷模，弘扬工匠精神，营造尊重劳动、崇尚技能、鼓励创造的浓厚氛围。

（五）及时报送情况。省级退役军人事务部门要会同人力资源社会保障部门加强对本地退役军人事务员等级认定工作的情况汇总和统计分析，特别是退役军人事务员获取证书、保障激励措施制定落实等情况，于每年12月31日前书面报至退役军人事务部思想政治和权益维护司。职业技能等级认定工作中的典型经验做法以及遇到的困难问题随时报送人力资源社会保障部职业能力建设司。

附件：退役军人事务员职业技能等级认定机构推荐表（略）

五、抚恤优待

伤残抚恤管理办法

（2007年7月31日民政部令第34号公布 根据2013年7月5日《民政部关于修改〈伤残抚恤管理办法〉的决定》修订 2019年12月16日退役军人事务部令第1号修订）

第一章 总 则

第一条 为了规范和加强退役军人事务部门管理的伤残抚恤工作，根据《军人抚恤优待条例》等法规，制定本办法。

第二条 本办法适用于符合下列情况的中国公民：

（一）在服役期间因战因公致残退出现役的军人，在服役期间因病评定了残疾等级退出现役的残疾军人；

（二）因战因公负伤时为行政编制的人民警察；

（三）因参战、参加军事演习、军事训练和执行军事勤务致残的预备役人员、民兵、民工以及其他人员；

（四）为维护社会治安同违法犯罪分子进行斗争致残的人员；

（五）为抢救和保护国家财产、人民生命财产致残的人员；

（六）法律、行政法规规定应当由退役军人事务部门负责伤残抚恤的其他人员。

前款所列第（三）、第（四）、第（五）项人员根据《工伤保险条例》应当认定视同工伤的，不再办理因战、因公伤残抚恤。

第三条 本办法第二条所列人员符合《军人抚恤优待条例》及有关政策中因战因公致残规定的，可以认定因战因公致残；个人对导致伤残的事件和行为负有过错责任的，以及其他不符合因战因公致残情形的，不得认定为因战因公致残。

第四条 伤残抚恤工作应当遵循公开、公平、公正的原则。县级人民政府退役军人事务部门应当公布有关评残程序和抚恤金标准。

第二章 残疾等级评定

第五条 评定残疾等级包括新办评定残疾等级、补办评定残疾等级、调整残疾等级。

新办评定残疾等级是指对本办法第二条第一款第（一）项以外的人员认定因战因公残疾性质，评定残疾等级。补办评定残疾等级是指对现役军人因战因公致残未能及时评定残疾等级，在退出现役后依据《军人抚恤优待条例》的规定，认定因战因公残疾性质、评定残疾等级。调整残疾等级是指对已经评定残疾等级，因原致残部位残疾情况变化与原评定的残疾等级明显不符的人员调整残疾等级级别，对达不到最低评残标准的可以取消其残疾等级。

属于新办评定残疾等级的，申请人应当在因战因公负伤或者被诊断、鉴定为职业病3年内提出申请；属于调整残疾等级的，应当在上一次评定残疾等级1年后提出申请。

第六条 申请人（精神病患者由其利害关系人帮助申请，下同）申请评定残疾等级，应当向所在单位提出书面申请。申请人所在单位应及时审查评定残疾等级申请，出具书面意见并加盖单位公章，连同相关材料一并报送户籍地县级人民政府退役军人事务部门审查。

没有工作单位的或者以原致残部位申请评定残疾等级的，可以直接向户籍地县级人民政府退役军人事务部门提出申请。

第七条 申请人申请评定残疾等级，应当提供以下真实确切材料：书面申请，身份证或者居民户口簿复印件，退役军人证（退役军人登记表）、人民警察证等证件复印件，本人近期二寸免冠彩色照片。

申请新办评定残疾等级，应当提交致残经过证明和医疗诊断证明。致残经过证明应包括相关职能部门提供的执行公务证明，交通事故责任认定书、调解协议书、民事判决书、医疗事故鉴定书等证明材料；抢救和保护国家财产、人民生命财产致残或者为维护社会治安同犯罪分子斗争致残证明；统一组织参战、参加军事演习、军事训练和执行军事勤务的证明材料。医疗诊断证明应包括加盖出具单位相关印章的门诊病历原件、住院病历复印件及相关检查报告。

申请补办评定残疾等级，应当提交因战因公致残档案记载或者原始医疗证明。档案记载是指本人档案中所在部队作出的涉及本人负伤原始情况、治疗情况及善后处理情况等确切书面记载。职业病致残需提供有直接从事该职业病相关工作经历的记载。医疗事故致残需提供军队后勤卫生机关出具的医疗事故鉴定结论。原始医疗证明是指原所在部队体系医院出具的能说明致残原因、残疾情况的病情诊断书、出院小结或者门诊病历原件、加盖出具单位相关印章的住院病历复印件。

申请调整残疾等级，应当提交近6个月内在二级甲等以上医院的就诊病历及医院检查报告、诊断结论等。

第八条 县级人民政府退役军人事务部门对报送的有关材料进行核对，对材料不全或者材料不符合法定形式的应当告知申请人补充材料。

县级人民政府退役军人事务部门经审查认为申请人符合因战因公负伤条件的，在报经设区的市级人民政府以上退役军人事务部门审核同意后，应当填写《残疾等级评定审批表》，并在受理之日起20个工作日内，签发《受理通知书》，通知本人到设区的市级人民政府以上退役军人事务部门指定的医疗卫生机构，对属于因战因公导致的残疾情况进行鉴定，由医疗卫生专家小组根据《军人残疾等级评定标准》，出具残疾等级医学鉴定意见。职业病的残疾情况鉴定由省级人民政府退役军人事务部门指定的承担职业病诊断的医疗卫生机构作出；精神病的残疾情况鉴定由省级人民政府退役军人事务部门指定的二级以上精神病专科医院作出。

县级人民政府退役军人事务部门依据医疗卫生专家小组出具的残疾等级医学鉴定意见对申请人拟定残疾等级，在《残疾等级评定审批表》上签署意见，加盖印章，连同其他申请材料，于收到医疗卫生专家小组签署意见之日起20个工作日内，一并报送设区的市级人民政府退役军人事务部门。

县级人民政府退役军人事务部门对本办法第二条第一款第（一）项人员，经审查认为不符合因战因公负伤条件的，或者经医疗卫生专家小组鉴定达不到补评或者调整残疾等级标准的，应当根据《军人抚恤优待条例》相关规定逐级上报省级人民政府退役军人事务部门。对本办法第二条第一款第（一）项以外的人员，经审查认为不符合因战因公负伤条件的，或者经医疗卫生专家小组鉴定达不到新评或者调整残疾等级标准的，应当填写《残疾等级评定结果告知书》，连同申请人提供的材料，退还申请人或者所在单位。

第九条 设区的市级人民政府退役军人事务部门对报送的材料审查后，在《残疾等级评定审批表》上签署意见，并加盖印章。

对符合条件的，于收到材料之日起20个工作日内，将上述材料报送省级人民政府退役军人事务部门。对不符合条件的，属于本办法第二条第一款第（一）项人员，根据《军人抚恤优待条例》相关规定上报省级人民政府退役军人事务部门；属于本办法第二条第一款第（一）项以外的人员，填写《残疾等级评定结果告知书》，连同申请人提供的材料，逐级退还申请人或者其所在单位。

第十条 省级人民政府退役军人事务部门对报送的材料初审后，认为符合条件的，逐级通知县级人民政府退役军人事务部门对申请人的评残情况进行公示。公示内容应当包括致残的时间、地点、原因、残疾情况（涉及隐私或者不宜公开的不公示）、拟定的残疾等级以及县级退役军人事务部门联系方式。公示应当在申请人工作单位所在地或者居住地进行，时间不少于7个工作日。县级人民政府退役军人事务部门应当对公示中反馈的意见进行核实并签署意见，逐级上报省级人民政府退役军人事务部门，对调整等级的应当将本人持有的伤残人员证一并上报。

省级人民政府退役军人事务部门应当对公示的意见进行审核，在《残疾等级评定审批表》上签署审批意见，加盖印章。对符合条件的，办理伤残人员证（调整等级的，在证件变更栏处填写新等级），于公示结束之日起60个工作日内逐级发给申请人或者其所在单位。对不符合条件的，填写《残疾等级评定结果告知书》，连同申请人提供的材料，于收到材料之日或者公示结束之日起60个工作日内逐级退还申请人或者其所在单位。

第十一条 申请人或者退役军人事务部门对医疗卫生专家小组作出的残疾等级医学鉴定意见有异议的，可以到省级人民政府退役军人事务部门指定的医疗卫生机构重新进行鉴定。

省级人民政府退役军人事务部门可以成立医疗卫生专家小组，对残疾情况与应当评定的残疾等级提出评定意见。

第十二条 伤残人员以军人、人民警察或者其他人员不同身份多次致残的，退役军人事务部门按上述顺序只发给一种证件，并在伤残证件变更栏上注明再次致残的时间和性质，以及合并评残后的等级和性质。

致残部位不能合并评残的,可以先对各部位分别评残。等级不同的,以重者定级;两项(含)以上等级相同的,只能晋升一级。

多次致残的伤残性质不同的,以等级重者定性。等级相同的,按因战、因公、因病的顺序定性。

第三章 伤残证件和档案管理

第十三条 伤残证件的发放种类:

(一)退役军人在服役期间因战因公因病致残的,发给《中华人民共和国残疾军人证》;

(二)人民警察因战因公致残的,发给《中华人民共和国伤残人民警察证》;

(三)退出国家综合性消防救援队伍的人员在职期间因战因公因病致残的,发给《中华人民共和国残疾消防救援人员证》;

(四)因参战、参加军事演习、军事训练和执行军事勤务致残的预备役人员、民兵、民工以及其他人员,发给《中华人民共和国伤残预备役人员、伤残民兵民工证》;

(五)其他人员因公致残的,发给《中华人民共和国因公伤残人员证》。

第十四条 伤残证件由国务院退役军人事务部门统一制作。证件的有效期:15周岁以下为5年,16-25周岁为10年,26-45周岁为20年,46周岁以上为长期。

第十五条 伤残证件有效期满或者损毁、遗失的,证件持有人应当到县级人民政府退役军人事务部门申请换发证件或者补发证件。伤残证件遗失的须本人登报声明作废。

县级人民政府退役军人事务部门经审查认为符合条件的,填写《伤残人员换证补证审批表》,连同照片逐级上报省级人民政府退役军人事务部门。省级人民政府退役军人事务部门将新办理的伤残证件逐级通过县级人民政府退役军人事务部门发给申请人。各级退役军人事务部门应当在20个工作日内完成本级需要办理的事项。

第十六条 伤残人员前往我国香港特别行政区、澳门特别行政区、台湾地区定居或者其他国家和地区定居前,应当向户籍地(或者原户籍地)

县级人民政府退役军人事务部门提出申请，由户籍地（或者原户籍地）县级人民政府退役军人事务部门在变更栏内注明变更内容。对需要换发新证的，"身份证号"处填写定居地的居住证件号码。"户籍地"为国内抚恤关系所在地。

第十七条 伤残人员死亡的，其家属或者利害关系人应及时告知伤残人员户籍地县级人民政府退役军人事务部门，县级人民政府退役军人事务部门应当注销其伤残证件，并逐级上报省级人民政府退役军人事务部门备案。

第十八条 退役军人事务部门对申报和审批的各种材料、伤残证件应当有登记手续。送达的材料或者证件，均须挂号邮寄或者由申请人签收。

第十九条 县级人民政府退役军人事务部门应当建立伤残人员资料档案，一人一档，长期保存。

第四章 伤残抚恤关系转移

第二十条 残疾军人退役或者向政府移交，必须自军队办理了退役手续或者移交手续后60日内，向户籍迁入地的县级人民政府退役军人事务部门申请转入抚恤关系。退役军人事务部门必须进行审查、登记、备案。审查的材料有：《户口登记簿》、《残疾军人证》、军队相关部门监制的《军人残疾等级评定表》、《换领〈中华人民共和国残疾军人证〉申报审批表》、退役证件或者移交政府安置的相关证明。

县级人民政府退役军人事务部门应当对残疾军人残疾情况及有关材料进行审查，必要时可以复查鉴定残疾情况。认为符合条件的，将《残疾军人证》及有关材料逐级报送省级人民政府退役军人事务部门。省级人民政府退役军人事务部门审查无误的，在《残疾军人证》变更栏内填写新的户籍地、重新编号，并加盖印章，将《残疾军人证》逐级通过县级人民政府退役军人事务部门发还申请人。各级退役军人事务部门应当在20个工作日内完成本级需要办理的事项。如复查、鉴定残疾情况的可以适当延长工作日。

《军人残疾等级评定表》或者《换领〈中华人民共和国残疾军人证〉申报审批表》记载的残疾情况与残疾等级明显不符的，县级退役军人事务部门应当暂缓登记，逐级上报省级人民政府退役军人事务部门通知原审批机关更正，或者按复查鉴定的残疾情况重新评定残疾等级。伪造、变造

《残疾军人证》和评残材料的，县级人民政府退役军人事务部门收回《残疾军人证》不予登记，并移交当地公安机关处理。

第二十一条　伤残人员跨省迁移户籍时，应同步转移伤残抚恤关系，迁出地的县级人民政府退役军人事务部门根据伤残人员申请及其伤残证件和迁入地户口簿，将伤残档案、迁入地户口簿复印件以及《伤残人员关系转移证明》，发送迁入地县级人民政府退役军人事务部门，并同时将此信息逐级上报本省级人民政府退役军人事务部门。

迁入地县级人民政府退役军人事务部门在收到上述材料和申请人提供的伤残证件后，逐级上报省级人民政府退役军人事务部门。省级人民政府退役军人事务部门在向迁出地省级人民政府退役军人事务部门核实无误后，在伤残证件变更栏内填写新的户籍地、重新编号，并加盖印章，逐级通过县级人民政府退役军人事务部门发还申请人。各级退役军人事务部门应当在20个工作日内完成本级需要办理的事项。

迁出地退役军人事务部门邮寄伤残档案时，应当将伤残证件及其军队或者地方相关的评残审批表或者换证表复印备查。

第二十二条　伤残人员本省、自治区、直辖市范围内迁移的有关手续，由省、自治区、直辖市人民政府退役军人事务部门规定。

第五章　抚恤金发放

第二十三条　伤残人员从被批准残疾等级评定后的下一个月起，由户籍地县级人民政府退役军人事务部门按照规定予以抚恤。伤残人员抚恤关系转移的，其当年的抚恤金由部队或者迁出地的退役军人事务部门负责发给，从下一年起由迁入地退役军人事务部门按当地标准发给。由于申请人原因造成抚恤金断发的，不再补发。

第二十四条　在境内异地（指非户籍地）居住的伤残人员或者前往我国香港特别行政区、澳门特别行政区、台湾地区定居或者其他国家和地区定居的伤残人员，经向其户籍地（或者原户籍地）县级人民政府退役军人事务部门申请并办理相关手续后，其伤残抚恤金可以委托他人代领，也可以委托其户籍地（或者原户籍地）县级人民政府退役军人事务部门存入其指定的金融机构账户，所需费用由本人负担。

第二十五条　伤残人员本人（或者其家属）每年应当与其户籍地（或

者原户籍地）的县级人民政府退役军人事务部门联系一次，通过见面、人脸识别等方式确认伤残人员领取待遇资格。当年未联系和确认的，县级人民政府退役军人事务部门应当经过公告或者通知本人或者其家属及时联系、确认；经过公告或者通知本人或者其家属后60日内仍未联系、确认的，从下一个月起停发伤残抚恤金和相关待遇。

伤残人员（或者其家属）与其户籍地（或者原户籍地）退役军人事务部门重新确认伤残人员领取待遇资格后，从下一个月起恢复发放伤残抚恤金和享受相关待遇，停发的抚恤金不予补发。

第二十六条　伤残人员变更国籍、被取消残疾等级或者死亡的，从变更国籍、被取消残疾等级或者死亡后的下一个月起停发伤残抚恤金和相关待遇，其伤残人员证件自然失效。

第二十七条　有下列行为之一的，由县级人民政府退役军人事务部门给予警告，停止其享受的抚恤、优待，追回非法所得；构成犯罪的，依法追究刑事责任：

（一）伪造残情的；

（二）冒领抚恤金的；

（三）骗取医药费等费用的；

（四）出具假证明，伪造证件、印章骗取抚恤金和相关待遇的。

第二十八条　县级人民政府退役军人事务部门依据人民法院生效的法律文书、公安机关发布的通缉令或者国家有关规定，对具有中止抚恤、优待情形的伤残人员，决定中止抚恤、优待，并通知本人或者其家属、利害关系人。

第二十九条　中止抚恤的伤残人员在刑满释放并恢复政治权利、取消通缉或者符合国家有关规定后，经本人（精神病患者由其利害关系人）申请，并经县级退役军人事务部门审查符合条件的，从审核确认的下一个月起恢复抚恤和相关待遇，原停发的抚恤金不予补发。办理恢复抚恤手续应当提供下列材料：本人申请、户口登记簿、司法机关的相关证明。需要重新办证的，按照证件丢失规定办理。

第六章　附　　则

第三十条　本办法适用于中国人民武装警察部队。

第三十一条　因战因公致残的深化国防和军队改革期间部队现役干部

转改的文职人员、因参加军事训练、非战争军事行动和作战支援保障任务致残的其他文职人员、因战因公致残消防救援人员、因病致残评定了残疾等级的消防救援人员，退出军队或国家综合性消防救援队伍后的伤残抚恤管理参照退出现役的残疾军人有关规定执行。

第三十二条　未列入行政编制的人民警察，参照本办法评定伤残等级，其伤残抚恤金由所在单位按规定发放。

第三十三条　省级人民政府退役军人事务部门可以根据本地实际情况，制定具体工作细则。

第三十四条　本办法自 2007 年 8 月 1 日起施行。

附件：

1. 受理通知书（略）
2. 残疾等级评定审批表（略）
3. 残疾等级评定结果告知书（略）
4. 伤残人员换证补证审批表（略）
5. 伤残人员关系转移证明（略）
6. 评定残疾情况公示书（略）

优抚医院管理办法

（2022 年 6 月 28 日退役军人事务部、国家卫生健康委员会、国家医疗保障局令第 7 号公布　自 2022 年 8 月 1 日起施行）

第一条　为了加强优抚医院管理，服务国防和军队建设，推动让退役军人成为全社会尊重的人，让军人成为全社会尊崇的职业，根据《中华人民共和国退役军人保障法》、《中华人民共和国基本医疗卫生与健康促进法》、《军人抚恤优待条例》、《医疗机构管理条例》和国家有关规定，制定本办法。

第二条　优抚医院是国家为残疾退役军人和在服役期间患严重慢性病、精神疾病的退役军人等优抚对象提供医疗和供养服务的优抚事业单位，是担负特殊任务的医疗机构，主要包括综合医院、康复医院、精神病医院等，名称统一为"荣军优抚医院"。

优抚医院坚持全心全意为优抚对象服务的办院宗旨，坚持优抚属性，遵循医疗机构建设和管理规律。

第三条　国务院退役军人工作主管部门负责全国优抚医院工作。县级以上地方人民政府退役军人工作主管部门负责本行政区域内优抚医院工作。

退役军人工作主管部门应当会同卫生健康主管部门加强对优抚医院的指导，为优抚医院医务人员的培训进修等创造条件，支持有条件的优抚医院在医疗、科研、教学等方面全面发展。

第四条　国家兴办优抚医院，所需经费按照事权划分列入各级预算。

第五条　设置优抚医院，应当符合国家有关规定和优抚医院布局规划。

卫生健康主管部门应当会同退役军人工作主管部门，将优抚医院设置纳入当地医疗机构设置规划统筹考虑。

省级人民政府退役军人工作主管部门应当会同省级人民政府卫生健康主管部门根据优抚对象数量和医疗供养需求情况，适应伤病残退役军人移交安置工作和服务备战打仗需要，制定本行政区域内优抚医院布局和发展规划，并报国务院退役军人工作主管部门和国务院卫生健康主管部门备案。

优抚医院布局和发展规划应当纳入当地经济和社会发展总体规划和卫生健康、医疗保障事业发展规划，建设水平应当与当地经济和社会发展、卫生健康事业发展相适应。

第六条　因符合条件优抚对象数量较少等情形未建设优抚医院的地方，可以采取购买服务等方式，协调当地其他医疗机构为优抚对象提供医疗服务。

优抚医院应当依法履行相关职责，符合条件的按程序纳入基本医疗保险定点医疗机构、工伤保险协议医疗机构、工伤康复协议机构管理范围。

第七条　优抚医院在建设、用地、水电、燃气、供暖、电信等方面依法享受国家有关优惠政策。

鼓励公民、法人和其他组织对优抚医院提供捐助和服务。

优抚医院各项经费应当按照批复的预算执行，接受财政、审计部门和社会的监督。

第八条　对在优抚医院工作中成绩显著的单位和个人，按照国家有关规定给予表彰和奖励。

第九条　优抚医院根据主管部门下达的任务，收治下列优抚对象：

（一）需要常年医疗或者独身一人不便分散供养的一级至四级残疾退役军人；

（二）在服役期间患严重慢性病的残疾退役军人和带病回乡退役军人；

（三）在服役期间患精神疾病，需要住院治疗的退役军人；

（四）短期疗养的优抚对象；

（五）主管部门安排收治的其他人员。

优抚医院应当在完成主管部门下达的收治任务的基础上，为其他优抚对象提供优先或者优惠服务。

第十条　优抚医院应当为在院优抚对象提供良好的医疗服务和生活保障，主要包括：

（一）健康检查；

（二）疾病诊断、治疗和护理；

（三）康复训练；

（四）健康指导；

（五）辅助器具安装；

（六）精神慰藉；

（七）生活必需品供给；

（八）生活照料；

（九）文体活动。

第十一条　优抚医院应当加强对在院优抚对象的思想政治工作，发挥优抚对象在光荣传统教育中的重要作用。

第十二条　优抚医院针对在院残疾退役军人的残情特点，实施科学有效的医学治疗，探索常见后遗症、并发症的防治方法，促进生理机能恢复，提高残疾退役军人生活质量。

第十三条　优抚医院应当采取积极措施，控制在院慢性病患者病情，减轻其痛苦，降低慢性疾病对患者造成的生理和心理影响。

第十四条　优抚医院对在院精神疾病患者进行综合治疗，促进患者精神康复。

对精神病患者实行分级管理，预防发生自杀、自伤、伤人、出走等行为。

第十五条　优抚医院应当规范入院、出院程序。

属于第九条规定收治范围的优抚对象，可以由本人（精神病患者由其利害关系人）提出申请，或者由村（社区）退役军人服务站代为提出申请，经县级人民政府退役军人工作主管部门审核，由优抚医院根据主管部门下达的任务和计划安排入院。省级人民政府退役军人工作主管部门可以指定优抚医院收治符合条件的优抚对象。

在院优抚对象基本治愈或者病情稳定，符合出院条件的，由优抚医院办理出院手续。

在院优抚对象病故的，优抚医院应当及时报告主管部门，并协助优抚对象常住户口所在地退役军人工作主管部门妥善办理丧葬事宜。

第十六条　优抚医院应当按照国家有关规定建立健全病历管理制度，设置病案管理部门或者配备专兼职人员，负责病历和病案管理工作。

第十七条　退役军人工作主管部门应当定期组织优抚医院开展巡回医疗活动，积极为院外优抚对象提供医疗服务。

第十八条　优抚医院应当在做好优抚对象服务工作的基础上，积极履行医疗机构职责，发挥自身医疗专业特长，为社会提供优质医疗服务。

优抚医院应当通过社会服务提升业务能力，改善医疗条件，不断提高医疗和供养水平。

第十九条　优抚医院在设置审批、登记管理、命名、执业和监督等方面应当符合国家有关医疗机构管理的法律法规和相关规定，执行卫生健康主管部门有关医疗机构的相关标准。

第二十条　优抚医院实行党委领导下的院长负责制，科室实行主任（科长）负责制。

第二十一条　优抚医院应当加强党的建设，充分发挥基层党组织战斗堡垒作用和党员先锋模范作用，促进思想政治和医德医风建设。

第二十二条　优抚医院实行国家规定的工资制度，合理确定医务人员薪酬水平，完善内部分配和激励机制，促进医务人员队伍建设。

第二十三条　优抚医院建立职工代表大会制度，保障职工参与医院的民主决策、民主管理和民主监督。

第二十四条　优抚医院应当树立现代管理理念，推进现代化、标准化、信息化建设；强化重点专科建设，发挥专业技术优势；建立完整的医护管理、感染控制、药品使用、医疗事故预防和安全、消防等规章制度，提高医院管理水平。

第二十五条　优抚医院实行岗位责任制，设立专业技术类、管理类、工勤技能类等岗位并明确相关职责；实行24小时值班制度，按照医院分级护理等有关要求为收治对象提供护理服务。

第二十六条　优抚医院应当完善人才培养和引进机制，积极培养和引进学科带头人，同等条件下优先聘用曾从事医务工作的退役军人，建立一支适应现代化医院发展要求的技术和管理人才队伍。

第二十七条　优抚医院应当加强与军队医院、其他社会医院、医学院校的合作与交流，开展共建活动，在人才、技术等领域实现资源共享和互补。

第二十八条　优抚医院应当加强医院文化建设，积极宣传优抚对象的光荣事迹，形成有拥军特色的医院文化。

第二十九条　优抚医院的土地、房屋、设施、设备和其他财产归优抚医院管理和使用，任何单位和个人不得侵占。

侵占、破坏优抚医院财产的，由当地人民政府退役军人工作主管部门责令限期改正；造成损失的，依法承担赔偿责任。

第三十条　优抚对象应当遵守优抚医院各项规章制度，尊重医护人员工作，自觉配合医护人员的管理。对违反相关规定的，由优抚医院或者主管部门进行批评教育，情节严重的，依法追究相应责任。

第三十一条　优抚医院违反本办法规定，提供的医疗和供养服务不符合要求的，由优抚医院主管部门责令改正；逾期不改正的，对直接负责的责任人和其他主管人员依法给予处分；造成损失的，依法承担责任。

优抚医院造成收治对象人身损害或发生医疗事故、医疗纠纷的，应当依法处置。

优抚医院违反国家有关医疗机构管理的法律法规和相关规定的，由县级以上地方人民政府卫生健康主管部门依法依规处理。

第三十二条　承担优抚对象收治供养任务的其他医疗机构对优抚对象的诊疗服务工作，可以参照本办法有关规定执行。

第三十三条　本办法自2022年8月1日起施行。

光荣院管理办法

(2010年12月25日民政部令第40号公布　根据2020年4月10日退役军人事务部令第3号修订)

第一章　总　　则

第一条　为了加强光荣院管理，做好抚恤优待对象集中供养等工作，更好服务国防和军队建设，让退役军人成为全社会尊重的人，让军人成为全社会尊崇的职业，根据《军人抚恤优待条例》和国家有关规定，制定本办法。

第二条　光荣院是国家集中供养孤老和生活不能自理的抚恤优待对象，并对其实行特殊保障的优抚事业单位。

第三条　国务院退役军人事务部门负责指导全国光荣院的管理工作。县级以上地方人民政府退役军人事务部门是光荣院的主管部门（以下简称光荣院主管部门），对光荣院集中供养等工作进行管理、监督和检查。

第四条　国家兴办光荣院，所需经费列入同级地方政府预算。光荣院的建设服务水平应当与当地经济和社会发展相适应，满足集中供养和服务需求。

国家鼓励公民、法人和其他组织对光荣院提供社会捐助和服务。

光荣院各项经费应当按照批复的预算执行，接受财政、审计部门和社会的监督。

第五条　光荣院在建设、用地、水电、燃气、供暖、电信、农副业生产等方面享受国家有关社会福利机构的优惠政策。

第六条　对在光荣院建设和管理工作中成绩显著的单位和个人，按照国家有关规定给予表彰和奖励。

第二章　服务对象

第七条　老年、残疾或者未满16周岁的烈士遗属、因公牺牲军人遗属、病故军人遗属和进入老年的残疾军人、复员军人、退伍军人，无法定赡养人、扶养人、抚养人或者法定赡养人、扶养人、抚养人无赡养、扶养、抚养能力且享受国家定期抚恤补助待遇的为集中供养对象，可以申请享受光荣院集中供养待遇。

光荣院在保障好集中供养对象的前提下，可利用空余床位为其他老年且无法定赡养人、扶养人或者法定赡养人、扶养人无赡养、扶养能力的抚恤优待对象提供优惠服务。

有条件的光荣院在满足上述对象集中供养、优惠服务的需求外，可面向其他抚恤优待对象开展优待服务。

第八条　申请享受光荣院集中供养、优惠服务，应当由本人向户籍地村（社区）退役军人服务站提出申请，或者由其居民委员会（村民委员会）向乡镇（街道）退役军人服务站代为提出申请。

退役军人服务站应当在10个工作日内将申请材料报光荣院，光荣院初审后及时报其主管部门审核批准。

光荣院根据其主管部门下达的计划和任务安排集中供养、优惠服务对象入院，并根据实际情况接收优待服务对象。

第九条　服务对象个人随身携带的款物和贵重物品委托光荣院保管的，应当签订财物保管协议。

第十条　光荣院应当坚持入院自愿、出院自由的原则，规范入院、出院手续，建立服务对象的个人档案。

集中供养、优惠服务对象不再符合本办法第七条规定条件的，光荣院应当向其主管部门报告，由其主管部门核准后不再享受集中供养、优惠服务待遇。

集中供养、优惠服务对象死亡的，光荣院应当为其办理丧葬事宜，并向光荣院主管部门报告，其遗产按照《中华人民共和国继承法》的有关规定处理。

光荣院主管部门应当定期核准集中供养、优惠服务对象人数，通报同级人民政府财政部门，并报上一级人民政府退役军人事务部门，由省级人民政府退役军人事务部门汇总后报国务院退役军人事务部门。

第三章　服　务　要　求

第十一条　光荣院应当为服务对象提供下列供养服务：

（一）提供饮食；

（二）提供生活必需品；

（三）提供住房；

（四）提供医疗、康复、护理、保健服务；
（五）提供学习娱乐、精神关怀服务；
（六）提供清洁卫生、安全保卫服务；
（七）提供心理抚慰等社会工作服务；
（八）其他服务。

集中供养对象未满16周岁或者已满16周岁仍在接受义务教育的，光荣院应当保障其接受义务教育所需费用。

第十二条 光荣院提供的饮食应当符合食品安全要求，并根据服务对象的需要适当调整。

光荣院应当为服务对象提供必备的服装、被褥、生活用具和适合老年人、残疾人居住需求的生活设施，并为其提供适当的出行条件。

光荣院应当保持服务对象住房整洁，帮助其搞好个人卫生，并提供必要的照料，保证其在院期间的人身安全。

第十三条 集中供养对象按照《优抚对象医疗保障办法》的规定享受医疗待遇。

光荣院应当与当地医疗机构建立协作关系，保证患病的服务对象得到及时治疗，并积极推进医养结合的服务模式。

光荣院应当建立服务对象个人医疗和健康档案，为服务对象提供定期体检服务和健康教育服务，帮助服务对象制定医疗康复计划。

第十四条 光荣院实行24小时值班制度，对生活不能自理的服务对象实行全日制护理，并配置配备拐杖、轮椅或者其它辅助器具。

第十五条 光荣院应当为服务对象创造良好的生活环境，安排好物质文化生活，组织学习教育，开展有益于身心健康的文体休闲活动。

对有能力并自愿参加劳动和公益活动的服务对象，光荣院可以安排其从事力所能及的劳动和公益活动，丰富日常生活。

第十六条 光荣院应当关爱服务对象，为其组织必要的心理咨询和社会交往活动，使服务对象得到精神慰藉。

第十七条 光荣院应当重点服务保障好集中供养对象，并结合实际视情免除相关费用。

光荣院应当为优惠服务对象提供优惠服务，适当减免相关费用。

光荣院面向其他抚恤优待对象开展优待服务，按规定收取护理费、床位费、伙食费、医疗费等相关费用。

优惠及优待服务对象的具体范围，收费及减免的具体项目、标准等，由省级人民政府退役军人事务部门商财政、民政等有关部门统筹考虑本地财力状况规定，并加大对荣获个人二等功以上奖励的退役军人和荣获个人二等功以上奖励现役军人父母的优惠力度。

第十八条　光荣院集中供养和优惠、优待服务标准由省级人民政府退役军人事务部门商财政等有关部门制定，经省级人民政府批准后公布执行，并根据当地经济社会发展水平适时调整。

第四章　院务管理

第十九条　光荣院实行院长负责制，院长由光荣院主管部门任命，也可以向社会公开招聘。

光荣院工作人员应当经过光荣院主管部门培训考核，专业岗位工作人员应当具备相应的水平和能力。

光荣院应当按集中供养对象人数的 25% 配备工作人员，其中管理人员占工作人员总数的比例不超过 20%。

第二十条　光荣院应当设立院务管理委员会。院务管理委员会的成员由光荣院全体人员推选产生，院务管理委员会可以下设专门委员会。

院务管理委员会应当定期召开会议，参与光荣院工作的管理和监督。

第二十一条　光荣院应当定期公布国家对抚恤优待对象的抚恤补助政策和标准，公开院内工作流程、经费开支等情况，明示服务宗旨和项目，并接受服务对象的监督。

第二十二条　光荣院应当按照国家有关规定，建立健全安全、消防、卫生、财务、档案管理等制度。

第二十三条　有条件的光荣院可以开展以改善服务对象生活条件为目的的农副业生产。服务对象自愿参加光荣院组织开展的农副业生产活动，光荣院应当给予报酬。

第二十四条　光荣院应当建立荣誉室或者陈列室，收集、编撰、陈列、展示有关烈士、因战因公牺牲军人和服务对象的光荣事迹，与驻地国家机关、人民团体、社会组织、企业事业单位、学校、部队、社区等开展精神文明共建活动，充分发挥其爱国主义教育和革命传统教育作用。

第五章　建　设　规　范

第二十五条　各地应当优先利用现有光荣院及各类养老机构中设立的光荣楼（层、间）等资源，为符合条件的抚恤优待对象提供集中供养等服务。集中供养需求大的地方，可以根据本地实际情况兴建、改扩建光荣院，每所光荣院床位数应当不低于50张，床位利用率应当达到80%以上。

第二十六条　光荣院的各类建筑应当根据老年人、残疾人和未成年人生活、安全需要进行设计，符合无障碍标准建筑设计规范的要求。

第二十七条　服务对象居住用房每间应当不小于15平方米，配置卫生间和洗澡间。

光荣院应当具备开展日常工作和服务所必需的办公室、值班室、厨房、餐厅、储藏室、活动室等辅助用房。有条件的地区还可以建设用于康复保健、文体娱乐等方面的功能室和室外活动场所。

第二十八条　光荣院应当配置应急呼叫设备，并根据当地气候条件和服务对象的实际需要配置取暖、降温设备。

光荣院应当维护好照明、通讯、消防、报警、取暖、降温、排污和水电供应等设施和生活设备，保证其正常运转。

第二十九条　光荣院应当设立医疗室，并视条件配备常用和急救所需的医疗器械、设备及药品。

第三十条　光荣院应做好室外绿化、环境美化工作，为服务对象提供安静、整洁、优美的生活环境。

第六章　责　任　追　究

第三十一条　光荣院的土地、房屋、设施、设备和其他财产依法归光荣院管理和使用，任何单位和个人不得侵占。

侵占、破坏光荣院财物的，由当地人民政府退役军人事务部门责令限期改正，并恢复原状；造成损失的，依法承担赔偿责任。

第三十二条　服务对象应当珍惜荣誉，遵守光荣院的各项规定，自觉配合工作人员的管理。对违反相关规定的，由光荣院和光荣院主管部门进行批评教育，情节严重的，依法追究相应责任。

服务对象因违法犯罪被判处有期徒刑、剥夺政治权利的，中止其集中供养和优惠、优待服务资格；被判处死刑、无期徒刑的，取消其集中供养和优惠、优待服务资格。

第三十三条　光荣院违反本办法的规定，提供的集中供养和优惠、优待服务不符合要求，由光荣院主管部门责令改正；逾期不改正的，对直接负责的责任人和其他主管人员依法给予处分，造成损失的，依法承担赔偿责任。

光荣院造成服务对象人身伤害事故的，应当依法承担赔偿责任。

第三十四条　光荣院主管部门及其工作人员有下列行为之一的，由上级人民政府退役军人事务部门对其直接负责的责任人和其他主管人员进行批评教育，限期改正；情节严重的，依法给予处分；构成犯罪的，依法追究刑事责任：

（一）违反规定审批光荣院集中供养、优惠服务待遇的；

（二）贪污、挪用、截留、私分光荣院款物的；

（三）光荣院建设和管理中有滥用职权、玩忽职守、徇私舞弊行为的；

（四）其他违反相关法律法规行为的。

第七章　附　　则

第三十五条　各级民政部门主管的各类福利机构中设立的光荣间、光荣楼可以参照本办法的规定执行。

第三十六条　符合儿童福利机构收留抚养条件的，按相关规定执行。

第三十七条　本办法自 2020 年 6 月 1 日起施行。

优抚对象补助经费管理办法

（2024 年 2 月 2 日　财社〔2024〕5 号）

第一章　总　　则

第一条　为规范优抚对象补助经费管理，提高资金使用效益，确保优抚对象补助经费及时足额发放，根据《中华人民共和国预算法》、《军人抚恤优待条例》、《烈士褒扬条例》等法律法规和预算管理相关规定，制定本办法。

第二条 本办法所称优抚对象补助经费，是指中央财政对地方发放优抚对象等人员抚恤和生活补助、义务兵家庭优待金、烈士褒扬金等给予补助的共同财政事权转移支付资金，实施期限暂至 2028 年 12 月 31 日。到期前，财政部会同退役军人事务部、中央军委国防动员部组织开展评估，根据评估结果确定是否延续补助政策及延续期限。

第三条 本办法所称优抚对象等人员（以下简称优抚对象）是指按规定享受抚恤金和生活补助的残疾军人（含伤残人民警察、伤残预备役人员和民兵民工、其他因公伤残人员）、"三属"（烈士遗属、因公牺牲军人遗属和病故军人遗属）、在乡退伍红军老战士（含红军失散人员）、在乡复员军人、带病回乡退役军人、参战参试退役军人（含直接参与铀矿开采退役军人）、烈士老年子女（含新中国成立前错杀后被平反人员的子女）、农村籍退役士兵、新中国成立前加入中国共产党的农村老党员和未享受离退休待遇的城镇老党员（以下简称老党员）等人员。

第二章　资金分配与使用

第四条 中央财政每年根据各省（自治区、直辖市，以下简称省）当年各类优抚对象群体人数和规定补助标准安排优抚对象抚恤和生活补助中央财政补助资金。各地可统筹使用中央财政补助资金和地方财政安排的补助资金用于发放优抚对象定期抚恤金和生活补助，以及国家按规定向优抚对象发放的一次性生活补助等。

中央财政每年根据各省当年和上年度义务兵批准入伍人数以及规定补助标准安排义务兵家庭优待金中央财政补助资金。各地可统筹使用中央财政补助资金和地方财政安排的补助资金用于义务兵服现役期间对其家庭发放的优待金。

中央财政每年根据上年度烈士评定备案人数和规定标准安排烈士褒扬金。

第五条 地方各级退役军人事务部门应当建立优抚对象数据动态管理机制，将本地区优抚对象的各项数据信息全面、准确、及时地录入全国优抚信息管理系统，新增人员、自然减员以及优抚对象本身情况发生变化的，应当及时在全国优抚信息管理系统中进行更新。

第六条　地方各级退役军人事务部门每年会同同级财政部门对享受定期抚恤补助待遇的优抚对象人员情况（不含老党员）进行审核，并逐级及时汇总上报，其中，省级退役军人事务部门应当会同同级财政部门于每年全国优抚对象数据集中审定前，将本地区当年应享受补助待遇的优抚对象人员情况，经省人民政府批准后上报退役军人事务部；老党员人数等情况由中央组织部向退役军人事务部提供。退役军人事务部提出资金分配方案及区域绩效目标，函报财政部。财政部接收资金分配方案后，及时审定并下达补助经费预算，同步下达区域绩效目标，抄送退役军人事务部和财政部各地监管局。

中央军委国防动员部每年向退役军人事务部提供各省当年和上年度义务兵批准入伍人数。退役军人事务部提出资金分配方案及区域绩效目标，函报财政部。财政部接收资金分配方案后，及时审定并下达补助经费预算，同步下达区域绩效目标，抄送退役军人事务部、中央军委国防动员部和财政部各地监管局。

退役军人事务部每年根据上年度烈士评定备案人数和规定标准，提出资金分配方案及区域绩效目标，函报财政部。财政部接收资金分配方案后，及时审定并下达补助经费预算，同步下达区域绩效目标，抄送退役军人事务部和财政部有关监管局。

第七条　各级财政、退役军人事务等部门和兵役机关按照"谁提供、谁负责"原则，对所提供数据的真实性、准确性、完整性负责。

第八条　省级财政部门收到中央财政下达的预算后，应当按职责分工，会同本级退役军人事务部门确定资金分配方案、分解区域绩效目标，在30日内正式下达到本级有关部门和本行政区域县级以上财政部门，并抄送财政部当地监管局。

第九条　优抚对象补助经费分配结果应当按照预算公开有关规定将适宜公开的内容向社会公布。地方各级财政部门应当按照预算公开有关规定将优抚对象补助经费安排详细情况中适宜的内容进行公开，接受社会监督。

预算执行中，退役军人事务部会同财政部、中央军委国防动员部指导省级退役军人事务部门、财政部门和兵役机关对绩效目标实现情况进行监控，确保绩效目标如期实现。

预算执行结束后，省级退役军人事务部门应会同同级财政部门和兵役机关组织市县做好优抚对象补助经费绩效自评工作,将区域绩效自评结果报送退役军人事务部、财政部、中央军委国防动员部,并抄送财政部当地监管局。财政部会同退役军人事务部根据工作需要适时开展优抚对象补助经费重点绩效评价,绩效评价结果作为预算安排、政策调整和改进管理的重要依据。

地方各级退役军人事务部门应当严格按照本办法规定的开支范围执行。年末剩余资金,可以按规定结转下一年度继续使用。

第十条 地方财政结合中央财政补助资金,根据有关政策规定、退役军人事务部门汇总的基础数据和经费需求,科学合理安排相关经费并列入本级政府预算。

第三章 监督检查

第十一条 优抚对象补助经费应当坚持科学管理、加强监督的原则,严格按照规定的支出范围、补助标准和程序使用,确保资金使用安全、规范、高效。各地不得将优抚对象补助经费用于工作经费支出,不得挤占、挪用、截留和滞留,不得向优抚对象收取任何管理费用。各地应当统筹使用好中央和地方财政安排的补助资金,按规定及时、准确、足额发放优抚对象等人员相关待遇。

第十二条 各级财政、退役军人事务部门和兵役机关应当强化优抚对象补助经费的使用管理,并积极配合有关部门做好审计等工作。财政部各地监管局按照工作职责和财政部要求,对优抚对象补助经费的使用管理情况进行监督。

第十三条 各级财政、退役军人事务部门和兵役机关及其工作人员在优抚对象补助经费的分配、审核、使用、管理等工作中,存在违反本办法规定的行为,以及其他滥用职权、玩忽职守、徇私舞弊等违法违规行为的,依法追究相应责任;涉嫌犯罪的,依法移送有关机关处理。

第四章 附 则

第十四条 各省、自治区、直辖市财政厅(局)、退役军人事务厅(局),新疆生产建设兵团财政局、退役军人事务局,各省军区(卫戍区、警备区)、新疆军区、西藏军区、新疆生产建设兵团军事部可以依据本办法，结合当地实际，制定实施细则。

第十五条 本办法由财政部会同退役军人事务部、中央军委国防动员部负责解释。

第十六条 本办法自 2024 年 1 月 1 日起施行。《财政部 民政部关于印发〈优抚对象抚恤补助资金使用管理办法〉的通知》（财社〔2012〕221号）、《财政部 退役军人部 医保局关于修改退役安置等补助资金管理办法的通知》（财社〔2019〕225 号）、《财政部 退役军人部关于退役安置等补助资金管理办法的补充通知》（财社〔2021〕108 号）同时废止。此前有关规定与本办法不一致的，以本办法为准。

优抚对象医疗保障办法

（2022 年 6 月 16 日　退役军人部发〔2022〕49 号）

第一条 为保障优抚对象医疗待遇，切实解决优抚对象医疗困难问题，根据《中华人民共和国退役军人保障法》、《中华人民共和国军人地位和权益保障法》、《军人抚恤优待条例》等有关规定，制定本办法。

第二条 本办法适用于享受国家定期抚恤补助的在乡复员军人、参战退役军人、参试退役军人、带病回乡退役军人、烈士遗属、因公牺牲军人遗属、病故军人遗属。以上人员在本办法中简称优抚对象。

第三条 坚持待遇与贡献匹配、普惠与优待叠加原则，优抚对象按规定参加基本医疗保险并享受相应的医疗救助、医疗补助和医疗优待。

第四条 优抚对象按照属地原则相应参加职工基本医疗保险、城乡居民基本医疗保险等，享受国家基本医疗保障。各地要进一步健全完善优抚对象医疗补助制度，保障水平应与当地经济发展水平和财政承受能力相适应，保证优抚对象现有医疗待遇不降低。优抚对象就医按规定享受优惠和照顾。

第五条 已就业的优抚对象，参加职工基本医疗保险，按规定缴费。当地退役军人事务部门应督促优抚对象所在单位按规定缴费，所在单位确有困难的，各地应通过多渠道筹资帮助其缴费。

第六条 未就业的优抚对象，可按规定参加基本医疗保险。符合城乡医疗救助资助参保条件的优抚对象，由其户籍所在地医疗保障部门通过城乡医疗救助基金对其参加城乡居民基本医疗保险的个人缴费部分给予补贴。其他参加城乡居民基本医疗保险个人缴费确有困难的优抚对象，可由其户籍所在地政府安排资金帮助缴费。

第七条 参加上述基本医疗保障制度但个人医疗费用负担较重的优抚对象，按规定享受城乡医疗救助和优抚对象医疗补助。

第八条 优抚对象按规定在户籍所在地享受优抚对象医疗补助，医疗补助所需资金由当地退役军人事务部门根据本地经济发展水平、财政承受能力、优抚对象医疗费实际支出等因素测算，经同级财政部门审核确定后，列入当年财政预算。各地应通过财政预算安排、社会捐赠等多种渠道，筹集优抚对象医疗补助资金。医疗补助资金单独列账。

第九条 优抚对象到医疗机构就医时按规定享受优待服务。

优抚对象在优抚医院享受优惠体检和优先就诊、检查、住院等服务，并免除普通门诊挂号费。

鼓励和引导医疗机构自愿减免有关医疗服务费用。

第十条 各地应当积极推进基本医疗保险、大病保险、医疗救助、优抚对象医疗补助"一站式"费用结算，努力实现资源协调、信息共享、结算同步，减轻优抚对象医疗费用垫付压力。

第十一条 医疗机构应公开对优抚对象优先、优惠的医疗服务项目；完善并落实各项诊疗规范和管理制度，合理检查、合理用药、合理诊疗、合理收费。医保定点医疗机构应严格执行医保药品、医用耗材和医疗服务项目等目录，优先配备使用医保目录内药品。

第十二条 优抚对象医疗保障工作由退役军人事务、财政、卫生健康、医疗保障等部门管理并组织实施，各部门应密切配合，切实履行各自职责。

第十三条 退役军人事务部门应当严格优抚对象的审核工作，组织发放优抚对象医疗补助，会同有关部门做好优抚对象医疗补助结算，研究处理医疗保障工作中遇到的具体问题；按预算管理要求编制年度优抚对象医疗补助资金预算，报同级财政部门审核；采取有效措施，确保优抚对象医疗补助资金按规定使用。

第十四条 财政部门应合理安排优抚对象医疗补助资金，并会同有关部门加强资金管理和监督检查。省级财政要切实负起责任，减轻基层压力。中央财政按规定对优抚对象医疗保障经费给予适当补助。

第十五条 卫生健康部门应组织医疗机构为优抚对象提供优质医疗服务；加强对医疗机构的监督管理，规范医疗服务，提高服务质量，保障医疗安全；支持、鼓励和引导医疗机构制定相关优待服务政策，落实优质服务措施。

第十六条 医疗保障部门应将符合条件的优抚对象纳入职工基本医疗保险、城乡居民基本医疗保险、医疗救助制度覆盖范围；做好已参保优抚对象的医疗保障服务管理工作，按规定保障参保优抚对象享受相应的医疗保险、医疗救助待遇。

第十七条 有关单位、组织和个人应如实提供所需情况，积极配合优抚对象医疗保障的调查核实工作。

第十八条 各省、自治区、直辖市退役军人事务、财政、卫生健康、医疗保障部门可以根据本办法并结合本地区实际制定具体实施办法，切实保障优抚对象医疗待遇的落实。具有双重或多重身份的优抚对象，按照就高原则享受医疗待遇。

第十九条 本办法由退役军人事务部会同财政部、国家卫生健康委和国家医保局解释。

第二十条 本办法自印发之日起施行。2007年7月6日民政部、财政部、原劳动和社会保障部、原卫生部印发的《优抚对象医疗保障办法》同时废止。

优抚对象医疗保障经费管理办法

（2024年1月10日 财社〔2024〕3号）

第一章 总 则

第一条 为规范优抚对象医疗保障经费使用管理，提高资金使用效益，切实保障优抚对象医疗待遇的落实，根据《中华人民共和国预算法》、《军人抚恤优待条例》、《残疾退役军人医疗保障办法》、《优抚对象医疗保障办法》等法律法规和预算管理相关规定，制定本办法。

第二条 本办法所称优抚对象医疗保障经费是指中央财政对地方落实优抚对象医疗待遇给予补助的共同财政事权转移支付资金，实施期限暂至2028年12月31日。到期前，财政部会同退役军人事务部、国家医保局组织开展评估，根据评估结果确定是否延续补助政策及延续期限。

第三条 本办法所称优抚对象是指按规定享受医疗保障的残疾军人、烈士遗属、因公牺牲军人遗属、病故军人遗属、在乡复员军人、带病回乡退役军人、参战参试退役军人等。

第二章　资金分配与使用

第四条 优抚对象医疗保障经费主要用于：

（一）缴费补助。

对一级至六级残疾军人参加职工基本医疗保险的缴费给予补助。对未就业、不符合城乡医疗救助资助参保条件且个人缴费确有困难的优抚对象参加城乡居民基本医疗保险视情给予适当补助。

（二）医疗费用补助。

1. 对优抚对象经基本医疗保险报销后，个人负担较重的自付医疗费用给予适当补助；

2. 对未参加职工基本医疗保险、城乡居民基本医疗保险等基本医疗保障制度，个人医疗费用负担较重的优抚对象给予补助；

3. 对所在单位无力支付或者无工作单位的因战因公致残的残疾军人旧伤复发的医疗费用给予补助；

4. 省、自治区、直辖市人民政府依据《军人抚恤优待条例》规定的其他医疗费用补助。

第五条 退役军人事务部每年根据当年预算规模以及各省（自治区、直辖市）相关优抚对象人数和中央财政补助标准，提出资金分配方案和区域绩效目标，函报财政部。财政部接收资金分配方案后，及时审定并下达优抚对象医疗保障经费预算，同步下达区域绩效目标，抄送退役军人事务部和财政部各地监管局。省级财政部门收到中央财政下达的预算后，应当按职责分工，会同本级退役军人事务部门确定资金分配方案、分解区域绩效目标，在30日内正式下达到本级有关部门和本行政区域县级以上财政部门，并抄送财政部当地监管局。

第六条 各级财政、退役军人事务和医疗保障部门按照"谁提供、谁负责"原则，对所提供数据的真实性、准确性、完整性负责。

第七条 优抚对象医疗保障经费分配结果应当按照预算公开有关规定向社会公布。地方各级财政部门应当按照预算公开有关规定将优抚对象医疗保障经费安排详细情况公开，接受社会监督。

预算执行中，退役军人事务部会同财政部指导省级退役军人事务部门、财政部门对绩效目标实现情况进行监控，确保区域绩效目标如期实现。

预算执行结束后，省级退役军人事务部门应会同同级财政部门组织市县做好优抚对象医疗保障经费绩效自评工作，将区域绩效自评结果报送退役军人事务部、财政部，并抄送财政部当地监管局。财政部会同退役军人事务部根据工作需要适时开展重点绩效评价，绩效评价结果作为预算安排、政策调整和改进管理的重要依据。

地方各级退役军人事务部门应当严格按照本办法规定的开支范围执行。年末剩余资金，可以按规定结转下年度继续使用。

第八条 优抚对象医疗保障经费用于补助一级至六级残疾军人参加职工基本医疗保险缴费部分，由统筹地区财政部门根据参保人数和补助标准，直接核拨至社会保障基金财政专户，并纳入该财政专户职工基本医疗保险基金专账中核算；用于补助其他事项的优抚对象医疗保障经费应按县级退役军人事务部门提供的用款计划审核拨付。

第九条 各地财政、退役军人事务、医疗保障部门应当制定措施，建立健全财务管理制度，并本着方便优抚对象就医的原则，制定优抚对象医疗费用及时结算办法。

第三章 监督检查

第十条 各地应加强优抚对象医疗保障经费管理，不得擅自扩大支出范围，不得与优抚对象补助、城乡医疗救助等资金混用，不得用于优抚对象生活困难补助、医疗机构补助、基本医疗保险经办机构和退役军人事务部门工作经费等支出。

第十一条 各级财政、退役军人事务和医疗保障部门应当强化优抚对象医疗保障经费的使用管理，并积极配合有关部门做好审计等工作。财政部各地监管局根据工作职责和财政部要求，对优抚对象医疗保障经费的使用管理情况进行监督。

第十二条 各级财政、退役军人事务和医疗保障部门及其工作人员在优抚对象医疗保障经费的分配、审核、使用、管理等工作中，存在违反本办法规定的行为，以及其他滥用职权、玩忽职守、徇私舞弊等违法违规行为的，依法追究相应责任；涉嫌犯罪的，依法移送有关机关处理。

第四章 附 则

第十三条 各省、自治区、直辖市、计划单列市财政厅（局）、退役军人事务厅（局）、医疗保障局，新疆生产建设兵团财政局、退役军人事务局、医疗保障局可以依据本办法，结合当地实际，会同有关部门制定实施细则。

第十四条 本办法由财政部会同退役军人事务部、国家医保局负责解释。

第十五条 本办法自2024年1月1日起施行。《财政部 民政部 人力资源社会保障部关于印发〈优抚对象医疗补助资金使用管理办法〉的通知》（财社〔2013〕6号）同时废止。此前有关规定与本办法不一致的，以本办法为准。

退役军人、其他优抚对象优待证管理办法（试行）

（2021年11月15日 退役军人部发〔2021〕67号）

第一章 总 则

第一条 为规范退役军人和烈士遗属、因公牺牲军人遗属、病故军人遗属等其他优抚对象优待证（简称优待证）制发、使用和服务管理，维护持证人权益，提高优待服务管理水平，依据《中华人民共和国退役军人保障法》和国家有关规定，制定本办法。

第二条 优待证分为"中华人民共和国退役军人优待证"、"中华人民共和国烈士、因公牺牲军人、病故军人遗属优待证"两种，分别面向符合条件的退役军人和烈士遗属、因公牺牲军人遗属、病故军人遗属等其他优抚对象发放。

本办法适用于优待证的申请、审核、制作、发放、使用、服务、管理及其他相关工作。

第三条 优待证是持证人彰显荣誉的载体、享受优待的凭证。

第四条 优待证服务管理工作坚持彰显荣誉、规范有序、精准动态、便捷安全的原则。

第五条 退役军人事务部负责指导全国优待证制发和服务管理工作，确定并适时调整合作银行范围。省（区、市）退役军人事务厅（局）负责明确本地区优待证服务管理具体要求，在退役军人事务部确定的合作银行范围内，确定本地区合作银行，推进优待证在本地区的使用。市、县退役军人事务局负责本地区优待证发放和服务管理工作。

第六条 优待证全国统一制发，统一式样，印有优待证种类名称、持证人姓名、持证人性别、持证人相片、发放单位等信息。

优待证全国统一编号并以加密方式储存于优待证芯片内，提供数据服务使用。

第七条 持证人应模范遵守法律法规，保守国家和军事秘密，践行社会主义核心价值观，积极参加社会主义现代化建设，在社会生活中发挥先锋作用，引领良好道德风尚，珍惜维护荣誉，爱惜优待证。

第八条 退役军人事务部加强优待证服务管理工作信息化建设，建立完善全国优待证管理信息系统，为做好优待证服务管理工作提供支持。

第二章 功　　能

第九条 优待证由退役军人事务部联合相关合作银行共同制作，优待证以银行借记卡为载体，不具备透支功能。

优待证关联的个人银行账户按相关规定管理。

合作银行按照国家有关要求做好金融功能相关的服务管理，配合做好优待证服务管理及优待项目拓展等工作，为持证人提供优先优惠等优待服务。

第十条 持证人凭优待证按照《中华人民共和国退役军人保障法》和国家有关规定，享受公共交通、文化、旅游等方面的优待服务。

国家将不断调整基本优待目录清单项目，以优待证为识别认证载体，充分发挥优待证服务使用功能，更好地为持证人服务。

第十一条　持证人凭优待证享受发放省份提供的优待服务。

鼓励各地在有条件的基础上，将本地提供的优待服务面向全国持证人开放。

第十二条　鼓励企业、社会组织等社会各界为持证人提供多元化优待服务。

第十三条　地方各级退役军人事务部门应积极推广优待证在本地区、相关行业领域的应用，不断扩大优待证使用范围、提高优待证知晓度。

在保持式样标准不变、主要功能不变、管理主体不变、工作流程不变的前提下，可以通过优待证搭载其他公共服务功能。

第十四条　退役军人事务部适时推出电子优待证，实现持证人信息在线查验、优待项目线上服务与线下渠道有效衔接等功能。

第十五条　在基于优待证开展金融领域应用时，应当按照网络安全、个人信息保护等法律法规和国家有关规定要求，履行个人金融信息保护责任，切实保障持证人资金与信息安全。

第十六条　各级退役军人事务部门应逐步实现通过优待证关联的个人银行账户发放抚恤补助金、慰问金等。

第三章　申　　请

第十七条　退役军人和烈士遗属、因公牺牲军人遗属、病故军人遗属等其他优抚对象原则上应向户籍地乡镇（街道）退役军人服务站提出申请。不在户籍地常住的，可向常住地乡镇（街道）退役军人服务站提出申请。

本办法施行后，安置地退役军人事务部门接收退役军人时，可依对象本人意愿完成申领。

无民事行为能力或限制民事行为能力人，需由监护人提出申请。

第十八条　两种优待证申领条件均符合的申请人，可根据意愿申领其中一种。

具有双重或多重身份的对象，其相关身份均写入优待证芯片，按规定享受相应的优待服务。

第十九条　申请人可申请由户籍地或常住地省份发放优待证。

若申请由常住地省份发放优待证，应符合常住地省（区、市）退役军人事务厅（局）有关规定。如不符合常住地省（区、市）退役军人事务厅（局）有关规定，可根据申请人意愿转为申请户籍地省份发放优待证。

第二十条　申请人提出申请前，应建档立卡。

申请人完成建档立卡后，可通过互联网提出线上申请，也可向户籍地或常住地乡镇（街道）退役军人服务站提出申请。

第二十一条　本人提出申请的，需提供居民身份证、近期1寸白底免冠电子相片等相关证件或材料。

委托他人申请的，受托人还需提供受托人居民身份证及委托书等相关证件或材料。

第四章　审　核

第二十二条　乡镇（街道）退役军人服务站对符合受理条件的，应检查申请材料内容是否完备、申请优待证种类是否明确等。

符合要求的，提交县退役军人服务中心核实。

第二十三条　县退役军人服务中心依据申请材料，核实对象身份是否真实、申请优待证种类是否准确等。符合要求的，报县退役军人事务局初审。

初审通过的，报市退役军人事务局审核。

审核通过的，报省（区、市）退役军人事务厅（局）备案。

初审通过后，应在30个工作日内完成审核及备案。

第二十四条　申请由常住地省份发放优待证的，由常住地所在省（区、市）退役军人事务厅（局）负责审核、备案。

第二十五条　申请人有下列情形之一的，审核不予通过。

（一）服役期间被部队除名、开除军籍的；

（二）处于被剥夺政治权利期限内的；

（三）处于服刑、羁押、通缉期间的。

第二十六条　申请人受过刑事处罚、被开除中国共产党党籍、被开除公职或存在严重影响身份荣誉的其他情形的，由省（区、市）退役军人事务厅（局）综合考虑相关因素进行审核，审核情况报退役军人事务部备案。

第二十七条　省（区、市）退役军人事务厅（局）备案后，将制证所需信息提供给合作银行。合作银行依照有关法律法规规定予以办理。

第二十八条　省（区、市）退役军人事务厅（局）应定期将优待证制发情况报退役军人事务部。

第二十九条　对未受理或未通过核实、初审、审核的，受理申请的退役军人服务站应及时向申请人反馈情况，并作出说明。

第五章　制　　发

第三十条　省（区、市）退役军人事务厅（局）监督有关单位按照《中国金融集成电路（IC）卡规范》等相关要求和标准制作优待证，确保数据存放、传输、使用安全。

第三十一条　受理申请的退役军人服务站在收到优待证时，应做好登记并清点数量、检查外包装是否破损等。

受理申请的退役军人服务站一般应在收到优待证后10个工作日内通过主动送达、集体颁发或双方约定的其他方式发放，并做好登记。

退役军人服务站收到优待证3个月后仍无法联系到申请人的，应将该优待证逐级上交至省（区、市）退役军人服务中心。

第三十二条　申请人收到优待证核对证面信息无误后，按照有关规定激活金融功能。

证面信息有误的，申请人应及时联系受理申请的退役军人服务站，交回已领优待证，并由省（区、市）退役军人事务厅（局）按相关程序重新制作。

第六章　补　　换

第三十三条　优待证遗失后，持证人应及时告知受理申请的退役军人服务站，并按照银行有关规定挂失。

第三十四条　优待证遗失的，持证人可在办理正式挂失手续后，提出补领申请。

补领新证后找回原证的，持证人应当将原证交回受理申请的退役军人服务站。

第三十五条　出现下列情形之一的，持证人可以申请更换优待证。

（一）优待证损坏不能在读卡设备上正常读取的；

（二）优待证证面污损、残缺，信息无法辨认的；

（三）优待证证面信息需要变更的；

（四）持证人户籍地或常住地省份发生变化的；

（五）两种优待证申领条件均符合的持证人需要变更优待证种类的；

（六）其他需要更换的情形。

出现前款第一项、第二项情形的，持证人应持本人居民身份证到合作银行更换；出现前款第三项、第四项、第五项、第六项情形的，持证人应向受理申请的退役军人服务站提出更换申请，并按有关规定办理。

第三十六条　需要变更优待证发放省份的，持证人应先取消相应的银行金融账户，凭银行出具的金融账户取消证明申请更换。

第三十七条　持证人在申请更换优待证时，须交回原持有的优待证。

第三十八条　优待证首次申领免费。

因优待证卡片质量问题造成无法使用的，按相关金融规定认定后，可免费更换；符合第三十五条第三项、第四项、第五项情形的，可免费更换。

除上述情形外，需要更换或补领的，相关费用按照合作银行有关规定执行。

第七章　收　　回

第三十九条　持证人存在下列情形之一的，经省（区、市）退役军人事务厅（局）批准，由受理申请的退役军人服务站收回其优待证，并报退役军人事务部备案。

（一）伪造、变造、买卖、出租、出借优待证的；

（二）使用虚假证明材料骗领优待证的；

（三）户籍注销的；

（四）被剥夺政治权利的；

（五）处于服刑、羁押、通缉期间的；

（六）被开除中国共产党党籍或者被开除公职的；

（七）存在严重影响身份荣誉的其他情形的。

第四十条　确认收回的，省（区、市）退役军人事务厅（局）及时通知合作银行暂停应收回优待证的非柜面业务办理功能；仍有相关金融功能需要使用的，由合作银行在完成金融功能转移后协助收回。

第四十一条　收回的优待证，由省（区、市）退役军人服务中心负责登记销毁。

第四十二条　持证人被收回优待证后，相关情形消失、能够主动改正错误并积极消除负面影响的，可以重新申请优待证，由省（区、市）退役军人事务厅（局）综合考虑相关因素进行审核，审核情况报退役军人事务部备案。

第八章　监督管理

第四十三条　对伪造、变造、买卖、出租、出借优待证，故意污损、划刻、破坏优待证或者恶搞、丑化、玷污优待证形象，将优待证用于商业、娱乐活动，以及其他不恰当使用优待证的行为，各级退役军人事务部门应当及时予以制止、督促纠正、批评教育。涉嫌违法犯罪的，依法协调相关部门处理。

第四十四条　省（区、市）退役军人事务厅（局）应定期会同同级公安、民政、人力资源社会保障等部门对生存、婚姻、社保等信息进行比对，及时更新对象信息，实现精准管理。

第四十五条　各级退役军人事务部门、退役军人服务中心（站）以及有关单位的工作人员，在优待证服务管理工作中应按照职能职责做好工作。对因履职不力造成严重社会影响的，依法依规问责追责。

第四十六条　地方各级退役军人事务部门可委托所属退役军人服务中心协助配合开展有关工作。

第四十七条　各级退役军人事务部门、退役军人服务中心（站）应采取技术手段和服务管理措施，保护持证人个人隐私，依法使用有关信息。

第四十八条　各级退役军人事务部门、退役军人服务中心（站）、合作银行应加强合作，共同建立服务体系，及时解答对象关于优待证申请使用、优待政策、优待项目等咨询，妥善处理投诉，建立办理反馈机制，主动接受社会监督。

第九章　附　　则

第四十九条　本办法所指的烈士、因公牺牲军人、病故军人的遗属，是指烈士、因公牺牲军人、病故军人的配偶、父母（抚养人）、子女，以及由其承担抚养义务的兄弟姐妹。

第五十条 军级以上退休干部在移交省军区系统后申领优待证的，具体由省军区（卫戍区、警备区）政治工作部门与省（区、市）退役军人事务厅（局）对接办理。

第五十一条 中国人民武装警察部队依法退出现役的警官、警士和义务兵等人员，适用本办法。

第五十二条 本办法自印发之日起施行。

残疾军人康复辅助器具配置办法

（2025年1月17日　退役军人部发〔2025〕4号）

第一章 总　　则

第一条 为进一步规范残疾军人康复辅助器具配置工作，保障残疾军人的合法权益，不断提高和改善他们的生活质量，根据《中华人民共和国退役军人保障法》、《军人抚恤优待条例》等法律法规和有关政策规定，制定本办法。

第二条 本办法所称残疾军人是指退出现役、由退役军人工作主管部门负责抚恤的残疾军人。

第三条 本办法所称残疾军人康复辅助器具配置工作，包括残疾军人康复辅助器具的技术咨询、评估、方案设计、适配、更换、维修、使用训练等服务。残疾军人康复辅助器具配置应当结合当地经济社会发展水平，遵循实用、安全、科学、便利的原则。

第四条 残疾军人康复辅助器具是指针对其本人评定残疾等级时的致残部位，用于改善、补偿、替代其人体功能和实施辅助性治疗以及预防残疾的产品。残疾军人康复辅助器具配置范围包括假肢、矫形器、移动辅助器具、生活自理和防护辅助器具、信息交流辅助器具、其他辅助器具等（包括器械、仪器、设备和软件）。

残疾军人同时按规定享受社会残疾人相关待遇。同种类康复辅助器具产品不重复配置。

第二章　配置要求

第五条 残疾军人康复辅助器具配置工作由省级人民政府退役军人工作主管部门统一负责。省级人民政府退役军人工作主管部门应当严格履行政府采购程序，采用公开招标、框架协议等采购方式，选取质量合格、价格合理、服务优质、具有良好配置经验的康复辅助器具生产、服务机构作为本省（区、市）残疾军人康复辅助器具定点配置机构并签订服务协议。省级人民政府退役军人工作主管部门已有所属配置机构的，可由该机构承担相关工作。同时，应当结合本地实际，完善残疾军人康复辅助器具配置条件、配置标准、配置流程以及费用报销、结算等规定。

第六条 残疾军人康复辅助器具定点配置机构应当按照国家质量标准，根据《残疾军人康复辅助器具配置目录》（见附件）指引的类别、名称、主要技术要求、适用范围、使用年限等要求为残疾军人提供康复辅助器具配置服务。

定点配置机构应当强化服务意识、优化服务流程，适时开展服务评价、跟踪回访等工作，并接受省级人民政府退役军人工作主管部门和其他相关部门的监督、服务质量考核。

第七条 残疾军人需要配置、更换、维修康复辅助器具的，应当由本人（无民事行为能力人或者限制民事行为能力人由其监护人）向当地县级人民政府退役军人工作主管部门提出申请，或者由乡镇（街道）、村（社区）退役军人服务站代为提出申请，在逐级报经省级人民政府退役军人工作主管部门审查确认后，由定点配置机构按规定配置、更换、维修康复辅助器具。

鼓励各地充分利用数字化、信息化手段协助开展残疾军人康复辅助器具配置工作。

第八条 对于残疾军人无法自行携带的护理床、轮椅等康复辅助器具的配置、更换、维修，由定点配置机构采取寄递方式提供送货上门服务。对于定制型康复辅助器具的配置、更换、维修，可由定点配置机构上门提供评估、适配等服务。

一级至四级、八十周岁以上以及其他行动不便的残疾军人，一般应当根据服务协议由定点配置机构提供上门服务。

第九条　定点配置机构必须尊重残疾军人的知情权。残疾军人按规定在定点配置机构配置、更换、维修康复辅助器具时，配置机构应当书面明确告知残疾军人配置与使用康复辅助器具的注意事项和费用限额。残疾军人要求配置《残疾军人康复辅助器具配置目录》以外的康复辅助器具的，应当明确告知超限部分及自付费用，在书面征得残疾军人同意后方可配置。

第十条　一级至八级残疾军人配置康复辅助器具，经当地县级人民政府退役军人工作主管部门审核，确需到本省（区、市）定点配置机构适配的，其城际交通（指乘坐火车、长途公共汽车等）、食宿费用，由当地县级人民政府退役军人工作主管部门参照机关事业单位工作人员差旅费有关规定给予适当补助。

第三章　保障措施

第十一条　残疾军人配置康复辅助器具所需资金由省级人民政府保障。有条件的地区可采取适当安排彩票公益金、开展社会捐赠和慈善公益等方式，拓展筹资渠道。

第十二条　残疾军人康复辅助器具配置工作的资金使用，应当坚持公开透明、规范管理和专款专用原则。

省级人民政府退役军人工作主管部门应当加强对残疾军人康复辅助器具配置工作的管理指导和资金使用的监督检查，配合有关部门做好审计等工作，确保资金使用合法合规；配合民政等部门加强定点配置机构事中事后监管，推动残疾军人康复辅助器具配置工作水平不断提高。

第十三条　定点配置机构因产品质量或服务问题，造成残疾军人人身伤害、财产损失等严重后果的，依法依规取消定点配置资格并追究责任。

第十四条　残疾军人不得出售、出租在使用期限内的康复辅助器具，应当科学合理使用康复辅助器具，防止因使用不当导致人身、财产损害。

第四章　附　　则

第十五条　《军人抚恤优待条例》规定的伤残预备役人员、民兵民工需要配置康复辅助器具的，按照本办法执行。伤残人民警察等需要配置康复辅助器具的，参照本办法执行，费用由所在单位承担。

第十六条　本办法自印发之日起施行。《残疾军人康复辅助器具配置暂行办法》（民发〔2013〕15号）同时废止。

附件：残疾军人康复辅助器具配置目录（略）

残疾退役军人医疗保障办法

（2022年1月5日　退役军人部发〔2022〕3号）

第一条　为切实保障残疾退役军人的医疗待遇，根据《中华人民共和国退役军人保障法》、《军人抚恤优待条例》等法律法规的规定，制定本办法。

第二条　本办法适用于服现役期间因战、因公、因病致残被评定残疾等级和退役后补评或者重新评定残疾等级的残疾退役军人。

第三条　坚持待遇与贡献匹配、普惠与优待叠加原则，残疾退役军人按规定参加基本医疗保险并享受相应待遇，符合条件的困难残疾退役军人按规定享受医疗救助。

第四条　一级至六级残疾退役军人按照属地原则参加职工基本医疗保险，七级至十级残疾退役军人按照属地原则相应参加职工基本医疗保险、城乡居民基本医疗保险。鼓励残疾退役军人参加其他形式的补充医疗保险。

第五条　残疾退役军人在按规定享受基本医疗保障待遇的基础上，享受优抚对象医疗补助。各地要进一步健全完善优抚对象医疗补助制度，保障水平应当与各地经济发展水平和财政承受能力相适应，保证残疾退役军人现有医疗待遇不降低。

第六条　有工作单位的一级至六级残疾退役军人随单位参加职工基本医疗保险，按规定缴费；无工作单位的一级至六级残疾退役军人参加职工基本医疗保险，以统筹地区上一年度城镇单位就业人员平均工资作为缴费基数。

所在单位无力参保和无工作单位的一级至六级残疾退役军人由统筹地区退役军人事务部门统一办理参保手续。其单位缴费部分，经统筹地区医疗保障、退役军人事务、财政部门共同审核确认后，由残疾退役军人户籍所在地财政安排资金。

一级至六级残疾退役军人参加职工基本医疗保险个人缴费确有困难的，由残疾退役军人所在单位帮助解决；所在单位无力解决和无工作单位的，经统筹地区医疗保障、退役军人事务、财政部门共同审核确认后，由残疾退役军人户籍所在地财政安排资金。

移交政府安置军队离退休干部退休士官中的一级至六级残疾退役军人医疗保险按照国家有关规定执行。

第七条 有工作单位的七级至十级残疾退役军人，随单位参加职工基本医疗保险，按规定缴费。当地退役军人事务部门应当督促残疾退役军人所在单位按规定缴费参保，所在单位确有困难的，各地应当通过多渠道筹资帮助其参保。

未就业的七级至十级残疾退役军人，可按规定参加城乡居民基本医疗保险。其中纳入低保、特困人员救助供养范围的残疾退役军人，由其户籍所在地医疗保障部门通过医疗救助基金等对其参加居民基本医疗保险的个人缴费部分给予补贴。

未参加基本医疗保障制度的，以及参加上述基本医疗保障制度但个人医疗费用负担较重的残疾退役军人，按规定享受城乡医疗救助和优抚对象医疗补助政策。

第八条 残疾退役军人按规定在户籍所在地享受优抚对象医疗补助，医疗补助所需资金由当地退役军人事务部门根据本地经济发展水平、财政承受能力、残疾退役军人医疗费实际支出和服现役期间医疗保障水平等因素测算，经同级财政部门审核确定后，列入当年财政预算。各地应当通过财政预算安排、吸收社会捐赠等多种渠道，筹集医疗补助资金。医疗补助资金单独列账。

第九条 因战因公致残的残疾退役军人旧伤复发的医疗费用，参加工伤保险并依法认定为工伤的，按照《工伤保险条例》的有关规定解决。未参加工伤保险但医疗费用符合工伤保险诊疗项目目录、工伤保险药品目录、工伤保险住院服务标准的，有工作的由工作单位解决；所在单位无力支付和无工作单位的，从优抚对象医疗补助资金中解决。

因战因公致残的残疾退役军人旧伤复发，由其户籍所在地设区的市级以上人民政府退役军人事务部门组织医疗卫生专家小组进行确认，医疗卫生专家小组出具旧伤复发医学鉴定意见。因战因公致残残疾退役军人取得旧伤复发医学鉴定意见后,有工作单位的依据《工伤保险条例》相关规定申请工伤认定,无工作单位的按规定申请优抚对象医疗补助。

第十条 残疾退役军人到医疗机构就医时按规定享受优先挂号、取药、缴费、检查、住院服务,优先享受家庭医生签约和健康教育、慢性病管理等基本公共卫生服务。

残疾退役军人在优抚医院享受优惠体检和优先就诊、检查、住院等服务,并免除普通门诊挂号费。

残疾退役军人在军队医疗机构就医,凭残疾军人证与同职级现役军人享受同等水平的挂号、就诊、检查、治疗、取药、入院全流程优先,以及就诊场所、病房条件等优待,并免除门急诊挂号费。

第十一条 医疗机构应当公开对残疾退役军人优先、优惠的医疗服务项目;完善并落实各项诊疗规范和管理制度,合理检查、合理用药、合理诊疗、合理收费。医保定点医疗机构和工伤保险协议医疗机构应当严格执行医保和工伤保险药品、医用耗材、医疗服务项目等目录,优先配备使用医保和工伤保险目录内药品。

第十二条 残疾退役军人医疗保障工作由退役军人事务、财政、人力资源社会保障、卫生健康、医疗保障、军队后勤保障等部门管理并组织实施,各部门应当密切配合,切实履行各自职责。

第十三条 退役军人事务部门应当严格残疾退役军人的审核工作并提供有关资料,负责为所在单位无力参保和无工作单位的一级至六级残疾退役军人办理参加职工基本医疗保险等手续;组织发放优抚对象医疗补助,协调有关部门研究处理医疗保障工作中遇到的具体问题;组织因战因公致残残疾退役军人旧伤复发鉴定,及时向工伤保险行政部门提供残疾退役军人伤情等信息,配合工伤认定调查;对年老体弱、行动不便的残疾退役军人就医等给予协助;按照预算管理要求编制年度优抚对象医疗补助资金预算,报同级财政部门审核。

第十四条 各级财政部门按规定落实经费保障,并会同有关部门加强资金的监督。省级财政要切实负起责任,减轻基层压力。中央财政按规定对优抚对象医疗保障经费给予适当补助。

第十五条 人力资源社会保障部门应当做好参加工伤保险的因战因公

致残残疾退役军人旧伤复发医疗费用支付工作。

第十六条 卫生健康部门应当组织医疗机构为残疾退役军人提供优质医疗服务;加强对医疗机构的监督管理,规范医疗服务,提高服务质量,保障医疗安全;支持、鼓励和引导医疗机构制定相关优待政策,落实优待措施。

第十七条 医疗保障部门应当将符合条件的残疾退役军人纳入职工基本医疗保险、城乡居民基本医疗保险、医疗救助制度覆盖范围;做好已参保残疾退役军人的医疗保险服务管理工作,按规定落实参保残疾退役军人相应的医疗保险待遇、医疗救助待遇。

第十八条 有关单位、组织和个人应当如实提供所需情况,积极配合残疾退役军人医疗保障的调查核实工作。

第十九条 各地应当积极完善基本医疗保险、大病保险、医疗救助、工伤保险、优抚对象医疗补助"一站式"费用结算信息平台建设,努力实现资源协调、信息共享、结算同步,减轻残疾退役军人医疗费用垫付压力。

第二十条 各地退役军人事务、财政、人力资源社会保障、卫生健康、医疗保障部门可以根据本办法并结合本地区实际情况制定实施办法,切实保障残疾退役军人医疗待遇的落实。

第二十一条 本办法由退役军人事务部会同财政部、人力资源社会保障部、国家卫生健康委、国家医保局以及中央军委后勤保障部解释。

第二十二条 本办法自印发之日起施行。2005年12月21日民政部、财政部、原劳动和社会保障部印发的《一至六级残疾军人医疗保障办法》同时废止。

军人随军家属就业安置办法

(2013年10月8日 国发〔2013〕42号)

第一条 为保障国家和社会对军人随军家属就业安置的优待,实现随军家属充分就业,促进军队战斗力建设与社会和谐发展,根据有关法律法规,制定本办法。

第二条 本办法所称随军家属，是指经军队师（旅）级以上单位政治机关批准，并办理了随军手续的现役军人配偶。

第三条 随军家属为国防和军队建设作出了奉献，其就业安置享受国家和社会的优待。国家机关、人民团体和企事业单位等，都有接收安置随军家属的义务。

第四条 随军家属就业安置工作应当贯彻国家就业安置政策，坚持社会就业为主、内部安置为辅，鼓励扶持自主择业创业，不断提高随军家属就业安置质量和水平。

第五条 地方各级人民政府负有做好随军家属就业安置工作的重要责任，应当根据国家有关政策法规，结合本地区实际，制定随军家属就业安置具体办法，指导、督促有关部门和单位落实随军家属就业安置工作。

第六条 军队各级应当积极配合地方人民政府及其有关部门做好随军家属就业安置工作，主动提供随军家属相关情况，教育引导随军家属树立正确的就业观，组织随军家属参加职业技能培训，并做好内部安置工作。

省军区（卫戍区、警备区，下同）系统是驻地部队随军家属就业安置工作的牵头组织单位，应当充分发挥桥梁纽带作用，协调地方人民政府制定具体安置办法，并协同抓好工作落实。

第七条 随军前是在编在岗公务员的随军家属，按照属地管理、专业对口、就地就近原则，在编制职数范围内由接收单位结合本单位和本人实际情况，按照有关规定进行安置。接收单位明确人员后，应当在6个月内办理接收手续。

第八条 随军前是事业单位在编人员的随军家属，按照属地管理、专业对口、就地就近原则，由驻地人民政府督导各事业单位在编制内拿出一定数量的岗位进行定向招聘。接收单位明确人员后，应当在6个月内办理接收手续。

随军家属符合事业单位招聘条件的，同等条件下优先聘用。

第九条 随军前在中央和地方实行垂直管理单位工作的随军家属，是公务员的参照本办法第七条、是事业单位在编人员的参照本办法第八条进行安置。各地垂直管理单位应当支持和落实当地政府安置随军家属的任务，具体办法由省军区系统会同驻地人民政府根据相关单位的编制情况、用人需求，商相关单位制定。

第十条　烈士遗属、因公牺牲军人遗属和战时荣立二等功以上奖励军人的随军家属需要安置就业的，当地人民政府应当优先安置。

第十一条　国家鼓励有用工需求的企业安置随军家属就业。国有、国有控股和国有资本占主导地位企业在新招录职工时，应当根据企业的实际用工需求和岗位任职资格要求，结合随军家属专业特长、经历学历等情况，按照适当比例择优聘用随军家属，具体比例由各省级人民政府确定。

第十二条　地方各级人民政府应当将就业困难的随军家属纳入政府就业扶持范围，通过提供就业服务、鼓励企业吸纳、公益性岗位援助等方式有针对性地帮助就业。

第十三条　地方各级人民政府及其有关部门应当积极鼓励和扶持随军家属自主择业、自主创业；对从事个体经营的随军家属，按照国家有关优惠政策给予支持。

第十四条　驻地偏远、缺乏社会就业依托的部队，应当充分挖掘内部安置潜力，通过开办营区服务网点等形式，最大限度安置随军家属，缓解社会就业压力。军队和地方人民政府有关部门应当给予必要的帮助和支持。

第十五条　地方各级人民政府及其有关部门应当鼓励随军家属根据其特长、就业意向和社会用工需求，积极参加职业培训。对参加职业培训的，按规定给予职业培训补贴；通过初次职业技能鉴定并取得职业资格证书的，按规定给予职业技能鉴定补贴。

随军家属经培训并参加职业技能鉴定合格的，发放相应的职业资格证书。

第十六条　军地各级应当加强对随军家属就业安置工作的组织领导，成立由地方人民政府、省军区系统和驻军组成的随军家属就业安置工作协调领导小组，负责随军家属就业安置工作。

第十七条　随军家属就业安置工作协调领导小组应在每年年初召开会议，部署年度安置工作；年中进行一次检查督导，查找整改问题；年底进行总结通报，促进工作落实。

人力资源社会保障部与解放军总政治部建立联合督导机制，对各省、自治区、直辖市落实随军家属就业安置工作情况进行检查指导。

第十八条 中国人民武装警察部队随军家属就业安置，按照本办法执行。

第十九条 本办法自 2013 年 10 月 8 日起施行，以往有关随军家属优待安置的规定与本办法不一致的，以本办法为准。

退役军人事务部等 5 部门关于加强困难退役军人帮扶援助工作的意见

(2019 年 10 月 9 日　退役军人部发〔2019〕62 号)

各省、自治区、直辖市退役军人事务厅（局）、民政厅（局）、财政厅（局）、住房和城乡建设厅（局）、医疗保障局，新疆生产建设兵团退役军人事务局、民政局、财政局、住房和城乡建设局、医疗保障局：

加强困难退役军人帮扶援助工作，是新形势下做好退役军人和其他优抚对象服务保障的重要内容，对服务军地改革发展、促进社会和谐稳定、体现社会尊崇优待具有重要意义。根据党中央、国务院、中央军委有关改革部署要求，现就加强困难退役军人帮扶援助工作，提出以下意见。

一、指导思想

以习近平新时代中国特色社会主义思想为指导，深入贯彻落实党的十九大和十九届二中、三中全会精神，践行以人民为中心的发展思想，围绕决胜全面建成小康社会，支持国防和军队现代化建设，立足帮助退役军人摆脱困境，加快建立突出协同性、体现优待性、注重时效性、调动积极性的工作新机制，推动形成对象明确、保障适度、规范高效的工作新格局，不断提高救急济难水平，增强困难退役军人安全感、获得感和荣誉感，为保障他们共享经济社会改革发展成果奠定坚实基础。

二、基本原则

（一）立足济难解困。对因军事职业特殊性造成重残重病、长期失业或遭遇突发性、临时性事件等导致生活陷入困境的退役军人，按照保基本、救急难、求实效的要求，给予及时帮扶援助。

（二）体现尊崇优待。充分体现退役军人为国防和军队建设作出的牺牲贡献，对其面临的工作生活等方面的实际困难，在保障其享有公民普惠待遇的基础上，由地方人民政府退役军人事务部门给予临时性、过渡性的帮扶援助，把党和国家对困难退役军人的关心关爱落到实处。

（三）创新方式方法。借鉴国内外有益做法，立足退役军人特点诉求，结合管理服务需要，坚持政府主导、社会参与，统筹利用现有资金渠道，充分调动社会力量，为困难退役军人提供多主体供给、多渠道保障的帮扶援助。

三、帮扶援助对象

（一）退役军人。是指依法退出现役的军官和士兵。

（二）领取定期抚恤补助的"三属"。有条件的地区可将现役军人父母、配偶、未成年子女纳入帮扶援助范围。

四、帮扶援助情形

按照"普惠加优待"的原则，符合条件的困难退役军人、"三属"在充分享受社会救助政策的同时，对因以下五种情形导致生活陷入困境的，根据困难程度和现实表现，可以按规定申请帮扶援助。

（一）退役军人因服役期间致残或因患有严重疾病等原因造成退役后本人就业困难，医疗和康复等必需支出突然增加超出家庭承受能力，导致生活出现严重困难的；

（二）退役军人因服役时间长、市场就业能力弱等原因造成长期失业或突然下岗，导致生活出现严重困难的；

（三）退役军人因旧伤复发、残情病情加重等原因，导致生活出现严重困难的；

（四）退役军人、"三属"等因火灾水灾、交通事故、重大疾病、人身伤害、见义勇为等突发事件，导致生活出现严重困难的；

（五）遭遇其他特殊情况导致生活出现严重困难的。

五、帮扶援助方式

对符合条件的帮扶援助对象，各地应当根据帮扶援助标准和对象基本需要，采取以下一种或多种方式予以帮扶援助。

（一）提供资金援助。按照专款专用、科学公正、加强监管的原则，全面推行社会化发放，确保资金发放安全、及时、便捷、足额。必要时，可直接发放现金。

（二）提供实物援助。包括发放衣被、食品、饮用水、医药等生活必需品，部分生产资料，以及提供临时住所等。

（三）提供社会化服务援助。鼓励和引导公益慈善组织、社会工作服务机构、企业等社会力量，通过纳入慈善项目、发动社会募捐、提供专业服务、开展志愿服务等形式，给予多元化、个性化帮扶援助。

六、帮扶援助标准

各地要着力提高帮扶援助力度，做到既尽力而为，又量力而行；根据帮扶援助对象的困难情形和程度、当地经济社会发展和救助保障水平等因素，合理确定困难退役军人帮扶援助标准，并适时调整。省级相关部门要加强对工作的统筹指导，推动逐步形成相对统一的区域帮扶援助标准体系。

七、办理程序

帮扶援助工作实行一事一批，按照个人申请、乡镇审核、县级审批的程序办理，做到公正公开，接受社会监督。

（一）个人申请。一般由符合条件的对象本人书面向所在乡镇人民政府（街道办事处）退役军人服务站提出申请。没有单独建立服务站的，可向负责退役军人工作的工作人员提出申请。本人因行动不便、精神障碍等原因不能自行申请的，其监护人、家属、所在村（居）可代为提出申请。申请时应当按规定如实提交相关资料。无正当理由，申请人不得因同一事由重复提出申请。

（二）乡镇（街道）审核。乡镇人民政府（街道办事处）退役军人服务站应当在村（居）民委员会协助下，对申请人身份、家庭经济状况、困难情形程度、各类救助情况等逐一调查，提出审核意见，并视情在申请人所居住的村（居）公示后，报县级人民政府退役军人事务部门审批。

（三）县级审批。县级人民政府退役军人事务部门受理后，可委托县级退役军人服务中心开展信息核实等工作，并应当及时作出审批决定，不予批准的应当书面说明理由。申请人无正当理由以同一事由重复申请的，不予批准。申请人对审批结果有异议的，可向县级人民政府或上一级人民政府退役军人事务部门申请复核。

遇有紧急情况，各相关单位应当先行帮扶援助再按规定补齐审核审批手续。

困难退役军人生活、医疗和住房等救助工作按现行相关规定办理,退役军人服务中心(站)应当给予积极协助。

八、组织保障

(一)健全工作机制。地方各级各有关部门要把困难退役军人帮扶援助工作摆上重要位置,切实强化政治责任和使命担当。要建立健全在政府统一领导下,退役军人事务部门统筹协调,民政、财政、住房城乡建设、医疗保障等部门各司其职、密切配合的工作机制。

(二)加强经费保障。安置地要将帮扶援助资金列入财政预算予以保障。鼓励通过社会捐赠等多种方式筹集资金用于帮扶援助工作。有条件的地方可设立困难退役军人关爱帮扶基金,拓宽资金保障渠道。

(三)强化服务意识。各相关部门要不断创新服务形式,优化服务流程,提升服务效能。各级退役军人事务部门要进一步树立主管主责意识,主动作为,因人施策,切实做到应帮尽帮、应援尽援、帮援及时。

(四)坚持依法援助。审核审批机关工作人员要严守纪律规矩,依法依规做好帮扶援助工作。退役军人应当做到诚实守信,确保提供的材料真实准确。对骗取帮扶援助的,应当追回已享受的相应待遇;情节严重的,依法依规追究相关责任。对违法犯罪被追究刑事责任的,因不当行为被纳入失信联合惩戒对象名单,组织煽动、串联聚集、缠访闹访、滞留滋事、网上恶意炒作或造谣、多次参加聚集上访的,不支持不配合管理服务工作造成恶劣影响的,以及有其他违法违纪情形的人员,不予帮扶援助。

本意见自 2019 年 10 月 9 日起施行。各地要根据本意见,结合实际制定具体实施办法,切实做好本地区困难退役军人帮扶援助工作。

退役军人事务部等 20 部门关于加强军人军属、退役军人和其他优抚对象优待工作的意见

(2020 年 1 月 9 日　退役军人部发〔2020〕1 号)

各省、自治区、直辖市党委宣传部,人民政府发展改革委、教育厅(教委)、公安厅(局)、民政厅(局)、司法厅(局)、财政厅(局)、住房和

城乡建设厅（委）、交通运输厅（局、委）、文化和旅游厅（局）、卫生健康委、退役军人事务厅（局）、各银保监局、信访局（办）、林业和草原主管部门，民航各地区管理局、各运输航空公司、各机场公司，新疆生产建设兵团党委宣传部、发展改革委、教育局、公安局、民政局、司法局、财政局、住房和城乡建设局、交通局、文化体育广电和旅游局、卫生健康委、退役军人事务局、信访局、林业和草原局，各战区、各军兵种、军委机关各部门、军事科学院、国防大学、国防科技大学、武警部队政治工作部（局、处）、后勤保障部门，各铁路局集团公司：

军人军属、退役军人和其他优抚对象（以下简称优抚对象）为国防和军队建设作出了重要贡献，应当得到国家和社会的优待。为认真贯彻落实习近平总书记关于退役军人工作重要论述精神，扎实做好优待工作，努力让优抚对象受到全社会尊重，让军人成为全社会尊崇的职业，现提出如下意见。

一、把握总体要求

（一）指导思想。

以习近平新时代中国特色社会主义思想为指导，全面贯彻落实党的十九大精神，适应国家经济社会发展、国防和军队建设的新形势，顺应广大优抚对象对美好生活的新期待，坚持国家和社会相结合的工作方针，秉持体现尊崇、体现激励的政策导向，因地制宜、尽力而为、量力而行，逐步建立健全优待政策体系，营造爱国拥军、尊重优抚对象浓厚社会氛围，增强优抚对象的荣誉感、获得感。

（二）基本原则。

坚持现役与退役衔接。在加强军人军属优待的基础上，进一步建立完善退役军人和其他优抚对象优待政策制度，更好地体现国家和社会对国防贡献的褒扬。

坚持优待与贡献匹配。综合考虑优抚对象为国防和军队建设所作贡献，给予相应优待，树立贡献越大优待越多的鲜明导向，促进优待工作更加科学规范。

坚持关爱与管理结合。根据优抚对象的现实表现，给予必要的奖惩，引导优抚对象珍惜荣誉，自觉做爱国奉献、遵纪守法、诚信明理的公民。

坚持当前与长远统筹。立足当前国家经济社会发展实际，建立基本优待目录清单，逐步拓展优待领域，丰富优待内容；注重长远可持续发展，统筹规划优待政策制度，不断完善优待工作体系。

二、规范优待内容

（三）在荣誉激励方面，着眼建立健全优抚对象荣誉体系，进一步强化精神褒扬和荣誉激励。为烈属、军属和退役军人等家庭悬挂光荣牌，为优抚对象家庭发春节慰问信，为入伍、退役的军人举行迎送仪式。邀请优秀优抚对象代表参加国家和地方重要庆典和纪念活动。将服现役期间荣获个人二等功以上奖励的现役军人、退役军人名录载入地方志。对个人立功、获得荣誉称号或勋章的现役军人，由当地人民政府给其家庭送喜报。优先聘请优秀优抚对象担任编外辅导员、讲解员等，发挥其参与社会公益事业的优势作用。倡导利用大型集会、赛事播报，航班、车船及机场、车站、码头的广播视频等载体和形式，宣传优抚对象中优秀典型的先进事迹，不断扩大荣誉优待的范围和影响。

（四）在生活方面，不断完善优抚对象抚恤、补助、援助等政策制度，健全抚恤补助标准动态调整机制，保障享受国家定期抚恤补助优抚对象的抚恤优待与国家经济社会发展相适应。调整定期抚恤补助标准时，适当向贡献大的优抚对象倾斜。各地要及时建档立卡，对因生活发生重大变故遇到突发性、临时性特殊困难的优抚对象，在享受社会保障待遇后仍有困难的，按照规定给予必要的帮扶援助。逐步完善现役军人配偶随军就业创业政策，以及随军未就业期间基本生活补贴等制度，激励现役军人安心服役、奉献国防。

（五）在养老方面，国家兴办的光荣院、优抚医院，对鳏寡孤独的优抚对象实行集中供养，对常年患病卧床、生活不能自理的优抚对象以及荣获个人二等功以上奖励现役军人的父母，优先提供服务并按规定减免相关费用。对生活长期不能自理且纳入当地最低生活保障范围的老年优抚对象，各地应根据其失能程度等情况优先给予护理补贴。积极推动与老年人日常生活密切相关的服务行业为老年优抚对象提供优先、优惠服务。鼓励各级各类养老机构优先接收优抚对象，提供适度的优惠服务。

（六）在医疗方面，各地按照保证质量、方便就医的原则，明确本地区医疗优待定点服务机构，为残疾军人、烈属、因公牺牲军人遗属、病故军人遗属（以下简称"三属"）、现役军人家属、老复员军人、参战参试退役军人、带病回乡退伍军人开通优先窗口，提供普通门诊优先挂号、取药、缴费、检查、住院服务。各级各类地方医疗机构优先为伤病残、老龄优抚对象提供家庭医生签约和健康教育、慢性病管理等基本公共卫生服务。组织优抚医院为残疾军人、"三属"、现役军人家属、老复员军人、参战参试退役军人、带病回乡退伍军人优惠体检，提供免收普通门诊挂号费和优先就诊、检查、住院等服务。

（七）在住房方面，适应国家住房保障制度改革发展要求，逐步完善优抚对象住房优待办法，改善优抚对象基本住房条件。在审查优抚对象是否符合购买当地保障性住房或租住公共租赁住房条件时，抚恤、补助和优待金、护理费不计入个人和家庭收入。符合当地住房保障条件的优抚对象，在公租房保障中优先予以解决。对符合条件并享受国家定期抚恤补助的优抚对象租住公租房，可给予适当租金补助或者减免。对居住农村的符合条件的优抚对象，同等条件下优先纳入国家或地方实施的农村危房改造相关项目范围。

（八）在教育方面，认真落实现有政策，不断丰富优待内容。符合条件的现役军人、烈士和因公牺牲军人子女就近就便入读公办义务教育阶段学校和幼儿园、托儿所；报考普通高等学校，在同等条件下优先录取。切实保障驻偏远海岛、高原高寒等艰苦地区现役军人的子女，在其父母或其他法定监护人户籍所在地易地优先就近就便入读公办义务教育阶段学校和幼儿园、托儿所，报考普通高中、中等职业学校时降分录取，按规定享受学生资助政策。现役军人子女未随迁留在原驻地或原户籍地的，在就读地享受当地军人子女教育优待政策。优先安排残疾军人参加学习培训，按规定享受国家资助政策。退役军人按规定免费参加教育培训。实施对符合条件的退役大学生士兵复学、调整专业、攻读研究生等优待政策。加大教育支持力度，通过单列计划、单独招生以及学费和助学金资助等措施，为退役军人接受高等教育提供更多机会，帮助退役军人改善知识结构，提升就业竞争力。

（九）在文化交通方面，博物馆、纪念馆、美术馆等公共文化设施和实行政府定价或指导价管理的公园、展览馆、名胜古迹、景区，对现役军人、残疾军人、"三属"、现役军人家属按规定提供减免门票等优待。现役军人、残疾军人、"三属"乘坐境内运行的火车（高铁）、轮船、客运班车以及民航班机时,享受优先购买车(船)票或值机、安检、乘车(船、机),可使用优先通道(窗口),随同出行的家属可一同享受优先服务。现役军人、残疾军人免费乘坐市内公共汽车、电车和轨道交通工具;残疾军人乘坐境内运行的火车、轮船、长途公共汽车和民航班机享受减收正常票价50%的优惠。

(十)在其他社会优待方面,广泛动员社会力量参与优待工作,不断创新社会优待方式和内容。倡导鼓励志愿者参与面向优抚对象的志愿服务。法律服务机构优先提供法律服务,法律援助机构依法提供免费的法律服务。鼓励银行为优抚对象提供优先办理业务,免收卡工本费、卡年费、小额账户管理费、跨行转账费,以及其他个性化专属金融优惠服务。各地影(剧)院在放映(演出)前义务播放爱国拥军公益广告或宣传短视频,鼓励为优抚对象提供减免入场票价等优惠服务。

三、健全管理机制

(十一)建立优待证制度。国家坚持统筹兼顾、稳步推进的原则,充分运用信息技术手段,逐步为退役军人和"三属"统一制作颁发优待证,作为享受相应优待的有效证件。残疾军人凭残疾军人证,军队离退休干部、退休士官凭离休干部荣誉证、军官退休证、文职干部退休证、退休士官证,现役军人凭军(警)官证、士官证、义务兵证、学员证等有效证件享受相应优待,现役军人家属凭部队制发的相关证件享受相应优待。退役军人事务部制定优待证管理办法,规范优待项目、优待期限,建立发放、变更、信息查验、收回、废止等制度。

(十二)明确优待目录。立足当前、着眼长远,在建立完善优待政策制度、逐步健全优待工作体系的同时,依据国家有关法规政策规定,明确当前一个时期需要落地见效的基本优待目录清单。随着国家经济社会发展、国防和军队建设需要以及优待工作不断创新,退役军人事务部负责会同军地有关部门,适时调整更新优待目录,充实完善优待项目,及时向社会发布,组织抓好落实。

(十三)完善奖惩措施。建立健全奖惩结合、公平规范、能进能出的优待动态管理机制,激励优抚对象发扬传统、珍惜荣誉、保持良好形象。对积极投身地方经济社会发展、国防和军队建设,作出新的突出贡献受到表彰的优抚对象,应给予表彰和奖励。对依法被刑事处罚或受到治安管理处罚、影响恶劣的，违反《信访条例》有关规定，挑头集访、闹访被劝阻、批评、教育仍不改正的，现役军人被除名、开除军籍的，取消其享受优待资格，已颁发优待证的由当地县级人民政府退役军人事务主管部门负责收回。受到治安管理处罚，挑头集访、闹访被取消优待资格后能够主动改正错误、积极消除负面影响的，经当地县级人民政府退役军人事务主管部门审核同意，可以恢复优待资格。

四、加强组织领导

（十四）压实工作责任。做好优待工作是党、国家、军队和全社会的共同责任。军地有关部门要切实提高政治站位，加强组织领导，建立联动机制，明确责任分工，充分调动社会力量参与，形成统筹推进、分工负责、齐抓共建的良好工作格局。各地要列支相关经费，对优惠项目予以补贴。各级地方人民政府退役军人事务主管部门要发挥组织和督导作用，及时制定实施方案和任务清单，健全监督检查、跟踪问效和通报具体办法，推动优待工作落地见效。军地各相关部门和单位要认真履行服务优抚对象、服务国防和军队建设的职责，主动担当、积极作为，全力抓好本系统优待工作任务的有效落实。

（十五）严密组织实施。军地各相关部门和单位要把优待政策落实情况纳入年度工作绩效考评范畴，作为参加双拥模范城（县）、模范单位和个人评选的重要条件，作为文明城市、文明单位评选和社会信用评价的重要依据。建立工作目标责任制，明确标准、细化举措，制定路线图、时间表，做到各项工作任务有部署、有督促、有总结。强化监督检查和惩戒激励措施，严格跟踪问效和通报制度，及时总结推广经验，宣传表彰先进单位和个人，对消极推诿、落实不力的要及时通报批评，情节严重的严肃问责。

（十六）强化教育引导。深入宣传新时代国家优待政策和相关法律法规，引导优抚对象充分认识党和政府的关心关爱，准确领会优待工作的原则、内容和要求，合理确立政策预期，依法按政策享受国家和社会优待。大力宣扬优秀优抚对象先进事迹，引导退役军人保持发扬人民军队的优良传统和作风，积极为改革发展和社会稳定作贡献。加强爱国拥军和国防教育，动员社会各界自觉拥军优属，营造爱国拥军、心系国防浓厚氛围，推动让军人成为全社会尊崇的职业。

军人军属同时享受国家和军队规定的其他优待。

院士和专业技术三级以上,以及相当职级现役干部转改的文职人员,按照本意见有关现役军人的优待规定执行;其他文职人员参照现役军人享受本意见有关优待,具体办法另行制定。

退役军人事务部负责本意见的解释工作。

省级人民政府退役军人事务主管部门要会同军地有关部门根据本意见,结合实际适时研究制定具体实施办法和优待目录清单。

附件:军人军属、退役军人和其他优抚对象基本优待目录清单(略)

民政部、财政部关于军人死亡一次性抚恤金发放有关问题的通知

(2012年9月12日 民发〔2012〕157号)

各省、自治区、直辖市民政厅(局)、财政厅(局),新疆生产建设兵团民政局、财务局:

根据国务院、中央军委公布的《关于修改〈军人抚恤优待条例〉的决定》(中华人民共和国国务院、中华人民共和国中央军事委员会第602号令),自2011年8月1日起,对军人死亡一次性抚恤金标准进行了调整,即烈士和因公牺牲的,为上一年度全国城镇居民人均可支配收入的20倍加本人40个月的工资;病故的,为上一年度全国城镇居民人均可支配收入的2倍加本人40个月的工资。标准调整后,一些省市来电咨询一次性抚恤金计发的具体事宜,为便于各地操作执行,现就有关问题通知如下:

一、一次性抚恤金标准中"全国城镇居民人均可支配收入"确定依据

军人死亡一次性抚恤金标准中"全国城镇居民人均可支配收入"以国家统计局发布的年度国民经济和社会发展统计公报中有关数据为准。

二、一次性抚恤金标准中"本人月工资"计发办法

中央军委2006年6月11日印发了《军队工资制度调整改革方案》(〔2006〕5号),自2006年7月1日起,对军人基本工资结构进行了调整。根据调整后的基本工资结构,军人死亡一次性抚恤金标准中"本人月工

资"计发办法为：

（一）在职军官、文职干部、月工资高于排职少尉军官工资标准的在职士官死亡，按本人生前最后一个月基本工资为基数计发。其中：

1. 在职军官、文职干部为本人职务（专业技术等级）工资、军衔（级别）工资和军龄工资之和；

2. 月工资高于排职少尉军官工资标准的在职士官为本人军衔级别工资和军龄工资之和。

（二）月工资低于排职少尉军官工资标准的在职士官死亡，按照排职职务工资（一档标准）、少尉军衔工资（一档标准）和军龄工资（按本人服役年限计算）之和计发。

（三）军队离退休干部、退休士官（志愿兵）死亡，按本人生前最后一个月享受的国家规定的基本离退休费为基数计发，即本人离退休时计发的基本离退休费和本人离退休后历次按国家规定增加的基本离退休费之和。

（四）义务兵和月工资低于排职少尉军官工资标准的其他军人死亡，按照排职职务工资（一档标准）、少尉军衔工资（一档标准）之和计发。

六、后勤保障

中华人民共和国军事设施保护法

（1990年2月23日第七届全国人民代表大会常务委员会第十二次会议通过 根据2009年8月27日第十一届全国人民代表大会常务委员会第十次会议《关于修改部分法律的决定》第一次修正 根据2014年6月27日第十二届全国人民代表大会常务委员会第九次会议《关于修改〈中华人民共和国军事设施保护法〉的决定》第二次修正 2021年6月10日第十三届全国人民代表大会常务委员会第二十九次会议修订 2021年6月10日中华人民共和国主席令第87号公布 自2021年8月1日起施行）

第一章 总 则

第一条 为了保护军事设施的安全，保障军事设施的使用效能和军事活动的正常进行，加强国防现代化建设，巩固国防，抵御侵略，根据宪法，制定本法。

第二条 本法所称军事设施，是指国家直接用于军事目的的下列建筑、场地和设备：

（一）指挥机关，地上和地下的指挥工程、作战工程；

（二）军用机场、港口、码头；

（三）营区、训练场、试验场；

（四）军用洞库、仓库；

（五）军用信息基础设施，军用侦察、导航、观测台站，军用测量、导航、助航标志；

（六）军用公路、铁路专用线，军用输电线路，军用输油、输水、输气管道；

（七）边防、海防管控设施；

(八）国务院和中央军事委员会规定的其他军事设施。

前款规定的军事设施，包括军队为执行任务必需设置的临时设施。

第三条 军事设施保护工作坚持中国共产党的领导。各级人民政府和军事机关应当共同保护军事设施，维护国防利益。

国务院、中央军事委员会按照职责分工，管理全国的军事设施保护工作。地方各级人民政府会同有关军事机关，管理本行政区域内的军事设施保护工作。

有关军事机关应当按照规定的权限和程序，提出需要地方人民政府落实的军事设施保护需求，地方人民政府应当会同有关军事机关制定具体保护措施并予以落实。

设有军事设施的地方，有关军事机关和县级以上地方人民政府应当建立军地军事设施保护协调机制，相互配合，监督、检查军事设施的保护工作，协调解决军事设施保护工作中的问题。

第四条 中华人民共和国的组织和公民都有保护军事设施的义务。

禁止任何组织或者个人破坏、危害军事设施。

任何组织或者个人对破坏、危害军事设施的行为，都有权检举、控告。

第五条 国家统筹兼顾经济建设、社会发展和军事设施保护，促进经济社会发展和军事设施保护相协调。

第六条 国家对军事设施实行分类保护、确保重点的方针。军事设施的分类和保护标准，由国务院和中央军事委员会规定。

第七条 国家对因设有军事设施、经济建设受到较大影响的地方，采取相应扶持政策和措施。具体办法由国务院和中央军事委员会规定。

第八条 对在军事设施保护工作中做出突出贡献的组织和个人，依照有关法律、法规的规定给予表彰和奖励。

第二章　军事禁区、军事管理区的划定

第九条 军事禁区、军事管理区根据军事设施的性质、作用、安全保密的需要和使用效能的要求划定，具体划定标准和确定程序，由国务院和中央军事委员会规定。

本法所称军事禁区，是指设有重要军事设施或者军事设施安全保密要求高、具有重大危险因素，需要国家采取特殊措施加以重点保护，依照法

定程序和标准划定的军事区域。

本法所称军事管理区，是指设有较重要军事设施或者军事设施安全保密要求较高、具有较大危险因素，需要国家采取特殊措施加以保护，依照法定程序和标准划定的军事区域。

第十条 军事禁区、军事管理区由国务院和中央军事委员会确定，或者由有关军事机关根据国务院和中央军事委员会的规定确定。

军事禁区、军事管理区的撤销或者变更，依照前款规定办理。

第十一条 陆地和水域的军事禁区、军事管理区的范围，由省、自治区、直辖市人民政府和有关军级以上军事机关共同划定，或者由省、自治区、直辖市人民政府、国务院有关部门和有关军级以上军事机关共同划定。空中军事禁区和特别重要的陆地、水域军事禁区的范围，由国务院和中央军事委员会划定。

军事禁区、军事管理区的范围调整，依照前款规定办理。

第十二条 军事禁区、军事管理区应当由县级以上地方人民政府按照国家统一规定的样式设置标志牌。

第十三条 军事禁区、军事管理区范围的划定或者调整，应当在确保军事设施安全保密和使用效能的前提下，兼顾经济建设、生态环境保护和当地居民的生产生活。

因军事设施建设需要划定或者调整军事禁区、军事管理区范围的，应当在军事设施建设项目开工建设前完成。但是，经战区级以上军事机关批准的除外。

第十四条 军事禁区、军事管理区范围的划定或者调整，需要征收、征用土地、房屋等不动产，压覆矿产资源，或者使用海域、空域等的，依照有关法律、法规的规定办理。

第十五条 军队为执行任务设置的临时军事设施需要划定陆地、水域临时军事禁区、临时军事管理区范围的，由县级以上地方人民政府和有关团级以上军事机关共同划定，并各自向上一级机关备案。其中，涉及有关海事管理机构职权的，应当在划定前征求其意见。划定之后，由县级以上地方人民政府或者有关海事管理机构予以公告。

军队执行任务结束后，应当依照前款规定的程序及时撤销划定的陆地、水域临时军事禁区、临时军事管理区。

第三章　军事禁区的保护

第十六条　军事禁区管理单位应当根据具体条件，按照划定的范围，为陆地军事禁区修筑围墙、设置铁丝网等障碍物，为水域军事禁区设置障碍物或者界线标志。

水域军事禁区的范围难以在实际水域设置障碍物或者界线标志的，有关海事管理机构应当向社会公告水域军事禁区的位置和边界。海域的军事禁区应当在海图上标明。

第十七条　禁止陆地、水域军事禁区管理单位以外的人员、车辆、船舶等进入军事禁区，禁止航空器在陆地、水域军事禁区上空进行低空飞行，禁止对军事禁区进行摄影、摄像、录音、勘察、测量、定位、描绘和记述。但是，经有关军事机关批准的除外。

禁止航空器进入空中军事禁区，但依照国家有关规定获得批准的除外。

使用军事禁区的摄影、摄像、录音、勘察、测量、定位、描绘和记述资料，应当经有关军事机关批准。

第十八条　在陆地军事禁区内，禁止建造、设置非军事设施，禁止开发利用地下空间。但是，经战区级以上军事机关批准的除外。

在水域军事禁区内，禁止建造、设置非军事设施，禁止从事水产养殖、捕捞以及其他妨碍军用舰船行动、危害军事设施安全和使用效能的活动。

第十九条　在陆地、水域军事禁区内采取的防护措施不足以保证军事设施安全保密和使用效能，或者陆地、水域军事禁区内的军事设施具有重大危险因素的，省、自治区、直辖市人民政府和有关军事机关，或者省、自治区、直辖市人民政府、国务院有关部门和有关军事机关根据军事设施性质、地形和当地经济建设、社会发展情况，可以在共同划定陆地、水域军事禁区范围的同时，在禁区外围共同划定安全控制范围，并在其外沿设置安全警戒标志。

安全警戒标志由县级以上地方人民政府按照国家统一规定的样式设置，地点由军事禁区管理单位和当地县级以上地方人民政府共同确定。

水域军事禁区外围安全控制范围难以在实际水域设置安全警戒标志的，依照本法第十六条第二款的规定执行。

第二十条　划定陆地、水域军事禁区外围安全控制范围，不改变原土地及土地附着物、水域的所有权。在陆地、水域军事禁区外围安全控制范围内，当地居民可以照常生产生活，但是不得进行爆破、射击以及其他危害军事设施安全和使用效能的活动。

因划定军事禁区外围安全控制范围影响不动产所有权人或者用益物权人行使权利的，依照有关法律、法规的规定予以补偿。

第四章　军事管理区的保护

第二十一条　军事管理区管理单位应当根据具体条件，按照划定的范围，为军事管理区修筑围墙、设置铁丝网或者界线标志。

第二十二条　军事管理区管理单位以外的人员、车辆、船舶等进入军事管理区，或者对军事管理区进行摄影、摄像、录音、勘察、测量、定位、描绘和记述，必须经军事管理区管理单位批准。

第二十三条　在陆地军事管理区内，禁止建造、设置非军事设施，禁止开发利用地下空间。但是，经军级以上军事机关批准的除外。

在水域军事管理区内，禁止从事水产养殖；未经军级以上军事机关批准，不得建造、设置非军事设施；从事捕捞或者其他活动，不得影响军用舰船的战备、训练、执勤等行动。

第二十四条　划为军事管理区的军民合用港口的水域，实行军地分区管理；在地方管理的水域内需要新建非军事设施的，必须事先征得军事设施管理单位的同意。

划为军事管理区的军民合用机场、港口、码头的管理办法，由国务院和中央军事委员会规定。

第五章　没有划入军事禁区、军事管理区的军事设施的保护

第二十五条　没有划入军事禁区、军事管理区的军事设施，军事设施管理单位应当采取措施予以保护；军队团级以上管理单位也可以委托当地人民政府予以保护。

第二十六条　在没有划入军事禁区、军事管理区的军事设施一定距离内进行采石、取土、爆破等活动，不得危害军事设施的安全和使用效能。

第二十七条　没有划入军事禁区、军事管理区的作战工程外围应当划

定安全保护范围。作战工程的安全保护范围，应当根据作战工程性质、地形和当地经济建设、社会发展情况，由省、自治区、直辖市人民政府和有关军事机关共同划定，或者由省、自治区、直辖市人民政府、国务院有关部门和有关军事机关共同划定。在作战工程布局相对集中的地区，作战工程安全保护范围可以连片划定。县级以上地方人民政府应当按照有关规定为作战工程安全保护范围设置界线标志。

作战工程安全保护范围的撤销或者调整，依照前款规定办理。

第二十八条 划定作战工程安全保护范围，不改变原土地及土地附着物的所有权。在作战工程安全保护范围内，当地居民可以照常生产生活，但是不得进行开山采石、采矿、爆破；从事修筑建筑物、构筑物、道路和进行农田水利基本建设、采伐林木等活动，不得危害作战工程安全和使用效能。

因划定作战工程安全保护范围影响不动产所有权人或者用益物权人行使权利的，依照有关法律、法规的规定予以补偿。

禁止私自开启封闭的作战工程，禁止破坏作战工程的伪装，禁止阻断进出作战工程的通道。未经作战工程管理单位师级以上的上级主管军事机关批准，不得对作战工程进行摄影、摄像、录音、勘察、测量、定位、描绘和记述，不得在作战工程内存放非军用物资器材或者从事种植、养殖等生产活动。

新建工程和建设项目，确实难以避开作战工程的，应当按照国家有关规定提出拆除或者迁建、改建作战工程的申请；申请未获批准的，不得拆除或者迁建、改建作战工程。

第二十九条 在军用机场净空保护区域内，禁止修建超出机场净空标准的建筑物、构筑物或者其他设施，不得从事影响飞行安全和机场助航设施使用效能的活动。

军用机场管理单位应当定期检查机场净空保护情况，发现修建的建筑物、构筑物或者其他设施超过军用机场净空保护标准的，应当及时向有关军事机关和当地人民政府主管部门报告。有关军事机关和当地人民政府主管部门应当依照本法规定及时处理。

第三十条 有关军事机关应当向地方人民政府通报当地军用机场净空保护有关情况和需求。

地方人民政府应当向有关军事机关通报可能影响军用机场净空保护的

当地有关国土空间规划和高大建筑项目建设计划。

地方人民政府应当制定保护措施，督促有关单位对军用机场净空保护区域内的高大建筑物、构筑物或者其他设施设置飞行障碍标志。

第三十一条 军民合用机场以及由军队管理的保留旧机场、直升机起落坪的净空保护工作，适用军用机场净空保护的有关规定。

公路飞机跑道的净空保护工作，参照军用机场净空保护的有关规定执行。

第三十二条 地方各级人民政府和有关军事机关采取委托看管、分段负责等方式，实行军民联防，保护军用管线安全。

地下军用管线应当设立路由标石或者永久性标志，易遭损坏的路段、部位应当设置标志牌。已经公布具体位置、边界和路由的海域水下军用管线应当在海图上标明。

第三十三条 在军用无线电固定设施电磁环境保护范围内，禁止建造、设置影响军用无线电固定设施使用效能的设备和电磁障碍物体，不得从事影响军用无线电固定设施电磁环境的活动。

军用无线电固定设施电磁环境的保护措施，由军地无线电管理机构按照国家无线电管理相关规定和标准共同确定。

军事禁区、军事管理区内无线电固定设施电磁环境的保护，适用前两款规定。

军用无线电固定设施电磁环境保护涉及军事系统与非军事系统间的无线电管理事宜的，按照国家无线电管理的有关规定执行。

第三十四条 未经国务院和中央军事委员会批准或者国务院和中央军事委员会授权的机关批准，不得拆除、移动边防、海防管控设施，不得在边防、海防管控设施上搭建、设置民用设施。在边防、海防管控设施周边安排建设项目，不得危害边防、海防管控设施安全和使用效能。

第三十五条 任何组织和个人不得损毁或者擅自移动军用测量标志。在军用测量标志周边安排建设项目，不得危害军用测量标志安全和使用效能。

军用测量标志的保护，依照有关法律、法规的规定执行。

第六章 管理职责

第三十六条 县级以上地方人民政府编制国民经济和社会发展规划、安排可能影响军事设施保护的建设项目，国务院有关部门、地方人民政府编制国土空间规划等规划，应当兼顾军事设施保护的需要，并按照规定书面征求有关军事机关的意见。必要时，可以由地方人民政府会同有关部门、有关军事机关对建设项目进行评估。

国务院有关部门或者县级以上地方人民政府有关部门审批前款规定的建设项目，应当审查征求军事机关意见的情况；对未按规定征求军事机关意见的，应当要求补充征求意见；建设项目内容在审批过程中发生的改变可能影响军事设施保护的，应当再次征求有关军事机关的意见。

有关军事机关应当自收到征求意见函之日起三十日内提出书面答复意见；需要请示上级军事机关或者需要勘察、测量、测试的，答复时间可以适当延长，但通常不得超过九十日。

第三十七条　军队编制军事设施建设规划、组织军事设施项目建设，应当考虑地方经济建设、生态环境保护和社会发展的需要，符合国土空间规划等规划的总体要求，并进行安全保密环境评估和环境影响评价。涉及国土空间规划等规划的，应当征求国务院有关部门、地方人民政府的意见，尽量避开生态保护红线、自然保护地、地方经济建设热点区域和民用设施密集区域。确实不能避开，需要将生产生活设施拆除或者迁建的，应当依法进行。

第三十八条　县级以上地方人民政府安排建设项目或者开辟旅游景点，应当避开军事设施。确实不能避开，需要将军事设施拆除、迁建或者改作民用的，由省、自治区、直辖市人民政府或者国务院有关部门和战区级军事机关商定，并报国务院和中央军事委员会批准或者国务院和中央军事委员会授权的机关批准；需要将军事设施改建的，由有关军事机关批准。

因前款原因将军事设施拆除、迁建、改建或者改作民用的，由提出需求的地方人民政府依照有关规定给予有关军事机关政策支持或者经费补助。将军事设施迁建、改建涉及用地用海用岛的，地方人民政府应当依法及时办理相关手续。

第三十九条　军事设施因军事任务调整、周边环境变化和自然损毁等原因，失去使用效能并无需恢复重建的，军事设施管理单位应当按照规定程序及时报国务院和中央军事委员会批准或者国务院和中央军事委员会授权的机关批准，予以拆除或者改作民用。

军队执行任务结束后，应当及时将设置的临时军事设施拆除。

第四十条　军用机场、港口实行军民合用的,需经国务院和中央军事委员会批准。军用码头实行军民合用的,需经省、自治区、直辖市人民政府或者国务院有关部门会同战区级军事机关批准。

第四十一条　军事禁区、军事管理区和没有划入军事禁区、军事管理区的军事设施,县级以上地方人民政府应当会同军事设施管理单位制定具体保护措施,可以公告施行。

划入军事禁区、军事管理区的军事设施的具体保护措施,应当随军事禁区、军事管理区范围划定方案一并报批。

第四十二条　各级军事机关应当严格履行保护军事设施的职责,教育军队人员爱护军事设施,保守军事设施秘密,建立健全保护军事设施的规章制度,监督、检查、解决军事设施保护工作中的问题。

有关军事机关应当支持配合军事设施保护执法、司法活动。

第四十三条　军事设施管理单位应当认真执行有关保护军事设施的规章制度,建立军事设施档案,对军事设施进行检查、维护。

军事设施管理单位对军事设施的重要部位应当采取安全监控和技术防范措施,并及时根据军事设施保护需要和科技进步升级完善。

军事设施管理单位不得将军事设施用于非军事目的,但因执行应急救援等紧急任务的除外。

第四十四条　军事设施管理单位应当了解掌握军事设施周边建设项目等情况,发现可能危害军事设施安全和使用效能的,应当及时向有关军事机关和当地人民政府主管部门报告,并配合有关部门依法处理。

第四十五条　军事禁区、军事管理区的管理单位应当依照有关法律、法规的规定,保护军事禁区、军事管理区内的生态环境、自然资源和文物。

第四十六条　军事设施管理单位必要时应当向县级以上地方人民政府提供地下、水下军用管线的位置资料。地方进行建设时,当地人民政府应当对地下、水下军用管线予以保护。

第四十七条　各级人民政府应当加强国防和军事设施保护教育,使全体公民增强国防观念,保护军事设施,保守军事设施秘密,制止破坏、危害军事设施的行为。

第四十八条　县级以上地方人民政府应当会同有关军事机关,定期组织检查和评估本行政区域内军事设施保护情况,督促限期整改影响军事设施保护的隐患和问题，完善军事设施保护措施。

第四十九条　国家实行军事设施保护目标责任制和考核评价制度，将军事设施保护目标完成情况作为对地方人民政府、有关军事机关和军事设施管理单位及其负责人考核评价的内容。

第五十条　军事禁区、军事管理区需要公安机关协助维护治安管理秩序的，经国务院和中央军事委员会决定或者由有关军事机关提请省、自治区、直辖市公安机关批准，可以设立公安机构。

第五十一条　违反本法规定，有下列情形之一的，军事设施管理单位的执勤人员应当予以制止：

（一）非法进入军事禁区、军事管理区或者在陆地、水域军事禁区上空低空飞行的；

（二）对军事禁区、军事管理区非法进行摄影、摄像、录音、勘察、测量、定位、描绘和记述的；

（三）进行破坏、危害军事设施的活动的。

第五十二条　有本法第五十一条所列情形之一，不听制止的，军事设施管理单位依照国家有关规定，可以采取下列措施：

（一）强制带离、控制非法进入军事禁区、军事管理区或者驾驶、操控航空器在陆地、水域军事禁区上空低空飞行的人员，对违法情节严重的人员予以扣留并立即移送公安、国家安全等有管辖权的机关；

（二）立即制止信息传输等行为，扣押用于实施违法行为的器材、工具或者其他物品，并移送公安、国家安全等有管辖权的机关；

（三）在紧急情况下，清除严重危害军事设施安全和使用效能的障碍物；

（四）在危及军事设施安全或者执勤人员生命安全等紧急情况下依法使用武器。

军人、军队文职人员和军队其他人员有本法第五十一条所列情形之一的，依照军队有关规定处理。

第七章　法　律　责　任

第五十三条　违反本法第十七条、第十八条、第二十三条规定，擅自进入水域军事禁区，在水域军事禁区内从事水产养殖、捕捞，在水域军事管理区内从事水产养殖，或者在水域军事管理区内从事捕捞等活动影响军用舰船行动的，由交通运输、渔业等主管部门给予警告，责令离开，没收渔具、渔获物。

第五十四条 违反本法第十八条、第二十三条、第二十四条规定，在陆地、水域军事禁区、军事管理区内建造、设置非军事设施，擅自开发利用陆地军事禁区、军事管理区地下空间，或者在划为军事管理区的军民合用港口地方管理的水域未征得军事设施管理单位同意建造、设置非军事设施的，由住房和城乡建设、自然资源、交通运输、渔业等主管部门责令停止兴建活动，对已建成的责令限期拆除。

第五十五条 违反本法第二十八条第一款规定，在作战工程安全保护范围内开山采石、采矿、爆破的，由自然资源、生态环境等主管部门以及公安机关责令停止违法行为，没收采出的产品和违法所得；修筑建筑物、构筑物、道路或者进行农田水利基本建设影响作战工程安全和使用效能的，由自然资源、生态环境、交通运输、农业农村、住房和城乡建设等主管部门给予警告，责令限期改正。

第五十六条 违反本法第二十八条第三款规定，私自开启封闭的作战工程，破坏作战工程伪装，阻断作战工程通道，将作战工程用于存放非军用物资器材或者种植、养殖等生产活动的，由公安机关以及自然资源等主管部门责令停止违法行为，限期恢复原状。

第五十七条 违反本法第二十八条第四款、第三十四条规定，擅自拆除、迁建、改建作战工程，或者擅自拆除、移动边防、海防管控设施的，由住房和城乡建设主管部门、公安机关等责令停止违法行为，限期恢复原状。

第五十八条 违反本法第二十九条第一款规定，在军用机场净空保护区域内修建超出军用机场净空保护标准的建筑物、构筑物或者其他设施的，由住房和城乡建设、自然资源主管部门责令限期拆除超高部分。

第五十九条 违反本法第三十三条规定，在军用无线电固定设施电磁环境保护范围内建造、设置影响军用无线电固定设施使用效能的设备和电磁障碍物体，或者从事影响军用无线电固定设施电磁环境的活动的，由自然资源、生态环境等主管部门以及无线电管理机构给予警告，责令限期改正；逾期不改正的，查封干扰设备或者强制拆除障碍物。

第六十条 有下列行为之一的，适用《中华人民共和国治安管理处罚法》第二十三条的处罚规定：

（一）非法进入军事禁区、军事管理区或者驾驶、操控航空器在陆地、水域军事禁区上空低空飞行，不听制止的；

（二）在军事禁区外围安全控制范围内，或者在没有划入军事禁区、军事管理区的军事设施一定距离内，进行危害军事设施安全和使用效能的活动，不听制止的；

（三）在军用机场净空保护区域内，进行影响飞行安全和机场助航设施使用效能的活动，不听制止的；

（四）对军事禁区、军事管理区非法进行摄影、摄像、录音、勘察、测量、定位、描绘和记述，不听制止的；

（五）其他扰乱军事禁区、军事管理区管理秩序和危害军事设施安全的行为，情节轻微，尚不够刑事处罚的。

第六十一条 违反国家规定，故意干扰军用无线电设施正常工作的，或者对军用无线电设施产生有害干扰，拒不按照有关主管部门的要求改正的，依照《中华人民共和国治安管理处罚法》第二十八条的规定处罚。

第六十二条 毁坏边防、海防管控设施以及军事禁区、军事管理区的围墙、铁丝网、界线标志或者其他军事设施的，依照《中华人民共和国治安管理处罚法》第三十三条的规定处罚。

第六十三条 有下列行为之一，构成犯罪的，依法追究刑事责任：

（一）破坏军事设施的；

（二）过失损坏军事设施，造成严重后果的；

（三）盗窃、抢夺、抢劫军事设施的装备、物资、器材的；

（四）泄露军事设施秘密，或者为境外的机构、组织、人员窃取、刺探、收买、非法提供军事设施秘密的；

（五）破坏军用无线电固定设施电磁环境，干扰军用无线电通讯，情节严重的；

（六）其他扰乱军事禁区、军事管理区管理秩序和危害军事设施安全的行为，情节严重的。

第六十四条 军人、军队文职人员和军队其他人员有下列行为之一，按照军队有关规定给予处分；构成犯罪的，依法追究刑事责任：

（一）有本法第五十三条至第六十三条规定行为的；

（二）擅自将军事设施用于非军事目的，或者有其他滥用职权行为的；

（三）擅离职守或者玩忽职守的。

第六十五条　公职人员在军事设施保护工作中有玩忽职守、滥用职权、徇私舞弊等行为的，依法给予处分；构成犯罪的，依法追究刑事责任。

第六十六条　违反本法规定，破坏、危害军事设施的，属海警机构职权范围内的，由海警机构依法处理。

违反本法规定，有其他破坏、危害军事设施行为的，由有关主管部门依法处理。

第六十七条　违反本法规定，造成军事设施损失的，依法承担赔偿责任。

第六十八条　战时违反本法的，依法从重追究法律责任。

第八章　附　　则

第六十九条　中国人民武装警察部队所属军事设施的保护，适用本法。

第七十条　国防科技工业重要武器装备的科研、生产、试验、存储等设施的保护，参照本法有关规定执行。具体办法和设施目录由国务院和中央军事委员会规定。

第七十一条　国务院和中央军事委员会根据本法制定实施办法。

第七十二条　本法自2021年8月1日起施行。

中华人民共和国军事设施保护法实施办法

(2001年1月12日中华人民共和国国务院令第298号公布　自公布之日起施行)

第一章　总　　则

第一条　根据《中华人民共和国军事设施保护法》（以下简称军事设施保护法）的规定，制定本办法。

第二条　设有军事设施的地方，县级以上地方人民政府和驻地有关军事机关共同成立军事设施保护委员会，负责协调、指导本行政区域内的军事设施保护工作。

军事设施保护委员会的办事机构设在省军区（卫戍区、警备区）、军分区（警备区）、县（自治县、市、市辖区）人民武装部，具体办理军事设施保护委员会的日常工作。

第三条　军事设施保护委员会履行下列职责：

（一）依照军事设施保护法律、法规和国家的方针、政策，制定军事设施保护措施；

（二）组织指导本行政区域内的军事设施保护工作，协调解决军事设施保护工作的有关事宜；

（三）组织开展军事设施保护的宣传教育工作；

（四）组织开展军事设施保护法律、法规执行情况的监督检查。

第四条　中国人民解放军总参谋部在国务院和中央军事委员会的领导下，主管全国的军事设施保护工作，指导各级军事设施保护委员会的工作。

军区司令机关主管辖区内的军事设施保护工作，指导辖区内各级军事设施保护委员会的工作。

上级军事设施保护委员会指导下级军事设施保护委员会的工作。

第五条　国务院有关部门在各自的职责范围内，负责军事设施保护的有关工作，并协助军事机关落实军事设施保护措施。

县级以上地方人民政府负责本行政区域内军事设施保护的有关工作，并协助驻地军事机关落实军事设施保护措施。

第六条　军事机关应当向驻地人民政府介绍军事设施的有关情况，听取驻地人民政府的意见；地方人民政府应当向驻地军事机关介绍经济建设的有关情况，听取驻地军事机关的意见。

第七条　各级人民政府和军事机关对在军事设施保护工作中做出显著成绩的组织和个人，给予表彰、奖励。

第二章　军事禁区、军事管理区的保护

第八条　军事禁区、军事管理区的确定及其范围的划定，以及军事禁区外围安全控制范围的划定，依照军事设施保护法和国务院、中央军事委员会的有关规定办理。

第九条 在水域军事禁区内，禁止非军用船只进入，禁止建筑、设置非军事设施，禁止从事水产养殖、捕捞以及其他有碍军用舰船行动和安全保密的活动。

第十条 在水域军事管理区内，禁止建筑、设置非军事设施，禁止从事水产养殖；从事捕捞或者其他活动，不得影响军用舰船的行动。

第十一条 划为军事管理区的军民合用港口的水域，实行军地分区管理；在地方管理的水域内需要新建非军事设施的，必须事先征得有关军事设施管理单位的同意。

第十二条 军事禁区、军事管理区应当设立标志牌。标志牌的样式、质地和规格由省、自治区、直辖市军事设施保护委员会规定，标志牌由县级以上地方人民政府负责设立。

水域军事禁区、军事管理区的范围难以在实际水域设置界线标志或者障碍物表示的，由当地交通、渔业行政主管部门共同向社会公告，并由测绘主管部门在海图上标明。

第三章 作战工程的保护

第十三条 军事设施保护法所称作战工程，包括坑道、永备工事以及配套的专用道路、桥涵以及水源、供电、战备用房等附属设施。

第十四条 未划入军事禁区、军事管理区的作战工程应当在作战工程外围划定安全保护范围。作战工程的安全保护范围，根据工程部署、地形和当地经济建设情况，由省军区或者作战工程管理单位的上级军级以上主管军事机关提出方案，报军区和省、自治区、直辖市人民政府批准。

在作战工程布局相对集中的地区，作战工程安全保护范围可以连片划定。

第十五条 作战工程安全保护范围的划定，不影响安全保护范围内的土地及其附着物的所有权、使用权，安全保护范围内的单位、居民可以照常生产、生活，但不得危害军事设施的安全保密和使用效能。

第十六条 在作战工程安全保护范围内，禁止开山采石、采矿、爆破，禁止采伐林木；修筑建筑物、构筑物、道路和进行农田水利基本建设，应当征得作战工程管理单位的上级主管军事机关和当地军事设施保护委员会同意，并不得危害作战工程的安全保密和使用效能。

第十七条　禁止私自开启封闭的作战工程，禁止破坏作战工程的伪装，禁止阻断入出作战工程的通道。

未经作战工程管理单位的上级师级以上主管军事机关批准，不得对作战工程进行摄影、摄像、勘察、测量、描绘和记述，不得在作战工程内存放非军用物资器材或者从事种植、养殖等生产活动。

第十八条　新建工程和建设项目，确实难以避开作战工程的，应当按照国家有关规定提出拆除或者迁建、改建作战工程的申请；申请未获批准，不得拆除或者迁建、改建作战工程。

第四章　军用机场净空的保护

第十九条　本办法所称军用机场净空，是指为保证军用飞机（含直升机）起飞、着陆和复飞的安全，在飞行场地周围划定的限制物体高度的空间区域。

军用机场净空保护标准按照国家有关规定执行。

第二十条　在军用机场净空保护区域内，禁止修建超出机场净空标准的建筑物、构筑物或者其他设施。

第二十一条　在军用机场净空保护区域内种植植物，设置灯光或者物体，排放烟尘、粉尘、火焰、废气或者从事其他类似活动，不得影响飞行安全和机场助航设施的使用效能。

第二十二条　军用机场管理单位应当了解当地城市规划和村庄、集镇规划和高大建筑项目建设计划，提供军用机场净空保护技术咨询。

第二十三条　在军用机场净空保护区域内建设高大建筑物、构筑物或者其他设施的，建设单位必须在申请立项前书面征求军用机场管理单位的军级以上主管军事机关的意见；未征求军事机关意见或者建设项目设计高度超过军用机场净空保护标准的，国务院有关部门、地方人民政府有关部门不予办理建设许可手续。

第二十四条　军用机场管理单位应当定期检查机场净空保护情况，发现擅自修建超过军用机场净空保护标准的建筑物、构筑物或者其他设施的，应当及时向上级和当地军事设施保护委员会报告。

地方人民政府应当掌握当地军用机场净空保护有关情况，制定保护措施，督促有关单位对军用机场净空保护区域内的高大建筑物、构筑物或者其他设施设置飞行障碍标志。

第二十五条　在军用机场侧净空保护区域内原有自然障碍物附近新建高大建筑物、构筑物或者其他设施，必须符合国家有关机场净空的规定。

第二十六条　军民合用机场以及由军队管理的保留旧机场、公路飞行跑道的净空保护工作，适用军用机场净空保护的有关规定。

第五章　军用通信、输电线路和军用
输油、输水管道的保护

第二十七条　军事设施保护法所称军用通信、输电线路包括：

（一）架空线路：电杆（杆塔）、电线（缆）、变压器、配电室以及其他附属设施；

（二）埋设线路：地下、水底电（光）缆、管道、检查井、标石、水线标志牌、无人值守载波增音站、电缆充气站以及其他附属设施；

（三）无线线路：无人值守微波站、微波无源反射板、各类无线电固定台（站）天线以及其他附属设施。

第二十八条　军事设施保护法所称军用输油、输水管道，是指专供军队使用的地面或者地下、水下输油、输水管道和管道沿线的加压站、计量站、处理场、油库、阀室、标志物以及其他附属设施。

第二十九条　军用通信、输电线路和军用输油、输水管道（以下简称军用管线）管理单位，应当加强维护管理工作，坚持巡查和测试检查制度；必要时，可以组织武装巡查，发现问题，及时处理。

第三十条　地方各级人民政府和驻地军事机关，应当根据实际情况组织军用管线沿线群众实行军民联防护线，采取委托看管、分段负责等形式，保护军用管线的安全。

第三十一条　地下军用管线应当设立路由标石或者永久性标志，易遭损坏的路段（部位）应当设置标志牌。水下军用管线应当在海图上标明。

第三十二条　军用管线的具体保护要求以及军用管线与其他设施相互妨碍的处理，按照国务院、中央军事委员会的有关规定执行。

第六章　军用无线电固定设施电磁环境的保护

第三十三条　本办法所称军用无线电固定设施电磁环境（以下简称军

用电磁环境），是指为保证军用无线电收（发）信、侦察、测向、雷达、导航定位等固定设施正常工作，在其周围划定的限制电磁干扰信号和电磁障碍物体的区域。

军用电磁环境的具体保护要求，按照国家规定的有关标准执行。

第三十四条 在军用电磁环境保护范围内，禁止建设、设置或者使用发射、辐射电磁信号的设备和电磁障碍物体。

第三十五条 地方在军用电磁环境保护范围内安排建设项目，对军用电磁环境可能产生影响的，应当按照规定征求有关军事机关的意见；必要时，可以由军事设施管理单位和地方有关部门共同对其干扰程度和电磁障碍物的影响情况进行测试和论证。

第三十六条 各级人民政府有关部门审批和验收军用电磁环境保护范围内的建设项目，应当审查发射、辐射电磁信号设备和电磁障碍物的状况，以及征求军事机关意见的情况；未征求军事机关意见或者不符合国家电磁环境保护标准的，不予办理建设或者使用许可手续。

第三十七条 军用无线电固定设施管理单位，应当掌握军用电磁环境保护情况，发现问题及时向上级军事机关和当地军事设施保护委员会报告。

第七章 边防设施和军用测量标志的保护

第三十八条 本办法所称边防设施，是指边防巡逻路、边境铁丝网（铁栅栏）、边境监控设备、边境管理辅助标志以及边防直升机起降场、边防船艇停泊点等由边防部队使用、管理的军事设施。

第三十九条 任何组织或者个人未经边防设施管理单位同意，不得擅自拆除或者移动边防设施。

第四十条 边境地区开辟口岸、互市贸易区、旅游景点或者修建道路、管线、桥梁等项目涉及边防设施的，应当按照有关规定征求军事机关的意见；需要迁建、改建边防设施的，应当报有关省、自治区、直辖市军事设施保护委员会批准；迁建、改建的边防设施的位置、质量、标准必须符合国家有关规定。

第四十一条 军用测量标志的保护，依照国家有关法律、法规的规定办理。

第八章 强制措施和法律责任

第四十二条 军事设施管理单位执勤人员遇有军事设施保护法第三十条所列违法行为，可以采取下列强制措施，予以制止：

（一）驱逐非法进入军事禁区的人员离开军事禁区；

（二）对用于实施违法行为的器材、工具或者其他物品予以扣押，对违法情节严重的人员予以扣留，立即移送公安机关或者国家安全机关；

（三）在紧急情况下，清除严重危害军事设施安全和使用效能的障碍物。

第四十三条 违反本办法第九条、第十条、第十一条的规定，在水域军事禁区、军事管理区内或者军民合用港口的水域建筑、设置非军事设施的，由城市规划、交通、渔业行政主管部门依据各自的职权责令停止兴建活动；已建成的，责令限期拆除。

第四十四条 违反本办法第九条、第十条的规定，擅自进入水域军事禁区，在水域军事禁区内从事水产养殖、捕捞，或者在水域军事管理区内从事水产养殖的，由交通、渔业行政主管部门依据各自的职权给予警告，责令离开，可以没收渔具、渔获物。

第四十五条 违反本办法第十六条的规定，在作战工程安全保护范围内开山采石、采矿、爆破、采伐林木的，由公安机关以及国土资源、林业行政主管部门依据各自的职权责令停止违法行为，没收采出的产品和违法所得；造成损失的，依法赔偿损失。

第四十六条 违反本办法第十六条的规定，擅自在作战工程安全保护范围内修筑建筑物、构筑物、道路或者进行农田水利基本建设的，由城市规划、交通、农业行政主管部门依据各自的职权给予警告，责令限期改正；造成损失的，依法赔偿损失。

第四十七条 违反本办法第十七条的规定，破坏作战工程封闭伪装，阻断作战工程通道，或者将作战工程用于堆物、种植、养殖的，由公安机关责令停止违法行为，限期恢复原状；造成损失的，依法赔偿损失。

第四十八条 违反本办法第二十条、第二十五条的规定，在军用机场净空保护区域内修建超出军用机场净空保护标准的建筑物、构筑物或者其他设施的，由城市规划行政主管部门责令限期拆除超高部分。

第四十九条　违反本办法第三十四条的规定，在军用电磁环境保护范围内建设、设置或者使用发射、辐射电磁信号的设备和电磁障碍物体的，由城市规划、信息产业行政主管部门依据各自的职权给予警告，责令限期改正；拒不改正的，查封干扰设备或者强制拆除障碍物。

第五十条　违反本办法第十八条、第三十九条、第四十条的规定，擅自拆除、迁建、改建作战工程、边防设施或者擅自移动边防设施的，由城市规划行政主管部门责令停止违法行为，限期恢复原状；造成损失的，依法赔偿损失。

第五十一条　违反本办法，构成违反治安管理行为的，由公安机关依法处罚；构成犯罪的，依法追究刑事责任。

第九章　附　　则

第五十二条　中国人民武装警察部队所属军事设施的保护，适用军事设施保护法和本办法。

第五十三条　本办法自公布之日起施行。

中华人民共和国国防交通法

（2016年9月3日第十二届全国人民代表大会常务委员会第二十二次会议通过　2016年9月3日中华人民共和国主席令第50号公布　自2017年1月1日起施行）

第一章　总　　则

第一条　为了加强国防交通建设，促进交通领域军民融合发展，保障国防活动顺利进行，制定本法。

第二条　以满足国防需要为目的，在铁路、道路、水路、航空、管道以及邮政等交通领域进行的规划、建设、管理和资源使用活动，适用本法。

第三条　国家坚持军民融合发展战略，推动军地资源优化配置、合理共享，提高国防交通平时服务、急时应急、战时应战的能力，促进经济建设和国防建设协调发展。

国防交通工作遵循统一领导、分级负责、统筹规划、平战结合的原则。

第四条 国家国防交通主管机构负责规划、组织、指导和协调全国的国防交通工作。国家国防交通主管机构的设置和工作职责，由国务院、中央军事委员会规定。

县级以上地方人民政府国防交通主管机构负责本行政区域的国防交通工作。

县级以上人民政府有关部门和有关军事机关按照职责分工，负责有关的国防交通工作。

省级以上人民政府有关部门和军队有关部门建立国防交通军民融合发展会商机制，相互通报交通建设和国防需求等情况，研究解决国防交通重大问题。

第五条 公民和组织应当依法履行国防交通义务。

国家鼓励公民和组织依法参与国防交通建设，并按照有关规定给予政策和经费支持。

第六条 国防交通经费按照事权划分的原则，列入政府预算。

企业事业单位用于开展国防交通日常工作的合理支出，列入本单位预算，计入成本。

第七条 县级以上人民政府根据国防需要，可以依法征用民用运载工具、交通设施、交通物资等民用交通资源，有关组织和个人应当予以配合，履行相关义务。

民用交通资源征用的组织实施和补偿，依照有关法律、行政法规执行。

第八条 各级人民政府应当将国防交通教育纳入全民国防教育，通过多种形式开展国防交通宣传活动，普及国防交通知识，增强公民的国防交通观念。

各级铁路、道路、水路、航空、管道、邮政等行政管理部门（以下统称交通主管部门）和相关企业事业单位应当对本系统、本单位的人员进行国防交通教育。

设有交通相关专业的院校应当将国防交通知识纳入相关专业课程或者单独开设国防交通相关课程。

第九条 任何组织和个人对在国防交通工作中知悉的国家秘密和商业

秘密负有保密义务。

　　第十条　对在国防交通工作中作出突出贡献的组织和个人，按照国家有关规定给予表彰和奖励。

　　第十一条　国家加强国防交通信息化建设，为提高国防交通保障能力提供支持。

　　第十二条　战时和平时特殊情况下，需要在交通领域采取行业管制、为武装力量优先提供交通保障等国防动员措施的，依照《中华人民共和国国防法》、《中华人民共和国国防动员法》等有关法律执行。

　　武装力量组织进行军事演习、训练，需要对交通采取临时性管制措施的，按照国务院、中央军事委员会的有关规定执行。

　　第十三条　战时和平时特殊情况下，国家根据需要，设立国防交通联合指挥机构，统筹全国或者局部地区的交通运输资源，统一组织指挥全国或者局部地区的交通运输以及交通设施设备的抢修、抢建与防护。相关组织和个人应当服从统一指挥。

第二章　国防交通规划

　　第十四条　国防交通规划包括国防交通工程设施建设规划、国防交通专业保障队伍建设规划、国防交通物资储备规划、国防交通科研规划等。

　　编制国防交通规划应当符合下列要求：

　　（一）满足国防需要，有利于平战快速转换，保障国防活动顺利进行；

　　（二）兼顾经济社会发展需要，突出重点，注重效益，促进资源融合共享；

　　（三）符合城乡规划和土地利用总体规划，与国家综合交通运输体系发展规划相协调；

　　（四）有利于加强边防、海防交通基础设施建设，扶持沿边、沿海经济欠发达地区交通运输发展；

　　（五）保护环境，节约土地、能源等资源。

　　第十五条　县级以上人民政府应当将国防交通建设纳入国民经济和社会发展规划。

　　国务院及其有关部门和省、自治区、直辖市人民政府制定交通行业以及相关领域的发展战略、产业政策和规划交通网络布局，应当兼顾国防需要，提高国家综合交通运输体系保障国防活动的能力。

国务院有关部门应当将有关国防要求纳入交通设施、设备的技术标准和规范。有关国防要求由国家国防交通主管机构征求军队有关部门意见后汇总提出。

第十六条 国防交通工程设施建设规划，由县级以上人民政府国防交通主管机构会同本级人民政府交通主管部门编制，经本级人民政府发展改革部门审核后，报本级人民政府批准。

下级国防交通工程设施建设规划应当依据上一级国防交通工程设施建设规划编制。

编制国防交通工程设施建设规划，应当征求有关军事机关和本级人民政府有关部门的意见。县级以上人民政府有关部门编制综合交通运输体系发展规划和交通工程设施建设规划，应当征求本级人民政府国防交通主管机构的意见，并纳入国防交通工程设施建设的相关内容。

第十七条 国防交通专业保障队伍建设规划，由国家国防交通主管机构会同国务院有关部门和军队有关部门编制。

第十八条 国防交通物资储备规划，由国防交通主管机构会同军地有关部门编制。

中央储备的国防交通物资，由国家国防交通主管机构会同国务院交通主管部门和军队有关部门编制储备规划。

地方储备的国防交通物资，由省、自治区、直辖市人民政府国防交通主管机构会同本级人民政府有关部门和有关军事机关编制储备规划。

第十九条 国防交通科研规划，由国家国防交通主管机构会同国务院有关部门和军队有关部门编制。

第三章　交通工程设施

第二十条 建设国防交通工程设施，应当以国防交通工程设施建设规划为依据，保障战时和平时特殊情况下国防交通畅通。

建设其他交通工程设施，应当依法贯彻国防要求，在建设中采用增强其国防功能的工程技术措施，提高国防交通保障能力。

第二十一条 国防交通工程设施应当按照基本建设程序、相关技术标准和规范以及国防要求进行设计、施工和竣工验收。相关人民政府国防交通主管机构组织军队有关部门参与项目的设计审定、竣工验收等工作。

交通工程设施建设中为增加国防功能修建的项目应当与主体工程同步设计、同步建设、同步验收。

第二十二条 国防交通工程设施在满足国防活动需要的前提下，应当为经济社会活动提供便利。

第二十三条 国防交通工程设施管理单位负责国防交通工程设施的维护和管理，保持其国防功能。

国防交通工程设施需要改变用途或者作报废处理的，由国防交通工程设施管理单位逐级上报国家国防交通主管机构或者其授权的国防交通主管机构批准。

县级以上人民政府应当加强对国防交通工程设施维护管理工作的监督检查。

第二十四条 任何组织和个人进行生产和其他活动，不得影响国防交通工程设施的正常使用，不得危及国防交通工程设施的安全。

第二十五条 县级以上人民政府国防交通主管机构负责向本级人民政府交通主管部门以及相关企业事业单位了解交通工程设施建设项目的立项、设计、施工等情况；有关人民政府交通主管部门以及相关企业事业单位应当予以配合。

第二十六条 县级以上人民政府国防交通主管机构应当及时向有关军事机关通报交通工程设施建设情况，并征求其贯彻国防要求的意见，汇总后提出需要贯彻国防要求的具体项目。

第二十七条 对需要贯彻国防要求的交通工程设施建设项目，由有关人民政府国防交通主管机构会同本级人民政府发展改革部门、财政部门、交通主管部门和有关军事机关，与建设单位协商确定贯彻国防要求的具体事宜。

交通工程设施新建、改建、扩建项目因贯彻国防要求增加的费用由国家承担。有关部门应当对项目的实施予以支持和保障。

第二十八条 各级人民政府对国防交通工程设施建设项目和贯彻国防要求的交通工程设施建设项目，在土地使用、城乡规划、财政、税费等方面，按照国家有关规定给予政策支持。

第四章 民用运载工具

第二十九条 国家国防交通主管机构应当根据国防需要，会同国务院有关部门和军队有关部门，确定需要贯彻国防要求的民用运载工具的类别和范围，及时向社会公布。

国家鼓励公民和组织建造、购置、经营前款规定的类别和范围内的民用运载工具及其相关设备。

第三十条 县级以上人民政府国防交通主管机构应当向民用运载工具登记管理部门和建造、购置人了解需要贯彻国防要求的民用运载工具的建造、购置、使用等情况，有关公民和组织应当予以配合。

第三十一条 县级以上人民政府国防交通主管机构应当及时将掌握的民用运载工具基本情况通报有关军事机关，并征求其贯彻国防要求的意见，汇总后提出需要贯彻国防要求的民用运载工具的具体项目。

第三十二条 对需要贯彻国防要求的民用运载工具的具体项目，由县级以上人民政府国防交通主管机构会同本级人民政府财政部门、交通主管部门和有关军事机关，与有关公民和组织协商确定贯彻国防要求的具体事宜，并签订相关协议。

第三十三条 民用运载工具因贯彻国防要求增加的费用由国家承担。有关部门应当对民用运载工具贯彻国防要求的实施予以支持和保障。

各级人民政府对贯彻国防要求的民用运载工具在服务采购、运营范围等方面，按照有关规定给予政策支持。

第三十四条 贯彻国防要求的民用运载工具所有权人、承租人、经营人负责民用运载工具的维护和管理，保障其使用效能。

第五章 国 防 运 输

第三十五条 县级以上人民政府交通主管部门会同军队有关交通运输部门按照统一计划、集中指挥、迅速准确、安全保密的原则，组织国防运输。

承担国防运输任务的公民和组织应当优先安排国防运输任务。

第三十六条 国家以大中型运输企业为主要依托，组织建设战略投送支援力量，增强战略投送能力，为快速组织远距离、大规模国防运输提供有效支持。

承担战略投送支援任务的企业负责编组人员和装备，根据有关规定制定实施预案，进行必要的训练、演练，提高执行战略投送任务的能力。

第三十七条　各级人民政府和军事机关应当加强国防运输供应、装卸等保障设施建设。

县级以上地方人民政府和相关企业事业单位，应当根据国防运输的需要提供饮食饮水供应、装卸作业、医疗救护、通行与休整、安全警卫等方面的必要的服务或者保障。

第三十八条　国家驻外机构和我国从事国际运输业务的企业及其境外机构，应当为我国实施国际救援、海上护航和维护国家海外利益的军事行动的船舶、飞机、车辆和人员的补给、休整提供协助。

国家有关部门应当对前款规定的机构和企业为海外军事行动提供协助所需的人员和运输工具、货物等的出境入境提供相关便利。

第三十九条　公民和组织完成国防运输任务所发生的费用，由使用单位按照不低于市场价格的原则支付。具体办法由国务院财政部门、交通主管部门和中央军事委员会后勤保障部规定。

第四十条　军队根据需要，可以在相关交通企业或者交通企业较为集中的地区派驻军事代表，会同有关单位共同完成国防运输和交通保障任务。

军事代表驻在单位和驻在地人民政府有关部门，应当为军事代表开展工作提供便利。

军事代表的派驻和工作职责，按照国务院、中央军事委员会的有关规定执行。

第六章　国防交通保障

第四十一条　各级国防交通主管机构组织人民政府有关部门和有关军事机关制定国防交通保障方案，明确重点交通目标、线路以及保障原则、任务、技术措施和组织措施。

第四十二条　国务院有关部门和县级以上地方人民政府按照职责分工，组织有关企业事业单位实施交通工程设施抢修、抢建和运载工具抢修，保障国防活动顺利进行。有关军事机关应当给予支持和协助。

第四十三条　国防交通保障方案确定的重点交通目标的管理单位和预

定承担保障任务的单位,应当根据有关规定编制重点交通目标保障预案,并做好相关准备。

第四十四条 重点交通目标的管理单位和预定承担保障任务的单位,在重点交通目标受到破坏威胁时,应当立即启动保障预案,做好相应准备;在重点交通目标遭受破坏时,应当按照任务分工,迅速组织实施工程加固和抢修、抢建,尽快恢复交通。

与国防运输有关的其他交通工程设施遭到破坏的,其管理单位应当及时按照管理关系向上级报告,同时组织修复。

第四十五条 县级以上人民政府国防交通主管机构会同本级人民政府国土资源、城乡规划等主管部门确定预定抢建重要国防交通工程设施的土地,作为国防交通控制范围,纳入土地利用总体规划和城乡规划。

未经县级以上人民政府国土资源主管部门、城乡规划主管部门和国防交通主管机构批准,任何组织和个人不得占用作为国防交通控制范围的土地。

第四十六条 重点交通目标的对空、对海防御,由军队有关部门纳入对空、对海防御计划,统一组织实施。

重点交通目标的地面防卫,由其所在地县级以上人民政府和有关军事机关共同组织实施。

重点交通目标的工程技术防护,由其所在地县级以上人民政府交通主管部门会同本级人民政府国防交通主管机构、人民防空主管部门,组织指导其管理单位和保障单位实施。

重点交通目标以外的其他交通设施的防护,由其所在地县级以上人民政府按照有关规定执行。

第四十七条 因重大军事行动和国防科研生产试验以及与国防相关的保密物资、危险品运输等特殊需要,县级以上人民政府有关部门应当按照规定的权限和程序,在相关地区的陆域、水域、空域采取必要的交通管理措施和安全防护措施。有关军事机关应当给予协助。

第四十八条 县级以上人民政府交通主管部门和有关军事机关、国防交通主管机构应当根据需要,组织相关企业事业单位开展国防交通专业保障队伍的训练、演练。

国防交通专业保障队伍由企业事业单位按照有关规定组建。

参加训练、演练的国防交通专业保障队伍人员的生活福利待遇，参照民兵参加军事训练的有关规定执行。

第四十九条 国防交通专业保障队伍执行国防交通工程设施抢修、抢建、防护和民用运载工具抢修以及人员物资抢运等任务，由县级以上人民政府国防交通主管机构会同本级人民政府交通主管部门统一调配。

国防交通专业保障队伍的车辆、船舶和其他机动设备，执行任务时按照国家国防交通主管机构的规定设置统一标志，可以优先通行。

第五十条 各级人民政府对承担国防交通保障任务的企业和个人，按照有关规定给予政策支持。

第七章　国防交通物资储备

第五十一条 国家建立国防交通物资储备制度，保证战时和平时特殊情况下国防交通顺畅的需要。

国防交通物资储备应当布局合理、规模适度，储备的物资应当符合国家规定的质量标准。

国防交通储备物资的品种由国家国防交通主管机构会同国务院有关部门和军队有关部门规定。

第五十二条 国务院交通主管部门和省、自治区、直辖市人民政府国防交通主管机构，应当按照有关规定确定国防交通储备物资储存管理单位，监督检查国防交通储备物资管理工作。

国防交通储备物资储存管理单位应当建立健全管理制度，按照国家有关规定和标准对储备物资进行保管、维护和更新，保证储备物资的使用效能和安全，不得挪用、损坏和丢失储备物资。

第五十三条 战时和平时特殊情况下执行交通防护和抢修、抢建任务，或者组织重大军事演习，抢险救灾以及国防交通专业保障队伍训练、演练等需要的，可以调用国防交通储备物资。

调用中央储备的国防交通物资，由国家国防交通主管机构批准；调用地方储备的国防交通物资，由省、自治区、直辖市人民政府国防交通主管机构批准。

国防交通储备物资储存管理单位，应当严格执行储备物资调用指令，不得拒绝或者拖延。

未经批准，任何组织和个人不得动用国防交通储备物资。

第五十四条　国防交通储备物资因产品技术升级、更新换代或者主要技术性能低于使用维护要求，丧失储备价值的，可以改变用途或者作报废处理。

中央储备的国防交通物资需要改变用途或者作报废处理的，由国家国防交通主管机构组织技术鉴定并审核后，报国务院财政部门审批。

地方储备的国防交通物资需要改变用途或者作报废处理的，由省、自治区、直辖市人民政府国防交通主管机构组织技术鉴定并审核后，报本级人民政府财政部门审批。

中央和地方储备的国防交通物资改变用途或者报废获得的收益，应当上缴本级国库，纳入财政预算管理。

第八章　法律责任

第五十五条　违反本法规定，有下列行为之一的，由县级以上人民政府交通主管部门或者国防交通主管机构责令限期改正，对负有直接责任的主管人员和其他直接责任人员依法给予处分；有违法所得的，予以没收，并处违法所得一倍以上五倍以下罚款：

（一）擅自改变国防交通工程设施用途或者作报废处理的；

（二）拒绝或者故意拖延执行国防运输任务的；

（三）拒绝或者故意拖延执行重点交通目标抢修、抢建任务的；

（四）拒绝或者故意拖延执行国防交通储备物资调用命令的；

（五）擅自改变国防交通储备物资用途或者作报废处理的；

（六）擅自动用国防交通储备物资的；

（七）未按照规定保管、维护国防交通储备物资，造成损坏、丢失的。

上述违法行为造成财产损失的，依法承担赔偿责任。

第五十六条　国防交通主管机构、有关军事机关以及交通主管部门和其他相关部门的工作人员违反本法规定，有下列情形之一的，对负有直接责任的主管人员和其他直接责任人员依法给予处分：

（一）滥用职权或者玩忽职守，给国防交通工作造成严重损失的；

（二）贪污、挪用国防交通经费、物资的；

（三）泄露在国防交通工作中知悉的国家秘密和商业秘密的；

（四）在国防交通工作中侵害公民或者组织合法权益的。

第五十七条 违反本法规定，构成违反治安管理行为的，依法给予治安管理处罚；构成犯罪的，依法追究刑事责任。

第九章 附 则

第五十八条 本法所称国防交通工程设施，是指国家为国防目的修建的交通基础设施以及国防交通专用的指挥、检修、装卸、仓储等工程设施。

本法所称国防运输，是指政府和军队为国防目的运用军民交通运输资源，运送人员、装备、物资的活动。军队运用自身资源进行的运输活动，按照中央军事委员会有关规定执行。

第五十九条 与国防交通密切相关的信息设施、设备和专业保障队伍的建设、管理、使用活动，适用本法。

国家对信息动员另有规定的，从其规定。

第六十条 本法自2017年1月1日起施行。

国防交通条例

（1995年2月24日中华人民共和国国务院、中华人民共和国中央军事委员会令第173号发布 根据2011年1月8日《国务院关于废止和修改部分行政法规的决定》修订）

第一章 总 则

第一条 为了加强国防交通建设，保障战时和特殊情况下国防交通顺畅，制定本条例。

第二条 在中华人民共和国领域内从事国防交通活动，必须遵守本条例。

本条例所称国防交通，是指为国防建设服务的铁路、道路、水路、航空、管道、邮电通信等交通体系。

第三条 国防交通工作实行统一领导、分级负责、全面规划、平战结合的原则。

第四条　各级人民政府、军事机关应当重视国防交通建设，为国防交通工作提供必要条件。

县级以上人民政府交通管理部门和有关交通企业事业单位，应当做好国防交通工作。

第五条　对在国防交通建设中做出重大贡献的单位和个人，各级人民政府、交通管理部门和军事机关应当给予奖励。

第二章　管理机构及其职责

第六条　国家国防交通主管机构在国务院、中央军事委员会领导下，负责全国国防交通工作，履行下列职责：

（一）拟订国防交通工作的方针、政策，草拟有关法律、行政法规；

（二）规划全国国防交通网络布局，对国家交通建设提出有关国防要求的建议；

（三）拟订全国国防交通保障计划，为重大军事行动和其他紧急任务组织交通保障；

（四）组织全国国防交通科学技术研究；

（五）指导检查国防交通工作，协调有关方面的关系；

（六）国务院、中央军事委员会赋予的其他职责。

第七条　军区国防交通主管机构和县级以上地方国防交通主管机构负责本地区国防交通工作，履行下列职责：

（一）贯彻执行国家国防交通工作的方针、政策和法律、法规、规章，拟订本地区有关国防交通工作的规定；

（二）规划本地区国防交通网络布局，对本地区交通建设提出有关国防要求的建议，参加有关交通工程设施的勘察、设计鉴（审）定和竣工验收；

（三）拟订本地区国防交通保障计划，组织国防交通保障队伍，为本地区内的军事行动和其他紧急任务组织交通保障；

（四）负责本地区的国防运力动员和运力征用；

（五）按照国家有关规定，制定和实施本地区的国防交通物资储备计划，调用国防交通物资；

（六）组织本地区国防交通科学技术研究及其成果的推广、应用；

（七）指导、检查、监督本地区国防交通工作，协调处理有关问题；

（八）上级国防交通主管机构和本级人民政府赋予的其他职责。

第八条 国务院交通管理部门分别负责本系统的国防交通工作，履行下列职责：

（一）贯彻执行国家国防交通工作的方针、政策和法律、法规、规章；

（二）制定并组织落实本系统的国防交通建设规划和技术规范；

（三）制定本系统的国防交通保障计划，指导国防交通专业保障队伍建设；

（四）按照国家有关规定，管理和使用本系统的国防交通资产；

（五）组织本系统国防交通科学技术研究及其成果的推广、应用；

（六）指导、检查、监督本系统的国防交通工作，协调处理有关问题。

第九条 承担国防交通任务的交通企业事业单位，在国防交通工作中履行下列职责：

（一）贯彻执行国家国防交通工作的方针、政策和法律、法规、规章；

（二）参加有关国防交通工程设施的勘察、设计鉴（审）定和竣工验收；

（三）制定本单位国防交通保障计划，完成国防交通保障任务；

（四）按照国家有关规定，管理和使用本单位的国防交通资产；

（五）负责本单位的国防交通专业保障队伍的组织、训练和管理工作。

第十条 在特殊情况下，省级国防交通主管机构可以提请有关省、自治区、直辖市人民政府决定，由公安机关、港务监督机构分别在自己的职责范围内对局部地区的道路、水路实行交通管制。

第三章 保 障 计 划

第十一条 本条例所称国防交通保障计划（以下简称保障计划），是指保障战时和特殊情况下国防交通顺畅的预定方案，主要包括：国防交通保障的方针、任务，各项国防交通保障工作的技术措施和组织措施。

保障计划分为：全国保障计划、军区保障计划、地区保障计划和专业保障计划。

第十二条 全国保障计划由国家国防交通主管机构组织国务院有关部门和有关军事机关拟订，报国务院、中央军事委员会批准。

第十三条　军区保障计划由军区国防交通主管机构组织本地区省、自治区、直辖市人民政府有关部门和有关军事机关拟订，征求国家国防交通主管机构的意见后，报军区批准。

第十四条　地区保障计划由县级以上地方国防交通主管机构组织本级人民政府有关部门和有关军事机关拟订，征求上一级国防交通主管机构意见后，报本级人民政府批准。

第十五条　专业保障计划由国务院交通管理部门在各自的职责范围内分别制定，征求国务院其他有关部门意见后，报国家国防交通主管机构同意。

第四章　工程设施

第十六条　本条例所称国防交通工程设施，是指为保障战时和特殊情况下国防交通顺畅而建造的下列建筑和设备：

（一）国家修建的主要为国防建设服务的交通基础设施；

（二）专用的指挥、检修、仓储、防护等工程与设施；

（三）专用的车辆、船舶、航空器；

（四）国防需要的其他交通工程设施。

第十七条　建设国防交通工程设施，应当兼顾经济建设的需要。

建设其他交通工程设施或者研制重要交通工具，应当兼顾国防建设的需要。

第十八条　国防交通主管机构拟订的国防交通建设规划，应当送本级人民政府计划部门和交通管理部门综合平衡。

县级以上人民政府计划部门和交通管理部门在制定交通建设规划时，应当征求本级国防交通主管机构的意见，并将已经确定的国防交通工程设施建设项目和需要贯彻国防要求的建设项目，列入交通建设规划。

第十九条　交通建设规划中有关贯彻国防要求的建设项目，必须按照国防要求进行建设。

第二十条　国防交通工程设施建设项目和有关贯彻国防要求的建设项目，其设计鉴（审）定、竣工验收应当经有关的国防交通主管机构同意。

第二十一条　国防交通工程设施的管理单位，必须加强对国防交通工程设施的维护管理。

改变国防交通工程设施的用途或者将其作报废处理的，必须经管理单位的上一级国防交通主管机构批准。

第二十二条 国家对国防交通工程设施的建设实行优惠政策。具体办法由国家国防交通主管机构会同国务院有关部门制定。

第二十三条 土地管理部门和城市规划主管部门，应当将经批准的预定抢建重要国防交通工程设施的土地作为国防交通控制用地，纳入土地利用总体规划和城市规划。

未经土地管理部门、城市规划主管部门和国防交通主管机构批准，任何单位或者个人不得占用国防交通控制用地。

第二十四条 任何单位或者个人进行生产和其他活动，不得影响国防交通工程设施的正常使用，不得危及国防交通工程设施的安全。

第五章 保障队伍

第二十五条 本条例所称国防交通保障队伍，是指战时和特殊情况下执行抢修、抢建、防护国防交通工程设施、抢运国防交通物资和通信保障任务的组织。

国防交通保障队伍，分为专业保障队伍和交通沿线保障队伍。

第二十六条 专业保障队伍，由交通管理部门以本系统交通企业生产单位为基础进行组建；执行交通保障任务时，由国防交通主管机构统一调配。

交通沿线保障队伍，由当地人民政府和有关军事机关负责组织。

第二十七条 交通管理部门负责专业保障队伍的训练，战时应当保持专业保障队伍人员稳定。

有关军事机关负责组织交通沿线保障队伍的专业训练；国防交通主管机构负责提供教材、器材和业务指导。

第二十八条 县级以上人民政府及有关部门，对专业保障队伍应当给予必要的扶持。

第二十九条 交通保障队伍的车辆、船舶和其他机动设备，应当按照国家国防交通主管机构的规定，设置统一标志；在战时和特殊情况下可以优先通行。

第六章 运力动员和运力征用

第三十条 本条例所称运力动员,是指战时国家发布动员令,对任何单位和个人所拥有的运载工具、设备以及操作人员,进行统一组织和调用的活动。

本条例所称运力征用,是指在特殊情况下,省、自治区、直辖市人民政府依法采取行政措施,调用单位和个人所拥有的运载工具、设备以及操作人员的活动。

第三十一条 县级以上人民政府交通管理部门和其他有关部门应当向国防交通主管机构提供运力注册登记的有关资料。

第三十二条 战时军队需要使用动员的运力的,应当向所在地的军区国防交通主管机构提出申请。武装警察部队、民兵组织和其他单位需要使用动员的运力的,应当向当地国防交通主管机构提出申请。

第三十三条 动员国务院交通管理部门所属的运力,应当经国务院、中央军事委员会批准。动员地方交通管理部门所属的运力或者社会运力,应当经省、自治区、直辖市人民政府批准。

第三十四条 在特殊情况下,军队或者其他单位需要使用征用的运力的,应当向当地国防交通主管机构提出申请,由省、自治区、直辖市人民政府批准。

第三十五条 被动员或者被征用运力的单位和个人必须依法履行义务,保证被动员或者被征用的运载工具和设备的技术状况良好,并保证随同的操作人员具有相应的技能。

第三十六条 需要对动员或者征用的运载工具、设备作重大改造的,必须经相应的国防交通主管机构批准。

第三十七条 对被动员和被征用运力的操作人员的抚恤优待,按照国家有关规定执行;运载工具、设备的补偿办法另行规定。

第七章 军 事 运 输

第三十八条 交通管理部门和交通企业应当优先安排军事运输计划,重点保障紧急、重要的军事运输。运输军事人员、装备及其他军用物资,应当迅速准确、安全保密。

第三十九条　地方各级人民政府和有条件的承运单位，应当为实施军事运输的人员提供饮食、住宿和医疗方便。

第四十条　军队可以在铁路、水路、航空等交通运输单位或其所在地区派驻军事代表，会同有关单位共同完成军事运输和交通保障任务。

第八章　物资储备

第四十一条　国家建立国防交通物资储备制度，保证战时和特殊情况下国防交通顺畅的需要。

第四十二条　国防交通物资储备分为国家储备、部门储备和地方储备，分别列入县级以上各级人民政府和有关部门的物资储备计划。

第四十三条　负责储备国防交通物资的单位，必须对所储备的物资加强维护和管理，不得损坏、丢失。

第四十四条　未经国防交通主管机构批准，任何单位或者个人不得动用储备的国防交通物资。

经批准使用储备的国防交通物资，应当按照规定支付费用。

第四十五条　由地方人民政府或者交通管理部门管理的用作战费、支前费、军费购置的交通保障物资，应当列入国防交通物资储备。

第九章　教育与科研

第四十六条　交通管理部门和交通企业事业单位，应当对本系统、本单位的人员进行国防交通教育。

交通运输院校和邮电通信院校，应当在相关课程中设置国防交通的内容。

第四十七条　交通管理部门和有关的科研机构，应当加强国防交通科学技术研究。国防交通科学技术研究项目，应当纳入各级科学技术研究规划。

第十章　罚　　则

第四十八条　违反本条例有关规定，有下列行为之一的，对负有直接责任的主管人员和其他直接责任人员依法给予行政处分；构成犯罪的，依法追究刑事责任：

（一）应当贯彻国防要求的交通工程设施，在施工过程中没有贯彻国防要求的；

（二）对国防交通工程设施管理不善，造成损失的，或者擅自改变国防交通工程设施的用途或者擅自作报废处理的；

（三）对储备的国防交通物资管理不善，造成损失的；

（四）未经批准动用储备的国防交通物资的。

第四十九条 危及国防交通工程设施安全或者侵占国防交通控制用地的，由国防交通主管机构责令停止违法行为，给予警告，可以并处5万元以下的罚款；造成经济损失的，应当依法赔偿。

第五十条 逃避或者抗拒运力动员或者运力征用的，由国防交通主管机构给予警告，可以并处相当于被动员或者被征用的运载工具、设备价值2倍以下的罚款。

第五十一条 有下列行为之一的，依照《中华人民共和国治安管理处罚法》的有关规定给予处罚；构成犯罪的，依法追究刑事责任：

（一）扰乱、妨碍军事运输和国防交通保障的；

（二）扰乱、妨碍国防交通工程设施建设的；

（三）破坏国防交通工程设施的；

（四）盗窃、哄抢国防交通物资的。

第五十二条 国防交通主管机构的工作人员，滥用职权、玩忽职守的，依法给予行政处分；构成犯罪的，依法追究刑事责任。

第十一章 附 则

第五十三条 本条例下列用语的含义：

（一）特殊情况，是指局部战争、武装冲突和其他突发事件；

（二）交通管理部门，是指主管铁路、道路、水路、航空和邮电通信的行业管理部门。

第五十四条 国防交通经费由中央、地方、部门、企业共同承担。具体办法由国家国防交通主管机构会同国务院有关部门制定。

第五十五条 本条例自发布之日起施行。

武器装备质量管理条例

(2010年9月30日中华人民共和国国务院、中华人民共和国中央军事委员会令第582号公布 自2010年11月1日起施行)

第一章 总 则

第一条 为了加强对武器装备质量的监督管理，提高武器装备质量水平，根据《中华人民共和国国防法》和《中华人民共和国产品质量法》，制定本条例。

第二条 本条例所称武器装备，是指实施和保障军事行动的武器、武器系统和军事技术器材。

武器装备以及用于武器装备的计算机软件、专用元器件、配套产品、原材料的质量管理，适用本条例。

第三条 武器装备质量管理的基本任务是依照有关法律、法规，对武器装备质量特性的形成、保持和恢复等过程实施控制和监督，保证武器装备性能满足规定或者预期要求。

第四条 武器装备论证、研制、生产、试验和维修单位应当建立健全质量管理体系，对其承担的武器装备论证、研制、生产、试验和维修任务实行有效的质量管理，确保武器装备质量符合要求。

第五条 武器装备论证、研制、生产、试验和维修应当执行军用标准以及其他满足武器装备质量要求的国家标准、行业标准和企业标准；鼓励采用适用的国际标准和国外先进标准。

武器装备研制、生产、试验和维修单位应当依照计量法律、法规和其他有关规定，实施计量保障和监督，确保武器装备和检测设备的量值准确和计量单位统一。

第六条 武器装备论证、研制、生产、试验和维修单位应当建立武器装备质量信息系统和信息交流制度，及时记录、收集、分析、上报、反馈、交流武器装备的质量信息，实现质量信息资源共享，并确保质量信息安全，做好保密工作。

第七条　国务院国防科技工业主管部门、国务院有关部门和中国人民解放军总装备部（以下简称总装备部），在各自的职责范围内负责武器装备质量的监督管理工作。

第八条　国家鼓励采用先进的科学技术和管理方法提高武器装备质量，并对保证和提高武器装备质量作出突出贡献的单位和个人，给予表彰和奖励。

第二章　论证质量管理

第九条　武器装备论证质量管理的任务是保证论证科学、合理、可行，论证结果满足作战任务需求。

军队有关装备部门组织武器装备的论证，并对武器装备论证质量负责。

第十条　武器装备论证单位应当制定并执行论证工作程序和规范，实施论证过程的质量管理。

第十一条　武器装备论证单位应当根据论证任务需求，统筹考虑武器装备性能（含功能特性、可靠性、维修性、保障性、测试性和安全性等，下同）、研制进度和费用，提出相互协调的武器装备性能的定性定量要求、质量保证要求和保障要求。

第十二条　武器装备论证单位应当征求作战、训练、运输等部门和武器装备研制、生产、试验、使用、维修等单位的意见，确认各种需求和约束条件，并在论证结果中落实。

第十三条　武器装备论证单位应当对论证结果进行风险分析，提出降低或者控制风险的措施。武器装备研制总体方案应当优先选用成熟技术，对采用的新技术和关键技术，应当经过试验或者验证。

第十四条　武器装备论证单位应当拟制多种备选的武器装备研制总体方案，并提出优选方案。

第十五条　军队有关装备部门应当按照规定的程序，组织作战、训练、运输等部门和武器装备研制、生产、试验、使用、维修等单位对武器装备论证结果进行评审。

第三章　研制、生产与试验质量管理

第十六条　武器装备研制、生产与试验质量管理的任务是保证武器装备质量符合研制总要求和合同要求。

武器装备研制、生产单位对其研制、生产的武器装备质量负责；武器装备试验单位对其承担的武器装备试验结论的正确性和准确性负责。

中央管理的企业对所属单位承担的武器装备研制、生产质量实施监督管理。

第十七条　订立武器装备研制、生产合同应当明确规定武器装备的性能指标、质量保证要求、依据的标准、验收准则和方法以及合同双方的质量责任。

第十八条　武器装备研制、生产涉及若干单位的，其质量保证工作由任务总体单位或者总承包单位负责组织。

第十九条　武器装备研制、生产单位应当根据合同要求和研制、生产程序制定武器装备研制、生产项目质量计划，并将其纳入研制、生产和条件保障计划。

第二十条　武器装备研制、生产单位应当运用可靠性、维修性、保障性、测试性和安全性等工程技术方法，优化武器装备的设计方案和保障方案。

第二十一条　武器装备研制单位应当在满足武器装备研制总要求和合同要求的前提下，优先采用成熟技术和通用化、系列化、组合化的产品。

武器装备研制单位对设计方案采用的新技术、新材料、新工艺应当进行充分的论证、试验和鉴定，并按照规定履行审批手续。

第二十二条　武器装备研制单位应当对计算机软件开发实施工程化管理，对影响武器装备性能和安全的计算机软件进行独立的测试和评价。

第二十三条　武器装备研制、生产单位应当对武器装备的研制、生产过程严格实施技术状态管理。更改技术状态应当按照规定履行审批手续；对可能影响武器装备性能和合同要求的技术状态的更改，应当充分论证和验证，并经原审批部门批准。

第二十四条　武器装备研制、生产单位应当严格执行设计评审、工艺评审和产品质量评审制度。对技术复杂、质量要求高的产品，应当进行可靠性、维修性、保障性、测试性和安全性以及计算机软件、元器件、原材料等专题评审。

第二十五条　军队有关装备部门应当按照武器装备研制程序，组织转阶段审查，确认达到规定的质量要求后，方可批准转入下一研制阶段。

第二十六条　武器装备研制、生产单位应当实行图样和技术资料的校对、审核、批准的审签制度，工艺和质量会签制度以及标准化审查制度。

第二十七条　武器装备研制、生产单位应当对产品的关键件或者关键特性、重要件或者重要特性、关键工序、特种工艺编制质量控制文件，并对关键件、重要件进行首件鉴定。

第二十八条　武器装备研制、生产和试验单位应当建立故障的报告、分析和纠正措施系统。对武器装备研制、生产和试验过程中出现的故障，应当及时采取纠正和预防措施。

第二十九条　武器装备研制单位组织实施研制试验，应当编制试验大纲或者试验方案，明确试验质量保证要求，对试验过程进行质量控制。

第三十条　承担武器装备定型试验的单位应当根据武器装备定型有关规定，拟制试验大纲，明确试验项目质量要求以及保障条件，对试验过程进行质量控制，保证试验数据真实、准确和试验结论完整、正确。

试验单位所用的试验装备及其配套的检测设备应当符合使用要求，并依法定期进行检定、校准，保持完好的技术状态；对一次性使用的试验装备，应当进行试验前的检定、校准。

第三十一条　提交武器装备设计定型审查的图样、技术资料应当正确、完整，试验报告的数据应当全面、准确，结论明确。

第三十二条　提交武器装备生产定型审查的图样、技术资料应当符合规定要求；试验报告和部队试用报告的数据应当全面、准确，结论明确。

第三十三条　武器装备研制、生产单位应当对其外购、外协产品的质量负责，对采购过程实施严格控制，对供应单位的质量保证能力进行评定和跟踪，并编制合格供应单位名录。未经检验合格的外购、外协产品，不得投入使用。

第三十四条　武器装备的生产应当符合下列要求：

（一）工艺文件和质量控制文件经审查批准；

（二）制造、测量、试验设备和工艺装置依法经检定或者测试合格；

（三）元器件、原材料、外协件、成品件经检验合格；

（四）工作环境符合规定要求；

（五）操作人员经培训并考核合格；

（六）法律、法规规定的其他要求。

第三十五条 武器装备研制、生产单位应当建立产品批次管理制度和产品标识制度，严格实行工艺流程控制，保证产品质量原始记录的真实和完整。

第三十六条 武器装备研制、生产单位应当按照标准和程序要求进行进货检验、工序检验和最终产品检验；对首件产品应当进行规定的检验；对实行军检的项目，应当按照规定提交军队派驻的军事代表（以下简称军事代表）检验。

第三十七条 武器装备研制、生产单位应当建立不合格产品处置制度。

第三十八条 武器装备研制、生产单位应当运用统计技术，分析工序能力，改进过程质量控制，保证产品质量的一致性和稳定性。

第三十九条 武器装备研制、生产单位交付的武器装备及其配套的设备、备件和技术资料应当经检验合格；交付的技术资料应当满足使用单位对武器装备的使用和维修要求。新型武器装备交付前，武器装备研制、生产单位还应当完成对使用和维修单位的技术培训。

军事代表应当按照合同和验收技术要求对交付的武器装备及其配套的设备、备件和技术资料进行检验、验收，并监督新型武器装备使用和维修技术培训的实施。

第四十条 武器装备研制、生产单位对暂停生产的武器装备图样和技术资料应当按照规定归档并妥善保管，不得擅自销毁。

第四章 维修质量管理

第四十一条 武器装备维修质量管理的任务是保持和恢复武器装备性能。武器装备维修单位对武器装备维修质量负责。

第四十二条 武器装备维修单位应当落实质量责任制，严格执行各项规章制度，如实记录武器装备维修质量状态，及时报告发现的质量问题。

第四十三条 军队有关装备部门应当定期组织武器装备质量评估，将武器装备质量问题及时反馈武器装备研制、生产、维修单位，并督促其采取纠正措施。

第四十四条 武器装备研制、生产和维修单位发现武器装备存在质量缺陷的，应当及时、主动通报军队有关装备部门及有关单位，采取纠正措施，解决武器装备质量问题，防止类似质量缺陷重复发生。

第四十五条 武器装备研制、生产和维修单位应当建立健全售（修）后服务保障机制，依据合同组织武器装备售（修）后技术服务，及时解决武器装备交付后出现的质量问题，协助武器装备使用单位培训技术骨干，并对武器装备的退役和报废工作提供技术支持。

部队执行作战和重大任务时，武器装备研制、生产和维修单位应当依照法律、法规的要求组织伴随保障和应急维修保障，协助部队保持、恢复武器装备的质量水平。

第五章　质　量　监　督

第四十六条 国务院国防科技工业主管部门和总装备部联合组织对承担武器装备研制、生产、维修任务单位的质量管理体系实施认证，对用于武器装备的通用零（部）件、重要元器件和原材料实施认证。

国务院国防科技工业主管部门和总装备部在各自的职责范围内，组织对武器装备测试和校准试验室实施认可，对质量专业人员实施资格管理。

未通过质量管理体系认证的单位，不得承担武器装备研制、生产、维修任务。

第四十七条 军工产品定型工作机构应当按照国务院、中央军事委员会的有关规定，全面考核新型武器装备质量，确认其达到武器装备研制总要求和规定标准的质量要求。

第四十八条 军事代表依照国务院、中央军事委员会的有关规定和武器装备合同要求，对武器装备研制、生产、维修的质量和质量管理工作实施监督。

第四十九条 国务院国防科技工业主管部门、总装备部会同国务院有关部门查处武器装备研制、生产、维修过程中制造、销售和使用假冒伪劣产品的违法行为。省级人民政府及其有关部门应当积极配合查处工作。

第五十条 武器装备研制、生产、试验、使用和维修过程中发生质量事故时，有关单位应当及时向上级主管部门报告，不得隐瞒不报、谎报或者延误报告。负责武器装备质量监督管理的部门对重大质量事故应当及时调查处理。

第五十一条 任何单位和个人对违反本条例的行为，有权向负责武器装备质量监督管理的部门以及其他有关部门举报。

第六章　法 律 责 任

第五十二条　违反本条例规定，在武器装备论证工作中弄虚作假，或者违反武器装备论证工作程序，造成严重后果的，对直接负责的主管人员和其他直接责任人员，依照有关规定给予处分；构成犯罪的，依法追究刑事责任。

第五十三条　违反本条例规定，有下列情形之一的，由国务院国防科技工业主管部门、国务院有关部门依照有关法律、法规的规定处罚；属于军队的武器装备研制、生产、试验和维修单位，由军队有关部门按照有关规定处理：

（一）因管理不善、工作失职，导致发生武器装备重大质量事故的；

（二）对武器装备重大质量事故隐瞒不报、谎报或者延误报告，造成严重后果的；

（三）在武器装备试验中出具虚假试验数据，造成严重后果的；

（四）将不合格的武器装备交付部队使用的。

前款规定的违法行为情节严重的，由国务院国防科技工业主管部门和军队有关部门依法取消其武器装备研制、生产、试验和维修的资格；造成损失的，依法承担赔偿责任；构成犯罪的，依法追究刑事责任。

第五十四条　违反本条例规定，泄露武器装备质量信息秘密的，由国务院国防科技工业主管部门、国务院有关部门依照《中华人民共和国保守国家秘密法》等有关法律、法规的规定处罚；属于军队的武器装备研制、生产、试验和维修单位，由军队有关部门按照有关规定处理；构成犯罪的，依法追究刑事责任。

第五十五条　违反本条例规定，阻碍、干扰武器装备质量监督管理工作，情节严重的，由国务院国防科技工业主管部门、国务院有关部门依照有关法律、法规的规定处罚；属于军队的武器装备研制、生产、试验和维修单位，由军队有关部门按照有关规定处理；构成犯罪的，依法追究刑事责任。

第五十六条　违反本条例规定，为武器装备研制、生产、试验和维修单位提供元器件、原材料以及其他产品，以次充好、以假充真的，由国务院国防科技工业主管部门、国务院有关部门依照《中华人民共和国产品质量法》等有关法律、法规的规定处罚；造成损失的，依法承担赔偿责任；构成犯罪的，依法追究刑事责任。

第五十七条 武器装备质量检验机构、认证机构与武器装备研制、生产单位恶意串通，弄虚作假，或者伪造检验、认证结果，出具虚假证明的，取消其检验、认证资格，并由国务院国防科技工业主管部门、国务院有关部门依照《中华人民共和国认证认可条例》的有关规定处罚；属于军队的武器装备质量检验机构、认证机构，由军队有关部门按照有关规定处理；构成犯罪的，依法追究刑事责任。

第五十八条 武器装备质量监督管理人员玩忽职守、滥用职权、徇私舞弊的，由所在单位或者上级主管部门依法给予处分；构成犯罪的，依法追究刑事责任。

第七章 附 则

第五十九条 武器装备预先研究、专项工程的质量管理工作，参照本条例执行。

第六十条 中国人民武装警察部队和民兵的武器装备质量管理工作，参照本条例执行。

第六十一条 本条例自2010年11月1日起施行。1987年5月25日国务院、中央军事委员会批准，1987年6月5日国防科工委发布的《军工产品质量管理条例》同时废止。

民兵武器装备管理条例

(1995年6月3日中华人民共和国国务院、中华人民共和国中央军事委员会令第178号发布 根据2011年1月8日《国务院关于废止和修改部分行政法规的决定》修订)

第一章 总 则

第一条 为了加强民兵武器装备管理，保障民兵完成作战、执勤、训练等项任务，制定本条例。

第二条　本条例所称民兵武器装备，是指配备给民兵使用和储存的武器、弹药和军事技术器材。

第三条　民兵武器装备管理工作的基本任务是保证民兵武器装备经常处于良好的技术状态，防止发生丢失、被盗等事故，确保安全，保障民兵能随时用于执行任务。

第四条　全国的民兵武器装备管理工作在国务院、中央军事委员会领导下，由中国人民解放军总参谋部（以下简称总参谋部）主管。

军区、省军区（含卫戍区、警备区，下同）、军分区（含警备区，下同）、县（含自治县、不设区的市、市辖区，下同）人民武装部和乡（含民族乡、镇，下同）人民武装部、企业事业单位人民武装部，负责本地区或者本单位的民兵武器装备管理工作。

第五条　地方各级人民政府必须加强对民兵武器装备管理工作的领导，督促有关单位做好民兵武器装备管理工作。

地方各级人民政府有关部门，应当协助军事机关做好民兵武器装备管理工作，解决有关问题。

企业事业单位应当按照当地人民政府和本地区军事机关的要求，把民兵武器装备管理工作纳入管理计划，做好各项工作。

第六条　民兵武器装备管理，应当贯彻艰苦奋斗、勤俭建军的方针，实行管理科学化、制度化，管好现有武器装备，立足于民兵使用现有武器装备完成各项任务。

第二章　职责与分工

第七条　军区、省军区、军分区、县人民武装部、乡人民武装部、企业事业单位人民武装部管理民兵武器装备，履行下列职责：

（一）根据本条例和上级军事机关有关民兵武器装备管理的规定，制定本地区或者本单位民兵武器装备管理的规章制度；

（二）组织、督促所属单位和人员执行民兵武器装备管理法规和规章制度，建立和保持良好的管理秩序；

（三）选配和培训民兵武器装备看管人员和技术人员；

（四）教育民兵武器装备的看管人员和使用人员管好用好武器装备；

（五）做好民兵武器装备的安全和防止事故工作；

（六）掌握民兵武器装备管理情况，及时报告并解决管理中的问题；

（七）完成上级军事机关赋予的与民兵武器装备管理有关的其他工作。

第八条　民兵武器装备的看管人员和使用人员应当履行下列职责：

（一）遵守民兵武器装备管理法规和规章制度；

（二）熟悉民兵武器装备性能，做到会使用、会保养、会检查、会排除一般故障；

（三）保守民兵武器装备秘密；

（四）做好民兵武器装备的安全和防止事故工作；

（五）看管和使用民兵武器装备的其他有关职责。

第九条　民兵武器装备的配备、补充、调整、动用、封存等组织计划工作，由军事机关司令部门负责。

第十条　民兵武器装备的储存保管、技术鉴定、维护修理等技术管理工作，按照职责分工，由军事机关的司令部门或者装备技术部门负责。

第三章　配备与补充

第十一条　民兵武器装备的配备与补充，由总参谋部统一规划。军区、省军区、军分区和县人民武装部，根据上级的规划，制定本地区的配备与补充计划，并组织实施。

第十二条　民兵武器装备的配备，应当根据基干民兵的组建计划和战备、执勤、训练等项任务的需要，做到保障重点，合理布局。

第十三条　民兵配属部队执行作战、支前任务所需的武器装备，由县人民武装部配发；到达部队后，由所在部队按照损耗补充。

第十四条　民兵武器装备的调整，按照管辖范围，分别由县人民武装部、军分区、省军区、军区批准；超出管辖范围的，由上级军事机关批准；调出民兵系统的，由总参谋部批准。

第十五条　民兵武器装备的制造、装配、接收、购置，必须经总参谋部批准。

第四章　保管与使用

第十六条　民兵武器装备的保管，应当符合技术和战备、安全的要求，建立健全值班、交接、登记、检查、保养等制度，做到无丢失、无损坏、无锈蚀、无霉烂变质。

武器、弹药应当分开存放。

第十七条　民兵武器装备，应当集中在县以上民兵武器装备仓库保管；因战备、值勤的需要，经省军区批准，可以由乡人民武装部、企业事业单位或者民兵值勤点保管。

配备给乡、企业事业单位的高射机枪和火炮，由乡人民武装部、企业事业单位保管。

第十八条　省军区、军分区民兵武器装备仓库的管理，除依照本条例执行外，并应当执行中国人民解放军军械仓库业务管理的有关规定；县以下民兵武器装备仓库的管理，除依照本条例执行外，并应当执行上级军事机关的有关规定。

第十九条　保管民兵武器装备的乡人民武装部、企业事业单位必须有牢固的库房、枪柜（箱、架）和可靠的安全设施，配备专职看管人员。

第二十条　民兵武器装备仓库是国家的军事设施，地方各级人民政府和军事机关应当依照《中华人民共和国军事设施保护法》做好保护工作。

第二十一条　掌握武器装备的民兵和民兵武器装备仓库的看管人员，应当由人民武装部门按照有关规定审查批准，并报上一级军事机关备案。

第二十二条　省军区、军分区和县、乡人民武装部民兵武器装备仓库的新建、扩建和改建，应当纳入地方基本建设计划统筹安排，所需经费由同级人民政府解决。企业事业单位民兵武器装备仓库的修建和改建所需的经费，按照国家有关规定解决。

省军区、军分区民兵武器装备仓库的职工工资、公务事业费和福利费等，从国防费中开支；县民兵武器装备仓库的维修费、业务费和职工工资等，按照国家的有关规定执行。

第二十三条　平时启用封存的民兵武器装备，应当经过批准。启用简易封存的民兵武器装备，由军分区以上军事机关批准；启用新品和长期封存的民兵武器装备，由省军区以上军事机关批准。

第二十四条　高等院校学生军事训练用的教练枪，应当按照规定经过批准，由当地县人民武装部提供，由院校负责保管。

学生军事训练用的教练枪，必须经过技术处理，使其不能用于实弹射击。

第二十五条　高等院校、高级中学和相当于高级中学的学校学生军事训练所需的实弹射击用枪,由当地县人民武装部提供并负责管理。

第二十六条　民兵配合部队执行任务或者配合公安机关维护社会治安,需要动用民兵武器装备时,应当按照有关规定执行。

第二十七条　民兵武器装备,不得擅自借出。因执勤、训练需要借用配发给民兵或者民兵组织的武器装备的,必须报经县人民武装部批准。借用县以上民兵武器装备仓库保管的民兵武器装备,必须报上一级军事机关批准。

第二十八条　保管与使用民兵武器、弹药的,必须遵守下列规定：
（一）不准随意射击、投掷；
（二）不准用与武器非配用的弹药射击；
（三）不准持武器、弹药打闹；
（四）不准随意拆卸武器、弹药和改变其性能；
（五）不准擅自借出武器、弹药；
（六）不准擅自动用武器、弹药打猎；
（七）不准擅自携带武器、弹药；
（八）不准动用武器、弹药参加械斗和参与处理民间纠纷。

第二十九条　因执行任务需要,按照规定配发给个人的民兵武器、弹药,实行持枪证和持枪通行证制度。持枪证和持枪通行证式样及使用办法,由总参谋部规定。

第三十条　民兵弹药的使用,应当执行用旧存新、用零存整的原则。军事训练、武器修理、试验等剩余的弹药,必须交回县以上民兵武器装备仓库保管,列入本年度装备实力统计,任何单位或者个人不得私自留存。

第三十一条　民兵、学生军事训练所需弹药,由总参谋部规定标准和下达指标,逐级进行分配。

第三十二条　经中央军事委员会或者总参谋部批准,民兵为外国人进行军事表演所需弹药,由省军区拨给。

第三十三条　修理、试验民兵武器和进行试验、化验所需要的弹药,按照中国人民解放军有关标准执行,由省军区装备技术部批准拨给；未设装备技术部的,由司令部批准拨给。

第三十四条　严禁挪用、出租、交换民兵武器装备。

未经中央军事委员会或者总参谋部批准，不得馈赠、出售民兵武器装备。

第三十五条 未经总参谋部批准，不得动用民兵武器装备从事生产经营活动。

第三十六条 发生民兵武器装备丢失、被盗等事故时，应当立即向当地军事机关和人民政府报告，并迅速处理。

军事机关必须及时逐级上报总参谋部。

第五章 修理与报废

第三十七条 县人民武装部负责修理其管理的民兵武器装备，企业事业单位负责修理其保管的民兵武器装备；无力修理的，由军分区、省军区、军区修械所（厂）修理。其中，弹药的修理，由省军区民兵武器装备仓库负责；无力修理的，由军区司令部门安排修理。

民兵武器装备维修所需的经费，从民兵事业费的装备管理维修费中开支。

第三十八条 军分区、省军区修械所负责修理民兵武器装备和军分区、省军区直属分队的武器装备。其职工工资、公务事业费和福利费等从国防费中开支。

第三十九条 民兵武器装备的分级和转级，按照中国人民解放军有关规定执行。

第四十条 民兵武器装备的报废，应当经过批准。报废的批准和处理权限，由总参谋部规定。

民兵武器装备的报废处理规则，按照中国人民解放军有关规定执行。

有重要历史意义的民兵武器装备，应当妥善保管，不得自行处理。

第四十一条 严禁将民兵武器装备管理维修费、民兵武器装备维修材料或者备件挪作他用。

第六章 奖励与惩处

第四十二条 符合下列条件之一的单位和个人，由人民政府、军事机关给予奖励：

（一）同抢劫、盗窃、破坏民兵武器装备以及其他危害民兵武器装备的行为进行斗争的；

（二）在危险事故中抢救或者保护民兵武器装备，或者避免危险事故发生的；

（三）长期在基层从事民兵武器装备管理工作或者在民兵武器装备维修等项工作中，完成任务出色的；

（四）在民兵武器装备管理工作中从事危险作业，圆满完成任务的；

（五）在民兵武器装备管理工作中严格执行各项规章制度，成绩突出的。

第四十三条　有下列行为之一的，依法给予行政处分；属于违反治安管理行为的，依照治安管理处罚法的有关规定处罚；构成犯罪的，依法追究刑事责任：

（一）私藏、盗窃、抢劫、破坏民兵武器装备，或者利用民兵武器装备进行违法活动的；

（二）擅自制造、装配、接收、购置民兵武器装备或者擅自挪用、出租、交换、馈赠、出售、携带、留存、动用、借出民兵武器装备的；

（三）挪用民兵装备管理维修费、武器装备维修材料或者备件的；

（四）玩忽职守，致使民兵武器装备丢失、被盗或者损坏、锈蚀、霉烂变质，影响使用的；

（五）违反民兵武器装备操作规程和使用规定，造成后果的；

（六）在民兵武器装备受到抢劫、盗窃、破坏时，不采取制止和保护措施，致使武器装备遭受损失的；

（七）对民兵武器装备事故隐瞒不报的；

（八）有违反本条例的其他行为的。

第四十四条　有本条例第四十三条所列行为之一的单位，除对主管负责人员和直接责任人员给予行政处分、行政处罚或者依法追究刑事责任外，应当对该单位给予通报批评，并限期改正。

第七章　附　　则

第四十五条　民兵通信装备、工兵装备、防化装备的管理办法，由总参谋部根据本条例制定。

省、自治区、直辖市人民政府和省军区可以根据本条例，制定本地区民兵武器装备管理的具体办法。

第四十六条　本条例自发布之日起施行。

军工关键设备设施管理条例

(2011年6月24日中华人民共和国国务院、中华人民共和国中央军事委员会令第598号公布　自2011年10月1日起施行)

第一条　为了保持和提高国防科研生产能力,加强军工关键设备设施的管理,保障军工关键设备设施的安全、完整和有效使用,制定本条例。

第二条　本条例所称军工关键设备设施,是指直接用于武器装备科研生产的重要的实验设施、工艺设备、试验及测试设备等专用的军工设备设施。

军工关键设备设施的目录,由国务院国防科技工业主管部门会同军队武器装备主管部门、国务院国有资产监督管理机构和国务院有关部门制定。

第三条　国家对军工关键设备设施实行登记管理,对使用国家财政资金购建的用于武器装备总体、关键分系统、核心配套产品科研生产的军工关键设备设施的处置实行审批管理。

第四条　国务院国防科技工业主管部门会同国务院有关部门依照本条例规定,对全国军工关键设备设施进行管理。

省、自治区、直辖市人民政府负责国防科技工业管理的部门会同同级有关部门依照本条例规定,对有关军工关键设备设施进行管理。

第五条　军工关键设备设施管理,应当遵循严格责任、分工负责、方便有效的原则。

第六条　占有、使用军工关键设备设施的企业、事业单位(以下简称企业、事业单位)及其工作人员,负责军工关键设备设施管理的部门、单位及其工作人员,对知悉的国家秘密和商业秘密负有保密义务。

第七条　中央管理的企业负责办理所属单位军工关键设备设施的登记。国务院教育主管部门负责办理所属高等学校军工关键设备设施的登记。中国科学院负责办理所属科研机构军工关键设备设施的登记。

省、自治区、直辖市人民政府负责国防科技工业管理的部门负责办理本行政区域内前款规定以外的企业、事业单位军工关键设备设施的登记。

第八条 企业、事业单位应当自军工关键设备设施投入使用之日起30日内向负责登记的部门、单位提交载明下列内容的文件材料,办理登记手续:

(一)企业、事业单位的名称、住所等基本情况;

(二)军工关键设备设施的名称、产地、价值、性能、状态、资金来源、权属等基本情况。

企业、事业单位应当对其提交的文件材料的真实性负责。

第九条 负责登记的部门、单位应当自收到提交的文件材料之日起30日内办结登记,并对军工关键设备设施赋予专用代码。

第十条 军工关键设备设施登记的具体内容和专用代码,由国务院国防科技工业主管部门统一规定和分配。

第十一条 企业、事业单位占有、使用的军工关键设备设施损毁、报废、灭失或者权属发生变更的,应当自上述事实发生之日起30日内向负责登记的部门、单位报告。负责登记的部门、单位应当及时变更登记信息。

第十二条 负责登记的部门、单位应当按照国务院国防科技工业主管部门的规定将登记信息报送国务院国防科技工业主管部门。

国务院国防科技工业主管部门和负责登记的部门、单位可以根据需要,对登记信息进行核查。

第十三条 企业、事业单位应当建立健全军工关键设备设施使用管理制度,保证军工关键设备设施的安全、完整和有效使用,并对其占有、使用的军工关键设备设施的名称、规格、性能、状态、数量、权属等基本情况作完整记录。

第十四条 企业、事业单位应当按照国务院国防科技工业主管部门的规定,在需要特殊管控的军工关键设施外围划定安全控制范围,并在其外沿设置安全警戒标志。

第十五条 企业、事业单位改变其占有、使用的军工关键设备设施的用途的,应当向负责登记的部门、单位提交有关文件材料,办理补充登记。负责登记的部门、单位应当按照国务院国防科技工业主管部门的规定向国务院国防科技工业主管部门报送补充登记信息。

企业、事业单位改变使用国家财政资金购建的军工关键设备设施的用途,影响武器装备科研生产任务完成的,国务院国防科技工业主管部门应当及时予以纠正。

第十六条　企业、事业单位拟通过转让、租赁等方式处置使用国家财政资金购建的用于武器装备总体、关键分系统、核心配套产品科研生产的军工关键设备设施，应当经国务院国防科技工业主管部门批准。申请批准应当提交载明下列内容的文件材料：

（一）军工关键设备设施的名称、数量、价值、性能、使用等情况；

（二）不影响承担武器装备科研生产任务的情况说明；

（三）处置的原因及方式；

（四）受让人或者承租人的基本情况。

第十七条　国务院国防科技工业主管部门应当自收到处置申请之日起30日内，作出批准或者不予批准的决定。作出批准决定的，国务院国防科技工业主管部门应当向申请人颁发批准文件；作出不予批准决定的，国务院国防科技工业主管部门应当书面通知申请人，并说明理由。

国务院国防科技工业主管部门作出批准或者不予批准的决定，应当征求军队武器装备主管部门、国务院国有资产监督管理机构和国务院有关部门的意见。涉及国防科研生产能力、结构和布局调整的，应当按照国家有关规定会同军队武器装备主管部门、国务院国有资产监督管理机构和国务院有关部门，作出批准或者不予批准的决定。

企业、事业单位取得批准文件后，应当依照本条例第十一条的规定及时向负责登记的部门、单位报告。

第十八条　国有资产监督管理机构等有关部门依照法定职责和程序决定企业、事业单位合并、分立、改制、解散、申请破产等重大事项，涉及使用国家财政资金购建的用于武器装备总体、关键分系统、核心配套产品科研生产的军工关键设备设施权属变更的，应当征求国防科技工业主管部门的意见。

第十九条　企业、事业单位未依照本条例规定办理军工关键设备设施登记，或者其占有、使用的军工关键设备设施损毁、报废、灭失或者权属发生变更未及时向负责登记的部门、单位报告的，责令限期改正；逾期未改正的，处以1万元以上2万元以下罚款。

第二十条　企业、事业单位提交虚假文件材料办理登记的，责令改正，处以1万元以上2万元以下罚款。

第二十一条　企业、事业单位违反本条例规定，未经批准处置使用国家财政资金购建的用于武器装备总体、关键分系统、核心配套产品科研生产的军工关键设备设施的，责令限期改正，处以50万元以上100万元以下罚款，对直接负责的主管人员和其他直接责任人员处以5000元以上2万元以下罚款；有违法所得的，没收违法所得。

第二十二条　企业、事业单位以欺骗、贿赂等不正当手段取得有关军工关键设备设施处置的批准文件的，处以5万元以上20万元以下罚款；对违法取得的批准文件依法予以撤销。

第二十三条　本条例规定的行政处罚，由国务院国防科技工业主管部门决定。但是，对本条例第七条第二款规定的企业、事业单位有本条例第十九条规定的违法行为的行政处罚，由省、自治区、直辖市人民政府负责国防科技工业管理的部门决定。

第二十四条　负责军工关键设备设施登记管理、处置审批管理的部门、单位的工作人员滥用职权、玩忽职守、徇私舞弊的，依法给予处分；构成犯罪的，依法追究刑事责任。

第二十五条　本条例自2011年10月1日起施行。

军服管理条例

（2009年1月13日中华人民共和国国务院、中华人民共和国中央军事委员会令第547号公布　自2009年3月1日起施行）

第一条　为了加强军服管理，维护军服的专用性和严肃性，制定本条例。

第二条　本条例所称军服，是指中国人民解放军现行装备的制式服装及其标志服饰。

第三条　军服的制式由中央军事委员会批准。

军服由军队军需主管部门负责监制。

第四条　生产军服、军服专用材料的企业（以下称军服承制企业）应当具备生产军服、军服专用材料必需的条件和能力，具有质量保证体系和良好资信，并符合军队军需主管部门规定的其他条件。

申请生产军服、军服专用材料的企业，经军队军需主管部门或者其授权的机构查验，具备前款规定条件的，列入军服承制企业备选名录。

军队军需主管部门或者其授权的机构根据军服、军服专用材料生产任务，从军服承制企业备选名录中择优确定军服承制企业，与其签订军服、军服专用材料生产合同。

第五条 军服承制企业应当严格履行军服、军服专用材料生产合同，按照合同约定的时间、品种、数量完成军服、军服专用材料生产任务，执行军服生产技术规范。

军服承制企业不得转让军服、军服专用材料生产合同或者军服生产技术规范，也不得委托其他企业生产军服、军服专用材料。

军服承制企业的工作人员不得泄露军服专用材料生产技术，不得泄露军服、军服专用材料生产数量、接收单位等涉及国家秘密的信息。

第六条 军服、军服专用材料生产中的试制品，经军队军需主管部门或者其授权的机构检验合格的，作为制成品接收；军服、军服专用材料生产中的残次品，未经改制、染色等处理的，不得销售或者以其他方式转让；军服生产中剩余的军服专用材料，应当按照军队军需主管部门或者其授权的机构的要求，妥善保管或者移交。

第七条 承运军服、军服专用材料的企业，应当具备货物运输资质。军队军需主管部门或者其授权的机构应当与其签订运输合同。承运企业应当严格履行运输合同，承运企业工作人员不得泄露运输的军服、军服专用材料的数量、接收单位等涉及国家秘密的信息。

第八条 军队军需主管部门或者其授权的机构应当对军服承制企业生产军服、军服专用材料的情况进行检查，并向国务院工商行政管理部门通报军服、军服专用材料生产合同签订和履行的情况。

第九条 现役军人以及依照法律、法规和军队有关规定可以穿着军服的人员，应当依照有关规定穿着军服。

军队警备执勤人员应当加强检查、纠察，及时纠正违法穿着军服的行为。

影视制作和文艺演出单位的演艺人员因扮演军人角色需要穿着军服的，应当遵守军队关于军服穿着的规定，不得损害军队和军人形象。非拍摄、演出时不得穿着军服。

第十条 禁止买卖、出租或者擅自出借、赠送军服。

禁止使用军服和中国人民解放军曾经装备的制式服装从事经营活动。

禁止以"军需"、"军服"、"军品"等用语招揽顾客。

第十一条 机关、团体、企业事业单位和其他组织的制式服装及其标志服饰，应当与军服有明显区别。

禁止生产、销售、购买和使用仿照军服样式、颜色制作的足以使公众视为军服的仿制品。

第十二条 违反本条例规定，有下列情形之一的，由工商行政管理部门没收违法物品和违法所得，处1万元以上10万元以下的罚款；违法经营数额巨大的，吊销营业执照；构成犯罪的，依法追究刑事责任：

（一）非法生产军服、军服专用材料的；

（二）买卖军服、军服专用材料的；

（三）生产、销售军服仿制品的。

工商行政管理部门发现涉嫌非法生产、销售军服或者军服仿制品的行为时，可以查封、扣押涉嫌物品。

第十三条 军服承制企业违反本条例规定，有下列情形之一的，由工商行政管理部门责令改正，处1万元以上5万元以下的罚款；拒不改正的，责令停业整顿：

（一）转让军服、军服专用材料生产合同或者生产技术规范，或者委托其他企业生产军服、军服专用材料的；

（二）销售或者以其他方式转让未经改制、染色等处理的军服、军服专用材料残次品的；

（三）未将军服生产中剩余的军服专用材料妥善保管、移交的。

具有前款规定情形之一的，军队军需主管部门应当将其从军服承制企业备选名录中除名，并不得再列入军服承制企业备选名录。

第十四条 军服承制企业的工作人员泄露军服专用材料生产技术，或者军服承制、承运企业的工作人员泄露军服、军服专用材料生产、运输数量以及接收单位等涉及国家秘密的信息，构成犯罪的，依法追究刑事责任。

第十五条 违反本条例规定，使用军服和中国人民解放军曾经装备的制式服装从事经营活动，或者以"军需"、"军服"、"军品"等用语招揽顾客的，由工商行政管理部门责令改正，没收违法物品和违法所得，并处

2000元以上2万元以下的罚款；拒不改正的，责令停业整顿。

第十六条　穿着军服或者军服仿制品冒充军人招摇撞骗的，由公安机关依法给予治安管理处罚；构成犯罪的，依法追究刑事责任。

第十七条　公务员和现役军人在军服管理工作中滥用职权、玩忽职守、徇私舞弊的，依法给予处分；构成犯罪的，依法追究刑事责任。

现役军人出租或者擅自出借、赠送军服的，依照《中国人民解放军纪律条令》的规定给予处分。

第十八条　对公安机关、工商行政管理部门查获的军服仿制品的认定存在争议的，由省军区（卫戍区、警备区）或者军分区（警备区）军需主管部门鉴定。

公安机关、工商行政管理部门依法没收的军服、军服专用材料，应当移交省军区（卫戍区、警备区）或者军分区（警备区）军需主管部门；依法没收的军服仿制品，应当按照国家有关规定处理。

第十九条　中国人民武装警察部队现行装备的制式服装及其标志服饰的管理，参照本条例执行。

第二十条　本条例自2009年3月1日起施行。

军用饮食供应站供水站管理办法

（1989年10月4日国务院、中央军委批准　1989年11月17日民政部、总后勤部令第1号发布　根据2019年3月2日《国务院关于修改部分行政法规的决定》修订）

第一条　为了加强军用饮食供应站、军用供水站（以下统称军供站）的管理，保障军队平时、战时在运输途中的饮食饮水供应，制定本办法。

第二条　军供站是人民政府支援过往部队的组织机构和战备设施，在人民政府领导下，由退役军人事务部门负责管理。

第三条　军供站的任务是保障成批过往的部队、入伍的新兵、退伍的老兵和支前民兵、民工等在运输途中的饮食饮水的供应以及军运马匹的草料和饮水的供应。

第四条　军供站由省、自治区、直辖市人民政府根据军区的要求，在铁路、公路、水路沿线设置。

第五条　军供站分为常设站和临时站。常设站设置在主要铁路和公路干线的大站、水路的重要港口等军事运输繁忙地方；临时站设置在大批或者紧急军事运输任务需要的地方，任务完成后即行撤销。

第六条　常设军用饮食供应站的基本建设项目应当有厨房、餐厅、仓库、锅炉房、办公室、宿舍、厕所、汽车库、平场、盥洗设施，并根据需要设置遛马场和饮马设备。常设军用供水站的基本建设项目应当有锅炉房、办公室、宿舍、厕所、盥洗设施。

第七条　军供站的基本建设、设施维修、设备购置和用于过往部队接待工作的经费，军供站固定编制人员的工资、福利费和公用经费，按照国家规定的开支渠道，由地方财政安排解决。

第八条　常设军供站应当有少量固定编制的人员，其名额由省、自治区、直辖市人民政府根据军供站的军供任务和所处战略位置的需要确定，并在省、自治区、直辖市的行政编制总额中解决。

遇到大批军供任务，军供站工作人员不足时，由当地人民政府临时抽调人员协助工作。

第九条　国家在新建、改建车站和港口时，铁路、交通部门应当根据总后勤部军事交通部的要求，将军供站列入工程计划之内一并修建。工程竣工后，铁路、交通部门应当将军供站移交给人民政府的退役军人事务部门。退役军人事务部门对军供站的房屋和设备负责维修。

第十条　中国人民解放军派驻铁路、交通部门的军事代表办事处负责对军供站的业务指导。在有大批军供任务时，军事交通部门应当向军供站预先通报供应任务和注意事项，并指定专人与军供站保持联系。必要时，应当派遣军事代表常驻军供站协助工作。

第十一条　军供站应当根据有关法律、法规，经常对工作人员进行保卫和保密教育，建立、健全保卫和保密工作制度。

第十二条　军供站按照正规化建设要求，实现工作制度化、程序化、标准化，加强对工作人员的思想教育和业务培训，不断提高应变能力和快速保障能力，做好军供工作。

第十三条　对军供站供应工作的基本要求：

（一）军供站应当根据供应通报和军事代表的要求，做到保质保量供应，保证部队按时用餐、用水；

（二）军供站必须严格执行食品卫生的法律、法规，做好供应部队的饮食饮水的检查工作，防止食物中毒；

（三）军供站应当贯彻勤俭办事的精神，厉行节约，反对铺张浪费，并建立严格的财务制度和物资管理制度，防止贪污、盗窃和挪用供应部队的物资等违法行为。每次供应任务完成后，军供站应当按照供应成本向部队核收伙食费、粮票及马料票、马草用款。

第十四条　军供站所在地人民政府的有关部门负责做好下列工作：

（一）商业、粮食、供销、煤炭等部门，分别负责保证供应过往部队所需的主副食品、燃料、必要生活用品和马草、马料，并按国家和有关部门规定，在品种和价格等方面实行优待。

（二）卫生部门负责过往部队的饮食饮水的检验和伤病员的急救等工作，对不能随部队行动的伤病员负责收治。留在当地医院治疗的伤病员的医疗费、伙食费、归队差旅费和死亡丧葬费，由当地的武装部门垫支后，向所在军区的后勤部门实报实销。

（三）铁路、交通部门负责解决铁路、公路、水路沿线的军供站的供电、通信、给水等设备。

（四）交通部门应当按照对行政机关的有关规定减免军供站编制内的机动车辆的养路费。

（五）公安部门负责军供站周围的治安管理、交通管理和保卫、保密工作，防止可能发生的破坏活动。

第十五条　部队应当尊重地方工作人员，遵守军供站的供应制度和规定，凭供应通报就餐，并如数交付伙食费和粮票。使用马草马料，应如数交付马料票、马草用款。损坏餐具等物品应当照价赔偿。

第十六条　军供站在保证完成军供任务的前提下，实行平战结合，可以利用现有设施，为部队服务，为社会服务。

第十七条　本办法由退役军人事务部和总后勤部共同解释。

第十八条　本办法自发布之日起施行。一九六五年四月七日国务院批转总参谋部、内务部制定的《军用饮食供应站、供水站组织管理暂行办法》同时废止。

七、纠纷解决

最高人民法院关于军事法院管辖民事案件若干问题的规定

（2025年3月1日最高人民法院审判委员会第1943次会议通过 2025年4月25日最高人民法院公告公布 自2025年5月1日起施行 法释〔2025〕6号）

根据《中华人民共和国人民法院组织法》《中华人民共和国民事诉讼法》等法律规定，结合审判实践，就军事法院管辖民事案件有关问题，制定本规定。

第一条 下列民事案件，由军事法院管辖：

（一）双方当事人均为军人或者军队单位的案件；

（二）认定案件基本事实的主要证据涉及军事秘密的案件；

（三）侵权行为发生在营区内的侵权责任纠纷，且当事人一方为军人或者军队单位的案件；

（四）军队聘用制文职人员与军队单位发生解除或者终止聘用合同争议，不服劳动人事争议仲裁裁决，依法提起诉讼的案件；

（五）申请宣告军人失踪或者死亡的案件；

（六）申请认定军人无民事行为能力或者限制民事行为能力以及相应的指定监护人的案件；

（七）军队设立选举委员会的选民资格案件；

（八）认定营区内无主财产案件。

军事法院依照本条第一款第一项受理民事案件后，根据当事人申请或者依职权追加地方当事人参加诉讼的，由军事法院继续审理。

第二条 下列民事案件，有关军事法院与地方人民法院都有权管辖，地方当事人向军事法院提起诉讼的，军事法院应当受理：

（一）军人或者军队单位执行职务过程中造成他人损害的侵权责任纠纷案件；

（二）当事人一方为军人的婚姻家庭纠纷案件；

（三）民事诉讼法第三十四条规定的不动产所在地、港口所在地、被继承人死亡时住所地或者主要遗产所在地在营区内，且当事人一方为军人或者军队单位的案件；

（四）地方当事人与军队医疗机构之间的医疗损害责任纠纷案件。

第三条 当事人一方是军人或者军队单位，且合同履行地或者标的物所在地在营区内的合同或者其他财产权益纠纷，当事人书面约定军事法院管辖，不违反法律关于级别管辖、专属管辖和专门管辖规定的，应当由军事法院管辖。

第四条 军事法院受理第一审民事案件，应当参照民事诉讼法关于级别管辖、地域管辖的规定确定。

当事人住所地省级行政区划内没有可以受理案件的第一审军事法院，或者处于交通十分不便的边远地区，双方当事人同意由地方人民法院管辖的，地方人民法院可以管辖，但本规定第一条第一款第二项规定的案件除外。

第五条 军事法院发现受理的民事案件属于地方人民法院管辖的，应当移送有管辖权的地方人民法院，受移送的地方人民法院应当受理。

地方人民法院认为受移送的案件不属于本院管辖的，应当报请上级人民法院处理，不得再自行移送。

地方人民法院发现受理的民事案件属于军事法院管辖的，参照第一款规定办理。军事法院认为受移送的案件不属于本院管辖的，参照第二款规定办理。

第六条 军事法院与地方人民法院依照本规定第五条移送管辖之前，可以先行协商。

军事法院与地方人民法院之间因管辖权发生争议，由争议双方通过会商机制解决；协商不成的，报请各自的上级法院协商解决；仍然协商不成的，报请最高人民法院指定管辖。

第七条 军事法院受理案件后，当事人对管辖权有异议的，应当在提交答辩状期间提出。军事法院对当事人提出的异议，应当审查。异议成立的，裁定将案件移送有管辖权的军事法院或者地方人民法院；异议不成立的，裁定驳回。

第八条 本规定所称军人是指中国人民解放军的现役军官、军士、义务兵及具有军籍的学员，中国人民武装警察部队的现役警官、警士、义务兵及具有军籍的学员。军队中的文职人员、由军队管理的离退休人员、具有军队编制的职工，参照军人确定管辖。

军队单位是指中国人民解放军现役部队和预备役部队、中国人民武装警察部队及其编制内的企业事业单位。

营区是指由军队管理使用的区域，包括军事禁区、军事管理区，以及军队设立的临时驻地等。

第九条 本规定自 2025 年 5 月 1 日起施行。《最高人民法院关于军事法院管辖民事案件若干问题的规定》（2020 年修正）同时废止；本规定施行前的司法解释以及司法解释性文件与本规定不一致的，以本规定为准。

国务院、中央军委关于进一步加强军人军属法律援助工作的意见

（2014 年 9 月 7 日 国发〔2014〕37 号）

做好军人军属法律援助工作，事关广大官兵切身利益，事关国防和军队建设，事关社会和谐稳定，对实现党在新形势下的强军目标，增强部队凝聚力战斗力，促进军政军民团结，具有重要作用。近年来，各级司法行政机关和法律援助机构在军队有关部门的支持配合下，建立健全军人军属法律援助工作站和联系点，及时为军人军属提供法律咨询；组织广大法律援助人员深入军营，为官兵普及法律知识；积极办理军人军属法律援助案件，最大限度维护军人军属合法权益，努力为国防和军队建设服务。但仍存在保障机制不够完善，法律援助供需矛盾突出等问题。为深入贯彻党的十八大和十八届二中、三中全会精神，落实党中央、国务院、中央军委的决策部署，促进国防和军队建设，有效满足军人军属法律援助需求，现就进一步加强军人军属法律援助工作提出如下意见。

一、加强军人军属法律援助工作的重要性和总体要求

（一）充分认识重要性。军人军属法律援助工作是中国特色法律援助事业的重要组成部分。做好军人军属法律援助工作，是司法行政机关和部队有关部门的重要任务，对于完善法律援助制度，促进社会公平正义，推动军民融合深度发展，实现党在新形势下的强军目标，都具有重要意义。近年来，军地各级认真履行职责，密切协作配合，积极为军人军属提供法律援助服务，维护军人军属合法权益，取得明显成效。但也还存在一些问题，主要是：各地对军人军属法律援助申请条件、事项范围的规定不一致；军队律师人员较少，难以满足军人军属法律援助需求；军地有关部门协作机制不够健全等。地方各级人民政府、各有关部门和军队各级要高度重视解决这些问题，充分调动各方面力量，切实做好军人军属法律援助工作，依法维护军人军属合法权益。

（二）把握总体要求。要以邓小平理论、"三个代表"重要思想、科学发展观为指导，深入贯彻落实习近平总书记系列重要讲话精神，坚持军爱民、民拥军，坚持围绕中心、服务大局，按照中央关于全面深化改革的要求，健全军队和地方统筹协调、需求对接、法律援助资源共享、优势互补机制，完善军人军属法律援助制度。逐步扩大军人军属法律援助范围，健全军地法律援助服务网络，建立军地法律援助衔接工作制度，加强各环节工作规范化建设，努力形成党委政府重视、有关部门组织协调、军地密切配合、社会各界支持的工作格局，最大限度满足军人军属法律援助需求。

二、进一步扩大军人军属法律援助覆盖面

（三）适当放宽经济困难条件。法律援助机构要把军人军属作为重点援助对象，及时有效地维护其合法权益。对军人军属申请法律援助的案件，经济困难条件应适当放宽。下列人员申请法律援助，免予经济困难条件审查：义务兵、供给制学员及军属；执行作战、重大非战争军事行动任务的军人及军属；烈士、因公牺牲军人、病故军人的遗属。军队中的文职人员、非现役公勤人员、在编职工，由军队管理的离退休人员，以及执行军事任务的预备役人员和其他人员，参照军人条件执行。

（四）逐步扩大法律援助事项范围。要逐步将民生领域与军人军属权益密切相关的事项纳入法律援助范围。对符合经济困难条件或免予经济困难条件审查的军人军属，在《法律援助条例》规定事项范围的基础上，申

请下列需要代理的事项，应给予法律援助：请求给予优抚待遇的；涉及军人婚姻家庭纠纷的；因医疗、交通、工伤事故以及其他人身伤害案件造成人身损害或财产损失请求赔偿的；涉及农资产品质量纠纷、土地承包纠纷、宅基地纠纷以及保险赔付的。

（五）开展多种形式法律援助服务。积极帮助解决军人军属日常工作、生产生活中发生的矛盾纠纷，为他们排忧解难。司法行政机关要会同部队有关部门经常了解掌握军人军属法律需求状况，通过设置法律信箱、加强"12348"法律援助热线建设、开通网上专栏等方式，及时提供法律咨询等服务，为官兵解疑释惑。组织开展法律援助进军营、送法下基层等活动，普及法律知识，增强官兵法治意识，使知法用法守法、依法维权成为官兵的自觉行为。

（六）提高办案质量。完善案件指派工作，根据军人军属案件性质、法律援助人员专业特长和受援人意愿等因素，合理指派承办机构和人员，提高案件办理专业化水平。健全办案质量监督机制，加强案件质量检查、回访当事人等工作，督促法律援助机构和人员依法履行职责。对重大疑难案件，加强跟踪检查，确保军人军属获得优质高效的法律援助。

三、健全军人军属法律援助工作机制

（七）拓宽申请渠道。各地法律援助机构可在省军区（卫戍区、警备区）、军分区（警备区）、县（市、区）人民武装部建立军人军属法律援助工作站，有条件的可在团级以上部队建立军人军属法律援助工作站或联络点，接受军人军属的法律援助申请，作初步审查后转交法律援助机构办理。法律援助机构应派人参加军人军属法律援助工作站日常值班、接待咨询等工作。积极探索法律援助机构授权律师事务所等法律服务机构代为受理军人军属法律援助申请。开展流动服务和网上申请、受理，对伤病残等有特殊困难的军人军属实行电话申请、邮寄申请、上门受理等便利服务。

（八）优化办理程序。对军人军属申请法律援助的，应优先受理，并简化受理审查程序；情况紧急的可以先行受理，事后补办手续。健全军人军属法律援助案件异地协作机制，对需要异地调查取证的，相关地法律援助机构应积极给予协助，努力降低办案成本。办理军人军属法律援助案件，法律援助机构应及时向军队相关部门和军人所在单位通报情况、反馈信息，取得支持配合。要充分发挥军队法律顾问处和军队律师的职能作用，积极做好军人军属法律援助工作。

四、积极提供政策支持和相关保障

（九）完善政策措施。省级人民政府要根据经济社会发展实际和军人军属法律援助需求，及时调整法律援助补充事项范围，把与军人军属权益保护密切相关的事项纳入法律援助范围，放宽经济困难标准，让更多的军人军属受益受惠，努力实现应援尽援。省军区（卫戍区、警备区）要充分发挥桥梁纽带作用，积极配合地方人民政府制定完善有关政策措施并抓好落实。

（十）加强经费保障。各级人民政府要将军人军属法律援助经费纳入财政保障范围，并根据经济社会发展水平逐步加大经费投入。司法行政机关要积极推动落实法律援助经费保障政策，促进军人军属法律援助工作发展。有条件的地方可探索建立军人军属法律援助基金，专门用于办理军人军属法律援助案件。军队有关部门要积极配合地方司法行政机关，加强对军人军属法律援助工作站的规划、建设和管理，并给予必要的财力物力支持。要多方开辟法律援助经费筹措渠道，广泛吸纳社会资金，提倡和鼓励社会组织、企业和个人提供捐助，支持军人军属法律援助工作。

五、切实加强组织领导

（十一）坚持统一领导。做好军人军属法律援助工作是政府、军队和社会的共同责任，必须加强统一领导，齐抓共管。各级人民政府要把军人军属法律援助工作纳入地方经济社会发展总体规划，纳入双拥共建活动范畴，纳入社会治理和平安建设考评体系，统筹安排，整体推进。军地各有关部门要切实履行职责，建立军地法律援助衔接工作联席会议制度，及时沟通情况信息，研究存在问题，提出解决办法，齐心协力抓好工作落实。

（十二）搞好工作指导。各级司法行政机关和部队有关部门要认真履行组织、协调和指导军人军属法律援助工作的职责，充分发挥职能作用。进一步加强沟通协调，密切工作配合，建立制度化、规范化的衔接工作机制。加强调查研究，善于发现总结经验，发挥典型示范引领作用。法律援助机构要拓宽服务领域，丰富服务内容，创新服务方式，不断提高为军人军属提供法律援助服务的能力和水平。

（十三）加强队伍建设。积极依托军地法律人才资源，通过选用招聘、专兼职相结合等办法，充实军人军属法律援助工作力量。要把军队律师培养工作摆在突出位置，通过组织军人参加国家司法考试、加强业务培训、开展军队法律顾问处与地方法律援助机构或律师事务所共建活动等措施，努力建设一支素质优良、业务熟练的军队法律援助队伍。法律援助人员要牢固树立政治意识和责任意识，弘扬优良作风，立足本职，无私奉献，满腔热情做好军人军属法律援助工作。

（十四）抓好宣传引导。通过多种方式，广泛宣传做好军人军属法律援助工作的重要意义，宣传相关政策制度，大力培养和宣传为军人军属提供法律援助服务的先进典型，努力营造社会各界和广大群众积极参与、支持军人军属法律援助工作的浓厚氛围。对作出突出贡献的单位和个人给予表彰奖励，推动军人军属法律援助工作深入开展。

最高人民法院关于进一步加强人民法院涉军案件审判工作的通知

（2010年7月28日 法〔2010〕254号）

各省、自治区、直辖市高级人民法院，解放军军事法院，新疆维吾尔自治区高级人民法院生产建设兵团分院：

最高人民法院、解放军总政治部《关于认真处理涉军纠纷和案件切实维护国防利益和军人军属合法权益的意见》发布近十年来，人民法院依法妥善处理了一大批涉军纠纷案件，为维护国防利益和军人军属合法权益，促进国防和军队建设作出了积极贡献。随着经济社会发展和军队使命任务拓展，军队建设和多样化军事任务中遇到的涉法涉诉问题日益增多，涉军案件审判工作面临许多新情况新问题。为了适应新的形势和任务要求，认真贯彻落实全国维护国防利益和军人军属合法权益工作表彰会议精神，人民法院要认真总结经验，发扬成绩，开拓创新，进一步发挥审判职能，为人民军队有效履行新的历史使命提供有力司法保障。

一、统一思想认识，进一步增强维护国防安全、保障社会稳定的责任感、使命感

1. 充分认识涉军案件审判工作的重要意义。依法行使涉军案件审判

权，是人民法院服务国防和军队建设大局的主要途径，是落实党的拥军优属政策的必然要求，是深入推进"三项重点工作"的重要内容，也是深化"人民法官为人民"主题实践活动的有效载体。各级人民法院要以邓小平理论和"三个代表"重要思想为指导，深入贯彻落实科学发展观，紧紧围绕维护国防安全和促进社会稳定，把涉军案件审判工作状况纳入双拥工作、社会治安综合治理考评体系，坚持公平公正执法与保护国防利益相统一，依法独立行使审判权与军地协调配合相统一，认真贯彻党的有关政策，严格遵守法律规定，充分考虑部队实际，坚持能动司法、特事特办、高效便捷，提高审判质量效益，切实履行好维护国防利益和军人军属合法权益的重要职责。

二、建立健全工作机制，规范涉军案件审判工作

2. 建立健全组织机构。按照中央关于加强涉军维权工作长效机制建设的总体要求，建立健全涉军案件审判工作组织机构。各级人民法院可结合审判实际，设立涉军案件审判工作领导小组，由一名院领导任组长，相关业务庭领导为成员，研究解决涉军审判工作中的重大问题，指导涉军审判工作的开展。指定审判管理机构或相关业务庭承担领导小组办公室职责，统一协调管理涉军案件审判工作，负责办理日常事务。相关业务庭应有相对固定的合议庭、独任审判员负责审理涉军案件。受理涉军案件较多的中级、基层人民法院可设立专门合议庭或审判庭。在各级人民法院尤其是基层人民法院，可选任现役军人、退役军人、军属担任陪审员，参与涉军案件审判。

3. 规范审判流程管理。各级人民法院对涉军案件立案、分案、排期、开庭、结案等环节，实施规范化管理。立案时，确定系涉军案件的，应在审判信息管理系统中作出"涉军"记载，分流到涉军案件专门审判组织进行审理。根据涉军案件的特点，制定审判流程管理和案件质量评查工作细则，杜绝超期限审理。建立完善涉军案件专门统计制度，应当及时将涉军案件当事人的基本情况、案由、简要案情等报本院涉军案件审判工作领导小组办公室，做到登记及时、数据准确。

4. 完善军地协调机制。各级人民法院要加强与驻地部队的联系沟通，建立健全军地联席会议、涉军案件信息通报、重大涉军案件督办等制度，研究交流涉军审判事宜。要协调相关军区、人民武装部和军事法院，在涉

军案件确认、文书送达、调查取证、诉外协调、诉讼调解、裁判执行等方面,支持配合地方人民法院,共同做好涉军案件审判工作。处理重大疑难涉军案件,要通过当地涉军维权工作领导小组,与涉案部队及时联系,争取部队理解支持。

5. 积极开展司法救助和法律援助。对经济困难的军人军属,请求给付赡养费、抚养费、扶养费、抚恤金、优待金、社会保险金、劳动报酬和经济补偿金、人身损害赔偿等案件,依法决定诉讼费的缓、减、免交。军人军属合法财产权益因不能执行兑现、生活困难的,应积极协调有关部门,给予必要救助。军人军属需要法律援助的,应积极协调有关法律援助机构,及时提供法律援助。

三、抓住重点和关键,破解涉军案件审判工作难题

6. 依法确定涉军案件范围。涉军案件是指人民法院受理的以军队单位和军人军属为一方当事人的刑事、民事、行政等案件。军队单位是指中国人民解放军现役部队和预备役部队、中国人民武装警察部队及其编制内的企业事业单位。军人是指现役军(警)官、文职干部、士兵及具有军籍的学员。军队中的文职人员、非现役工勤人员、在编职工,由军队管理的离退休人员,以及执行军事任务的预备役人员和其他人员,按军人对待。军属是指军人的配偶、子女、父母以及其他与军人有法定扶养关系的亲属。

7. 突出抓好重大案件的审理。各级人民法院要突出重点,集中力量,着力抓好重大涉军案件的审判工作。依法严厉打击非法获取、故意泄露军事秘密、破坏武器装备、军事设施、军事通信、冒充军人招摇撞骗等犯罪,有效维护国防利益和军事安全;依法妥善处理涉及部队战备执勤、演习训练、国防工程建设、军事设施保护、军用土地权属、军事禁区管理等纠纷案件,保障部队正常的战备、训练和工作秩序;依法惩处故意杀害伤害军人军属、诱骗拐卖军属、破坏军婚等案件,切实保障军人军属的合法权益;审慎解决可能导致群体性事件以及因历史遗留问题引发的重大纠纷案件,维护军队的良好声誉。

8. 畅通诉讼绿色通道。涉军案件审判要做到优先立案、优先审结、优先执行,尽快消除因涉军纠纷案件给部队建设带来的消极影响。在立案大厅设立涉军案件立案窗口,引导当事人理性对待诉讼,合理选择纠纷解决方式,提高部队和军人军属依法诉讼的能力。凡符合立案条件的,要做到尽快受理，并及时将诉讼材料移送涉军案件审判组织。依法适用简易程序审理的，要加大审判力度，缩短办案周期。对军队一方当事人确有困难，无法自行收集证据的，人民法院可依职权调取证据。积极开展巡回审判，对于边远艰苦、交通不便的部队，可采取信函、传真等方式立案，借助互联网、视频系统等进行案件审理，为边海防和驻地偏远部队及军人军属提供诉讼便利。

9. 更加深入扎实做好调解工作。涉军案件审判要更加注重调解，切实把调解优先原则贯穿于审判工作全过程。要充分运用诉讼与非诉讼相衔接的纠纷解决机制，努力把涉军纠纷化解在诉讼之前。要在认真做好地方当事人调解工作的同时，通过部队做好军队一方当事人的思想工作，引导军地双方当事人达成共识、消除纷争。重大涉军案件，积极协调人民武装部、团以上部队政治机关，形成合力，共同做好调解工作，最大限度地实现法律效果、社会效果和政治效果的统一。

10. 确保生效裁判的及时执行。切实加强涉军案件执行工作，保障当事人合法权益。在向军队一方当事人送达裁判文书时，要释明有关法律规定，指导其及时申请执行；军队一方为申请执行人的，要加大执行力度，必要时可请上级人民法院提级执行；军队一方为被执行人的，可通过部队组织督促被执行人履行法定义务，必要时可以请部队所在地的军事法院协助执行。

11. 扩大审判效果延伸司法服务。结合涉军案件审判工作，积极扩大办案效果，拓展司法服务领域。选择危害国防利益和军人军属合法权益的典型案例，开展法制宣传教育，增强广大人民群众的国防法制观念。可通过开设涉军纠纷法律咨询热线电话，网站专栏，向部队、军人军属发放"维权服务联系卡"，设置驻军部队司法信箱等方式，为部队和军人军属依法维权提供司法服务。积极开展庭审观摩进军营、法律咨询进军营、法律培训进军营等活动，增强官兵依法办事意识和解决涉法涉诉问题的能力。

四、加强组织领导，推动涉军案件审判工作全面深入发展

12. 切实搞好统筹督导。各级人民法院要把涉军案件审判工作与其他工作科学统筹、协调推进。各级人民法院涉军案件审判工作领导小组每年应对本院涉军案件审判工作情况进行一次综合检查，加强监督指导，积极解决工作中遇到的困难和问题，保障涉军案件审判工作顺利进行。

13. 加强审判队伍建设。各级人民法院要选派政治过硬、业务精通、经验丰富、作风优良的业务骨干，充实涉军案件审判队伍。优先安排涉军案件合议庭或审判庭成员参加相关业务培训，通过参观走访、参加"国防教育日"等活动，激发爱国热情，增强国防观念，掌握必要的国防知识，准确把握部队和官兵维权需求，提高涉军案件审判水平。

14. 建立报告和通报制度。各级人民法院应将涉军案件审判工作情况纳入人民法院年度工作报告。要定期向当地涉军维权工作领导小组通报涉军案件审判工作情况，共同推动涉军维权工作深入开展。

15. 注重培养宣传先进典型。各级人民法院要把开展涉军案件审判工作情况纳入单位和个人业绩考核体系，作为创先争优的硬指标，对涉军案件审判工作实绩突出的单位和个人进行表彰；对工作失职渎职造成不良后果的，要追究相应的责任。要不断总结先进典型经验，与时俱进地树立和培养新的典型，广泛宣传他们的先进事迹，大力弘扬人民法院司法拥军的时代精神。

16. 加大物质装备保障力度。各级人民法院要从涉军案件审判工作实际出发，在年度预算中安排必要的经费，为涉军案件合议庭或审判庭配备必要的办案器材和工具，创造良好的工作条件，切实保障涉军案件审判工作的顺利开展。

最高人民法院、解放军总政治部关于认真处理涉军纠纷和案件切实维护国防利益和军人军属合法权益的意见

（2000年12月25日）

依法审理涉军案件是人民法院的职责，也是审判工作为国防事业和军队建设服务的重要体现；妥善解决官兵的涉法问题是部队各级党委的任务，也是加强部队思想政治建设、提高战斗力的客观需要。各级人民法院和部队各级党委应当充分认识处理涉军纠纷和案件的重要性，依据《中华人民

共和国宪法》和《中华人民共和国国防法》等法律规定的精神，采取有力措施，建立有效的工作机制，切实维护国防利益和军人军属的合法权益。

一、充分认识依法妥善处理涉军纠纷和案件，维护国防利益和军人军属合法权益的重大意义。

当前我国正处于深刻的社会变革时期，各种社会矛盾和法律纠纷增多，军人军属涉法问题逐年增加。依法妥善处理涉军纠纷和案件，显得十分重要和迫切。人民解放军是执行革命政治任务的武装集团，担负着保卫国家安全、抵御外来侵略、维护国家统一的神圣使命。妥善处理部队涉法问题和涉军案件，直接关系到国防巩固和军政军民团结，关系到军队建设的长远发展，关系到党赋予人民解放军历史使命的完成。各级人民法院和部队各级党委，要进一步增强大局意识和法制观念，把依法妥善处理涉军纠纷和案件的工作，作为贯彻落实江泽民总书记关于"三个代表"重要思想以及《关于改革开放和发展社会主义市场经济条件下军队思想政治建设若干问题的决定》的实际行动，为加强国防和军队建设创造良好的法制环境。

二、建立有效的工作机制，依法及时妥善地审理涉军案件。

近年来，一些地方人民法院以改革创新的精神积极探索，在不增加编制、人员和不打乱内部业务分工的前提下，建立审理涉军案件的工作机制，有效地提高了涉军案件的审判质量和效率，收到了良好的法律效果和社会效果。各级人民法院尤其是中级人民法院和基层人民法院，要学习借鉴成功的经验，由院领导牵头，有关业务庭负责人具体负责，加强对审理涉军案件的指导和协调。有关审判庭可以从实际出发，组成涉军案件合议庭，并逐步建立相应的工作机制。

人民法院办理涉军案件，要坚持审判质量与审判效率相统一，法律效果与社会效果相统一，平等保护诉讼当事人的合法权益，切实维护司法公正。要充分考虑涉军案件的特点，在法定时限内，及时立案、及时审理、及时审结、及时执行，切实维护国防利益和军人军属的合法权益。

三、充分发挥省军区系统的职能作用，做好解决涉军纠纷和案件的协调工作。

省军区系统特别是人民武装部作为联系部队和地方的桥梁纽带，在协调妥善处理涉军纠纷和案件方面，应当发挥重要的作用。各省军区（卫戍区、警备区）、军分区（警备区）和县（市、区）人民武装部，要把这项工作作为一项基本职能和重要任务，纳入"双拥"活动，支持、协助各地建立维护军人军属合法权益的工作机制，从组织领导上保证这项工作的健康开展。要建立健全法律服务组织，特别是人民武装部建立的军人军属法律服务站，要有专人负责，认真接待军人军属的来信来访，搞好法律咨询服务，配合、协助有关部门做好涉军纠纷的调解工作。

四、加强部队法律服务工作，建立健全法律服务信息网络。

各部队要加强与有关方面和部门的联系，为官兵涉法问题的解决创造条件。部队各级法律服务组织，要明确职责，完善制度，保证法律服务活动的经常开展。要充分利用现代科技手段，建立网上信息传输反馈系统，及时了解掌握官兵及其家庭涉及问题的情况，开展网上法律咨询服务活动，及时向官兵提供有关保护军人军属合法权益的政策、法规和解决涉法问题的对策和建议。各部队要充分利用省军区系统的法律咨询服务机构，及时与地方有关部门取得联系，反映军人军属的意见和要求。各级军事法院要充分发挥职能作用，进一步拓宽法律服务工作领域，加强与地方人民法院的联系和配合，共同维护司法公正，使涉军案件的审判收到最佳效果。

五、深入开展法制宣传教育，提高官兵依法办事的意识和能力。

开展法制宣传教育，是加强部队思想政治建设的一项重要内容，也是解决部队涉法问题的基础性工作。部队的法制宣传教育要在组织官兵系统学习法律知识，提高法律素质上下功夫，把学法、守法有机结合起来。既要组织官兵学习国家的基本法律，强化遵纪守法的自觉性，又要注意提高官兵运用法律知识解决实际问题能力。要教育引导官兵进一步明确，军人应带头按章办事，依法行使权利，不能因为自己是军人而谋求法外特权，要求法外照顾。要执行地方人民法院的裁判和有关部门的处理决定，认真履行应尽的义务。对可能处理不公的问题，要依法解决。同时要切实做好当事人的思想工作，坚决防止矛盾激化，引发事故和案件。

最高人民法院关于进一步发挥职能作用
维护国防利益和军人军属合法权益的意见

（2014年10月29日　法〔2014〕271号）

人民法院作为国家司法机关，肩负着为经济社会发展和国家安全提供司法保障的历史重任。近年来，各级人民法院始终把涉军维权工作作为重要政治任务常抓不懈，紧贴部队官兵维权需要，积极履职尽能，不断探索创新，开展了多种形式的司法拥军活动，有力服务和保障了国防和军队建设。为落实中央政法委有关加强维护国防利益和军人军属合法权益工作的精神，进一步发挥人民法院职能作用，加强新形势下涉军维权工作力度，维护国防利益和军人军属合法权益，全面推进人民法院涉军维权工作，结合审判工作实际，提出如下意见：

一、深化思想认识，切实增强做好涉军维权工作的责任感使命感

1. 人民法院要站在党和国家工作全局高度，充分认识涉军维权工作的重要意义。建设强大国防和军队是实现国家长治久安的坚强后盾，是促进经济社会发展的安全保障。侵害国防利益、损害部队战斗力的案件，严重影响部队的安全稳定，危害国防安全和军事斗争准备。依法妥善审理涉军案件，严厉惩处侵害国防利益和军人军属合法权益的违法犯罪活动，优先化解各类涉军纠纷，为国防和军队建设提供司法保障，是人民法院开展涉军维权工作的主要途径，是落实党和国家拥军优属政策法规的实际举措，是服务国家安全稳定大局的重要内容。

2. 各级人民法院和广大干警，要深入学习贯彻党的十八大和十八届二中、三中、四中全会精神和习近平总书记系列重要讲话精神，依法公正及时审理涉军案件，切实维护国防利益和军人军属合法权益，充分发挥司法职能，为促进部队全面建设、提升部队战斗力提供有力司法保障，努力为实现强军目标作出积极贡献。

二、充分发挥人民法院职能作用，依法做好涉军案件审理工作

3. 依法做好涉军案件的受理工作。按照《最高人民法院关于进一步加

强人民法院涉军案件审判工作的通知》《最高人民法院、最高人民检察院、公安部、国家安全部、司法部、解放军总政治部关于印发〈办理军队和地方互涉刑事案件规定〉的通知》《最高人民法院关于军事法院管辖民事案件若干问题的规定》等要求，准确确定涉军案件的受理和管辖范围。有需求、有条件的人民法院应在立案大厅设立涉军案件立案窗口，加强诉讼引导。要结合本地区特点，创新司法服务，为军人军属提供必要的诉讼指导，充分保障军人军属的诉讼权利。要通过诉前调解等方式，积极引导当事人理性对待诉讼，合理选择纠纷解决方式，提高部队和军人军属依法解决纠纷的能力。对符合立案条件的，要做到尽快受理，并及时将诉讼材料移送涉军案件审判组织。对边海防和驻地偏远的部队及军人军属，可以通过上门、远程、信函、传真等多种方式立案。

4. 依法对涉军案件当事人实施司法救助和法律援助。对经济确有困难的军人、军属请求给付赡养费、抚养费、抚育费、抚恤金、社会保险金、经济补偿金、人身损害赔偿金等案件，要积极落实司法救助政策，依法准许其免交、减交、缓交诉讼费用。对需要法律援助的军人、军属，要主动协调有关法律援助机构，及时提供法律援助。

5. 依法审理好各类涉军案件。依法严厉打击破坏武器装备、军事设施、军事通信，聚众冲击军事禁区，聚众扰乱军事管理区秩序等侵害国防利益的犯罪，切实维护军事安全；依法严惩冒充军人招摇撞骗，伪造、变造、买卖或者盗窃、抢夺部队公文、证件、印章，非法生产、买卖部队制式服装，伪造、盗窃、买卖或者非法提供、使用武装部队专用标志等涉军造假犯罪，维护军队声誉、形象；依法惩处侵害军人军属人身财产权益的犯罪活动，有效保障军人军属合法权益。依法妥善处理涉及国防工程建设、军事设施保护、军用土地权属、军事禁区管理等涉军民事案件，保障部队正常的战备、训练和工作秩序；依法稳妥处理涉及军人军属的各类民事纠纷，维护好军人军属合法权益；依法审慎解决可能导致群体性事件以及因历史遗留问题引发的重大纠纷案件，维护军队的良好声誉。依法为军队核心产业、军工企业的科学发展提供司法支持，保障优势资源真正依法依规应用于充实核心国防力量。

6. 切实保障诉讼绿色通道畅通。要坚持按照优先立案、优先审结、优先执行的原则，确保涉军案件得到优质高效的审理和执行。对依法适用简易程序、小额诉讼程序审理的案件，要加大审判力度，缩短办案周期；严格执行审限制度，无法定事由不得擅自延长审限；对确因军事需要不能在法定期限内参加诉讼的官兵，依法采取中止诉讼等方式保障其诉讼权利。对涉军案件中涉及损害国防利益的事实和相关程序性事项，人民法院应当依职权主动调查取证；对军队一方当事人确有困难，无法自行收集的证据，人民法院可依职权调取证据。要积极开展巡回审判，结合本地涉军案件的实际和特点，通过建立驻军巡回办案点、开设"假日法庭"、实施远程视频开庭等方式，方便当事人诉讼，及时就地调处涉军纠纷。

7. 深入扎实做好涉军纠纷调解工作。要把维护军政、军民、军地团结作为涉军纠纷案件审判工作重要的价值取向，切实将调解优先原则贯彻于涉军案件审判工作全过程。要坚持预防为主、关口前移，强化涉军矛盾纠纷排查调处工作，充分运用诉讼与非诉讼相衔接的纠纷解决机制，努力把涉军纠纷化解在诉讼之前；要在认真做好地方当事人调解工作的同时，通过部队做好军队一方当事人的思想工作，引导军地双方当事人达成共识、消除纷争；要着眼于纠纷的实质性解决，充分运用军地资源，积极选聘军人、复退转业军人、军属担任人民陪审员、特约调解员等，做好纠纷调处工作，创新调解方式方法；对重大涉军案件，要积极协调人民武装部、团以上部队政治机关等形成合力，共同做好调解工作，最大限度地实现法律效果、社会效果和政治效果的统一；对达成调解协议的案件，要督促和引导当事人按照协议约定自觉履行。

8. 切实加强涉军案件裁判执行工作。人民法院在向军队一方当事人送达生效裁判文书时，应当释明有关法律规定，指导其及时申请执行，督促其及时履行生效裁判确定的义务。在执行中，对军队一方为申请执行人的，应当依法加大执行力度，对执行确有困难的，必要时可及时提请上级人民法院提级执行或者指令其他人民法院执行；对军队一方为被执行人的，可通过部队组织督促被执行人履行法定义务，必要时可以委托部队所在地有管辖权的军事法院执行。有需求、有条件的人民法院，可以通过设立专门的涉军案件执行机构、确定相对固定的执行人员等方式，提高案件执行效率，保障案件执行效果。

9. 加强涉军司法服务。各地人民法院要结合本地区实际，创新和丰富宣传教育的手段载体，选择危害国防利益和军人军属合法权益的典型案例，开展法制宣传教育，增强广大人民群众的国防法制观念，广泛宣传涉军案件审判执行工作的先进事迹、做法经验，不断扩大涉军案件审判执行工作的社会影响，营造拥军优属的社会氛围。要结合部队工作需要和特点，通过积极开展庭审观摩进军营、法律咨询进军营、法律培训进军营等活动，增强官兵依法办事意识和解决涉法涉诉问题的能力，促进部队依法治军。要不断创新司法拥军的内容和形式，通过发送司法建议、开设涉军纠纷法律咨询电话、网站专栏、电子邮箱、微博微信，向部队、军人军属发放"维权服务联系卡"，设置驻军部队司法信箱等方式，为部队和军人军属依法维权提供司法服务。

三、健全完善审判工作机制，努力提高涉军维权工作质量和效果

10. **完善工作机制。**各级人民法院要加强对涉军审判工作的组织领导，完善相关业务庭和各职能部门的沟通协调机制，建立健全研究解决涉军审判重大问题的工作制度。要结合审判工作实际，健全涉军审判工作的组织机构，明确岗位职责，配备政治素养好、业务能力强的审判人员。各级人民法院要定期向上级人民法院书面报告辖区内涉军审判工作情况，重大问题随时报告。针对涉军案件出现的新情况、新问题，要适时开展检查调研，提出针对性的措施办法。规范涉军案件登记管理，完善涉军案件统计制度，提高审判工作效率。

11. **密切军地协作。**各级人民法院要坚持依法独立行使审判权与积极服务国防和军队建设相统一、公平公正执法与保护国防利益相统一，把党和国家的拥军优属政策和各项法律规定贯彻落实到审判活动全过程。要重视加强与部队的联系沟通，下级法院因审理案件需要与军队联系沟通存在困难的，应当及时向上级法院报告，由上级法院提供协调和帮助。要认真落实军地联席会议、涉军案件信息通报、重大涉军案件督办等制度，充分听取军事法院、部队有关涉军案件审判工作的意见建议，尊重军事活动的特点规律，合理组织开展审判活动。要加强与部队政治部门、军事法院、省军区系统的协调配合，发挥部队思想政治工作优势，做好当事人思想工作和调解工作，争取对涉军案件审判工作的理解支持。

12. **探索建立和完善涉军案件统计制度。**设计科学、运行顺畅的台账及统计制度，是加强涉军案件审判管理和决策分析的前提基础。各级人民法院要在立案、审判、执行等案件审理流程中，加强对涉军案件的管理和统计，适时开展专项司法统计分析，积极探索借助信息网络平台建设，促进涉军案件审判管理的规范化、信息化。

13. 加强工作考评，落实奖惩制度。各级人民法院要把年度综治考评作为推动涉军案件审判工作落实的重要手段，坚持高标准、严要求，搞好组织实施。要加强对涉军案件审判工作的考核评比，发挥考评的激励督导作用，要将涉军案件审判工作情况列入年终考核内容，纳入部门岗位责任目标管理，作为评先创优、选拔使用的重要政治指标。对工作不力造成不良后果的部门和法院，要及时督办问责，适时给予通报批评，情节严重的取消评先评优资格。要适时对涉军案件审判工作成绩突出的单位和个人进行通报表扬，及时依法依纪追究因工作懈怠造成严重后果者的责任。

四、进一步加强组织领导，推动涉军维权工作再上新台阶

14. 搞好统筹和组织协调。各级人民法院要在党委政法委统一领导和支持下，依法履行审判职能，科学统筹审判工作与支持国防和军队建设的关系，自觉将涉军案件审判纳入司法拥军范畴，作为维护国防利益和军人军属合法权益的重要手段。要根据涉军案件特点，科学制定审判流程管理和案件质量工作细则，合理安排涉军案件的立案、分案、排期、开庭、结案等环节，在事关案件审判的全局性、普遍性问题上，及时把关定向。要积极参与和支持各地涉军维权工作领导小组工作，与其他职能部门紧密配合，积极开展跨区域协作，依法妥善处理工作中遇到的困难和问题，保障涉军案件审判工作顺利进行。

15. 全力支持军事法院做好涉军维权工作。近年来，在党中央、中央军委的坚强领导下，军事法院充分发挥职能作用，依法组织开展涉军维权工作，积极回应官兵维权需求。随着官兵法律需求的不断增长，军事法院涉军维权工作任务日益繁重。地方各级人民法院要把支持军事法院开展涉军维权工作作为重要任务，发挥本部门本地区工作优势，在重大疑难案件处理、涉军案件执行、法官学习培训、司法实践锻炼、审判业务交流等方面及时提供支持和帮助。要有序推进军地法院之间内部网络建设，加大设备和技术投入，尽快落实网络互联互通，实现信息资源共享。要支持军事法院开展国防和军队建设重大涉法问题调查研究，积极提供人才服务、资料互通、法理研究等方面的帮助，合力推动工作发展。

16. 强化审判工作物质保障。各级人民法院要从涉军维权工作实际需要出发，按照办公有场所、办案有装备、办事有经费的要求，不断提升物质保障水平。要将经费保障纳入年度预算，建立与工作任务相适应的增长机制，为顺利开展工作创造条件。

最高人民检察院、中央军委政法委员会
关于加强军地检察机关公益诉讼协作工作的意见

（2020年4月22日　高检发〔2020〕8号）

为了进一步加强军事检察机关与地方检察机关（以下简称军地检察机关）公益诉讼协作工作，推动检察公益诉讼深入开展，共同维护国家利益和社会公共利益，维护国防和军事利益，根据宪法、法律和其他有关规定，提出如下意见。

一、把握总体要求

（一）指导思想

以习近平新时代中国特色社会主义思想为指导，深入贯彻习近平强军思想，坚决落实习近平全面依法治国新理念新思想新战略，紧紧围绕"五位一体"总体布局和"四个全面"战略布局，以维护国家利益和社会公共利益、国防和军事利益为目的，以服务强军目标、服务备战打仗、服务依法治军为重点，以健全制度机制为保障，全面、深入、高效开展军地检察机关公益诉讼协作，充分发挥法律监督职能作用，为实现强国强军提供有力司法保障。

（二）基本原则

——围绕中心，服务大局。坚持党的绝对领导，坚持为大局服务、为人民司法，紧紧围绕党、国家和军队的中心工作聚焦用力，充分发挥检察公益诉讼服务经济社会发展、保障国防和军队建设的职能作用。

——依法有序，高效便捷。以宪法、法律为依据，遵循诉讼规律和法律监督规律，健全机制，严格程序，提高效率，不断提升协作工作的制度化、规范化水平。

——密切配合，相互促进。树立"一盘棋"思想，强化"一体化"观

念、主动作为、积极协调,资源共享、优势互补,不断拓展协作的广度深度,实现相互促进、共同提高、协同发展。

——与时俱进,开拓创新。适应新形势、解决新问题,积极探索特点规律,在办案中监督,在监督中办案,推动检察公益诉讼实践创新、理论创新、制度创新,保持协作工作的生机与活力。

——督促协同,共治共赢。践行双赢多赢共赢理念,提高政治站位,加强沟通协调,凝聚多方智慧,形成整体合力,促进共治共享共赢,努力实现政治效果、法律效果、社会效果和强军效果的有机统一。

二、丰富协作内容

(一)关于协作案件范围。军地检察机关在依法办理生态环境和资源保护、食品药品安全、国有财产保护、国有土地使用权出让、英雄烈士保护等领域涉军公益诉讼案件中加强协作配合。认真贯彻党的十九届四中全会关于拓展公益诉讼案件范围的决策部署,加大对破坏军事设施、侵占军用土地等涉军公益诉讼案件的办理力度,积极稳妥探索办理在国防动员、国防教育、国防资产、军事行动、军队形象声誉、军人地位和权益保护等方面的公益诉讼案件,着力维护国防和军事利益。

(二)关于协作案件管辖。办理军地互涉公益诉讼案件,当事人是地方单位或者人员的由地方检察机关管辖,是军队单位或者人员的由军事检察机关管辖。刑事附带民事公益诉讼案件,一般依照刑事案件确定管辖。管辖存在争议的,由发生争议的检察院或者争议双方各自上级检察院协商确定,不能协商确定的,层报最高人民检察院指定管辖。

(三)关于线索移送。军地检察机关要综合运用12309服务热线、相关信息平台、开展专项活动等途径摸排公益诉讼线索,注重发现涉及国防和军事利益的问题线索。对于管辖不明确、事实不清楚的案件线索,要进行审查评估,必要时可以调查核实,属于本院管辖的及时立案调查;属于对方管辖的,及时将案件线索和相关材料向对方移送,接收方应当及时反馈线索处理或案件办理情况。

(四)关于调查取证。办理公益诉讼案件中,地方检察机关需要向军队单位、人员或者在军队营区内调查取证的,军事检察机关应当予以协助;军事检察机关需要向地方单位或者人员调查取证的,地方检察机关应当予以协助。军地检察机关应当充分发挥自身人才、技术和信息等优势,为对方在专业领域调查取证提供支持。

（五）关于诉前程序。办理涉军民事公益诉讼案件，军地检察机关可以联合督促法律规定的机关或者建议有关组织提起民事公益诉讼；法律规定的机关或者有关组织提起民事公益诉讼的，军地检察机关可以支持起诉。办理涉军行政公益诉讼案件，军地检察机关可以联合发出检察建议、联合督导履职、召集军地有关单位共同研究磋商。军事检察机关在确有必要的情况下，可以单独向地方有关单位发出检察建议。

（六）关于提起诉讼。对军地互涉的公益诉讼案件提起诉讼，军地检察机关可以就案件事实、证据、适用法律和诉讼请求等进行充分磋商，探索共同派员参加庭前会议，对提起诉讼的检察机关给予支持。提起公益诉讼的检察机关决定撤回起诉的，一般应当征求对方检察机关意见。

（七）关于联合开展专项行动。军地检察机关应当结合办理公益诉讼案件，认真研究相关领域、重点环节具有普遍性、代表性的突出问题，联合开展专项监督行动，及时推荐推送指导性案例和典型案例，以个案办理推动行业系统整治，做到办理一案、教育一片、服务一方，实现公益诉讼效益最大化。

三、建立工作机制

（一）日常联络机制。建立常态化联络机制，明确专门联络机构，指定具体联络人员，做好沟通协调、线索移送、文件传输等日常联络工作。

（二）联席会议机制。定期或不定期召开联席会议，通报有关公益诉讼案件办理情况，研究解决办案中遇到的矛盾问题，围绕充分发挥职能作用、加强和改进协作工作等方面问题，研讨交流，凝聚共识。对于涉及双方的检察公益诉讼重大案件、重大事件、重要舆情以及突发性敏感问题，共同研究会商，妥善处置应对。

（三）一体化办案机制。办理军地互涉公益诉讼案件，可以根据需要成立协调小组，加强对办案工作的指挥协调，健全完善提办、领办、参办、交办、督办制度。对于涉及国家重大部署、群众反映强烈、社会高度关注、影响特别重大的案件，可以探索建立联合办案指挥中心，实现办案风险评估、办案力量调配、办案工作指挥方面的协同配合，尽快查清案件事实，精准实施法律监督，积极回应社会关切。

（四）资源共享和技术支持机制。加强信息交流和资源整合，有条件的可探索共建信息平台,在把握政策、应用法律、办理案件等方面互相借鉴,加强协同。发挥各自优势,为对方提供技术支持和服务保障,共享公益诉讼先鉴定后收费等优待政策。深化智慧借助,共用公益诉讼技术专家库,为办理疑难复杂案件提供专业指导。

(五)交流培训机制。定期开展业务交流,相互了解工作情况、介绍办案经验、研讨疑难问题,共同探索检察公益诉讼特点规律。军事检察机关可有计划地派员到地方检察机关见习锻炼,适时邀请地方检察机关专家骨干指导办案、培训授课。地方检察机关组织业务培训,可为军队预留名额,军事检察机关根据队伍建设情况和工作需要,统筹派员参加,提升干部队伍整体素质。

四、务求协作实效

(一)加强组织领导。人民检察院党组、军事检察院党委(支部)和部队党委政法委员会要将协作工作摆上重要位置,主要领导靠前指挥,加强统筹协调,及时跟进指导,解决困难问题,抓好工作落实。各省、自治区、直辖市人民检察院与驻地军事检察院可以结合实际,研究制定具体协作实施办法。

(二)加大协调力度。军地检察机关要成立公益诉讼协作领导小组,加强工作指导和办案协调。在积极开展协作的同时,军事检察机关要主动与案件管辖单位对接协调,争取支持配合;地方检察机关要坚持党的领导,依靠人大支持,加强与行政机关沟通配合,努力形成检察公益诉讼"一体两翼"、多元驱动的良好格局。

(三)注重调查研究。军地检察机关要积极适应检察公益诉讼面临的新形势新任务,围绕公益保护的重点难点、协作工作面临的矛盾困难、公益诉讼制度运行的实践路径等问题,深入开展调查研究,不断完善细化军地协作办法举措,加强协作工作科学化、规范化、制度化建设,促进军地检察公益诉讼工作相得益彰、协调发展。

(四)加强工作宣传。军地检察机关要积极通过主流媒体发声,综合运用广播电视、报纸杂志、门户网站、"两微一端"等媒介,广泛宣传检察公益诉讼协作工作情况、典型案件办理以及取得的显著成效,不断提高人民群众和广大官兵的认知度和认同感,为军地检察公益诉讼工作创新发展营造良好舆论环境。

退役军人部、司法部关于加强退役军人法律援助工作的意见

(2021年12月7日　退役军人部发〔2021〕73号)

退役军人法律援助工作是加强退役军人服务保障的重要举措，是维护退役军人合法权益的一项重要民生工程。推进退役军人法律援助工作，对于建立健全退役军人权益保障机制，完善公共法律服务体系，具有重要意义。为全面落实中共中央办公厅、国务院办公厅《关于完善法律援助制度的意见》和《中华人民共和国退役军人保障法》、《中华人民共和国法律援助法》等政策法律制度，加强退役军人法律援助工作，现提出如下意见。

一、总体要求

（一）指导思想。以习近平新时代中国特色社会主义思想为指导，全面贯彻落实党的十九大和十九届二中、三中、四中、五中、六中全会精神，全面贯彻习近平法治思想，深入贯彻习近平总书记关于退役军人工作重要论述和法律援助工作重要指示精神，增强"四个意识"、坚定"四个自信"、做到"两个维护"，紧紧围绕广大退役军人实际需要，依法扩大法律援助范围，提高法律援助服务质量，确保退役军人在遇到法律问题或者合法权益需要维护时获得优质高效的法律帮助。

（二）基本原则。坚持党的领导，突出党总揽全局、协调各方的领导核心作用，把党的领导贯穿到退役军人法律援助工作的全过程和各方面。坚持以人为本，把维护退役军人合法权益作为出发点和落脚点，努力满足退役军人法律援助需求。坚持政府主导，落实退役军人事务部门、司法行政部门退役军人法律援助工作的部门责任，同时激发各类社会主体参与的积极性。坚持改革创新，立足退役军人工作实际，积极探索退役军人法律援助工作规律，创新工作理念、机制和方法，实现退役军人法律援助申请快捷化、审查简便化、办案标准化。

（三）工作目标。到2022年，基本形成覆盖城乡、便捷高效、均等普惠的退役军人法律援助服务网络，退役军人法律援助工作全面覆盖。到

2035年，基本形成与法治国家、法治政府、法治社会基本建成目标相适应的退役军人法律援助供给模式，退役军人的满意度显著提升、共享公共法律服务成果基本实现。

二、加强法律援助体系保障

（四）设立服务窗口站点。退役军人事务部门可以根据实际工作情况在退役军人服务中心（站）设立法律咨询窗口，为退役军人提供法律咨询、转交法律援助申请等服务。法律援助机构可以根据工作需要在退役军人服务中心设立法律援助工作站，在乡镇、街道、农村和城市社区退役军人服务站设立法律援助联络点，就近受理法律援助申请。

（五）加强人员力量建设。退役军人事务部门可以通过政府购买法律服务等方式，择优选择律师事务所等法律服务机构为退役军人提供法律咨询服务。司法行政部门可以整合公共法律服务资源，积极引导律师等法律人才为退役军人提供法律援助服务。鼓励和支持法律援助志愿者在司法行政部门指导下，为退役军人提供法律咨询、代拟法律文书等法律援助。加强法律援助人才库建设，鼓励符合条件的退役军人积极参与法律援助志愿服务工作，加强法律知识培训，提高法律援助人员专业素质和服务能力。

（六）建立服务规范标准。推进退役军人法律援助工作规范化标准化建设。退役军人法律咨询窗口、法律援助工作站（联络点）应当建立来访人信息登记制度，完善解答咨询、受理转交申请等工作制度。推动援务公开，对法律援助申请条件、流程、渠道和所需材料等进行公示。省级退役军人法律咨询窗口、法律援助工作站每周至少安排半个工作日、市和县至少安排一个工作日专业人员值班服务，乡镇、街道、农村和城市社区退役军人法律咨询窗口、法律援助联络点做好日常服务。

三、拓宽法律援助覆盖范围

（七）扩大援助范围。在法律援助法规定事项范围基础上，根据当地经济社会发展水平和退役军人法律援助实际需求，依法扩大退役军人法律援助覆盖面。有条件的地区，要将涉及退役军人切身利益的事项纳入法律援助范围，降低法律援助门槛，尽力使更多退役军人依法获得法律援助。法律援助机构要认真组织办理退役军人涉及确认劳动关系、支付劳动报酬、工伤事故、交通事故、食品药品安全事故、医疗事故人身损害赔偿等方面的法律援助案件，依法为退役军人提供符合标准的法律援助服务。

（八）强化咨询服务。退役军人事务部门要在法律咨询窗口、法律援助工作站（联络点）安排专业人员免费为来访退役军人提供法律咨询，全面了解案件事实和来访人法律诉求。对咨询事项属于法律援助范围的，应当提示来访人享有依法申请法律援助的权利，并告知申请法律援助的条件和程序；对咨询事项不属于法律援助范围的，可以为来访人提出法律建议；对咨询事项不属于法律问题或者与法律援助无关的，可以告知来访人应咨询部门或渠道。司法行政部门要将退役军人作为公共法律服务的重点对象，为退役军人开辟法律援助绿色通道，在现有的公共法律服务实体平台普遍设立退役军人优先服务窗口。有条件的地区，在法律服务网设立退役军人专栏，或者在"12348"公共法律服务热线平台开通退役军人专线，优先为退役军人解答日常生产生活中遇到的法律问题。

四、完善法律援助工作机制

（九）建立协作机制。退役军人事务部门、司法行政部门要建立健全退役军人法律援助工作协作机制，强化退役军人工作政策制度、退役军人身份和经济困难状况等信息沟通，促进实现信息共享和工作协同。法律援助机构在办理退役军人法律援助事项时，需要核查申请人经济困难状况的，退役军人事务部门应当予以配合。建立健全法律援助服务资源依法跨区域流动制度机制，鼓励和支持律师、法律援助志愿者等在法律服务资源相对短缺地区为退役军人提供法律援助。

（十）优化办理程序。退役军人法律咨询窗口、法律援助工作站（联络点）可以接受退役军人的法律援助申请，经初步审查，符合法律援助条件的，应当及时转交法律援助机构办理，也可以引导申请人通过法律服务网在线申请。法律援助机构要把退役军人作为重点援助对象，对退役军人的法律援助申请，可以优先受理、优先审查、优先指派。

（十一）提高办案质量。根据退役军人法律援助案件性质、结合法律援助人员专业特长，法律援助机构应当合理指派案件承办人员，注意挑选对退役军人工作有深厚感情、熟悉涉军法律和政策、擅长办理同类案件的法律援助人员为退役军人提供法律援助服务，提高案件办理的专业化水平和质量。法律援助机构、法律援助人员对提供法律援助过程中知悉的国家秘密、商业秘密和个人隐私应当予以保密。

（十二）加强跟踪督办。健全退役军人法律援助案件服务质量监管机制，综合运用质量评估、受援人回访等措施强化案件质量管理，督促法律援助机构和人员依法履行职责。对疑难复杂案件，法律援助机构可以联合退役军人事务部门以及相关部门共同研究，加强跟踪检查，保证受援人获得优质高效的法律援助。

五、丰富法律援助服务方式

（十三）加大普法宣传教育。退役军人事务部门要加强法治宣传教育，普及法律知识，增强退役军人法治意识，引导退役军人依法表达合理诉求、依法维护权益。退役军人事务部门、司法行政部门可以组织人员通过入户走访、座谈沟通等多种方式，及时了解退役军人法律援助需求。

（十四）完善便民服务机制。加强退役军人法律援助信息化建设，推动互联网、大数据、人工智能等科技创新成果同退役军人法律援助工作深度融合。退役军人事务部门、司法行政部门应当通过服务窗口、电话、网络等多种方式为退役军人提供法律咨询服务。法律援助机构对老年、残疾等行动不便的退役军人，视情提供电话申请、上门服务。

六、切实加强组织领导

（十五）强化责任担当。各级退役军人事务部门、司法行政部门要认真履行组织、协调和指导退役军人法律援助工作的职责，充分发挥职能作用。退役军人事务部门、司法行政部门要加强沟通协调，密切工作配合，建立制度化、规范化的工作衔接机制。法律援助机构要丰富服务内容，创新服务方式，不断提高为退役军人提供法律援助服务的能力和水平。

（十六）加强检查指导。建立退役军人法律援助工作责任履行情况考评机制、报告制度和督导检查制度。将退役军人法律援助工作作为法治政府建设的重要任务，作为退役军人工作考核的重要内容。退役军人事务部门、司法行政部门要加强跟踪指导，积极协调解决法律援助工作中的难点问题，及时总结推广实践证明行之有效的典型做法和有益经验。

（十七）做好宣传推广。加强舆论引导，广泛宣传退役军人法律援助工作的重大意义，宣介退役军人法律援助工作成效。加强宣传表彰工作，对在退役军人法律援助工作中做出突出贡献的组织和个人，按照有关规定给予表彰、奖励。积极营造鼓励创新的良好氛围，促进退役军人法律援助工作健康持续创新发展。

退役军人事务部、司法部关于加强退役军人法律服务志愿工作的意见

（2024年4月30日　退役军人部发〔2024〕26号）

各省、自治区、直辖市退役军人事务厅（局）、司法厅（局），新疆生产建设兵团退役军人事务局、司法局：

退役军人法律服务志愿工作是法律服务志愿者、法律服务志愿组织等自愿、无偿向退役军人提供公益法律服务的相关工作，是退役军人公共法律服务工作的重要组成部分。为贯彻落实党中央、国务院关于退役军人工作决策部署，健全完善退役军人公共法律服务体系，依法维护退役军人合法权益，依据《中华人民共和国退役军人保障法》、《志愿服务条例》，现就加强退役军人法律服务志愿工作提出如下意见。

一、总体要求

坚持以习近平新时代中国特色社会主义思想为指导，全面贯彻落实党的二十大精神，深入学习贯彻习近平法治思想和习近平总书记关于退役军人工作重要论述，弘扬志愿精神，遵循自愿、无偿、平等、诚信、合法的原则，有序发展退役军人法律服务志愿队伍，加强和规范退役军人法律服务志愿工作，更好运用法治手段维护退役军人合法权益，为退役军人工作高质量发展提供有力法治保障。

通过5年左右努力，各地普遍建成覆盖城乡的退役军人法律服务志愿工作网络，社会力量参与法律服务志愿工作的机制更加健全，服务的专业化、精准化、便捷化水平明显提升，服务保障坚实有力，服务质量不断提高。

二、明确退役军人法律服务志愿工作内容

（一）提供法律咨询。重点围绕退役军人移交安置、教育培训、就业创业、抚恤优待、评残评烈、褒扬激励、拥军优属等涉及的法律问题，为退役军人提供法律咨询等服务。围绕劳动关系、社会保险、婚姻家庭、交通事故等常见法律问题，为退役军人提供法律指引等服务。为有需要的退

役军人提供代拟法律文书等服务。

（二）参与矛盾化解。有序参与退役军人信访矛盾化解，注重从专业角度释法明理，引导退役军人合理合法表达利益诉求，优先通过自愿和解、依法调解方式化解矛盾纠纷。调解不成的，根据矛盾纠纷性质，引导当事人依法通过仲裁、行政裁决、行政复议或诉讼等途径解决。

（三）开展法治宣传。通过举办法律知识讲座等形式，面向退役军人开展有针对性的法治宣传活动。在"12·4"国家宪法日、"宪法宣传周"、"民法典宣传月"、"八一"建军节等重要节点，以宪法、民法典以及国家安全、劳动就业、社会保障、退役军人工作领域的法律法规为重点，开展法治宣传活动。

（四）协助司法救助。协助了解核实情况，为符合条件的退役军人申请国家司法救助，或者通过法律手段为其维护合法权益提供法律帮助。

三、完善退役军人法律服务志愿工作方式

（五）健全服务标准。退役军人事务部门可以会同司法行政部门，结合实际制定退役军人法律服务志愿工作指导标准，明确具体要求。各级退役军人事务部门可以在退役军人服务中心（站）为法律服务志愿工作提供必要场所和便利条件，推进工作标准化、规范化。

（六）推行智慧服务。加强法律服务志愿工作信息化建设，逐步打造统一用户认证、统一服务流程、业务协同办理、服务全程监督、质效科学评价、智能大数据分析研判的法律服务志愿工作平台。通过小程序、快应用、APP、热线电话等载体，为退役军人提供线上咨询、智能诊断、信息推送、代拟法律文书等服务。

（七）开展精细服务。做好法律服务志愿工作规划和服务项目设计。结合退役军人实际需求，探索开展"菜单式"法律服务。建立法律服务志愿工作会商机制，强化法律服务与司法救助、心理服务协同联动。

（八）推进均衡服务。定期组织开展"法律服务下基层"志愿活动。通过对口支援、巡回服务、交流培训等方式，为法律服务资源匮乏地区、偏远地区和农村地区的退役军人提供志愿法律服务。

四、加强退役军人法律服务志愿工作管理

（九）健全队伍网络。退役军人事务部门根据需要，依托退役军人服务中心（站）成立退役军人法律服务志愿队伍。省级退役军人事务部门统筹指导本地区退役军人法律服务志愿队伍建设，市、县两级退役军人事务部门结合实际成立本级法律服务志愿队伍，有条件的乡镇（街道）退役军人服务站可以在县级退役军人事务部门指导下成立法律服务志愿队伍或者开展法律服务志愿活动。

（十）强化服务力量。退役军人事务部门根据实际需要，鼓励引导社会力量参与退役军人法律服务志愿工作。重点从有法律服务志愿工作经历的律师、公证员、司法鉴定人、仲裁员、人民调解员、基层法律服务工作者中招募退役军人法律服务志愿者。鼓励具有法律专业知识的"两代表一委员"、退役军人、退役军人事务员、高等院校和科研机构从事法学教育和研究工作的人员以及法律相关专业学生等积极参与退役军人法律服务志愿活动。

（十一）严格招募条件。坚持把政治标准放在首位，招募的退役军人法律服务志愿者必须政治坚定、品行端正、遵纪守法，具有扎实的法律专业知识、良好的身心素质，关心国防和军队建设，对退役军人充满感情。法律法规对开展法律服务志愿活动有职业资格要求的，志愿者应当依法取得相应资格。无民事行为能力或者限制民事行为能力人员、因故意犯罪受过刑事处罚人员、被开除公职的人员、被吊销律师或公证员等执业证书人员、因违法违规曾被取消退役军人法律服务志愿者资格等人员，不得招募为退役军人法律服务志愿者。

（十二）明确招募程序。坚持自愿参与和积极引导相结合，可以采取组织推荐、公开招募等方式。对于组织推荐的，应当由所在单位出具推荐意见；对于公开招募的，应当公告基本条件、招募数量、服务内容、工作方式、保障措施以及可能发生的风险等信息。申请人应当按照招募要求，如实提供身份信息、健康状况、服务技能、服务时间和联系方式等个人信息。

（十三）做好权益保障。退役军人法律服务志愿队伍可以根据需要与志愿者签订协议，明确志愿者的服务内容、方式、时间、地点、工作条件等，为志愿者参与志愿活动提供必要条件，解决志愿者在志愿服务过程中遇到的困难，维护志愿者的合法权益。志愿者可以根据自己的意愿、时间和技能提供服务，按规定获得安全教育、技能培训、服务记录证明，在开展法律服务志愿活动时应当遵守法律法规以及国家有关规定。

（十四）加强思想教育。教育引导退役军人法律服务志愿者坚持正确政治方向，拥护中国共产党领导、拥护我国社会主义法治，自觉践行社会主义核心价值观，自觉遵守法律法规和社会公序良俗，积极履行社会责任，牢固树立崇军为军思想，以良好的法治素养、服务态度为退役军人提供优质高效的法律服务。加强志愿者职业道德建设，不断提高退役军人法律服务志愿队伍的社会公信力、影响力。

（十五）推进规范管理。退役军人法律服务志愿队伍应当健全运行管理制度、志愿者退出机制等，及时向所在地同级退役军人事务部门和司法行政部门报送年度活动计划、方案。司法行政部门配合退役军人事务部门加强法律服务志愿队伍培训，有针对性宣介退役军人法律法规和有关政策，不断提高服务能力。

（十六）完善考核机制。退役军人事务部门可以会同司法行政部门建立法律服务志愿队伍星级服务评价机制，根据志愿者的服务时长、服务效果以及服务对象满意度，进行综合评价，努力打造精品项目，形成品牌效应。推行志愿者服务记录制度，及时、完整、准确记录参加志愿活动的信息，规范开具退役军人法律服务志愿活动记录证明。对于律师、基层法律服务工作者等参与志愿活动的，及时将相关工作记录提供给司法行政部门。

五、加强组织领导

各级退役军人事务部门、司法行政部门要加强沟通协调、密切工作配合，充分发挥职能作用，建立制度化、规范化的工作衔接机制。退役军人事务部门法治工作机构要做好法律服务志愿队伍建设、工作协调和志愿活动指导工作。退役军人服务中心（站）要做好法律服务志愿队伍组建以及志愿者招募、管理和志愿活动组织实施等相关工作。退役军人事务部门可以依法通过政府购买服务等方式，根据志愿活动需要，支持法律服务志愿工作运行管理。鼓励社会资金支持退役军人法律服务志愿活动。广泛宣传退役军人法律服务志愿工作中涌现出的先进典型和取得的突出成效，对作出突出贡献的组织和个人，按照有关规定给予表彰、奖励。

典型案例

最高人民法院发布军事设施司法保护典型案例[1]

(2025年2月19日)

案例1

　　侵占军事设施应担责　　审执衔接确保及时返还——某军分区与甲公司、乙公司返还土地纠纷案

　　【基本案情】

　　某市政府向某军分区划拨二百余亩土地用作部队军事训练,该土地用途为军用。后来,土地所在的某村村委会办理集体土地所有权证时,该土地被误登记为集体土地。该村将案涉土地发包给甲公司,甲公司又将部分土地租赁给乙公司使用。某军分区向市土地行政主管部门反映土地权属,该部门核查后认定土地系军用土地,故注销集体土地所有权证,向某军分区颁发了国有土地使用权证,地类(用途)为军事设施用地。某军分区因返还土地与甲公司、乙公司多次沟通交涉,但未果。某军分区诉至法院,请求判令甲公司、乙公司停止侵权,恢复原状并返还土地。

　　【裁判结果】

　　审理法院认为,案涉土地系军用土地,土地行政主管部门已依法向某军分区颁发国有土地使用权证,甲公司、乙公司占有案涉土地构成侵权。最终判决甲公司、乙公司恢复土地原状并向某军分区返还土地。

　　判决生效后,两公司未履行判决确定的义务。某军分区申请执行后,执行法院严格落实涉军案件优先办理工作要求,依法及时启动执行。执行中,由于案涉土地与某村集体所有的土地边界不清,难以直接确定案涉土

---

[1] 来源于最高人民法院网站: https://www.court.gov.cn/zixun/xiangqing/455241.html,最后访问日期2025年3月25日。

地四至边界。执行法院组织专业测绘机构现场测量后确定了案涉土地范围，将土地恢复原状后及时返还给某军分区。

【典型意义】

军用土地上设置的训练场地作为部队开展军事训练的场所，是重要的军事设施，任何人不得侵占。人民法院依法判令侵权人向某军分区返还土地，体现了对军事设施和部队资产的有力维护。同时，人民法院针对侵权人拒绝履行生效判决的现实情况，依法积极执行，强化审执衔接，努力化解实际执行中的困难，确保训练场地及时返还部队，不仅有力保障了军事训练需要，而且有效发挥了司法裁判的示范引领作用。

法条链接：

《中华人民共和国民法典》

第二百三十五条　无权占有不动产或者动产的，权利人可以请求返还原物。

《中华人民共和国军事设施保护法》

第二条　本法所称军事设施，是指国家直接用于军事目的的下列建筑、场地和设备：

（一）指挥机关，地上和地下的指挥工程、作战工程；

（二）军用机场、港口、码头；

（三）营区、训练场、试验场；

（四）军用洞库、仓库；

（五）军用信息基础设施，军用侦察、导航、观测台站，军用测量、导航、助航标志；

（六）军用公路、铁路专用线，军用输电线路，军用输油、输水、输气管道；

（七）边防、海防管控设施；

（八）国务院和中央军事委员会规定的其他军事设施。

前款规定的军事设施，包括军队为执行任务必需设置的临时设施。

案例2

积极落实净空保护　依法保障军航安全——部队某部与某通信公司排除妨害纠纷案

【基本案情】

某机场系军民合用机场、空军永备机场。随着机场所在地经济社会发展，该机场附近建（构）筑物不断增多。经评估，100多个超高建（构）筑物影响军航安全。某县政府会商某战区空军保障部门，形成了机场净空区整改方案。该方案落实过程中，某通信公司所属的机场净空区超高基杆塔问题一直未整改到位。某通信公司被诉至法院，原告请求立即停止侵害行为，整改超高建（构）筑物，排除妨害，消除危险。

【处理结果】

本案审理过程中，人民法院深入了解案情和原因。经认真研判，为及时高效化解纠纷，实质性解决问题，切实保障军航安全，人民法院组织军地相关单位多次就该机场净空问题、整改措施推进等事项进行协调，共同寻找解决问题的最佳途径。经过人民法院和其他相关单位协同开展工作，某通信公司主动承诺按照军事设施保护相关规定整改。随后，某通信公司等共投入600余万元对机场净空区域内影响飞行安全的超高建（构）筑物予以彻底整改。整改完毕并通过验收后，人民法院还协同当地政府修改完善了关于军用机场净空保护的政策文件。

【典型意义】

良好的净空环境是军用机场安全运行的基础。加强军用机场净空保护，对保障军航安全具有重要意义。人民法院立足净空区超高基杆塔整治，聚焦解决影响军航安全的突出问题，深入、有效、恰当地开展工作，促进了困难问题一体化和实质性解决。人民法院认真落实"抓前端，治未病"，以案件为切口协同当地政府修改完善军用机场净空保护相关文件，体现了持续服务保障国防建设的司法担当。

法条链接：

《中华人民共和国军事设施保护法》

第二十九条第一款　在军用机场净空保护区域内，禁止修建超出机场净空标准的建筑物、构筑物或者其他设施，不得从事影响飞行安全和机场助航设施使用效能的活动。

案例3

依法支持和推动军事设施办理产权登记——某部队单位与不动产登记机构产权登记纠纷案

【基本案情】

某县政府与部队协商拆除原军事哨所，重新选址建设新哨所。新哨所建成后交付部队。期间，哨所隶属机关经多轮变更，最终管理哨所的某部队单位缺少部分原始档案及建设资料，未能办理新哨所的不动产登记，进而也无法完成部队资产清理工作。某部队单位诉至法院，请求判令不动产登记机构对哨所进行不动产登记。

【处理结果】

本案系涉军行政纠纷。收到某部队单位诉请后，人民法院积极发挥庭前解纷职能，寻求行政争议实质性化解。办案团队前往哨所实地勘验后认为，哨所初建、重建事实客观存在，实质上符合登记条件，哨所部分原始档案及建设资料缺失不应继续成为不动产登记的障碍。为高效解纷，人民法院主动协调部队单位、当地县政府召开行政争议实质化解推进会。通过深入的沟通交流和专业的法理研判，各方达成了纠纷化解共识，形成了解决方案。当地县政府以会议纪要方式确认哨所登记具体工作事宜。某部队单位顺利办理了不动产登记并撤回了起诉。

【典型意义】

军事哨所是军事设施。在办理产权登记过程中，虽然缺少部分原始档案及建设资料，但哨所初建、重建等事实客观存在。人民法院充分注意到该案历史原因，深入查明事实，认真进行法律研判，为纠纷实质化解打下了扎实的基础，也为不动产登记机构依法履职提供了有力法律支持。

法条链接：

《中华人民共和国民法典》

第二百一十条　不动产登记，由不动产所在地的登记机构办理。

国家对不动产实行统一登记制度。统一登记的范围、登记机构和登记办法，由法律、行政法规规定。

《中华人民共和国军事设施保护法》

第二条第一款　本法所称军事设施，是指国家直接用于军事目的的下列建筑、场地和设备：

（一）指挥机关、地上和地下的指挥工程、作战工程；

（二）军用机场、港口、码头；

（三）营区、训练场、试验场；

（四）军用洞库、仓库；

（五）军用信息基础设施，军用侦察、导航、观测台站，军用测量、导航、助航标志；

（六）军用公路、铁路专用线，军用输电线路，军用输油、输水、输气管道；

（七）边防、海防管控设施；

（八）国务院和中央军事委员会规定的其他军事设施。

案例 4

故意损毁军用光缆　应依法承担刑事责任——徐某某破坏军事通信案

【基本案情】

徐某某系某信息技术公司巡线员，承担光缆线路日常巡检和维护工作。徐某某在巡线过程中，发现某光缆旁有军用光缆标识，但为贪私利，用随身携带的金属钳剪断光缆欲出售，导致部队重要业务系统中断两个多小时，正在演习的三个部队单位军事通信中断。徐某某的行为造成直接经济损失4万余元，涉案光缆损失9千余元。徐某某被检察机关提起公诉。

【裁判结果】

审理法院认为，徐某某已经看到案涉光缆旁有军用光缆标识，应认定为明知该光缆为军用光缆。徐某某为出售光缆谋利而剪断军用光缆，造成军事通信中断，其行为构成破坏军事通信罪，依法应予惩处。最终判决徐某某有期徒刑一年六个月。

【典型意义】

军事通信是军队为实施指挥而运用通信工具或其他方法进行信息传递的方式，军用光缆是重要的军事通信设施。信息化时代，军用光缆受到破坏，会对部队军事通信、军事活动造成重大不利影响，不仅造成经济损失，而且严重影响部队战备训练，危害国防利益和国家安全。本案对徐某某犯罪行为依法予以惩处，展示了故意破坏军事设施必担责的鲜明态度，彰显了人民法院坚决打击危害国防利益、损害军队战斗力犯罪的坚定决心和保障军事通信安全的坚定立场。

法条链接：

《中华人民共和国刑法》

第三百六十九条第一款　破坏武器装备、军事设施、军事通信的，处三年以下有期徒刑、拘役或者管制；破坏重要武器装备、军事设施、军事通信的，处三年以上十年以下有期徒刑；情节特别严重的，处十年以上有期徒刑、无期徒刑或者死刑。

《中华人民共和国军事设施保护法》

第六十三条　有下列行为之一，构成犯罪的，依法追究刑事责任：

（一）破坏军事设施的；

（二）过失损坏军事设施，造成严重后果的；

（三）盗窃、抢夺、抢劫军事设施的装备、物资、器材的；

（四）泄露军事设施秘密，或者为境外的机构、组织、人员窃取、刺探、收买、非法提供军事设施秘密的；

（五）破坏军用无线电固定设施电磁环境，干扰军用无线电通讯，情节严重的；

（六）其他扰乱军事禁区、军事管理区管理秩序和危害军事设施安全的行为，情节严重的。

案例 5

积极发挥职能作用　确保部队顺利驻训——部队某部驻训协调保障案

【基本情况】

某材料公司因拖欠某机械公司货款，经人民法院判决后，逾期未履行生效判决确定的义务，被某机械公司申请强制执行。人民法院依法查封了某材料公司的工厂厂区。部队某部因执行紧急驻训任务需要使用该工厂厂区，故向工厂所在地的中级人民法院请求协调保障驻训事宜，希望尽快进驻厂区开展驻训任务。

【处理结果】

当地中级人民法院接到部队紧急驻训请求后，立即启动预案，通过军地会商机制协调作出查封的基层人民法院，组成工作专班。工作专班邀请执行案件的双方当事人到现场，进行释法说理和国防法律宣讲，当事人当场表示配合满足部队驻训需求，同意设置驻训所需临时设施。工作专班协同部队某部、当事人对厂区情况进行清查核实。该厂区因某材料公司欠缴电费而被中止供电。为不影响部队驻训，工作专班联络当地电力管理部门为厂区提供临时电力供应，满足部队驻训期间的电力需求。最终部队某部圆满完成驻训任务。

【典型意义】

驻训是锤炼部队战斗力的重要途径。为部队驻训提供便利和协助，是单位和个人的法定义务。人民法院接到部队紧急驻训请求后，积极开展驻训事项协调，做好国防法律宣讲。人民法院秉承善意文明执行理念，统筹保障国防利益和当事人合法权益，积极协调各方为部队驻训、设置临时设施、恢复供电提供支持和便利，迅速解决了部队驻训保障难题，依法支持部队练兵备战，用实际行动践行"崇军拥军"司法服务理念。

【法条链接】

《中华人民共和国国防法》

第五十六条第一款 公民和组织应当支持国防建设，为武装力量的军事训练、战备勤务、防卫作战、非战争军事行动等活动提供便利条件或者其他协助。

《中华人民共和国军事设施保护法》

第二条第二款 前款规定的军事设施，包括军队为执行任务必需设置的临时设施。

英雄烈士保护领域检察公益诉讼典型案例[①]

（2024年9月30日）

1. 上海市静安区人民检察院诉张某侵害陈尔晋、王曼霞烈士名誉、荣誉刑事附带民事公益诉讼案

【关键词】

刑事附带民事公益诉讼 侵害英雄烈士名誉、荣誉 网络空间 消除

[①] 来源于最高人民检察院网站：https://www.spp.gov.cn//xwfbh/dxal/202409/t20240930_667775.shtml，最后访问日期 2025 年 3 月 25 日。

影响　一体履职

【要旨】

检察机关办理通过短视频散布发布虚假信息等侵害英雄烈士名誉、荣誉公益诉讼案时，可根据网络平台传播的规律及计价规则等，通过诉请购买平台推广服务的方式，扩大恢复名誉等内容的传播范围，切实达到消除影响的目的。此外，可同步审查是否构成刑事犯罪，通过移送线索等方式一体履职。

【基本案情】

陈尔晋、王曼霞夫妇系中共地下党员，二人一直战斗在党的隐蔽战线，收集情报、开展统战工作。1949年5月上海解放前夕，陈尔晋夫妇在获取国民党军队布防情报的行动中不幸被捕，后英勇就义。1950年，上海市人民政府追认陈尔晋、王曼霞为革命烈士。2023年5月至6月间，张某为提升其账号在某短视频平台的关注度，先后发布使用"加入不明武装"（实为加入中国共产党）"美人计""枪毙"等存在误导性词语的两条短视频，侮辱、贬损革命烈士陈尔晋、王曼霞，导致其他用户陷入错误认识，恶意跟评累计上百条，造成恶劣社会影响。烈士家属看到上述视频和跟评后，感情受到严重伤害，遂向上海市、区两级退役军人事务局反映。

【调查和诉讼】

2023年6月，上海市静安区人民检察院（以下简称静安区院）收到静安区退役军人事务局移交的案件线索，经初查后，遂以民事公益诉讼立案。静安区院分别向静安区退役军人事务局、烈士家属等收集烈士事迹材料，询问烈属感受及起诉意愿；向某短视频平台调取涉案账号的人员身份信息、涉案短视频数据信息等。经调查查明，2023年9月涉案账号注销前，两条涉案短视频播放量分别达到1万余次、9千余次。

调查中，静安区院公益诉讼检察部门认为张某的行为涉嫌侵害英雄烈士名誉、荣誉罪，根据《人民检察院内部移送法律监督线索工作规定》将线索移送至静安区院刑事检察部门，刑事检察部门审查后认为张某的行为构成侵害英雄烈士名誉、荣誉罪。

2024年4月3日，静安区院在征询烈士近亲属的意见并获同意后，以侵害英雄烈士名誉、荣誉罪对张某提起刑事附带民事公益诉讼。考虑到仅发布公开致歉信，传播范围有限，难以实现消除影响的目的，无法达到

《中华人民共和国民法典》第一千条第一款"应当与行为的具体方式和造成的影响范围相当"的要求,静安区院组织召开网络空间英雄烈士保护领域检察公益诉讼履职听证会,邀请人民监督员、"益心为公"志愿者、有关专家、相关单位等参会。与会人员一致认为,通过网络平台侵害英烈名誉、荣誉的,可以通过制作并发布缅怀、宣扬英烈精神的宣传片等形式消除影响,还可使用平台推广服务来扩大宣传片的传播范围。因张某发布的两条短视频持续播放展示的时间合计约五个月,则张某发布的正面宣传片及使用平台推广服务的播放展示时间不应低于五个月。关于公益损害赔偿金,应综合考虑案涉侵权行为的过错程度、影响范围、侵害情节、获利情况、侵害人经济和生活状况、制作宣传片等缅怀英烈公益事项所需的费用等因素对应提出。静安区院提出三项诉讼请求,请求判令张某在某短视频平台用个人账号发布道歉声明,并在国家级新闻媒体正义网上公开赔礼道歉;在某短视频平台上发布正面宣传英烈事迹的宣传片,并购买平台推广服务达到最低投放量,时间跨度不低于五个月,用以消除不良影响;承担公益损害赔偿金一万元,用于制作公益宣传片等纪念、缅怀英雄烈士的公益事项。

同年7月25日,静安区人民法院(以下简称静安区法院)公开开庭审理本案,烈士家属、人大代表、人民监督员、"益心为公"志愿者等40余名相关人员旁听庭审。9月20日,静安区法院以张某犯侵害英雄烈士名誉、荣誉罪,判处被告人有期徒刑六个月,缓期一年执行,并支持检察机关提出的附带民事公益诉讼的全部诉讼请求。静安区法院认为,张某通过短视频平台侵害英雄烈士名誉、荣誉,亦应当通过同一平台采取有效方式切实消除不良影响。

【典型意义】

网络空间不是"法外之地",检察机关应加强对短视频平台等网络空间英雄烈士名誉、荣誉的公益保护。本案中,检察机关探索针对短视频平台内侵害英雄烈士名誉、荣誉公益损害问题提出消除影响等诉讼请求时,充分考虑短视频平台网络空间快捷性、综合性、开放性的传播特点,结合违法行为的持续时间,采取购买平台推广服务等方式,扩大致歉信、正面宣传视频等内容的传播范围,切实实现在网络空间消除影响的良好效果。同时,注重检察一体履职,通过向刑事检察部门移送线索,形成刑事打击和公益保护的合力。

2. 广东省惠州市人民检察院诉陈某萍侵害叶挺烈士名誉、荣誉民事公益诉讼案

【关键词】

民事公益诉讼　侵害英雄烈士名誉、荣誉　管辖权确定　侵权责任承担

【要旨】

针对在网络上侵害英雄烈士名誉、荣誉的行为，根据法律规定，并结合信息网络侵权行为的特点和本案实际情况，可由英雄烈士籍贯地人民检察院依法向人民法院提起公益诉讼，要求侵权人承担赔礼道歉、消除影响等侵权责任。

【基本案情】

2017年至2022年期间，陈某萍通过"扬平说史"微信公众号刊发《毛主席送他三个宝贝将军，他却枪毙两个，逃出一个成开国中将》《新四军缺骨干将领，毛主席送三人却被枪毙两，逃出的成开国中将》《毛主席给叶挺送去三员虎将，却被他枪毙两个，幸存者成为开国中将》《叶挺错杀徐帅的老部下，毛主席勃然大怒，45年后为他平反》4篇微文，以及通过"飞扬短视频"视频号发布《毛主席送叶挺3个宝贝将领，他枪毙两个，活着的成开国中将》短视频讲解。以上微文和短视频讲解歪曲史实，带有丑化、诋毁性质的不实言论，且通过互联网传播，共计被阅读约20万次，造成恶劣的社会影响，侵害了叶挺烈士的名誉和荣誉。

【调查和诉讼】

2022年8月，有人大代表向广东省惠州市惠阳区人民检察院（以下简称惠阳区院）反映网络上出现侵害叶挺烈士名誉、荣誉的不实文章，惠阳区院经初步调查，发现陈某萍多次在"扬平说史"微信公众号刊登关于叶挺烈士的负面微文，遂于2022年9月22日作出立案决定。

2023年3月14日，惠阳区院将本案移送惠州市人民检察院（以下简称惠州市院）办理。2023年3月31日，惠州市院向叶挺近亲属发出《征询意见函》，叶挺近亲属一致同意并支持惠州市院提起民事公益诉讼，依法追究违法行为人的侵权责任。

案件办理期间，惠州市检察机关分别从惠州市委党校、惠阳区党史研究办公室及互联网信息办公室调取有关文章失实的证明材料，并赴陈某萍

的住所地湖北省武汉市对其进行询问，确认陈某萍为提高自己经营的自媒体流量和收益，发布带有丑化、诋毁性质不实言论的事实。惠州市院经审查认为，叶挺烈士故乡位于广东省归善县（今惠阳区）秋溪乡周田村，损害叶挺烈士名誉和荣誉的行为严重伤害了烈士后人以及故里乡亲的感情，叶挺近亲属均希望惠州市检察机关为叶挺烈士挽回名誉，根据《最高人民法院关于适用〈中华人民共和国民事诉讼法〉的解释》第二十五条及相关规定，由英雄烈士籍贯地检察机关提起诉讼更有利于消除影响和保护公益。根据《中华人民共和国民法典》第一百八十五条的规定，"侵害英雄烈士等的姓名、肖像、名誉、荣誉，损害社会公共利益的，应当承担民事责任"。陈某萍的行为不仅侵害叶挺烈士的人格尊严，同时损害社会公共利益，应当承担民事责任。

2023年6月14日，惠州市院向惠州市中级人民法院（以下简称"惠州中院"）提起民事公益诉讼，诉请判令陈某萍通过全国性媒体及其管理和使用的微信公众号公开赔礼道歉、消除影响，并在其微信公众号连续刊发不少于5篇介绍叶挺烈士荣誉事迹的史实文章。惠州中院受理该案并于2023年9月5日公开开庭审理。叶挺烈士近亲属、叶挺纪念馆工作人员、部分检察干警旁听了庭审。庭审中，陈某萍承认在微信公众号发表不当言论对烈士亲属造成了伤害，愿意通过媒体公开赔礼道歉，当庭向叶挺烈士近亲属宣读并递交了道歉信。

2023年10月7日，惠州中院作出一审判决，支持惠州市院的全部诉讼请求。一审判决后，陈某萍未上诉并积极履行判决。2024年2月7日，陈某萍在其经营的多个微信公众号连续刊发《叶挺将军：北伐骁勇善战，铁军扬名天下》等五篇介绍叶挺烈士荣誉事迹的史实文章。2024年2月20日，陈某萍在其经营的多个微信公众号发表致歉声明，并在《法治日报》公开刊登道歉信。案件执行后，叶挺烈士的近亲属向检察机关表示感谢。

【典型意义】

少数自媒体博主为了"博眼球"，故意歪曲丑化我国民族英雄烈士以获取流量，主观上明显存在过错，且文章、短视频等通过互联网传播造成较为恶劣的社会影响，不仅侵害了烈士名誉、荣誉，也损害了民族情感，扰乱了网络秩序，依法应当承担民事责任。在负面影响未消除、受损害的社会公益未修复的情况下，通过诉请侵权人在原传播和扩散渠道采取消除影响措施,丰富了侵权责任承担方式。检察机关通过以案释法,积极参与网络空间治理,弘扬社会主义核心价值观,捍卫英雄烈士的荣光。

3. 重庆市人民检察院第五分院诉网络自媒体博主侵害红岩英烈肖像、名誉民事公益诉讼案

【关键词】

民事公益诉讼　侵害英雄烈士肖像、名誉　诉讼管辖　"益心为公"志愿者

【要旨】

针对侵害英雄烈士肖像、名誉的网络侵权行为,检察机关可由检察技术部门在线取证固证。在确认烈士没有存世近亲属后,烈士相关事迹与精神发生地、传播地的检察机关可以依法提起民事公益诉讼,并可以通过诉请侵权行为人制作、发布烈士事迹正面宣传视频等方式消除不良影响。

【基本案情】

刘国鋕、车耀先、陈然、何敬平、许建业系红岩英烈,其中刘国鋕系小说《红岩》中刘思扬的原型,红岩英烈革命事迹和精神在重庆地区传播广泛。部分自媒体博主在互联网平台长期发布多则不实视频,将刘国鋕烈士肖像照用于军统特务等历史负面人物形象中,侵害红岩英烈人格利益,部分案涉视频播放点击量达14万次,网络传播广,产生较大负面影响,损害了社会公共利益。

【调查和诉讼】

2023年12月,"益心为公"志愿者向重庆市大渡口区人民检察院(以下简称大渡口区院)反映案涉线索,大渡口区院初步调查后于2024年1月12日立案,同年3月5日发布公告,公告期满后移送至重庆市人民检察院第五分院(以下简称五分院)进行民事公益诉讼审查起诉。

五分院经调查查明,刘国鋕烈士已无近亲属存世,进一步审查发现,案涉自媒体博主居住地及发文账号注册地均在重庆市外,遂针对五分院是否具有起诉管辖权,特邀高校法学专家开展咨询论证。专家认为,因相关红岩烈士已无近亲属存世,从实际损害的社会效应来看,重庆渝中、大渡口等地系刘国鋕烈士相关事迹与精神发生地、传播地,也是相关群体民族感情较为深厚的地域,从实际损害来看,重庆市渝中区等地应是主要侵权

结果发生地，五分院具有管辖权。

五分院就其中播放量较大的 4 条不实视频，核实系由两人发布，后于 2024 年 4 月 19 日向重庆市第五中级人民法院分别提起民事公益诉讼，诉请两名被告在全国具有影响力的媒体上公开赔礼道歉，并就烈士肖像更正说明。为有效消除侵权行为影响、加强警示教育作用，五分院要求被告人制作介绍红岩英烈革命事迹和精神的正面报道，在原平台宣传。二被告对五分院认定的侵权事实予以认可，自愿承担相应民事责任。2024 年 9 月 9 日，重庆市第五中级人民法院对两案调解结案。调解生效后，两被告分别在国家级媒体赔礼道歉，删除侵权视频 4 份，并制作发布介绍刘国铉烈士事迹的宣传视频。

为全面有效保护红岩英烈名誉、荣誉，五分院公益诉讼检察部门与检察技术部门以多位红岩英烈肖像作为图片搜索对象，开展 4 次在线数据提取，共检索出 51 条同类问题，查明案涉烈士名誉荣誉网络侵权问题较为普遍，具有类案治理必要性。对此，五分院与红岩革命历史文化中心等部门多次召开座谈会，并将案件线索移送至网信部门。目前，网信部门已督促侵权账号进行内容删除下架处理。2024 年 8 月 30 日，五分院向案涉网络平台公司制发社会治理检察建议，提出开展网络清理、实施红岩英烈肖像照片推送识别分级管理、建立侵害英雄烈士人格利益举报处断机制等工作建议，现平台公司已完成治理工作。

【典型意义】

英雄烈士是民族的脊梁、时代的先锋，其革命事迹和精神不容歪曲，肖像、名誉更不容侵犯。检察机关在办理互联网侵害英雄烈士肖像、名誉公益诉讼案件时，可以综合考虑网络侵权行为的特殊性以及更有利于烈士保护的目的，将烈士事迹与精神发生地、传播地作为侵权结果发生地。通过提起民事公益诉讼，针对性提出诉讼请求，有效消除侵权行为所产生的不良影响。通过信息化手段全面取证，运用座谈会、社会治理类检察建议等方式，推动源头防控类似侵权行为发生，切实维护英雄烈士名誉、荣誉。

4. 黑龙江省哈尔滨市人民检察院督促保护鸡冠山抗联密营遗址行政公益诉讼案

【关键词】

行政公益诉讼检察建议　抗联英烈遗址保护　保护范围

【要旨】

针对东北抗联英烈遗址保护不善及面临灭失风险等公益损害问题，检察机关一体履职，通过公开听证、检察建议等，督促行政主管部门和属地政府依法全面履行对英烈遗址的监督管理职责，促成英烈遗址得到升级保护和整体性利用。

【基本案情】

黑龙江省木兰县鸡冠山东北抗联密营遗址群（以下简称密营遗址群）曾是赵尚志、李兆麟、冯仲云等著名抗日英雄率领的东北抗日联军第三军所在地，该遗址群是见证东北抗联14年艰苦卓绝抗战的鲜活史料。2017年6月1日，该遗址群被黑龙江省委宣传部、省全民国防教育领导小组命名为第五批省级国防教育基地。目前，密营遗址群缺乏保护，经过80多年风化和自然侵蚀，破损严重，纪念抗联英烈英勇战斗遗迹面临灭失风险。

【调查和督促履职】

2023年1月31日，黑龙江省人民检察院（以下简称黑龙江省院）将该线索交哈尔滨市人民检察院（以下简称哈尔滨市院）办理。哈尔滨市院、木兰县人民检察院（以下简称木兰县院）成立联合办案组，对遗址群开展全面调查。经初步调查，遗址群共有遗址378处，其中124处被定为县级文物保护单位，254处未定级，遗址内长期堆积落叶、枯枝、石块，倒木横生，部分遗址无警示、标识牌及防护围栏，难以区分保护范围，未纳入保护单位的遗址无任何保护措施，伴随风化和自然侵蚀，英烈战迹地原貌存在灭失风险。

2023年9月28日，哈尔滨市院决定立案办理。其间行政机关认为其对未纳入文物保护单位范围的遗迹不具有监管职责，哈尔滨市院专门邀请具有文物保护专家身份的志愿者参与调查论证，就行政机关对未纳入文物保护单位范围的遗迹是否具有监管职责问题召开公开听证会。听证员一致认为密营遗址群记载了14年抗联英烈生活战斗痕迹，具有重要纪念意义，属于《中华人民共和国文物保护法》第二条、《文物认定管理暂行办法》第二条规定的应纳入文物保护的范畴。2023年11月3日，哈尔滨市院向木兰县文化广电和旅游局（以下简称木兰县文旅局）制发检察建议，督促其全面履行管理和保护职责，对已纳入保护范围内遗址加强巡查管护，保持遗迹原貌，对未纳入保护范围内的遗址制定具体保护措施，开展更高级别文物保护单位申报和抢救性保护。

2023年12月19日，木兰县文旅局回函，该局已组织出动300余人次清理遗址群内全部杂物，配齐保护及警示标志。为推动遗址群整体保护，木兰县文旅局推动木兰县人民政府发布《关于调整木兰县鸡冠山东北抗联密营遗址保护范围和建设控制地带的通知》（木政发〔2023〕18号），重新调整、划定遗址群保护范围和控制地带，共计11.05平方千米，并成功将遗址群整体升级为省级文物保护单位，保护范围涵盖先前未纳入县级文物保护单位的遗址。同时还促成该遗址群被列入国家文物局、国家发展和改革委员会、财政部联合印发的《东北抗联革命文物保护利用三年行动计划（2023-2025）》。

【典型意义】

针对抗联英烈遗址保护不善及面临灭失风险，检察机关一体履职，通过公开听证，厘清监管职责，制发检察建议督促行政机关全面履行管理和保护职责，在加强日常管护的同时，将抗联英烈遗址全面纳入文物保护范围并提升保护层级，为弘扬英烈精神、传承红色基因贡献智慧和力量。

5. 湖北省咸宁市咸安区人民检察院督促保护烈士纪念设施行政公益诉讼案

【关键词】

行政公益诉讼　烈士纪念设施　军地协作　"益心为公"志愿者

【要旨】

针对零散烈士纪念设施保护缺位，行政机关以属于军队资产为由怠于履行保护管理职责，检察机关通过检察建议、提起诉讼等方式，督促行政机关明确保护管理责任，依法履行职责。同时，军地检察机关充分发挥协作优势，破解涉军证据调取等难题，形成保护合力。

【基本案情】

一九五革命公墓内安葬的人员为解放战争、抗美援朝战争时期医治无效的伤病员。2019年，经湖北省咸宁市人民政府批准，在原址改建后更名为一九五烈士公园，但现存在烈士公园内安葬烈士数量与史料记载有出入，底数不清；132座烈士墓碑篆刻不规范，57处烈士姓名、籍贯、入伍时间、部队番号、牺牲年龄等碑文信息残缺不全等问题，有损烈士纪念设施庄严、肃穆的环境和氛围。

【调查和督促履职】

2024年1月，"益心为公"志愿者向湖北省咸宁市咸安区人民检察院（以下简称咸安区院）反映涉案线索。咸安区院通过实地勘察、走访调查予以查实，另查明涉案烈士墓确属军队管理。2024年1月31日，根据《烈士纪念设施保护管理办法》第四条规定，咸安区院对辖区烈士纪念设施负有保护管理职责的咸安区退役军人事务局（以下简称区退役军人事务局），启动行政公益诉讼立案程序。

针对区退役军人事务局是否对归属于军队管理的烈士纪念设施负有保护管理职责问题，咸安区院认为，根据退役军人事务部等八部门联合印发的《关于进一步加强烈士纪念设施规范管理的意见》中"有序逐步推进烈士纪念设施统一归口退役军人事务部门管理"的规定，区退役军人事务局对涉案烈士公园负有保护管理职责。2024年2月2日，咸安区院邀请"益心为公"志愿者开展公开听证，进一步确认涉案烈士公园的产权归属不影响区退役军人事务局履行监管职责。

2024年2月27日，根据《中华人民共和国英雄烈士保护法》第四条第二款、第十条、第十六条以及《烈士纪念设施保护管理办法》第十八条、第三十四条规定，咸安区院向区退役军人事务局制发检察建议，督促其依法履行对一九五烈士公园的日常管理和维护职责，采取有效措施，恢复和保持纪念设施庄严、肃穆的环境和氛围。2024年3月27日，区退役军人事务局回复称，针对一九五烈士公园内存在的墓碑篆刻不规范、牺牲时间错误、碑文重复等问题进行了整改。

2024年4月3日，检察机关跟进调查发现区退役军人事务局并未按回复内容进行整改。4月28日，针对本案办理过程中反映的军队资产改制中烈士公园管理权归属难以确定，以及涉军证据调取难的问题，咸安区院与武汉军事检察院签署了《关于建立军地检察机关协作机制的意见》。通过军事检察机关调取一九五烈士公园的权属登记、流转资料，及军队改制中针对烈士纪念设施保护管理相关制度，明确该烈士公园属于零散烈士纪念设施，退役军人工作主管部门对烈士纪念设施具有法定职责。

【诉讼过程】

2024年5月17日，咸安区院依法向咸安区人民法院提起行政公益诉诉，请求判令咸安区退役军人事务局依法履行对一九五烈士公园的法定管理保护职责，采取有效措施解决一九五烈士公园存在的碑文篆刻不规范、烈士陵墓重复、烈士身份核查等问题，以维护一九五烈士公园庄严、肃穆的环境和氛围。起诉后，区退役军人事务局虽对部分碑文篆刻不规范的问题进行了整改，但未彻底全面整改，公益损害持续存在。2024年8月30日，咸安区人民法院判决责令被告咸安区退役军人事务局在两个月内依法全面履行对一九五烈士公园的法定管理保护职责。该案判决生效后，咸安区退役军人事务局积极整改，核实烈士身份信息，统一更换墓碑。同时专题报告区政府，拟将一九五革命公园安葬的烈士集中迁入咸宁鄂南烈士陵园，做到"集中管护"，方便群众缅怀，慰藉烈士家属，传承英烈精神。

【典型意义】

针对产权归属于军队的零散烈士纪念设施，存在权属变动情况复杂、监管主体不明确等问题的，检察机关应当依法厘清监管职责，可以运用公开听证、检察建议、提起诉讼等方式，督促行政机关依法全面履职。同时，强化军地检察协作，凝聚公益保护合力，破解涉军证据调取难的问题，确保行政公益诉讼起诉的精准性，以法治方式保护英烈权益。

6. 贵州省安顺市西秀区人民检察院督促保护七眼桥烈士纪念塔行政公益诉讼案

【关键词】

行政公益诉讼　烈士纪念设施保护　安全隐患　归口管理

【要旨】

针对烈士纪念设施因管护权责不清而导致其安全隐患长期得不到治理的问题，检察机关通过提起行政公益诉讼，推动统一归口退役军人事务部门依法履行对具有文物属性的烈士纪念塔的管理，有效促进红色资源得到全面保护。

【基本案情】

七眼桥烈士纪念塔位于安顺市西秀区七眼桥镇七眼桥居委会102省道西北面20米处的马树桥半山坡上，系1951年6月原安顺县人民政府为纪念在"安顺二铺剿匪战斗"中牺牲的23名烈士所建，是解放军解放安顺的实物见证，系省级革命文物。由于管护部门长年缺失，导致塔基因周边环境逐渐受到侵蚀后出现严重的垮塌风险和安全隐患，烈士纪念塔未得到有效管理和保护，丧失了缅怀先烈的红色阵地作用。

【调查和督促履职】

2022年1月，贵州省安顺市西秀区人民检察院（以下简称西秀区院）在开展"烈士纪念设施管理保护专项行动"中发现七眼桥烈士纪念塔存在管理不善的线索，经初步调查后于1月13日立案。通过现场实地勘查、走访当地村民，并委托具有资质的专业机构开展地质灾害调查，查明七眼桥烈士纪念塔的基础失稳，存在垮塌风险和安全隐患，相关部门怠于履行管护职责。根据《烈士褒扬条例》第六条"县级以上地方人民政府退役军人事务部门负责本行政区域的烈士褒扬工作"，以及退役军人事务部等八部门联合印发的《关于进一步加强烈士纪念设施规范管理的意见》中"退役军人事务、宣传、文化和旅游、文物、民政等相关部门以及军队有关单位要有序逐步推进烈士纪念设施统一归口退役军人事务部门管理。由文物部门管理的烈士纪念设施，原则上应归口到退役军人事务局统一管理"之规定，2022年1月14日，西秀区院依法向西秀区退役军人事务局制发检察建议，督促其依法履行对具有文物属性的烈士纪念设施实施统一管理的职责，及时采取有效整治措施做好七眼桥烈士纪念塔的保护管理工作。

检察建议回复期届满后，西秀区退役军人事务局未回复。2022年4月2日，西秀区院实地查看，发现该纪念塔存在的管护不善和安全隐患等仍未得到有效整改，国家利益和社会公共利益仍处于受侵害状态。

【诉讼过程】

2022年5月15日，按照行政公益诉讼案件集中管辖的相关规定，西秀区院依法向镇宁布依族苗族自治县人民法院（以下简称镇宁县法院）提起行政公益诉讼，诉请法院判令西秀区退役军人事务局依法履行对烈士纪念设施实施统一管理的职责，立即采取有效整治措施做好七眼桥烈士纪念塔的保护管理工作。

2022年11月4日，镇宁县法院公开开庭审理本案。庭审中，检察机关与被告围绕"西秀区退役军人事务局对案涉纪念塔是否具有保护管理职责"的焦点问题展开辩论。检察机关出示、宣读了相关文史资料、地质灾害应急调查报告、无人机航拍视频等证据，证明七眼桥烈士纪念塔属于《烈士纪念设施保护管理办法》中规定的不可移动文物类烈士纪念设施，根据《烈士纪念设施保护管理办法》中"烈士纪念设施保护单位和管理单位应当按照国家有关规定,加强对烈士纪念设施中文物和历史建筑物的保护管理",以及退役军人事务部等八部门联合印发的《关于进一步加强烈士纪念设施规范管理的意见》中"由文物部门管理的烈士纪念设施,原则上应归口到退役军人事务局统一管理"的规定,被告负有对七眼桥烈士纪念塔依法履行保护管理的法定职责。镇宁县法院经审理,于 2022 年 11 月 22 日公开宣判支持检察机关全部诉求,被告亦当庭表示服判。

判决生效后,西秀区退役军人事务局立即采取临时保护措施,在七眼桥烈士纪念塔旁设置警示标识,并制定易地迁移保护方案逐级请示贵州省人民政府同意后,于 2023 年 9 月投入 26 万元专项资金,将七眼桥烈士纪念塔整体迁往贵州省革命文物王若飞烈士陵园中集中管理保护。

【典型意义】

烈士纪念设施是发扬红色传统、传承红色基因的重要红色文化资源,而革命文物类的烈士纪念设施,因文物保护部门和退役军人事务部门职责交叉,可能存在"无人管"或者相互推诿的情形。检察机关制发检察建议督促行政机关履职后仍未整改的,以"诉"的确认明确管护责任,推动此类烈士纪念设施归口管理,由退役军人事务部门实施整体迁移保护,彻底消除安全隐患,切实维护英雄烈士尊严。

7. 河南省鹤壁市人民检察院督促保护浚县象山烈士陵园行政公益诉讼案

【关键词】

行政公益诉讼检察建议　烈士纪念设施保护　土地使用权证　保护级别评定

【要旨】

针对烈士纪念设施因历史遗留问题久未办理土地使用权证、未划定保护级别、园内设施管护不力等问题,检察机关以具有统筹协调职能的县政府为监督对象,通过制发检察建议,促使相关行政机关形成合力,推动公益损害问题得到实质性解决,烈士纪念设施得到依法管理保护。

【基本案情】

河南省浚县象山烈士陵园位于屯子镇董场村西侧象山东麓,占地面积

28.28亩，安葬着1578名烈士，是鹤壁市第二大烈士陵园、鹤壁市爱国主义教育基地、中共党史教育基地。因土地使用权证长期未能办理，陵园的级别评定受限，致使修缮资金迟迟得不到批复，陵园内部设施陈旧、损毁严重亟待修缮。

【调查和督促履职】

2023年12月1日，河南省鹤壁市人民检察院（以下简称鹤壁市院）在"益心为公"志愿者平台收到该线索，初步调查后，于同年12月4日立案。经实地勘查、调取书证等方式查明，浚县象山烈士陵园土地使用权证办理系长达十余年未解决的历史遗留问题。根据该县"三定"方案，烈士陵园管理职责原属民政部门，机构改革时划转至退役军人事务管理部门，因部门职能衔接不畅，办证手续不全，浚县退役军人事务局多次向自然资源局申请办证未果。土地使用权证是陵园级别评定的必要条件之一，影响修缮资金的审批。因陵园土地使用权证长久未办理，致使维修资金申请得不到批复，园内的部分基建设施损毁严重，展板陈旧、展馆漏水，部分花草树木枯死等，严重侵害了社会公共利益。

鹤壁市院询问了市自然资源和规划局、退役军人事务局相关人员，调取了土地使用权证的办理流程及相关法律规定，并两次组织浚县自然资源局、民政局、退役军人事务局等部门专题座谈。座谈时各单位均表示因时间久远，原有建设用地规划、划拨等手续不齐，无法办理该处土地使用权证。鉴于以上情况，鹤壁市院认为该案涉及部门较多，由浚县人民政府统筹推进更有利于推动公益损害问题整改。2023年12月12日，根据《中华人民共和国英雄烈士保护法》第四条、《烈士纪念设施保护管理办法》第十三条、《中华人民共和国土地管理法》第十二条、《不动产登记暂行管理条例》第四条、《河南省实施〈土地管理法〉办法》第七条规定，鹤壁市院向浚县人民政府公开宣告送达检察建议，督促明确部门职责，加快办理土地使用合法化手续；提升保护级别，落实资金保障，完善陵园设施，发挥红色资源传承作用。

浚县人民政府收到检察建议后，组织县退役军人事务局、民政局、自然资源局等部门召开联席会议，列明证件办理所需材料、责任人和时限，定时督促进展。2024年1月10日，浚县象山烈士陵园取得不动产权证书，土地证办理问题顺利解决；浚县退役军人事务局《关于象山烈士陵园所需维修资金的请示》获批，专款46.5万元用于陵园修缮，陵园的设施更新、环境改善；在批复同意陵园升级为县级烈士纪念设施、划定保护范围后，又积极申报评定市级烈士纪念设施，现已进入公示阶段。

浚县人民政府回复后，鹤壁市院持续跟进监督，邀请"益心为公"志愿者实地查看、座谈交流、共同评估整改效果，目前该陵园存在的土地使用合法化、陵园等级认定、资金保障、日常监管等问题已全部整改到位，整体形象得到大幅提升，组织开展50余次爱国主义教育活动，教育功能得以更好发挥。

【典型意义】

烈士纪念设施作为革命先辈精神谱系的历史见证，是弥足珍贵的红色资源。针对历史遗留问题，检察机关充分发挥公益诉讼检察职能，精准确定监督对象，既解决了搁置多年的"办证难"问题，又从烈士陵园长远发挥褒扬烈士、教育后人作用出发，推动对烈士陵园保护级别的申报评定、专项资金批复等，以公益诉讼检察助力保护红色资源、守护红色信仰。

8. 江苏省扬州市江都区人民检察院督促保护真武烈士陵园行政公益诉讼案

【关键词】

行政公益诉讼检察建议　烈士纪念设施保护　"益心为公"志愿者

【要旨】

针对乡镇烈士纪念设施存在的日常管理不足、史料收集不完善、周边环境污染等问题，检察机关针对不同公益问题对具有监管职责的多个行政机关分别立案并发出检察建议，督促职能部门依法履职。同时，强化与退役军人事务部门的协作配合，推动烈士纪念设施全面系统保护。

【基本案情】

真武烈士陵园建于1980年，坐落于江苏省扬州市江都区真武镇杨庄。该烈士陵园安葬着57名参加抗日斗争英勇牺牲的烈士，其中19名牺牲于杨庄战斗，38名牺牲于解放邵伯战斗。距离该烈士陵园20米处有一砂石厂，生产期间未采取覆盖等防尘措施，车辆经过扬起大量灰尘，烈士陵园内生活垃圾散落，陈列的烈士史料不丰富，损害了瞻仰、悼念烈士的氛围和环境，影响了烈士纪念设施红色资源宣传教育功能的发挥。

【调查和督促履职】

2022年6月,江苏省扬州市江都区人民检察院(以下简称江都区院)收到"益心为公"志愿者、区政协委员反映线索,真武烈士陵园附近环境较差,影响群众瞻仰革命烈士。

经初步调查,同年6月16日,江都区院启动行政公益诉讼立案程序。同年6月20日,江都区院邀请"益心为公"志愿者对真武烈士陵园及周边环境开展调查,发现存在烈士陵园陈列的烈士史料不丰富、文字介绍过于简单,不利于开展纪念教育活动;烈士陵园日常管理、清扫不及时,生活垃圾散落;案涉砂石厂成立于2016年,未批先建,生产中未采取防尘措施,导致扬尘污染严重损害陵园环境等公益损害问题。

同年6月30日,江都区院分别向区退役军人事务局、真武镇政府和生态环境局制发检察建议,督促区退役军人事务局加强烈士陵园环境治理和史料收集、陈列工作;督促真武镇政府履行烈士纪念设施属地监督管理职责,强化日常管理,保持烈士陵园庄严、肃穆、清净的环境;督促生态环境局对案涉砂石厂未批先建、未采取防扬尘措施等环境违法行为进行调查处理。

收到检察建议后,江都区退役军人事务局、生态环境局、真武镇政府联合成立工作组,共同治理真武烈士陵园缺乏管理和砂石厂扬尘污染等问题。江都区退役军人事务局组织专人开展烈士史料收集整理、事迹编纂和陈列展示等工作,共收集"杨庄战斗""高峰""徐方恺"等烈士事迹史料近百件,进一步宣扬烈士英雄事迹。真武镇政府牵头与砂石厂商谈搬迁事宜,安排专人定期维护烈士陵园环境,加强日常管护。江都区生态环境局对砂石厂环境违法行为依法立案查处,于同年10月8日作出处罚决定,责令改正违法行为并处以罚款二万元。同年7月29日、8月25日、8月30日,江都区生态环境局、真武镇政府、退役军人事务局先后向江都区院作出书面回复。同年12月,案涉砂石厂拆除全部生产设备,并办理注销手续。

2023年3月31日,江都区院与区退役军人事务局会签《关于加强英烈保护和退役军人保障领域行政管理与检察监督协作配合的意见》,推动江都区宜陵镇、吴桥镇、大桥镇烈士纪念设施4处、零散烈士墓14处得到整改。

【典型意义】

检察机关办理烈士纪念设施公益诉讼案件从设施维修改造、环境整治、展陈宣传等多角度入手，实现全方位保护。针对烈士纪念设施保护中存在的不同公益侵害问题，检察机关可以对具有监管职责的多个行政机关分别立案并制发检察建议，督促各部门依法履职。检察机关强化与退役军人事务部门的协作配合，合力加强烈士陵园设施修缮、丰富史料陈列、优化环境治理，为群众营造良好的瞻仰、悼念英烈环境，以务实的履职担当保护红色资源、坚定红色信念。

9. 长征出发地旧址及烈士纪念设施保护公益诉讼系列案

【关键词】

行政公益诉讼　长征出发地旧址　散葬烈士墓　红军标语　整体保护

【要旨】

针对长征出发地旧址保护管理不善、红军烈士散葬墓保护不到位、红军长征标语被破坏等问题，检察机关运用制发检察建议、提起行政公益诉讼等方式，督促行政机关依法全面履职，并持续跟进监督，建立健全长效机制，推动长征出发地旧址及烈士纪念设施的整体保护。

【基本案情】

江西赣州是红色故都，是原中央苏区的核心区域，中华苏维埃共和国在这里奠基，举世闻名的中央红军二万五千里长征从这里出发。近年来，因自然条件、城乡建设等原因，赣州辖区内瑞金市、于都县存在长征出发地旧址保护管理不善、红军烈士散葬墓保护不到位、红军长征标语被破坏等问题，瑞金市部分长征革命旧址存在破损坍塌、环境脏乱、杂物堆积等问题；于都县长征烈士散葬烈士墓、红军长征标语以及红军长征文物等受到自然和人为破坏，存在毁损、灭失风险，损害国家利益和社会公共利益。

【调查和督促履职】

为迎接中央红军长征出发90周年，江西省赣州市人民检察院主动服务长征文化公园（赣州段）建设，推动长征出发地旧址及英烈设施整体保护，组织瑞金市、于都县等检察院重点开展长征文物和文化资源保护法律监督活动。瑞金市人民检察院（以下简称瑞金市院）走访摸排辖区内17个乡镇127处红色旧址，发现"长征第一山""长征第一桥""长征第一站"

等 3 处旧址保护不到位问题较为突出，于 2023 年 8 月启动行政公益诉讼立案程序。经调查查明："长征第一桥""长征第一站"旧址杂草丛生、瓦片破碎、房梁脱落等维护修缮管理缺失，旧址内的"毛泽东同志旧居"日常管护不到位，环境卫生保护措施缺位、部分墙体文物字迹毁损严重；"长征第一山"旧址景区范围内的古樟树树冠投影范围内地面违规硬化，严重损害古树名木生长环境，影响革命旧址周边环境和整体风貌。于都县人民检察院（以下简称于都县院）集中对 23 个乡镇 122 处革命旧居旧址、536 处不可移动文物开展全面摸排，发现长征文物和文化资源存在毁损、灭失风险，遂于 2023 年 5 月立案。调查查明：于都县马安乡蒋志松等 36 名烈士（均为长征途中或长征前夕牺牲）合葬散葬烈士墓存在损毁、灭失风险；小溪乡红军长征标语修缮不规范、风化侵蚀严重，用红砖进行本体修复，破坏文物风格；长征渡口、中央革命军事委员会旧址等长征文物保护修缮不到位、展览陈列不规范。

针对调查查明的问题，瑞金市院根据《中华人民共和国文物保护法》《江西省文物保护条例》《赣州市革命遗址保护条例》等规定，于 2023 年 8 月先后向瑞金市文化广电旅游局、林业局以及属地乡镇人民政府制发检察建议，督促文化广电旅游局对案涉革命旧址的修缮和保护履行监管职责；督促林业局对案涉"长征第一山"旧址周边的古树名木进行管理保护，整体保护革命旧址周边环境风貌；督促属地乡镇人民政府落实革命旧址及古树名木保护、管理、利用等工作。于都县院根据《中华人民共和国英雄烈士保护法》《中华人民共和国文物保护法》《江西省革命文物保护条例》等规定，于 2023 年 6 月向于都县文化广电旅游局、退役军人事务局和属地乡镇人民政府制发检察建议，督促文化广电旅游局加强红色标语名录保护及长征文物保护修缮等工作，查处文物保护范围和建设控制地带内违法建设等问题；督促退役军人事务局加强散葬墓迁葬入园和修缮工作；督促属地乡镇人民政府落实长征文物旧址修缮和保护利用工作。

相关行政机关收到检察建议后，积极履行监管职责，召开专题调度会研究整改措施并联合开展专项行动。瑞金市院推动市文化广电旅游局和属地乡镇人民政府对"长征第一桥""长征第一站"等周边旧址及设施环境卫生全面整改，旧址内"中华苏维埃共和国临时中央政府春耕生产运动赠旗大会会址"保护等级提档升级为省级文物保护单位；对"毛泽东同志旧居"环境卫生及时进行清理，并强化日常管护。于都县院推动县退役军人事务局制定散葬烈士墓迁葬入园方案，启动第三批散葬烈士墓迁葬入园暨烈士纪念园提升改造项目，安排迁葬入园659个；于都县文化广电旅游局根据旧址保留的历史信息，将修缮使用的现代材料更换，抢救性保护长征红色标语30余处，避免房屋坍塌、不规范修缮导致红色标语的毁损灭失；推动拆除长征前夕"毛泽东同志旧居"保护范围和建设控制地带的违章建筑20余个3000余平方米。属地乡镇人民政府对长征渡口、中央革命军事委员会旧址等进行修缮保护，10余处长征文物和文化资源名录完成修缮，完善了中央革命军事委员会旧址等3处长征文物的展陈，建成开馆长征历史展馆1个。

针对"长征第一山"革命旧址古樟树生长环境保护问题，瑞金市林业局和属地乡镇人民政府虽回复采纳并采取一定措施，但仍履职不到位。瑞金市院于2024年6月依法对市林业局和属地乡镇人民政府提起行政公益诉讼，通过"诉的确认"推动相关单位进一步采取挖除硬化地面、修复原貌等措施，使案涉古樟树生长环境得到彻底改善。同时，瑞金市文化广电旅游局争取资金100余万元，用于对"长征第一山"范围内旧址修缮保护。

为加强长效保护，瑞金市院与福建省长汀县人民检察院会签《关于加强红色文化遗存保护工作的协作意见》，进一步深化对长征沿线重要会议遗址、纪念设施等跨区域协作保护利用，以法治方式破解长征沿线旧址及烈士纪念设施保护利用难题。于都县院推动县文化广电旅游局、博物馆等单位联合印发《于都县业余文物保护员管理方案》，强化长征文物和文化资源日常管护，拓宽社会参与及保护修复资金来源渠道，推动争取800余万元修缮资金，用于修缮和展陈长征文物16处。

【典型意义】

习近平总书记指出："加强革命文物保护利用，弘扬革命文化，传承红色基因，是全党全社会的共同责任"。长征出发地旧址和烈士纪念设施是光辉长征历史和伟大长征精神的鲜活载体，是赓续红色基因、传承长征精神的生动教材。检察机关聚焦长征出发地旧址和烈士纪念设施保护、管理、修缮不到位等问题，运用检察建议、提起诉讼等方式，督促行政机关依法全面履行监管职责，协同相关部门形成监督合力，凝聚保护共识。检察机关持续跟进监督，通过跨区域协作、完善日常管护、拓宽社会参与等方式，一体促进长征出发地旧址及烈士纪念设施的整体保护、长效保护。

人民法院依法维护国防利益和军人军属合法权益典型案例

（2024 年 7 月 31 日）

案例一
许某生破坏军事设施案
一、基本案情

2023 年 9 月上中旬，许某生明知某输油管道是军事设施，为盗窃管道内飞机燃油，采用电钻钻孔的方式对军用输油管道实施破坏，并安装阀门、塑料管。9 月 17 日，该管道进行输油作业时，阀门被冲落，造成飞机燃油喷出。经鉴定，泄漏损失 9 吨燃油，价值 67977 元，管道修复价格为 14800 元。案发后，被告人许某生如实供述自己的犯罪事实，并签署认罪认罚具结书。

二、裁判结果

生效裁判认为，被告人许某生破坏军事设施，造成严重后果，其行为构成破坏军事设施罪。案发后，许某生能如实供述自己的罪行，可以从轻处罚。许某生自愿认罪认罚，可以从宽处理。许某生的犯罪行为给被害军事单位造成的经济损失应予赔偿。遂以犯破坏军事设施罪，判处被告人许某生有期徒刑二年六个月；责令被告人许某生赔偿被害军事单位损失 82777 元。

三、典型意义

本案系依法惩治破坏军事设施犯罪的典型案例。军事设施是指国家直接用于军事目的、法律规定予以特殊保护的建筑、场地和设备。军事设施一旦受到破坏，损失的不仅仅是经济价值，还破坏了军队战斗力的生成和提高。本案中，许某生为实施盗窃，采取破坏军用输油管道的手段，导致飞机燃油泄漏、输油管道被迫停用、直接影响部队日常训练，其行为构成

---

① 来源于最高人民法院网站：https://www.court.gov.cn/zixun/xiangqing/439571.html，最后访问日期 2025 年 3 月 25 日。

破坏军事设施罪。同时，审理法院还注重弥补部队经济损失，依法责令许某生予以赔偿，并在判决后及时执行，实现了政治效果、社会效果和法律效果的有机统一。

案例二

郑某超阻碍军人执行职务案

一、基本案情

2021年2月3日，中国人民解放军某部战士赵某、王某等人驾驶巡逻艇在某海域军事禁区内执行巡逻警戒任务。当天8时30分许，被告人郑某超与其堂弟驾驶载着违规渔具的自制小快艇擅自闯入军事禁区。战士赵某、王某对郑某超两人表明军人身份后要求其停船接受检查。郑某超因担心违规渔具被查扣，立即将小快艇掉头逃窜规避检查。8时50分许，该小快艇被巡逻艇截停，战士王某登临检查。郑某超为阻止检查，多次对王某推搡、拉扯，致使其落入海中。战士赵某随即对小快艇实施控制，并将落海的王某救起，郑某超则趁两战士不备跳入海中逃跑。随后，郑某超主动投案，如实供述犯罪事实，并表示自愿认罪认罚。

二、裁判结果

生效裁判认为，被告人郑某超以暴力阻碍军人依法执行职务，其行为已构成阻碍军人执行职务罪。案发后，郑某超主动投案，如实供述罪行，具有自首情节，可以从轻处罚；其自愿认罪认罚，可以从宽处理。遂判决被告人郑某超犯阻碍军人执行职务罪，判处拘役二个月，扣押的快艇等物品依法予以处理。

三、典型意义

本案是依法惩治阻碍军人执行职务犯罪的典型案例。军人执行演习演训、值班值勤、巡逻警戒等军事任务，是履行维护国家主权和安全的职务行为，不容阻挠干扰，更不得以暴力、威胁方法予以阻碍，否则将依法受到惩处。本案被告人擅自闯入军事禁区，拒不接受检查、驾艇逃逸，以推搡、拉扯等暴力方式阻碍军人执行职务，依法应当定罪处罚。审理法院考虑到被告人存在自首和认罪认罚等法定从轻从宽情节，本着惩罚与教育相结合的原则，对被告人"小惩大诫"，表明了人民法院依法保护军人履职的司法态度。

案例三

曾某侵害英雄烈士名誉、荣誉权益民事公益诉讼案

一、基本案情

2021年2月19日,曾某在200多人的微信群聊中多次就中国人民解放军某边防团官兵誓死捍卫祖国领土的事迹发布带有侮辱性的不当、不实言论,诋毁英雄烈士,造成不良社会影响。检察机关对此依法提起了侵害英雄烈士名誉、荣誉权益民事公益诉讼,要求曾某在省级以上媒体公开赔礼道歉、消除影响。

二、裁判结果

生效裁判认为,曾某在人数众多的微信群中多次发布贬损、丑化英雄烈士名誉、荣誉的不实和不当言论,造成不良社会影响,不但损害英雄烈士人格权益,而且侵害社会公共利益,应承担侵权民事责任。遂判决曾某在省级以上媒体公开赔礼道歉、消除影响。判决生效后,曾某履行了判决确定的义务。

三、典型意义

本案是维护英雄烈士名誉、荣誉权益的典型案例。英雄烈士的事迹和精神,是中华民族共同的历史记忆和宝贵的精神财富。卫国戍边军人守护祖国大好河山,有的甚至献出生命,他们的英雄事迹和牺牲奉献精神需要全社会铭记和尊崇,不容许任何人玷污和践踏。人民法院依法判决被告承担相应的民事责任,旗帜鲜明地亮明了坚决打击贬损、诋毁英雄烈士名誉、荣誉的司法态度,对于促进和引领全社会形成尊重英烈、推崇英烈的社会风尚具有积极意义。

案例四

退役军人刘某才申请国家司法救助案

一、基本案情

申请人刘某才68岁,农业户籍,退役军人,未婚无子女,一人生活,身患癌症,生活困难。2021年,刘某才被朱某豹驾驶的机动车撞伤致残,起诉至法院。法院依法判决朱某豹承担相应的损害赔偿责任。但因朱某豹无偿付能力,生效判决无法执行到位。

二、救助过程

刘某才提出司法救助申请后,受理法院及时调查核实,接谈申请人,

掌握现实急迫困难，秉持"救急救困""拥军优属"的救助理念，不到一周就完成救助工作，向刘某才发放司法救助金 12 万元。此后，受理法院加强跟踪回访，刘某才收到救助金后很快就到医院进行了手术治疗。

三、典型意义

本案是依法救助退役军人的典型案例。退役军人为国防和军队建设作出了重要贡献，尊重和保护退役军人合法权益，对于促进让军人成为全社会尊崇的职业具有重要意义。对于权利受到侵害，无法获得有效赔偿，生活面临急迫困难，符合国家司法救助条件的退役军人，应当优先救助。本案作为紧贴退役军人生活的"小案件"，鲜活践行了将党和国家对困难退役军人的帮扶关爱落到实处的"大道理"，体现了人民法院能动履职关心关爱退役军人合法权益的司法温度。

案例五

军人军属张某、王某琼申请执行案

一、基本案情

2021 年 6 月，军人张小某在北京市西城区一路口被某公司运营车辆撞倒，受伤送医一个月后不治身亡。张小某的父母张某、王某琼将该公司诉至法院，法院判决被告赔偿医疗费、死亡赔偿金等共计 105 万余元。

二、执行情况

因涉案公司未履行生效判决确定的赔偿义务，张某、王某琼申请强制执行。经查询，涉案公司财产仅有现金 3000 余元，执行工作陷入困难。深入调查后，执行法院了解到涉案公司系在正常经营，遂加大调解力度，多次约谈涉案公司主要负责人，促成双方达成分期赔付的执行和解协议。此后，涉案公司如约履行了赔偿义务。

三、典型意义

本案是人民法院坚持能动履职、高效优先执行涉军案件的典型案例。优待军人军属是党和国家的一贯政策，也是对军人保家卫国、无私奉献的褒扬。本案中，执行法院加大执行力度，通过畅通高效优先执行的绿色通道，努力促成执行和解并得以履行，有效维护了军人军属合法权益，真正实现了案件执结事了人和。